闻一多
诞辰110周年纪念暨国际学术研讨会论文集

主编 陈国恩 方精华
执行主编 方长安 赵 慧 张 园

WUHAN UNIVERSITY PRESS
武汉大学出版社

图书在版编目(CIP)数据

闻一多诞辰110周年纪念暨国际学术研讨会论文集/陈国恩，方精华主编. —武汉：武汉大学出版社，2011.5
ISBN 978-7-307-08656-2

Ⅰ.闻…　Ⅱ.①陈…　②方…　Ⅲ.①闻一多(1899～1946)—人物研究—国际学术会议—文集　②闻一多(1899～1946)—文学研究—国际学术会议—文集　Ⅳ.①K825.6-53　②I206.6-53

中国版本图书馆CIP数据核字(2011)第059458号

责任编辑:李　琼　朱凌云　　　责任校对:刘　欣　　　版式设计:马　佳

出版发行：武汉大学出版社　(430072　武昌　珞珈山)
(电子邮件：cbs22@whu.edu.cn　网址：www.wdp.com.cn)
印刷:武汉中科兴业印务有限公司
开本：720×1000　1/16　印张:25　字数:358千字　插页:1
版次:2011年5月第1版　2011年5月第1次印刷
ISBN 978-7-307-08656-2/K·453　定价:56.00元

目　录

在研讨会和第二届闻一多研究优秀成果颁奖大会上的讲话

赵宝江①

各位来宾、同志们、朋友们：

闻一多诞辰110周年纪念暨国际学术研讨会和第二届闻一多研究优秀成果颁奖大会，现在隆重开幕了！我谨代表闻一多基金会向前来与会的各有关方面领导、国内外专家学者和各位来宾，表示热烈的欢迎和衷心的感谢，向闻一多先生的家属致以诚挚的问候，向获奖作者表示热烈的祝贺，并预祝大会取得圆满成功。

闻一多先生是伟大的爱国主义者，坚贞的民主革命战士，杰出的诗人、学者，中国共产党的挚友。64年前，他用自己的鲜血和生命谱写了一首壮丽不朽的诗篇，实现了为新民主主义奋斗的诺言。他是中华民族的优秀代表，是中国知识分子的骄傲和榜样。今天我们齐聚先生生前工作和战斗的珞珈山麓，深切缅怀先生的光辉业绩，学习先生热爱祖国、热爱人民的伟大精神，研讨先生的思想、创作及学术成就，继承先生的未竟事业，这对于促进社会主义文化的大繁荣大发展和和谐社会的建设具有重大的现实意义。我们认为，以此告慰先生的英灵，激励后人为国家为人民效力，是对先生最好的纪念。

我们闻一多基金会是以先生的大名冠名的，其根本宗旨就是“弘扬闻一多爱国主义精神，致力文化教育事业，促进和谐社会建

---

① 赵宝江：闻一多基金会理事长，武汉市原市长、国家建设部原副部长。

设”。我会自1991年成立以来，特别是近两年来，在学习闻一多，宣传闻一多，研究闻一多方面倾注了大量心血，做出了不懈努力，取得了可观成绩。特别是在资助闻一多纪念活动、研讨活动、优秀成果评奖活动、学术论文编辑出版活动以及催生佳作、扶持新人等方面给予了力所能及的支持，深受学界欢迎。与此同时，近年来我会在助学、助文、助教方面加大投入力度，做了不少善事好事。例如，“阳光助学”、“红烛助学”行动深得人心，特别是闻一多诗歌大奖赛、闻一多杯全国少儿书画大赛等品牌的成功打造，在社会上更是产生了广泛影响。

同志们、朋友们：从某种意义上说，闻一多基金会是一个名人基金会。18年前，它在老一辈无产阶级革命家李先念、王任重同志的倡导和支持下，在中共湖北省委和武汉市委的直接指导下宣告成立。现任全国政协副主席钱运录、湖北省委原书记关广富、河北省原省长李尔重等同志担任本会荣誉职务，已故武汉市原市长黎智同志出任首届理事长。这表明，闻一多基金会在社会上有着特殊的地位，因而在开办公益事业中具有独特作用。我相信，只要我们秉承宗旨，坚持“依法办会、发展立会、改革兴会、勤俭办会”的方针，发扬“咬定青山不放松”的韧劲，千方百计壮大经济实力，我们就一定能为社会为群众（包括为闻一多研究工作）办更多实事，进而为促进湖北武汉的经济和社会发展作出应有贡献。

谢谢大家。

在研讨会和第二届闻一多研究优秀成果颁奖大会上的讲话

谢红星[①]

尊敬的各位领导、各位专家、各位来宾：

早上好！

今天是中国现代著名诗人、学者、杰出的爱国主义者闻一多先生诞辰110年的纪念日子。虽然初冬的武汉已经让我们感到了些许的寒意，但今天我们聚集在这里，却感到无比的温暖。因为这样一个纪念会让我们想起闻一多先生，想起武汉大学，想起那些铸就我们辉煌历史的先辈们。正是因为有了许多像闻一多先生这样为学术、为国家、为民族作出杰出贡献的学者，才有了我们武汉大学在中国高等教育史上留下的精彩华章，才有了作为国家的武汉大学、人民的武汉大学的影响与魅力，才有了中华文化代代薪火的传承与创新。在此，我受校长顾海良教授的委托，代表武汉大学向来自内陆和港澳各高校、研究单位的专家学者，以及来自日本、美国、澳大利亚、菲律宾、新加坡、马来西亚的汉学家、国际友人表示热烈的欢迎！向出席纪念大会的闻一多先生的家属表示亲切的问候！

我愿意借此机会，简要回顾一下武汉大学的历史。武汉大学源于1893年湖广总督张之洞所创办的自强学堂，至今已经走过了116年的历史。与多灾多难的中华民族一样，武汉大学的发展也历经艰辛和磨难。作为武汉大学前身的自强学堂，与中国近代创办的一批学堂一样，成为中国高等教育的开始。从自强学堂到方言学

---

① 谢红星：武汉大学副校长。

堂、武昌高师、武昌中山大学，再到1928年国立武汉大学成立，一个综合性、多学科的具有现代大学特色的大学开始出现。也就是在这个时期，闻一多先生来到武汉大学，开始担任文学院的院长，为武汉大学文学院的建设和发展贡献了他的热情和智慧。这个时期的武汉大学，在课程体系建设、教师聘用管理、学校事务管理等方面积极探索，其办学特色和办学风格对于后来乃至今天的武汉大学都有着极大的影响。

到1949年新中国成立之前，经过王世杰、王星拱以及周鲠生等校长的努力，一大批学者云集武汉大学，经历创办初期之艰辛，经历西迁乐山之困苦，经历复原武昌之波折，武汉大学不断保持着一种积极上升的趋势，学术力量不断积聚、学术薪火不断传承、学术影响不断扩大。更重要的是，武汉大学的学科格局、学术风格和学术地位逐步形成。武汉大学的发展达到了旧时代中国高等教育的高峰，文法理工农医的发展格局形成，并初步获得国际上的赞誉和认可。

今天的武汉大学是于2000年8月由原武汉大学、原武汉测绘科技大学、原武汉水利电力大学和原湖北医科大学合并组建而成的。四校合并实现了真正意义上的强强联合，使武汉大学在新的起点、借助新的平台获得了更大的发展空间，保证了武汉大学在全国高校中的领先地位，极大提升了武汉大学的综合实力和核心竞争力。回首往昔，我们深刻感受到无数的先贤学人对武汉大学所作的不可磨灭的贡献，我们更感激他们为武汉大学、为我们国家民族留下的宝贵精神财富。正是许多像闻一多先生这样的学者，他们的学术思想、人格魅力、爱国情怀，永远是我们这所大学的精神之所在、核心竞争力之所在，也是我们办好大学的力量之所在、信心之所在。

闻一多先生对于武汉大学的影响和贡献是多方面的。他在武汉大学文学院工作，后来在中国古典文学研究方面取得了重要成就，其学术道路的一个重要阶段就是从武汉大学开始的。

闻一多先生以新诗创作奠定其在中国文坛的重要地位，继而在学术研究方面取得了出色的成绩，尤其是在楚辞研究、诗经研究和神话研究方面成就卓著，为学界所称道。20 世纪 40 年代中期，他投身到中国人民争取自由民主的斗争中，成了中国现代进步知识分子中的一名杰出代表。今天我们缅怀他、纪念他、研究他，主要目的是继承他的精神遗产，包括他的爱国主义思想、他对国家民族的责任感和使命感，他坚持正义、追求自由和民主的精神，他在学术研究中刻苦钻研的精神和孜孜不倦、精益求精的精神。

闻一多研究已经达到相当高的水平，成果丰硕，这次国际研讨会上将要公布的第二届闻一多研究优秀成果奖就是一个很好的证明。随着时代发展和新材料的发现，闻一多研究还有许多新的研究空间，新的观点和新的成果还在不断地推出。举办这次国际研讨会，就是要搭建一个学术平台，让闻一多研究界的专家、学者们就本领域的各种学术问题各抒己见，沟通研讨，相互启发促进，共同推进闻一多研究的深入。

最后，祝闻一多诞辰 110 周年纪念暨国际学术研讨会取得圆满成功！祝各位专家学者在会议期间愉快健康！

谢谢！

附记：本文的后半部分，由武汉大学文学院陈国恩教授提供初稿，特此说明并致谢忱！

在研讨会和第二届闻一多研究优秀成果颁奖大会上致辞

[日] 铃木义昭①

尊敬的女士们、先生们：

诸位好！我是从日本来的早稻田大学研究院教授铃木义昭。今天，很荣幸来参加闻一多诞辰110周年纪念暨国际学术研讨会。

我从20世纪80年代初到现在，参加过有关闻一多先生的学术会议多次，每次都会有新的感受和收获，并对在座的各位及研究闻一多先生的各位先生深表敬意。

我们在日本的闻一多学会也常常进行研讨和纪念活动，并坚持出版学术刊物。我也在刊物上发表一些有关闻一多先生的学术文章，还一直坚持对闻一多先生的研究。

日本的闻一多学会成立10年了。10年当中，每年都会开一到两次学术会议，大家发表自己的学术研究文章。这种学术活动，我们还会坚持下去。

期待着能和中国研究闻一多先生的各位一起探讨我们共同的话题。

我代表日本闻一多学会祝这次研讨会圆满成功！谢谢各位。

① 铃木义昭：日本闻一多研究会原会长，日本早稻田大学教授。

在研讨会和第二届闻一多研究优秀成果颁奖大会上致辞

孙党伯①

各位代表、各位来宾、各位领导：

这次参加闻一多诞辰110周年纪念暨国际学术研讨会的有来自全国各地的学者，包括香港、澳门的学者，也有来自美国、日本、澳大利亚、新加坡、马来西亚、菲律宾等国的学者，能参加这次盛会，我感到万分的高兴，也引发了许多回忆和感想。借此机会，谈一点粗浅的感受。

近三十年来，闻一多研究取得了丰硕的成果，研究的专著和论文不仅数量多，而且在许多地方都有新的突破；闻一多的全部遗著都整理出版了，为推进闻一多研究提供了重要的条件；尤其重要的是研究队伍发展壮大了，特别是涌现了一大批中青年学者，他们学有专长，不少还能用新的角度和方法来研究闻一多，获得了不少可喜的成绩。回顾当前现代文学界诸多重要作家的研究日趋平缓甚至冷清的状况，闻一多研究能够持续地积极开展，并不断取得新的成果，这是十分可喜可贺的。究其原因，一方面固然是由于闻一多在新诗创作及理论建设上的特殊贡献，在中国古代文学与古代文化研究领域的突出成就，他“拍案而起”为民主斗争而英勇献身的伟大人格，受到了众多学者的崇敬，而且闻一多博大精深，可供研究的方面十分宽广，这就吸引众多学者去研究他。另一方面是因为我们的闻一多研究得到了闻一多基金会的持久的大力支持。中国闻一

---

① 孙党伯：中国闻一多研究会副会长，武汉大学文学院教授。

多研究会自1985年成立以来，一直都没有专门经费，也没有专职的办事人员，凡开展学术活动、召开闻一多学术研讨会、出版论文集、颁发闻一多研究成果奖等，都是由于闻一多基金会的支持才顺利完成的。二十多年来，中国闻一多研究会和闻一多基金会一直都能相互支持与合作，从闻一多基金会的前理事长黎智同志及李少云同志，到现任理事长赵宝江同志及刘彩木、方精华同志，他们对闻一多研究会和整个闻一多学术研究工作给予了积极热情的帮助与支持，我真诚希望这种关系一直能够保持并发扬光大。同时，中国闻一多研究会挂靠在武汉大学，研究会的工作一直得到武汉大学和武汉大学文学院的积极有力支持，每次学术研讨会从申报到召开，武汉大学和武汉大学文学院都在人力、物力、财力方面给予有力的支持与帮助，保证了闻一多研究会工作的顺利开展，希望关系能继续得以保持与发展。当然，在闻一多研究会开展闻一多研究的工作中，还得到了北京大学、清华大学、云南师范大学和华中科技大学、华中师范大学、湖北大学、西南师范大学新诗研究所、江汉大学、黄冈师范学院等全国许多院校的积极参与和支持，这也是推动闻一多研究不断发展、取得新成果的一个重要原因。

最后还想说一个问题。中国闻一多研究会成立已经25个年头了，首任会长北京大学季镇淮教授、现任会长武汉大学陆耀东教授都为研究会的工作作出了极重要的贡献。陆耀东先生已经八十高龄，最近身体欠安，未能出席这次会议。他曾多次说过，研究会应该换届了，自己不再担任会长。对此我是非常同意的。我以为原有的理事、副会长凡年岁老的，如我等，应该主动退出理事会，不再担任具体工作。应该推选出一批年富力强的、热心闻一多研究工作的学者担任研究会的新领导，以保证闻一多研究工作得到更加全面、深入的发展，取得更加优秀的成绩。

闻一多诞辰110周年纪念暨国际学术研讨会闭幕式上的总结

孙玉石①

闻一多诞辰110周年纪念暨国际学术研讨会，经过近两天时间的认真研讨，到今天下午四点钟，算是闭幕了。受会议组织者的委托，在这里，我借此机会，谈一点自己听了会议发言之后的感受和想法，算是不是“闭幕辞”的“多余的话”吧。

这次会议，虽然时间很短，但还是开得很好的。前来参加这次研讨会的，有来自国内21个省市的专家学者，有来自香港、澳门的学术同行，还有从遥远的马来西亚、日本、菲律宾专程前来参加会议的友人，有70余位朋友，集聚一堂，共襄盛会。近两天时间的研讨会上，先后有30余位中外学者，作了大会发言，会议并安排一些学者，对各位代表的学术发言，作了中肯简要的评议。会议收到了到会的或因故未到会的代表们认真撰写的学术论文及论文提要，共40余份。这次会议显示了诸多学术友人，对于闻一多的人格精神、学术成就、新诗理论与创作、生平史料的搜寻发现等各个方面的探索思考，获得了比较丰硕的果实。与会代表们这些论文的写作和发言，为闻一多研究的水平提升和空间拓展，展现了活跃而沉实的图景和更为广大的发展可能性。这里我想讲几个问题。

一、这次纪念与学术研讨会，再一次证明：以促进学术研究与弘扬人格精神为宗旨的闻一多研究和闻一多学会，近30年来所走过的历程，是卓有成绩，健康纯洁，而且富有学术生命活力的。

---

① 孙玉石：中国闻一多研究会副会长，北京大学中文系教授。

闻一多作为我们学会以及众多学者的一个关注和研究的对象，在近百年学术史中，既有他与一般诗人、学者的一般性质的精神特征，又有他超越一般诗人、学者的独特文化意义的性质。像这样兼优秀诗人、杰出学者以及民主斗士于一身，并为一种信仰事业和大爱情怀而英勇献身的历史人物，闻一多具有某种被历史赋予的特殊的丰富性，深刻性，永久性。从这个意义上来说，闻一多短促一生留下的精神存在，是充满苦难与搏斗的20世纪前半个世纪里中国知识精英的一个容纳百川的大海，一个衡量知识者灵魂高度的山峰。他成为一个伟大人物为一切普通人树立的辉煌的精神标尺。许多成就杰出者，可以达到，甚至超越他的一个侧面，但他却拥有一种永远难以超越的整体。绿原20世纪40年代一首著名的诗《伽里略在真理面前》里面说："在真理面前，伽里略是人的标准。"我们也可以说，在历史面前，闻一多是作为学者的一个坐标。就学术研究成就、诗歌创作，以及新诗理论思考来说，他或者早已被超越，或纠正，但他拥有的开山者的起点及辉煌，却成为文化开拓者铭刻历史的永久性记忆。面对这样一个丰富的独特文化现象，闻一多研究会所具有的存在价值和学术生命，就不仅被赋予了与其他诗人作家的学术研究团体比较起来更悠久的性质，而且也为一切热爱它，走近它的研究者们，提出了更为纯洁高尚，也更加艰巨的历史承担。我们闻一多研究会，过去，现在，或将来，将不断会像巨大的磁石一样，吸引更多青年人和后来者走近它，因而将拥有更长久发展的生命。不为名利所驱使，不为时风所嬗变，更不会成为由自诩精英走向逐名获利的"工具"和"敲门砖"。这是我们这个学会所具有的天然的圣洁性，也是闻一多学术研究能够健康深化发展的保证。

二、这次纪念会与学术研讨会，也再一次说明：闻一多留给我们的伟大而丰富的精神文化遗产，具有超越时空的学术探讨魅力和吸引力。

自20世纪70年代末开始，许多老一代学者和当时还是中青年的学人，为闻一多研究，付出过他们艰辛的心血和青春，作出了奠基性开拓性的贡献，有的至今仍然在此园地上黾勉耕耘，送出新的成果。不少年轻的后来学人，带着更新的知识结构，更为开放的视野，更为新颖的思维和方法，踏进了这块必须付出足够艰辛劳动才能有所收获的沃土，已经奉献或正在奉献出创造性拓展性的成绩。内地的，香港的和澳门的，一些更为年轻的学人，有的还是在读的博士研究生，尝试着运用更新的理论和方法，进行更富有创新性质的研究探索，为闻一多研究的理论思考，展示了富有新意的可喜的前景和可能性。

这里特别值得一说的，是此次前来与会的日本早稻田大学铃木义昭教授，日本二松学舍大学竹下悦子教授，他们坚持不懈地进行对于闻一多传记、年谱、书信的翻译和研究，对闻一多的古典文学研究成就，从诗学意识形成发展的历史视角，对于闻一多唐诗研究多个方面的成果及内在联系的学术价值，进行细致入微的新的阐释。铃木义昭教授，几乎从学会的发轫，到这次研讨会，近30年来未曾间断地参加中国闻一多研究会的学术活动。这里还应该特别讲一下，已故的日本教授中岛碧女士，1985年我曾陪她一起来武汉，参加闻一多国际学术研讨会，会后她还到贵州、云南等地，调查搜寻有关刘兆吉编的闻一多为之作序的《西南采风录》一书的有关资料，并将此书翻译成日文出版。日本学者们的这种精神，这些翻译著述，他们这种重视实地考察，从小处问题入手进入重要学术辨析的实证精神和方法，值得钦佩，并应该向他们表示敬意。

三、这次研讨会提供的论文和会上的发言，一个值得重视的地方，是研究者们如何将闻一多研究在已有研究成果、方法的基础上，向更广、更新、更深处拓展所作的诸多努力。不少论文，发言，比较已有的成果，从各个侧面显示了新的努力和思考的亮色。

如以新的更深层思考的切入点，新的理论研究方法的引入，使得过去已被充分阐释的问题，获得新的理论探究和崭新的视野。闻一多执著的诗美创造、近于宗教虔诚的学术研究，以及他最后的拍案而起，献出生命的辉煌壮剧，与他的超越宗教之上的精神信仰坚守之间存在的深层精神联系。以科学意义上的现代绘画色彩学理论，探索闻一多诗歌创作和理论“色彩美”追求呈现的丰富性与自觉性。从新诗创作实际出发，考察他新诗介于浪漫主义与现代主义之间的美学追求和探索足迹，等等。

如出现了一些带有历史发生学特征的研究课题，通过社会学中普遍应用的“田野调查”方法，穷见式查阅更多历史文献资料与实地调查寻访结合的方法，对于人们熟悉的闻一多生平史迹及一些文学创作发生学的动态研究。西南联大时期与闻一多相关的某些原始文献及闻一多牺牲后罗常培书写闻一多生平几枚的珍贵手迹的搜寻追踪和发现，将研究追索的学术眼光引回到历史的现场。

如对于熟悉的现象背后某些被遮蔽被忽略问题的凝视关注，从一种新的视角进行重新的深入讨论。如同对于1936—1956年鲁迅纪念活动的演变所蕴含的历史符号和观念转变的研究一样，有的论文选择了1946—1949年的闻一多的纪念活动，进行考察解析论述，涉及闻一多的历史形象如何被塑造及其变化的轨迹，揭示其背后隐藏的一些深层复杂因素的重认。这是以学术史的眼光与方法引入闻一多研究的一种过去未被论及的思考角度。

会议的许多论文和发言，所蕴含的学术含量和精到之处，因为会上讲评人多已专门作了充分阐说，这里就不再去过多赘述了。

四、思考论文与发言的不足之处和存在的问题，使我们的研究者，能够保持一种科学化和历史感，保持一种不断创新的学术清醒。

此次会议一些论文，我粗略翻了一下，感觉到也存在一些值得我们重视的一些问题。如有些论文选题与论述，缺乏学术创新意识，缺乏创新性的论述。有的论文，从选题价值到资料运用，都显得太“软”，太“旧”，少学术的坚硬，意识的新颖，论述的深刻。记得王瑶先生曾对我们这些学生如此说：一个人做学问，写文章，有四个层次，一是自成公理，二是一家之言，三是自圆其说，四是人云亦云。要做到第一个层次，在社会科学领域里，几乎无法做到。如果能别出新意，自成一家，也就很不容易了，即使不能如此，至少应该争取做到“自圆其说”。做学问，写学术文章，最要不得的，便是“人云亦云”了。我们会议上提交的论文，很多是下过功夫写成的，提出了不少新异之见。但也有些文章，是仓促之作，缺乏功力和新意，缺乏史料的新鲜和观点的新颖。

当今一些会议的学术论文，通常突出的毛病，不少是缺乏独创性思考。往往在已有的史料中，习惯的理论思维中，搭积木，绕圈子，翻烙饼，炒冷饭，从题目上，看似新颖，其实往往是老生常谈，像给学生上课的讲义一样。这样的学术论文，对于学术本身，难有太多推进的意义和价值。另外，一些论文里，引述别人的观点，史料，往往多依据第二手材料，而不下点功夫，自己动手去阅读，去发掘原创性的文献资料。即使是尽人皆知的资料引述，也不太注意学术规范：少转引第二手资料，而应该多费点时间，动手去寻找最初版本，原初刊物和报纸文艺副刊。论文的注释，也应注意遵循这样历史研究的精神去做，不要轻易引当下坊间出版的文集、选集，转引一些资料汇集之类的草率选本。尽量依据原初资料，既可以增强学术论文的准确性，科学性，也可以增加学术研究成果的历史感。何况很多作家的全集、文集，作者后来不同时期里多有修改，如果以后来修改的资讯论述当时，引之为论述的证据，就会大大减少历史性学术研究的可靠性了。我们应该坚持以闻一多的治学精神来进行闻一多研究。如果有条件的话，也应该努力养成多翻阅原始文学刊物、报纸副刊、初版本书的学术习惯。

翻阅浏览一些旧期刊，旧杂志，不但会使自己的研究富有一种进入文学场域的历史感，了解许多诗歌创作和文学论文发表原生的历史情境，而且往往也会意外地获得一些资料的新发现。例如，闻一多收入于1948年版和1993年版《闻一多全集》里的《九歌古歌舞剧悬解》一文，我翻阅朱光潜主编1947年初出版的《文学杂志》第2卷第7期上刊登的文本，发现那里刊出的题目，为《九歌新编》，而且在该期刊物目录中，是被与林庚诗作《苦难的日子》、梁宗岱译诗《浮世德悲剧选译》一起，放在诗的栏目，没有放在学术或理论栏目里。这样的发现，就给研究闻一多如何利用古代民歌进行诗剧创作的研究思路，提供了一个新的例证。通过仔细校勘，我还发现了新版《闻一多全集》文本一些重要的遗漏和错讹。偶然翻阅抗战时一个小刊物《文学新报》时，在1945年2月20日第1卷第5期上，我发现了徐迟一首佚诗，题为《京胡》，内容如是：

难得啊，难得得很，
叫我爱一只京胡的歌，
我可以说，从来都没有过。

这全世界最响亮的乐器，
他总在你耳朵边吵闹，
总在你不要他的时候来到，
我总是等它自己疲倦，
它从来不疲倦，我只有逃走，
可是我逃出了半里路还听见，
这全世界最响亮的乐器，
而且，我在半里路之外，听见
半里路之外的另一只京胡。

总有一个嗓子跟着他的，
也总是全世界最响亮的嗓子，
而且也从来不知道疲倦，
摆着他的头，背向着京胡，
反绑了自己的手，唉唉…唉……

徐迟是一个现代意识很强的诗人，即使表现非常现实的情感，他也注意不去直接作口号式的直抒呼喊，而是努力找到一种传达情感的对应物，作出宁静而蕴蓄的抒写。从这首短诗里，我们听到了，在抗战胜利前夜最苦难的岁月里，一个富有良知的爱国知识分子，通过“京胡”这个民族精魂的象征物，传达出来的自己对于民族坚韧不拔和民族生命力的无限热爱和强大自信。走近历史场域也就走近了历史发现的思考和激情。一些新资料的发见，往往会改变文学史的书写。我们不去翻阅历史原初文献，文学期刊和报纸文艺副刊，总是在熟悉的史料甚至是第二手第三手资料范围里，或挖空心思构建理论，或生搬硬套炫奇构想，或放任肆意拔高与过度阐释倾向，这不是文学历史研究之科学正路。作闻一多的学术研究，尤当以此为鉴戒。

五、最后再讲一点是：我们研究者自身，如何调整研究者的心态，增强学术良知，使闻一多的学术研究更好地介入民族精神的提升。

闻一多自五四运动时愤笔书写《满江红》的慷慨激越，到他中年时候的拍案而起，为人民的民主光明事业殉身；从《初夏一夜底印象》、《孤雁》、《罪过》、《天安门》、《洗衣歌》，到《死水》、《心跳》、《荒村》等诗篇，他心中始终怀有一种以“人民本位”的炽热的大爱襟怀。他的新诗“三美”的理想追求与诗里面蕴含的爱国深情，他钟情中国古代灿烂文化，到为中华民族的文化新生而呐喊，也与他对于受蹂躏被压迫的民众的大爱情怀，与“五四”新文化运动倡导的“人的文学”精神，存有一种深刻的内在精神联系。他一生里始终从未以文化精英自诩，而是与受苦受难的民族大众之心紧密相连。他以自己深情愤激的文字，像陀思妥耶夫斯基等俄罗斯文学大师们那样，在“湿漉漉的抹布生活”中寻找出“永久的人性”，在“堕落的灵魂”中发见那些“时时露出美与光明”来，并努力把自己的新诗创作和学术研究，同提升民族精神的理想联系起来。会上的发言中，有学者提出并论述了闻一多是当代中国的杜甫，这个命题的提出和阐发本身，就体现了对于闻一多的诗学事业与关切人民精神发展之间的深刻揭示和认知。我们作为闻一多研究者，因此也就应该有这样一个共识：要从思想意识和学术心态上，不断调整提高自己的学术意识，努力使我们的研究成果更好地介入整个民族精神的提升。从这个意义上来说，我们研究闻一多和研究鲁迅，是具有相通之处的。

2001年，我在一篇文章里，谈及鲁迅研究者自身反思的时候，曾经写过一段话，现在抄在这里，愿与大家共勉：

研究者主体姿态的不断调整，是研究本身深入发展的一个关键。一个民族的真正发展，要依靠许多觉醒者的呼唤与启蒙，但同时也需要更多的真正“民族的脊梁”式人物的拼命硬干与苦斗，甚至为整个民族素质与精神的提高、民族的振兴奋起而默默工作、抗争、肉搏，乃至牺牲。鲁迅呼唤改造国民精神甚高的时候，也正是他热切赞颂和呼唤中国脊梁式人物最力的时候。他反对任何麻木的或并不麻木的现实与历史的旁观者——“戏剧的看客”。鲁迅临死之前写的《半夏小集》中的一段杂感，读起来至今令我深思：

> 这是明亡后的事情。
>
> 凡活着的，有些出于心服，多数是被压服的。但活得最舒服横恣的是汉奸；而活得最清高，被人尊敬的，是痛骂汉奸的逸民。后来自己寿终林下，儿子已不妨应试去了，而且各有一个好父亲。至于默默抗战的烈士，却很少能有一个遗孤。
>
> 我希望目前的文艺家，并没有古之逸民气。

鲁迅“希望”于当时文艺家的，似乎可以反复体味而不言自明。他是面对当时知识分子表现的种种心境形态有所感而发的。超越一点来看也可以说，他提出的是知识分子的社会承担问题，是面对现实的种种精神禁锢与困境，一个真正觉醒的启蒙者姿态的自我选择和自我调整问题。冷静思考20世纪80年代以来鲁迅研究者本身，不能不这样痛苦地自省：在某种意义上说，我们研究者身上，包括我自己在内，或多或少地存在这种“古之逸民气”。在理论思考所赋予的空间里，我们似乎很深刻，很强大，很清高，很陶醉，而在权力、利益、传媒力量以及其他世俗精神和物质引诱的挤压中，我们又非常脆弱，无能，躁动，自私和冷漠。我们所蔑视的有时正是我们所追求的。我们痛楚地发现，鲁迅所剖析鞭挞的知识分子的许多弊病也存在于我们鲁迅研究者自身。为了鲁迅及其作品研究在一个新的世纪里的深入发展，加强研究者主体的建设，并使之更加走向成熟，回味鲁迅提出的已经过去了多年的“希望”，对于我们这些至今靠“吃鲁迅饭”过活的人，似乎还有某种启示与警醒的意义。

最后，感谢主办这次纪念闻一多诞辰110周年纪念暨国际学术研讨会的武汉大学文学院的热心盛情，感谢闻一多基金会给予此会议的大力支持，感谢一些协办单位的鼎力相助，特别要感谢全体会务人员的默默无闻的辛勤劳动！

谢谢大家！

2009年11月21日

闻一多诞辰 110 周年纪念暨国际学术研讨会闭幕式上的发言

陈国恩①

尊敬的各位前辈、各位学者：

非常感谢大家给我这么大的信任，选我担任中国闻一多研究会会长。我深知这个职位承担着很重的责任，尤其是先后在季镇淮先生和陆耀东先生主持下，中国闻一多研究会成立 20 多年来，做了大量卓有成效的工作，在推进闻一多研究、宣传闻一多精神方面取得了突出成绩的情况下，要进一步在闻一多研究方面有所开拓、有所前进，面临着不小的挑战，我感到能力的不足，心有不安。不过，我在这里向各位前辈、各位学者表一个态：既然大家信任我，我一定会依靠新一届中国闻一多研究会的副会长，依靠理事，依靠在座的各位专家，依靠所有热爱闻一多、有志于闻一多研究的学者，与大家多沟通，多商量，把工作做好。同时，我也要在这里代表新一届中国闻一多研究会的理事会，向在座的各位前辈和各位学者表示一个态度，我们一定会把前辈们投入了许多精力、取得了重大成就的闻一多研究工作继续推向前进，这主要倒不是因为我们有多大的能力，而是闻一多研究确实是一项大有可为的工作，闻一多研究还有很大的发展空间，其重要性正在随着国内形势的发展和海峡两岸关系的变化呈现出来。在这一新的背景下，历史期待着我们投入更多精力到闻一多研究的事业中来。我相信，闻一多研究的前

① 陈国恩：中国闻一多研究会新任会长，武汉大学文学院副院长、教授。

景是很好的，闻一多研究一定会取得新的成绩。

在这里，我要特别对陆耀东先生表达敬意。他担任中国闻一多研究会会长后，热心于推进闻一多的研究，在一些关键时候提出了许多指导性意见，为研究和宣传闻一多作出了突出的贡献。1999年以来中国闻一多研究会与武汉大学文学院、闻一多基金会合作举办了包括这一次闻一多诞辰110周年纪念暨国际学术研讨会在内的4次国际学术研讨会，已经出版了3个会议论文集，这次会议的论文集也将正式出版，这些工作都是在陆耀东先生的直接指导下开展的。

在这里，我也要代表中国闻一多研究会，感谢武汉大学、武汉大学文学院对开展闻一多研究所给予的大力支持；感谢多次协办闻一多国际学术研讨会的《文学评论》编辑部、华中师范大学文学院、华中科技大学文学院、湖北大学文学院、西南师范大学新诗研究所、江汉大学文学院、湖北师范学院文学院、湖北省教育学院、黄冈师范学院文学院、武汉大学中国现当代文学研究中心等单位的领导，《文学评论》、《文艺研究》、《武汉大学学报》、《江汉论坛》、《徐州师范大学学报》、《长江学术》等刊物多次发表闻一多国际学术研讨会提交的论文和会议综述，尤其是《文学评论》的副主编王保生先生多次亲临研讨会，你们所给予的宝贵支持，对于成功举办闻一多国际学术研讨会，扩大历次闻一多研讨会的影响，起了非常重要的作用。

在这里，我也要感谢参加闻一多国际学术研讨会的国外学者，特别是日本闻一多研究会负责人铃木义昭教授和竹下悦子教授多次远飞武汉来参加研讨会。有了你们的参与，闻一多研究更呈现了它的国际影响，显示出了它的普遍性价值。你们的厚重成果及研究中注重实证的方法，具有十分重要的意义。我代表在座的中国学者向你们表示敬意。

最后，我要特别感谢闻一多基金会。闻一多基金会的历届领导热情支持闻一多研究的工作。这一次闻一多诞辰110周年纪念暨国际学术研讨会，闻一多基金会理事长，武汉市原市长、国家建设部原副部长赵宝江同志出席并致辞，闻一多基金会常务副理事长、中共武汉市委原常委、统战部原部长刘彩木，闻一多基金会副理事长、武汉市委宣传部原副部长、武汉市社会科学联合会主席方精华等同志出席了纪念会。闻一多基金会在经费上对闻一多研究给予了重要的支持，而且支持的力度在加强。2000年以来已经出版的3个闻一多国际学术会议论文集是由闻一多基金会资助的，这一次闻一多诞辰110周年纪念暨国际学术研讨会的论文集也将由闻一多基金会资助出版。第二届闻一多研究优秀成果奖的奖金由闻一多基金会承担。这一次研讨会，基金会又承担了部分会务经费，对于会议的成功召开无疑起到了重要的保证作用。中国闻一多研究会的工作开展得卓有成效，可以说在全国的学术社团中是比较少见的，这显然与闻一多基金会的大力支持密切相关。我们希望今后与闻一多基金会加强合作，继续得到闻一多基金会领导的大力支持，把闻一多的研究和宣传工作做得更好。

闻一多的亲属韦英先生等始终如一地支持中国闻一多研究会的工作，我在此也一并表示感谢。

当然，真正做好闻一多研究的工作，把闻一多研究推向一个新的阶段，还需要有志于这项事业的学者来共同努力。

闻一多研究已经达到了一个很高的水平，尤其是在闻一多新诗研究、闻一多的诗学研究方面取得了丰硕的成果。我们为此感到高兴，但也不免有点担忧，担忧的是闻一多研究需要有新的突破，而新的突破不是那么容易的，甚至可以说我们正面临一个重大的挑战。

不过，挑战固然意味着面临困难，但它也有诱人的魅力。我们已经知悉，这个月的24日在台湾将由台湾政治大学等学术单位召开纪念闻一多诞辰110周年的座谈会，这是一个强烈的信号，表明闻一多研究将会出现一种新的格局。这个格局不仅反映在政治层面——它表明海峡两岸、中国共产党和中国国民党两大政治力量已经在新的时代条件下有可能超越彼此的历史恩怨，共同面对中华民族在和平崛起过程中所面临的更为紧迫的现实问题，以面向未来的姿态理性地回顾历史，总结经验，探讨中华民族新的发展方向；这个格局对于闻一多研究而言，更重要的是体现在学术层面，它要求我们要以一种前瞻的和回到历史原点的双重视角来研究闻一多，研究闻一多在中国现代史、中国现代政治史、中国现代思想史上的地位和角色。在一个更大的历史视野里研究闻一多的精神和人格，需要从事中国现当代文学研究的学者的参与，更需要从事中国现代史、中国现代思想史的学者的积极参与。这个方面是中国闻一多研究会迄今所做工作中比较薄弱的一个环节，但也正好可以成为我们今后工作的一个重点。中国闻一多研究会要扩大闻一多研究的范围，吸收从事近现代史研究和近现代思想史研究的学者积极参与进来，把闻一多的研究工作推向一个比较全面而且深入的新阶段。

即使在我们已经取得丰硕成果的闻一多研究领域，我觉得仍然有进一步拓展和深入的空间，比如闻一多的人格，作为中国现代知识分子的一个很有个性、很有影响的代表，他的人格及其内在的矛盾性，矛盾性的各种背景因素，矛盾性的转化及其意义等，就值得我们进一步思考。闻一多的人格，有没有更深层次的象征意义，如果有，又如何理解这种象征意义，我觉得都是我们值得研究的。闻一多的爱国主义思想的确切内涵及复杂构成，能不能进一步讨论？我觉得是需要进一步讨论的，而且这会与相关历史问题的评价，甚至与现实问题的考察发生重要的联系。闻一多后来转向古典文学及古代文化研究，他这方面的成果就需要研究中国古典文学和古代文化的学者积极参与进来，也可以由研究中国现代文学的学者转向这个方向，这一领域仍有很大的拓展空间。闻一多的诗学思想与中国传统诗学的关系、闻一多的诗学思想与西方诗学和西方绘画的关系，陆耀东先生在2006年已经提出要引起我们的注意。我觉得这一问题需要做深层次的探讨，与闻一多的人格与修养结合起来，去发现它们之间的内在关系，争取有一些新的有意义的发现。

由武汉大学闻一多研究室编辑的《闻一多全集》12卷本出版，为闻一多研究奠定了一个很好的基础，但关于闻一多的资料还有进一步搜集的必要。这次会议汪德富先生展示的有关闻一多的新的资料，日本铃木昭先生提供的闻一多早年的英文书简，都是很有价值的。这些史料的发现，无疑会给闻一多研究带来积极的影响。

闻一多研究还有许多有待拓展和深入的领域，我不能在此一一列举。总之，闻一多研究是一座经得起发掘的学术矿床，因为闻一多的精神是不朽的，闻一多的新诗创作和学术研究在中国现代文学史上和中国现代学术史上是具有标尺意义的。闻一多是中国现代文学史上、中国现代政治史和现代思想史上绕不过去的一个话题。因此，我们要共同努力，引入大视野，多角度地、比较全面地研究闻一多，把闻一多研究推向新水平。

这种共同的努力，当然包括开展国际性的合作。今天到会的，有来自日本、马来西亚、菲律宾的学者，有来自香港和澳门的学者，本来还有美国、新加坡的学者到来，以前还有德国、俄罗斯的学者参加会议。我们已经开展了国际性的交流。但我们希望这种国际性的交流进入一个更高的层次。日本有闻一多研究会，有一支人数不少的研究队伍，而且出版闻一多研究的专刊。这次到会的日本早稻田大学铃木义昭教授和二松学舍大学的竹下悦子教授，便是日本闻一多研究会的负责人，而且是研究中国文学的著名专家，有很好的汉语水平。我有一个提议，中国闻一多研究会与日本的闻一多研究会可以开展学术合作，联合举办闻一多的学术研讨会，开展学者的互访，进行经常性的学术交流，共同促进闻一多研究的事业。在这种学术联系中，建立起学校与学校之间、学科与学科之间内容更丰富的学术联系。中国人有以文会友的传统，我们可以通过这种学术的交流，建立起更深的友谊。

谢谢大家！

初唐时期诗人意识之形成
——以闻一多《四杰》为中心

［日］　牧角（竹下）悦子
（日本二松学舍大学）

前　　言

在六朝之前的文学评论中，提及“诗人”就是指《诗经》的诗人。以“思无邪”之心，歌咏对现实之批判的《诗经》中的诗人，才是中国古典诗的正统诗人形象。这也是反映儒家的，所谓将现实批判的精神置于中心的“美刺”，此一价值观。那么，不属于上述的，含有近代意涵的诗人，认为抒情才是作诗的原点，欲在表现本身的世界持有独立价值的诗人，出现在诗的历史中是何时？

本论文之主旨在于，透过闻一多的初唐文学论《四杰》，探讨中国新的诗人形象、诗人意识之形成。

一、闻一多对古典研究的偏倚

闻一多对于古典的研究对象是多方面的，然而其中存有一种偏倚。将其古典研究整体列出，可确认此现象，如下：

唐诗研究

律诗的研究（1922）　杜甫（1928）　少陵先生年谱会笺（1930）
岑嘉州系年考证（1933）　类书与诗（1934）　贾岛（1941）

宫体诗的自赎（1941）　四杰（1943）　孟浩然（1943）

诗经研究

诗经的性欲观（1927）　风诗类钞（1933）　卷耳（1935）
诗经新义（1937）　诗经通义、诗新台鸿字说（1935）
匡斋尺牍（1934）

楚辞研究

读骚杂记（1935）　天问释天（1934）　离骚解诂（1936）
怎样读九歌（1940）　九歌兮字代释略说（1940）
什么是九歌（1941）　楚辞校补（1942）　九歌校释（1944）
九歌古歌舞剧悬解（1945）

上古文学史研究

歌与诗（1939）　易林琼枝（1939）　文学的历史动向（1943）
中国上古文学（未刊手稿）·七十二（1943）　道教的精神（1941）　神仙考（1941）

神话研究

高唐神女传说之分析（1935）　姜嫄履大人迹考（1940）
伏羲考（1941）　道教的精神（1941）
龙凤（1944）　说鱼（1945）

其他

金文、金文、契文、卜辞研究、庄子、周易、管子

由此可得知，闻一多的研究对象，以时代而言自古代开始以至唐代，却未及宋代以后；而唐代以前关于六朝的也几乎未提及。以领域而言，是以诗为中心，虽然因为背景研究而提及文化史，除此之外对其他领域少有言及。即使是以唐诗为研究对象时，也不是横跨唐代而是偏重于初唐，初唐时期以外，只有杜甫与贾岛。

这种偏倚所意味的是，闻一多的研究对象是以诗为中心，而其特征在于探究诗歌形成发展的文学史（诗的历史），以及探讨诗歌

的起点。

至于唐代，闻一多的研究对象偏重于初唐，又有何意义？以下透过《四杰》寻找线索。

二、《四杰》

《四杰》是刊载于1943年8月《世界学生》第2卷第7期的论文，试图定义初唐四杰（王勃、杨炯、卢照邻、骆宾王）在文学史上的地位。

在文中首先指出将此四人以诗人统称的问题：

> 继承北朝系统而立国的唐朝的最初五十年代，本是一个尚质的时期，王杨卢骆都是文章家，《四杰》这徽号，如果不是专为评文而设的，至少它的主要意义是指他们的赋和四六文。谈诗而称四杰，虽是很早的事究竟只能算借用。是借用，就难免有"削足适履"和"挂一漏万"的毛病了。

将王杨卢骆四人合并称为四杰，应是针对四六文与赋，故将此称号用于诗则会有问题。接着，举出此四人应以王杨分为一组，卢骆分为一组，即分为前后两组。至于其理由，首先举出个人特质说明。

以年龄来看，卢骆与王杨几乎相差10岁。而在个性上，卢骆多有丑闻性的话题（丑行），王杨则较保守。在人际关系上，卢照邻与骆宾王，王勃与杨炯之间有应酬及同题同韵的诗作等交流，而卢骆与王杨之间的关系则较淡薄。在确认这三点差异之后，再指出更重要的有关诗作的相异点，也就是卢照邻与骆宾王是擅长于七言歌谣，王勃与杨炯则巧于五律：

> 首先，卢骆擅长七言歌行，王杨专工五律，这是两派选择形式的不同。当然卢骆也作五律，甚至大部分篇什还是五律，而王杨一派中至少王勃也有些歌行流传下来，但他们的长处决

不在这方面。

并且认为这点不同之处反映了他们所肩负的时代的使命：

卢骆与王杨选择形式不同，是由于他们两派的使命不同。卢骆的歌行，是用铺张扬厉的赋法膨胀过了的乐府新曲，而乐府新曲又是宫体诗的一种新发展，所以卢骆实际上是宫体诗的改造者。他们都曾经是两京和成都市中的轻薄子，他们的使命是以市井的放纵改造宫庭的堕落，以大胆代替羞怯，以自由代替局缩，所以他们的歌声需要大开大阖的节奏，他们需要以赋为诗。正如宫体诗在卢骆的手里是由宫庭走到市井，五律到王杨的时代是从台合移至江山与塞漠。台合上只有仪式的应制，有“绵句绘章，揣合低昂”。到了江山与塞漠，才有低徊与怅惘，严肃与激昂，例如王的《别薛升华》，《送杜少府之任蜀州》和杨的《从军行》，《紫骝马》一类的抒情诗。抒情的形式，本无须太长，五言八句似乎恰到好处。前乎王杨，尤其应制的作品，五言长律用的还相当多。真是该注意的。五言八句的五律，到王杨才正式成为定型，同时完整的真正唐音的抒情诗也是这时才出现的。

闻一多认为，卢骆的使命是将宫体诗自腐败的宫廷开放于自由奔放的市井，而王杨的使命是将五言诗从台阁移至他们所放浪的江山及边境之地，赋予了强有力的抒情性。

接着指出，如果说卢骆是宫体诗的改造者，而王杨是五律的创作者，由同样道理，可以将为宫体诗注入新意的刘希夷、张若虚等人与卢骆一同称为前四杰，并且可以将与王杨属于同系统的宋之问、沈佺期一同称为后四杰。

闻一多在《宫体诗的自赎》(《唐诗杂论》) 中，给予刘希夷及张若虚特别高的评价。然而他们承自宫体的主情又诉诸感觉的诗风，可说是较通俗的，并不能与卢骆的诗风所持有的格调相提并论。相同地，宋之问、沈佺期以五律形式的确立者而言或许可与王杨并称，但是若以诗作的水平将此四人视为同格，是有危险性的。这么考虑，闻一多所举出的前后四杰的提案，是不实际的。然而闻一多会提出这样的假设，是认为与其将四位诗人视为一组，不如将卢骆和王杨分为两组，注目于他们之间的相异点才能使其在文学史上的地位更加鲜明。

> 将卢骆与王杨分别的划归了刘张与沈宋两个集团后，再比较一下刘张与沈宋在唐诗中的地位，便也更能了解卢骆与王杨的地位了。五律无疑是唐诗最重要的形式，在那是人心目中，五律才是诗的正宗。沈宋之被人推重，理由便在此。按时人安排的顺序，王杨的名字列在卢骆之上，也正因他们的贡献在五律，何况王杨的五律是完全成熟了的五律，而卢骆的歌行还不免于草率，粗俗的“轻薄为文”呢。论内在价值，当然王杨比卢骆高。然而，我们不要忘记卢骆曾用以毒攻毒的手段，凭他们那新式宫体诗，一举摧毁了旧式的“江左余风”的宫体诗，因而给歌行体芟除了芜秽，开出一条坦途来。若没有卢骆，哪会有刘张，哪会有《长恨歌》、《琵琶行》、《连昌宫词》和《秦妇吟》，甚至于李、杜、高、岑呢。看来，在文学史上，卢骆的功绩并不亚于王杨。后者是建设，前者是破坏，他们各有各的使命。负破坏使命的，本身就得牺牲，所以失败就是他们的成功。人们都喜以成功论事，我却愿向失败的英雄们多寄予点同情。

若以充实诗的形式这样的观点而言，确立五言诗的王杨在文学史上的评价，是比卢骆较高。然而处于旧式的歌行体中，卢骆完成了身为破坏者的使命，闻一多在本论的最后对卢骆寄予较多的同情。

在本论中所显示的闻一多文学论的特征，首先可举出对于初唐这一个时代的文学史上的定位。初唐的前半期是注重学术而缺乏文学性的时期，是一个只在意表面上修辞的时代，这已在《唐诗杂论》、《类书与诗》中有所论述。① 闻一多说，四杰的出现是为“文学的一种皮肤病”开刀。而到了初唐后半期，四杰中的卢骆改造歌行体，王杨则确立了完全成熟的五律。关于卢骆歌行体的文学史上的意义，则在《四杰》之后所写的《宫体诗的自赎》中有进一步详尽的论述。

与此相关联，在此也明确地将诗歌中的抒情五言诗以及歌行体作区分，认为五律此一定型是“完整的真唐音的抒情诗”，与唐初的歌行，以及盛唐以前的歌行作区别。并且论述，卢骆的新歌行体开创了《长恨歌》、《琵琶行》等李白、杜甫的乐府之路。在此所指出的歌与诗之间明确的区分，是在上述的《歌与诗》中也清楚地论说的。这是主张中国的诗歌有歌与诗两种潮流，以抒情为主的歌之外，还有肩负记录使命的诗（志）的形式。在《四杰》中使用了“抒情诗”一词。这代表，以抒情性为主的歌，以及负有记录使命的诗，在初唐时期，尤其到王杨的五律，获得了抒情诗这种新的诗的形式。在此，并未针对近体诗的抒情性与歌谣、吟咏之间的差别有明确的说明或是论证。但是，由本论中可以看出，闻一多的诗歌论是以诗与歌性格不同为前提的。

而此论说最大的特征在于，将诗人视为在诗歌历史中，肩负时代使命与命运的存在，以这样的观点来定位。以旧文学的破坏者定位卢照邻、骆宾王，以新诗体的建设者定位王勃、杨炯，这样的观点显示了，对于诗人们以文学史上所担负的角色来做正面评价，并且显示了诗人是有各自所肩负的命运，这一闻一多独特的诗人观。诗人有上天所赋予的使命，这种想法与儒家的，与现实相联结，尤其以美刺这种批判精神为中心的诗人观是不同的。闻一多在四杰中看到的，不是与现实联结的价值，而是将价值置于表现本身的世界之新诗人形象。

① 关于闻一多《类书与诗》可参阅牧角悦子的《类书と诗——闻一多の初唐文学论（一）》，《日本闻一多学会报》，《神话と诗》，2007年第6号。

三、对于初唐文人的评价

《四杰》这篇论说，是在一连串的初唐文学论的脉络下所写的。这原本应该是在闻一多的昆明时代时，预定汇集于《唐诗杂论》中的。根据湖北版《闻一多全集》第六卷《唐诗编》(上) 中的《类书与诗》的编者之注，预定依以下次序编辑：一、《诗与文的混淆》(未)；二、《类书与诗》；三、《四杰》；四、《宫体诗的自赎》；五、《从久视到景龙》(未)；六、《陈子昂》；七、《孟浩然》；八、《贾岛》。其中，一、《诗与文的混淆》以及五、《从久视到景龙》两篇，仅有构想，并未执笔。六、《陈子昂》也是未刊行的手稿，虽然依项目收集许多的数据，并未写成正式的论说。由此可知，《唐诗杂论》并不是将既有的文章以一个主题连起来，而是先有明确的构想，刻意地将选定的项目依序撰写，而未完成的书。察看这些项目可以得知这个构想，与其说是俯瞰唐诗整体不如说是将焦点放在特定的时期特定的诗人上。以时代而言是初唐，以诗人而言是指陈子昂、孟浩然、贾岛，可说是不属于时代中心的诗人。闻一多对于这特殊的时代与特殊的诗人，有什么样的兴趣，希望在《唐诗杂论》中将他们定位于何处？要考虑这些问题，必须注意初唐这一个时代。因此，接下来以诗人观的变化为切入点探讨初唐时期。

研读有关初唐诗人的传记，会发现对于诗人的评价有特殊的倾向。就是对于诗人这一种身份，加以非常辛辣的批判。有时不只是辛辣，甚至会有对人格的攻击，或是有阴险又恶意的描写，这是在大部分留有名声的诗人传记中可见的现象。诗人的传记是由后世所撰写，因此会反映撰写当时的文学观，并不一定持客观角度，这是可以理解的。然而是否有上述的理由不足以说明的、特别的情感表现于此？以下就这一点进行探讨。

首先，先看成为探讨初唐文艺界基本共识的《新唐书·文艺传》。

唐有天下三百年、文章无虑三变。高祖、太宗，大难始夷、沿江左余风、缔句绘章、揣合低卬。故王、杨为之伯。玄宗好经术、群臣稍厌雕琢、索理致、崇雅黜浮、气益雄浑。

《文艺传》云，初唐时期还存有六朝时过度倾向于修辞的作风，到了玄宗的时代，开始重视哲理与气魄胜于修辞上的雕琢，并将王杨二人举为初唐的代表，也就是将初唐视为重六朝风修辞的时代。这个论调反映了宋初的否定修辞的主张，并不是将当时的状况客观地描述出来的，这是不可否认的事实，然而这已经成为之后对初唐评价的一般见解。而在这种诗人观中，对于初唐时代的诗人的批判，是否针对六朝的修辞主义？实际上并不见得。以下是新旧《唐书》① 中所出现的对诗人的批评：

新唐书　杜审言传

杜审言，字必简，襄州襄阳人，晋征南将军预远裔。擢进士，为湿州城尉。恃才高，以傲世见疾。苏味道为天官侍郎，审言集判。出谓人曰，味道必死。人惊问故，答曰：彼见吾判，且羞死。又尝语人曰：吾文章当得屈宋作衙官，吾笔当得王羲之北面。其矜诞类此。

旧唐书　王勃传

勃恃才傲物，为同僚所嫉。

（裴）行俭曰：士之致远，先器识而后文艺。勃等虽有文才，而浮躁浅露，岂享爵禄之器邪。

旧唐书　杨炯传

炯至官为政残酷，人吏动不如意，辄搒杀之。又所居府

① 要正确理解对于初唐诗人的评价，应该不只参阅新旧唐书，也应该参照原史料及笔记类等材料，然而本文的主旨在于阐明闻一多的初唐观而不在于追究初唐的文学论，故在此仅以此二书为主。这些诗人评价主要依据小川环树编：《唐代の诗人》，大修馆书店昭和五十八年版。

舍，多进士亭台，皆书牓额，为之美名，大为远近所笑。

新唐书　宋之问传

于时张易之等烝昵，宠甚。之问与阎朝隐沈佺期刘允济倾心媚附，易之所赋诸篇，尽之问朝隐所为，至为易之奉溺器。

会武三思复用事，仲之与王同皎谋杀三思，安王室。之问得其实，令兄子昙与冉祖雍上急变，因丐赎罪，由是擢鸿胪主簿，天下丑其行。

新唐书　沈佺期传

及进士第、由协律郎、累除给事中考功、受脉、劾。

佺期为弄辞悦帝、还赐牙绯。

在此批评杜审言仗着自己有才干而骄傲，对于王勃也批评他恃才傲物，为人轻浮，不是从政的料。杨炯被描写为执政冷酷的人，并且其傲慢的态度也被鄙视；宋之问被断定为谄媚于权利者，有为了保身而出卖他人的“丑行”。沈佺期则因其收受贿赂、撰文谄媚而成为批评的对象。

除了新旧《唐书》的记载之外，在诗话及杂记当中，有更多的人格批判，这些怀有恶意的诗人批判，反而使人感到，在这背后是否有别的意图的可能性。可以推测，这或许是由一个立场，对于其相反的立场或是对于会威胁到他的立场的人的强烈的反弹，或是危机意识的表现。

对于这两种对立的立场，以往视为旧贵族与新兴知识分子的对立。① 的确上述对诗人的批评，与科举任官的关系相当紧密，由此观点而言，这两种对立关系可以视为两种不同的政治势力。然而这

① 三上英司：《唐代“轻薄”考》，《日本中国学会报》，2007年，论述唐代“轻薄”一词的特征时指出，旧势力对于由科举制度而反叛的新兴知识分子的批判，会使用“轻薄”一词。而有关唐代初期的文学思想，古川末喜的《初唐文学思想と韵律论》(知泉书院2003年版) 以旧贵族层与新兴知识人的对立的构图来定位。这些研究均认为初唐期有新兴知识分子与旧贵族势力的对立，而有关初唐的文学论，均以此为基调。

是“旧贵族势力”与“新兴知识分子”的对立，而辛辣的批评果真是后者针对前者的吗？再者，“旧贵族势力”、“新兴知识分子”具体是指什么样的人？

以下探讨，论述初唐的政治势力与武则天变革的意义的陈寅恪《隋唐政治史述论稿》①：

> 宇文泰率领少数西迁之胡人及胡化汉族割据关陇一隅之地，欲与财富兵强之山东高氏及神州正朔所在之江左萧氏共成一鼎峙之局，而其物质及精神二者力量之凭借，俱远不如其东南二敌，故必别觅一途径。融合其所割据关陇区域内之鲜卑六镇民族，及其他胡汉土著之人为一不可分离之集团，匪独物质上应处同一利害之环境，即精神上亦必具同出一渊源之信仰，同受一文化之熏习，始能内安反侧，外御强邻。……此新途径即就其割据之土依附古昔，称为汉化发源之地，不复以山东江左为汉化之中心也……此宇文泰之新途径今姑假名之为“关中本位政策”。

> 李唐皇室者唐代三百年统治之中心也，自高祖太宗创业至高宗统御之前期，其将相文武大臣大抵承西魏北周及隋以来之世业，即宇文泰“关中本位政策”下所结集团体之后裔也。自武曌主持中央政权之后，逐渐破坏传统之“关中本位政策”，以遂其创业垂统之野心，故“关中本位政策”最主要之府兵制，即于此时开始崩溃，而社会阶级亦在此际起一升降之变动。盖进士之科虽创于隋代，然当日人民致身通显之途径并不必由此，及武后柄政，大崇文章之选，破格用人，于是进士之科为全国干进者竞趋之鹄的。当时山东江左人民之中，有虽工于为文，但以不预关中团体之故，致遭屏抑者，亦因此政治变革之际会，得以上升朝列，而西魏北周杨隋及唐初将相旧家

① 使用的版本为台湾“中央研究院”历史语言研究所特刊之三《寅恪先生论集》，台湾“商务印书馆”1971年版。

之政权尊位遂不得不为此新兴阶级所攘夺替代，故武周之代李唐，不仅为政治之变迁，实亦社会之革命，若依此义言，则武周之代李唐较李唐之代杨隋其关系人群之演变，尤为重大也。

在此说明了，支撑唐朝初期的政治与军事的关陇集团与继承南朝文化的山东江左文人集团的对立。也就是说，在初唐（至少在其前半期）对立的两个势力并不是“旧贵族势力”与“新兴知识分子”，而是北朝系政治集团（关陇集团）与南朝系文化人（山东、江左的旧贵族）。而武则天的变革，一扫前者的势力，并试图以进士科组成新的知识层。而此进士科才是重视诗文，是与由军事集团发展的北朝系势力相对峙的。由此探究，在初唐的前半期被政治势力敌视而受到强烈批判的人们，反而是继承南朝系的文化传统的文化人。也就是说，被称为旧贵族系的人才是新兴知识分子势力。若将武则天的变革视为，重新评价六朝系的文人层，由这样的构图来探讨时，对于唐初的文人的阴险的批评，可推测为反映北朝系的旧势力对于文才洋溢的六朝系人士的强烈反感。

并且，在初唐时期，有着强力复古论调的文学理论，以及对于“道”的传统意识的重新评价也可视为，企图以政治性的文化政策使王朝安定的北朝系政治势力的主张。这显现在对于以“江左的余风”一词为代表的，南朝高度考究而优美的文学批判。北朝系的军事政策集团，在太宗巩固王朝基础之前，必须排除支持南朝文化的旧势力，所以极端否定南朝文化，成为新文化秩序形塑者的改革意识的表现。在唐初的文论中可看见的复古主张，以及对于“江左的余风”的批评，与选举论有显著的关联，也正是因为这与政治集团形成有密切的关系。然而在此必须考虑，这是以文化政策为中心的，台面上的主张，而极端的批判也是反映这样的政治立场。在于文化，或是表现法本身的发展脉络上，南朝文化的成熟与考究，决不是单单以“软弱的贵族文化”这样的理由就可以加以否定的存在。虽说是北朝系，皇族们也积极地采取南朝文化，甚至也有完全南化的君主。① 由这一个层面来看，在初唐时期的文论中所显现的，对于复古与道统过度的强调，是违反表现本身的发展潮流的。犹如《类书与诗》中所述，闻一多强烈批评以唐太宗为中心的文学团体，因为缺乏文学性品味而导致初唐的文学毫无进展。

闻一多所注目的初唐前半期，在《类书与诗》与《四杰》中所描述的时代，是肩负政治与文化责任的人，多层次地采取南北朝文化的、复杂的时代。相对地，对立的异质文化，会给僵化的种种意识带来变化。拖着六朝的尾巴，由新的政治势力开拓的唐朝初期，在这样的文化混乱时期，才可能产生前所未有的新的价值与新的诗人观，闻一多是注目于这样的时代的。

若以同样的观点理解，闻一多的《唐诗杂论》中所举出的项目有所偏倚的意义也可以明了。闻一多应该是注目于文学史上的过渡时期，以及位于时代转折点的诗人们。在初唐这个时代，犹如上述，是新的文化意识逐渐形成的时代。在此可以看出在这个时代，“诗”的形态即将获得与以往不同的意义。而至于孟浩然、贾岛、陈子昂等诗人，他们不是属于时代的典型，而是在边缘地带，皆是含有酝酿着下一个新时代的可能性的诗人。《贾岛》一篇，论述其存在带给唐代以后的诗人以巨大影响，其影响在于给予诗的世界“休息”，《孟浩然》则叙述，其诗中的“剩余”是先前的诗中所没有的要素。有关闻一多对于唐诗见解的妥当性，必须一一详细检讨，但是单就《唐诗杂论》的意图本身而论，可推测闻一多是注目于时代的交接点与诗的变容之契机，企图探索唐代的诗与诗人的意识。

① 在《类书与诗》中，闻一多指出隋炀帝的“南化（南朝化）”比唐太宗更加彻底，并对于隋炀帝的文学品味有正面评价。

闻一多：新诗史上的杜甫

吕　进　周　婷

（西南大学）

当讨论中国新诗发展的时候，中国新诗近百年之变与中国诗歌几千年之常的关系是一个关键话题。中国新诗应当中国，应当有民族的身份认同，对民族传统的几千年之常的批判继承就是一个涉及新诗兴衰的问题。拒绝这个“常”，新诗就会在中国大地上备感寂寞，甚至枯萎。从这个角度可以找到观察闻一多的新话题。

香港文学史家司马长风在《中国新文学史》第十四章《现代的诗圣与诗仙》一节中对闻一多给予高度评价。他写道：“闻一多的笃实恳挚，紧紧抓住中国的土壤，使人想起诗圣杜甫。”① 此论不虚。和杜甫一样，闻一多怀抱祖国，热爱草根，珍视传统，是朱自清称赞的“唯一的爱国诗人”。“致君尧舜上”的杜甫，“心里有尧舜的心”的闻一多，这两位诗人真挚的爱国之情，对于民族命运的深切关怀，又是何等相似。和杜甫一样，闻一多也具有“语不惊人死不休”的古风。唐诗的成熟是以律诗的确立与完成为标志的，而杜甫律诗杰出的艺术成就，是唐诗成熟的一个标志。闻一多同样为新诗建立了新的艺术规范和美学标准，他的现代格律诗的理论与实践为新诗的发展开拓了新的局面。闻一多是中国新诗发展史上标志着新诗由初创期转入成熟期的重要诗人。可以说，闻一多和杜甫无疑是相隔千年的同道知音。

---

① 司马长风：《中国新文学史》上卷，昭明出版社有限公司 1980 年版，第 157 页。

人格：从前人到今人

闻一多直接从老杜的人格吸取了丰富的养分。在唐诗研究领域，闻一多的成就是很突出的，他从“诗唐”来言说“唐诗”，在唐诗研究中他着力最多的，最为重视的是杜甫。

闻一多评价杜甫为：“中国有史以来第一个大诗人，四千年文化中最庄严、最绚丽、最永久的一道光彩。”① 上下千年伟大的文人墨客不胜枚举，闻一多唯独与杜甫惺惺相惜。

闻一多认为诗人是有等级的，而杜甫应该是一等，因为他的诗博、大。李、杜的优劣固不能有所轩轾，但闻一多还是做出了他自己的价值判断：“李白有他的天才，没有他的人格。”② 杜甫人格的伟大在于他能够关心民生，为民请命，借诗来忧国忧民。“他的笔触到广大的社会与人群，他为了这个社会与人群而同其欢乐，同其悲苦，他为社会与人群而振呼。”③

同杜甫一样，闻一多也非常重视诗的社会价值。“诗是社会的产物。如若不是于社会有用的工具，社会是不要它的。”④ “艺术是改造社会的急务。”⑤ 诗歌就应该担负起社会责任来，抢救正处在水深火热中的祖国，关怀正在受苦受难的民众。正如闻一多的生前好友朱自清所说：“他在过去的诗人中最敬爱杜甫，就因为杜诗

① 闻一多：《杜甫》，《闻一多全集》第6卷，湖北人民出版社1993年版，第74页。

② 闻一多：《杜甫》，《闻一多全集》第6卷，湖北人民出版社1993年版，第75页。

③ 闻一多：《诗与批评》，《闻一多全集》第2卷，湖北人民出版社1993年版，第221页。

④ 闻一多：《诗与批评》，《闻一多全集》第2卷，湖北人民出版社1993年版，第222页。

⑤ 闻一多：《征求艺术专门的同业者底呼声》，《闻一多全集》第2卷，湖北人民出版社1993年版，第14页。

的政治性和社会性最浓厚。"①

闻一多和杜甫有着相同的爱国忧民之情是与他们成长经历、个性以及所处的时代密切相关的。杜甫出身于书香门第，他的家世足以使他自豪。在先人中，他最喜欢夸耀的是政事、武功、学术震耀一时的儒将杜预和著名诗人杜审言。他们都是儒家的理想人物。其他的家族成员中也不乏贤才和孝子。杜甫继承了"奉儒守官"的家族传统，终其一生都以儒家思想为安身立命的根本，以立德、立功、立言为人生目标和理想，儒家思想造就了他爱国忠君、忧国忧民的人格。加之自幼饱读诗书，他不仅早慧而且早熟。在书斋里，"他沿路看到的都是圣贤、豪杰、忠臣、孝子、骚人、逸士——都是魁梧奇伟、温馨凄艳的灵魂"②。在现实中，他有崇高的理想和宏大的志向以及为此而奋斗的强烈信心。在《奉赠韦左丞丈二十二韵》中杜甫写道："甫昔少年时，早充观国宾。读书破万卷，下笔如有神。赋料扬雄敌，诗看子建亲。李邕求识面，王翰愿卜邻。自谓颇挺出，立登要路津。致君尧舜上，再使风俗淳。"看了这段文字，便可以想见诗人意气风发、踌躇满志、睥睨一切的傲气。杜甫一生坎坷，严酷的社会现实粉碎了他的美梦，他不仅没能受到统治者的重用，做到济世安邦，反而遭到了统治者的冷遇、打击和迫害，几乎性命不保，一生饱尝战乱之苦，流离之害，被迫寄人篱下。一个"奉儒守官，不坠素业"(《进雕赋表》) 的贵族子弟居然也遭遇到了"残杯与冷炙，到处潜悲辛"(《奉赠韦左丞丈二十二韵》) 的生活，这就使得杜甫更能从屈辱中体会底层人民的忧患。当安史之乱爆发后他对国家危亡的焦虑以及对人民的同情就有了更深广的内容。他推己及人地关爱民众苍生，直到年老依然"穷年忧黎元，叹息肠内热"(《自京赴奉先县咏怀五百字》)。面对国家的危难，他毅然挺身而出，闻一多在《家族主义和民族主义》一文

① 季镇淮主编：《闻一多研究 40 年》，清华大学出版社 1988 年版，第 22 页。

② 闻一多：《杜甫》，《闻一多全集》第 6 卷，湖北人民出版社 1993 年版，第 75 页。

中对杜甫在天宝之乱时临危不惧的气节给予高度的赞扬："几乎整个朝廷的文武百官，都为了保全身家性命，投降附逆了。一位'麻鞋见天子，衣袖露两肘'的诗人便算是了不得的忠臣，那时代忠的观念真教人齿冷！"① 杜甫的举动和那些张皇失措、趋炎附势的大臣们形成了鲜明对比。可以说他是个精忠报国、死不我顾的爱国者的形象。这种"临危莫爱身"的赤子之心和心系民众的仁爱之情都表现出了杜甫的英雄气概和高尚的人格。

闻一多的故乡是湖北浠水，正是荆楚文化之地。在文学史上，这里产生了我国最早的浪漫主义诗人——屈原，他忠君爱国的思想、信巫近鬼的浪漫风格，源远流长，形成了鲜明的地域文化。与伟人为邻便也潜移默化了闻一多。他称屈原为"人民的诗人"，对屈原的精神赞颂不已。

深厚的人文传统养育了闻氏家族，闻家祖上世代耕读。闻一多从小嗜书成癖，深受诗云子曰之熏陶。入清华后，又进一步读了不少古书。他一生都坚持研读中国古籍，对悠久的中华文化有着浓厚的兴趣和情感。1923年，他在评郭沫若诗集《女神》的著名文章中，曾经讲，"我要时时刻刻想着我是个中国人"，还说"我爱中国固因他是我的祖国，而尤因他是有他那种可敬爱的文化的国家"。②

热爱黎民，家国为上，是中国古代诗歌的优秀传统。中国古代文人忧国忧民、以诗传言的责任感早就印在闻一多心里。岳飞、文天祥等民族英雄和"天下兴亡，匹夫有责"、"杀身成仁，舍生取义"、"人生自古谁无死，留取丹心照汗青"等古训，早已深深地扎根于他的心中，铸造了他的民族精神。在五四时期，他说，每至古人忠义之事，"吕端大事不糊涂"；"三一八"惨案时他在《文艺与爱国——纪念三月十八》一文中说："我们若得着死难者的热情

① 闻一多：《家族主义与民族主义》，《闻一多全集》第2卷，湖北人民出版社1993年版，第358页。

② 闻一多：《〈女神〉之地方色彩》，《闻一多全集》第2卷，湖北人民出版社1993年版，第121页。

的一部分，便可以在文艺上大成功；若得着死难者的热情的全部，便可以追他们的踪迹，杀身成仁了。”① 在国民党反动派对他极端仇恨，他已身处险境之时，他凛然地对华罗庚先生说：“要斗争就会有人倒下去。一个人倒下去，千万人就会站起来！形势愈紧张，我愈应当把责任担当起来。‘民不畏死，奈何以死惧之’，难道我们还不如古时候的文人……”②

闻一多以他的死完成了一首流传后世的优雅的诗，这与杜甫“临危莫爱身”的英雄气概一脉相传。

但是，经过五四新文化运动启蒙思想的洗礼，闻一多的爱国意识却大大超越了封建士大夫式的忠君爱国的杜甫。闻一多说：“爱祖国是情绪底事，爱文化是理智底事。”③ 所谓“情绪底事”可以用西方心理分析学家荣格的“集体无意识”的理论来表述。杜甫是中国文化的集大成者，他身上集中体现了中华文化传统里一些最重要的品质，他爱国忧民、悲天悯人的情怀是古代志士仁人经过几千年的心理积淀累积而成的。杜甫从出生开始便处在以儒家思想为主导的文化中，“奉儒守官”的家庭传统在儒家尊敬祖先的伦理准则下代代相传，坚不可摧。这些正统的说教深刻地影响了杜甫，以至使他从唯心主义天命观的角度出发，错误地认为“君王自神武”(《投赠哥舒开府翰二十韵》)、“高帝子孙尽隆准，龙种自与常人殊”(《哀王孙》)。从这种思想出发，在杜甫眼里，国家的兴衰系于皇帝一身，忠君与爱国就是一回事了。杜甫人格中最本质的东西来源于“集体无意识”中的儒家传统，由于时代的局限，杜甫的忠君爱国思想并没有能够经过自我意识的过滤和思考。

五四新文化运动的启蒙观念强调个体自由，尊重个体思维和体验。闻一多受到爱国的民主思想的强烈影响，开始了新的觉醒。

① 闻一多：《文艺与爱国——纪念三月十八》，《闻一多全集》第2卷，湖北人民出版社1993年版，第134页。

② 赵慧编：《回忆闻一多》，武汉出版社1999年版，第54页。

③ 闻一多：《〈女神〉之地方色彩》，《闻一多全集》第2卷，湖北人民出版社1993年版，第121页。

“理智底事”显然是经过闻一多自身体验和思考得出的结果，由中国文化的滋养而生发出来的民族自豪感足以使他理智而又真挚地爱国爱民。闻一多自小研读古籍，也接受了不少的儒家思想，但是处在新时代的他能够博古通今，贯通中西，在文化的长河里去粗取精，用辩证的眼光去认识事物。中国五千年的文化固然璀璨，但是历史悠久也就必然有了僵死的症结所在。闻一多以时代的崭新眼光重新审视儒家。他写道：“儒家思想是奴隶社会的产物，然则中国士大夫的意识观念是什么，也就值得深长思之了！”① 这和杜甫“兴衰看帝王”的思想不同，闻一多并没有把希望寄托在国民党政府身上。特别是抗战中后期，国民党反动派专制独裁，黑暗腐败，大片国土沦丧，千百万人民惨遭日寇屠杀蹂躏，使他对国民党反动派备感愤怒。

他看到了民众的力量。在新时代，绝对不能“君为上”，而是要“人民为上”。他说，现在是“人民的世纪——今天只有‘人民至上’才是正确的口号”②。有着英雄气概的闻一多毅然走上民主斗士之路，用他的生命和民众一起争取民主与自由，这正是他理解的爱国精神，和一千多年前的杜甫的“忠君爱国”有着巨大的差别。

格律：从古代到现代

在诗歌艺术规范方面，闻一多提倡诗是“做”出来的，他对中国现代格律诗的倡导对新诗的由“破格”到“创格”的转折产生了重大影响。闻一多的“做”诗与杜甫的“语不惊人死不休”、“思飘云物动，律中惊鬼神”有异曲同工之妙。

杜甫的出现标志着古代诗歌写作技术化时代的到来。闻一多以

① 闻一多：《什么是儒家》，《闻一多全集》第2卷，湖北人民出版社1993年版，第401页。

② 闻一多：《人民的世纪》，《闻一多全集》第2卷，湖北人民出版社1993年版，第407页。

诗人和文学史家的远见卓识，赞赏杜甫的艺术技巧和写作境界，并敏锐地把握了艺术的本质，“格律是艺术必须的条件。实在艺术自身便是格律”①，“律诗是中国诗独有的体裁”，“他是中国的诗底艺术底最高涨标”。② 律诗的价值即在其格律，杜甫在格律方面比其他诗人倾注了更多的心血。老杜诗云“晚节渐于诗律细”，这可以看做杜甫“功夫长进的宣言”。正是对精湛的艺术的不懈追求，才让杜甫登上了唐代诗歌的顶峰。闻一多也感叹道：“禽族里再没有比凤凰善鸣的，诗国里也没有比杜甫更会唱的。”③

闻一多对新诗格律的探讨和提倡源于对古典律诗所构成的传统诗歌的美学要件的赞赏。在新诗诞生的十年后，面对只强调“白话”而不看重“诗”的时尚，他站了出来，指出这是诗歌的自杀行为。闻一多坚决反对新诗的“绝对自由”说，是很有见地的。他提倡“做”诗，反对郭沫若们主张“自然流露”的“写”诗。“做”，就是“游戏规则”。只有遵循“游戏规则”，诗才成其为诗，才能与其他文体相区分。凡“游戏”皆有“规则”，凡艺术皆有“约束”。“游戏规则”带来“约束”，但也带来创造的巨大空间。优秀的艺术家正是在克服、驾驭这“约束”里显示才华的。尤其是诗。其他文体是以内容为基础的艺术，而诗是以形式为基础的艺术。对诗来说，形式即内容。“绝端自由”就是取消形式，取消形式就是取消内容。获得抛弃“游戏规则”的自由，也就获得了消灭诗歌的自由。闻一多有个很著名的“戴着脚镣跳舞”的比喻：“越是有魄力的作品，越是要戴着脚镣跳舞才跳得痛快，跳得好，只有不会跳舞的才怪脚镣碍事，只有不会做诗的才感觉到格律

---

① 闻一多：《诗的格律》，《闻一多选集》第 1 卷，四川文艺出版社 1987 年版，第 313 页。

② 闻一多：《律诗底研究》，《闻一多选集》第 1 卷，四川文艺出版社 1987 年版，第 315 页。

③ 闻一多：《杜甫》，《闻一多全集》第 6 卷，湖北人民出版社 1993 年版，第 74 页。

的束缚。"① 看看一千多年前的杜甫，他对于七律的运用就已达到了随心所欲而不逾矩的境界了，比如《登高》：

风急天高猿啸哀，渚清沙白鸟飞回。
无边落木萧萧下，不尽长江滚滚来。
万里悲秋常作客，百年多病独登台。
艰难苦恨繁霜鬓，潦倒新停浊酒杯。

这首诗是大历二年（767）秋杜甫在夔州所写，是夔州诗中非常知名的作品。杨伦在《杜诗镜铨》中称赞此诗为"杜集七言诗第一"。胡应麟在《诗薮》里也评此诗为"旷代之作"，"一篇之中，句句皆律，一句之中，字字皆律"，"皆古今人必不敢道，决不能道者"。四联都对仗工稳，在形式上更是严整精致。

闻一多也实践了他自己的诗歌理论，他的《死水》便是他在音节上最满意的试验。如第一节：

这是/一沟/绝望的/死水，
　　清风/吹不起/半点/漪沦。
不如/多扔些/破铜/烂铁，
　　爽性/泼你的/剩菜/残羹。

《死水》全诗共五节，都同第一节一样，每节四行，每行都用三个二字尺，一个三字尺构成，每行九字，起头收尾都是双音尺。这种形式上的严格、整齐的句法"不但于音节没有妨碍，而且可以促成音节的调和"②，读来朗朗上口，铿锵悦耳。闻一多的《发现》、《一句话》、《洗衣歌》、《太阳吟》、《祈祷》、《也许》等名

① 闻一多：《诗的格律》，《闻一多全集》第2卷，湖北人民出版社1993年版，第139页。

② 闻一多：《诗的格律》，《闻一多全集》第2卷，湖北人民出版社1993年版，第143页。

篇，无一不是格律严整、音韵谐和的佳制。格律变为了诗歌表现的利器。现代格律诗比毫不修饰的“裸体美人”更美、更诗。难怪闻一多写诗并不多，却可以在诗坛掀起一股新诗寻求新路的风暴。

闻一多非常重视诗歌创作的独创性。他欣赏叶梦得的《石林诗话》里的那段话：“诗人以一字为工，世固知之，惟老杜变化开阖，出奇无穷，殆不可以形迹捕。”① 杜甫律诗从形式到内容都在初唐、盛唐律诗发展的基础上开辟了新的天地。他在遵守律诗的声律即平仄相对相粘之规律的同时又加入了双声叠韵的运用，使他的律诗更为细密讲究，神明变化；在初盛唐时期，五七言有一个约定俗成的题材范围，七律的题材是最狭窄的，杜甫的创作打破了这种风气，扩大了律诗的题材内容。

闻一多是使新诗从“破格”到“创格”的第一人，他在《诗的格律》一文中提出了新诗建构的可行性原则，即，新诗的音乐美、绘画美、建筑美的三美理论。闻一多多次讲，三美理论中，他的真正贡献是建筑美。他继承了杜甫等的律诗精华，但是从现代社会的复杂和现代人的心灵世界的广阔和精微，他提出了突破古代格律诗只有一种格式的传统。闻一多认为，律诗永远只有一个格式，而新诗的格式是层出不穷的。古代律诗的格律和内容无关，新诗的格式却是根据内容的精神制造成的。古代律诗的格式是前人既定的，而新诗的格式可以由我们自己的意匠来随时构造。这就是闻一多！他既继承杜甫，他又反叛杜甫。他的富有时代创新的理论，给业已中衰的新诗输入了新鲜的血液，扩大了新诗的艺术道路，丰富了新诗的艺术表现力，使新诗踏上了“创格”之路。

新诗的路向：从“破格”到“创格”

中国是一个诗的国度，诗是中国文学与文化的起源，也是中国文学与文化的中心。诗教，是宗教意识淡薄的中国人的类宗教。孔子说：“不学诗，无以言。”中国文学是富有诗美特征的文学，诗

① 清·何文焕辑：《历代诗话》，中华书局1981年版，第420页。

对各体文学保持了强大的辐射力和渗透力。诗魂，是一切文体的中国作家的寻求。“如诗”，是对一切文体的中国文学作品最高的赞誉。闻一多在《文学的历史动向》中这样写道：“诗似乎也没有在第二个国度里，像它在这里发挥过那样大的社会功能。在我们这里，一出世，它就是宗教，是政治，是教育，是社交，它是全面的生活。维系封建精神的是礼乐，阐发礼乐意义的是诗，所以诗支持了那个封建时代的文化。”① 从“诗三百”的时代起，我们的文化大体就定型了，文化定型，文学也就定型了。从此后的两千多年间，诗始终是我国文学王冠上的珍珠。

现代文学在新旧之争、人我之分、中西之辨中逐步站稳脚跟。在现代文学中，叙事文学逐渐走向中心，但是，诗美仍然是普遍存在，诗魂仍然是作家最高的审美理想和语言理想。诗的建设仍然牵动着整个文学的建设。

怎么建设？闻一多也从古代的杜甫那里得到不少有益的启发。

闻一多以文学进化论的观点阐述唐诗的发展历程时，他说：“两汉时期文人有良心而没有文学，魏晋六朝时期则有文学而没有良心，盛唐时期可说是文学与良心兼备，杜甫便是代表，他的伟大也在这里。”②

他推崇杜甫，首先因为，杜甫吸取了前代包括六朝以来的文学精华。杜甫将《诗经》、《楚辞》视做诗歌的最高典范，但他绝没有因此轻视后代文学。“后贤兼旧制，历代各清规。”（《偶题》）对浮靡的南朝诗歌他也没有轻视，杜甫反复强调重视诗律就说明杜甫对南朝诗人在丽辞和声律方面的艺术探索是高度肯定的；杜甫的诗歌中也流露着对南朝诗人的推崇，如：

庾信文章老更成，凌云健笔意纵横。（《戏为六绝

① 闻一多：《文学的历史动向》，《闻一多选集》第1卷，四川文艺出版社1987年版，第364页。

② 郑临川记录，徐希平整理：《笳吹弦诵传薪录》，上海古籍出版社2002年版，第10页。

句》之一）

清新庾开府，俊逸鲍参军。（《春日忆李白》）

不复见颜鲍。（《遣怀》）

当然他也对南朝文学的萎靡不振保持着高度的警惕："恐与齐梁作后尘。"（《戏为六绝句》之五）他广泛地借鉴了文学遗产中的精华，又删汰了文学遗产中的糟粕，他对文学遗产继承又批判的态度正是他成为"集大成者"的原因之一。

闻一多推崇杜甫，其次是因为，杜甫恢复了两汉文人关心生民哀乐的良心，符合了当时人民的审美需要和文学的美学标准。唐代是诗与生活拉得最紧的一个时期，诗歌美学渗透到了生活的方方面面，从庙堂到市井，从童子到老妪，无人不浸染几分诗意的色彩，可以说唐人的诗也是生活化了的。而六朝及初唐百年间诗学的话语权是由宫廷诗人控制的，李白和杜甫的出现才彻底地改变了这个局面。李白和杜甫拒绝"词臣"卑微的角色，一改曲意逢迎的宫廷词臣做派，而直面国家的灾难和普通人的情感。特别是杜甫充满人文关怀的篇章把笔触放到了底层民众的身上，着意于日常生活里的人和物，并在诗中运用口语俗字。如：

两个黄鹂鸣翠柳。（《绝句》）

却绕井栏添个个。（《见萤火》）

经过杜甫的锻炼选择，这既是活泼生动的民间口语，也是优美精炼的诗家语。杜甫在保持民间特色的同时也拉近了和读者的距离。"别裁伪体亲风雅，转益多师是汝师。"（《戏为六绝句》之六）这种文学思想使杜甫既能虚心地师承他人，又能创新求变，建立自己的艺术规范和美学标准。

闻一多从杜甫那里取来不少有现代意义的理念。梁实秋说闻一多是个"民族气息极为浓烈的人"。闻一多曾说："我要时时刻刻想着我是个中国人，我要做新诗，但是中国的新诗，我并不要做个西洋人说中国话。”① 早在八十多年前他就意识到了域外诗歌经验本土化和传统诗歌经验现代化的重要性。我们不得不对闻一多的艺术眼光感到钦佩。新诗是对旧体诗进行爆破的产儿。但是，爆破之后必有建设。闻一多对新诗“创格”的总构想是这样的：“我总以为新诗迳直是‘新’的，不但新于中国固有的诗，而且新于西方固有的诗。换言之，它不要作纯粹的本地诗，但还要保存本地的彩色，它不要做纯粹的外洋诗，但又尽量的吸收外洋诗的长处；他要做中西艺术结婚后产生的宁馨儿。”② 这是闻一多相当重要的意见。如何保存诗歌的本地特色呢？在《律诗底研究》中，他指出：“为郭君（郭沫若）计，当细读律诗，取其不见于西诗中之原质，即中国艺术之特质，以镕入其作品中，然后吾必其结果必更大有可观者。”③ 律诗是中国诗歌独有的体裁，能代表中国艺术的特质。唐诗、宋词、元曲这古诗三大高峰都是格律诗的高潮，他们铸造了中华民族对诗歌特有的审美积淀、审美期待和审美理想。在中国，绝大部分是格律诗读者，闻一多对中国传统的审美意识和审美心理结构的合理继承：如，含蓄、隐秀及音乐美、绘画美、建筑美等民族审美方式，既照顾了民族审美心理和审美习惯，又为新诗美学开辟了广阔的审美天地，因此，是适应中国社会和民族的审美需要的。

与杜甫一样，闻一多在继承祖国优良传统文化的同时，也看到了本土文化中不可避免的糟粕，深刻地意识到了“本土形式的花开到极盛，必归于衰谢”④ 的现实。新诗必然要吸收西洋诗的长处，闻一多就在这方面做过有益的尝试。中国五言诗、七言诗，每行停顿的数目是固定的。古代汉语单音节的词占优势而现代汉语中

---

① 闻一多：《〈女神〉之地方色彩》，《闻一多选集》第1卷，四川文艺出版社1987年版，第270页。

② 闻一多：《〈女神〉之地方色彩》，《闻一多选集》第1卷，四川文艺出版社1987年版，第268页。

③ 闻一多：《律诗底研究》，《闻一多选集》第1卷，四川文艺出版社1987年版，第323页。

④ 闻一多：《文学的历史动向》，《闻一多选集》第1卷，四川文艺出版社1987年版，第366页。

双音节和多音节的词大量增加，用固定字数的办法来建立诗行就不一定合适。闻一多参照英国诗中的音步的理论，指出汉语诗中的每一个诗行可以划分为若干音尺，音尺的数目要大体一致或进行有规律的变化，以形成诗行的节奏感。这样，新诗在音节上就有均齐调和的特色。新诗现在虽然有了长足的进展，但闻一多那个时代新诗显露的弊病和面临的危机仍十分相似地出现于今天。

闻一多的眼光很广阔。他说："真要建设一个好的世界文学，只有各国的文学充分发展其地方色彩，同时又贯之以一种共同的时代精神，然后并而观之，各种色料虽互相差异，却又互相调和，这便正符那条艺术的金科玉律'变异中之一律'了。"①

如果说杜甫将中国古代诗学推向纵深，那么闻一多则把中国现代诗学推向纵深。闻一多是站在古今中外交叉的十字路口上的学者，精通古典，创造现代，怀抱中国、面向世界。他的学贯中西、博古通今的知识网络是千年前的杜甫望尘莫及的，当然我们也不应该离开时代语境去要求杜甫，一个时代有一个时代的诗歌，这是铁的规律。

研究闻一多这位新诗史上的杜甫，不但对于我们加深理解闻一多的源头有用，也对我们今天思考新诗如何在千年之常的基础上求得健康之变有益。

① 闻一多：《〈女神〉之地方色彩》，《闻一多选集》第1卷，四川文艺出版社1987年版，第274页。

文化守成主义与闻一多中期美学思想倾向

俞兆平

（厦门大学）

在国内闻一多学术研究中，研究者视野的问题未能得到应有的重视，不少人仍囿于就闻一多论闻一多的格局，这是闻一多研究未能取得更大的拓展的原因之一。

自 1925 年至 1937 年，即闻一多从美国留学归国前后到西南联大前这一阶段，中国思想文化界处于各种文化思潮相互撞击最为激烈的时期。那么，在学界比较认同的激进主义、自由主义和保守主义这三大思潮之中，闻一多是倾向于哪一种呢？这不能不作出回答。否则我们就无法相对概括地把握闻一多这一时期美学思想动态，也就无法相对准确地读懂他在这一时期论著（本文暂不包括他对中国古代典籍研究）的内在精神意旨。

文化守成主义，又可称之为文化保守主义。1923 年，由张君劢与丁文江之间论争而引发了中国思想文化界关于“科学与人生观”的大论战，“通过这场论战，中国现代哲学的三大思潮：现代新儒学、自由主义、马克思主义，初步展示了未来的发展方向”①。也就是说，所谓文化保守主义、文化守成主义、现代新儒学等，虽有着不同的称谓，但在概念内涵上是趋于一致的。其特质是，他们对传统文化持谨慎守成的态度，力求从传统文化中寻取恒定的价值

① 张利民：《科学与人生观·重版引言》，山东人民出版社 1997 年版，第 1 页。

标准，以抗衡现代人文精神失落与颓败的危机，并企盼以此作为拯救人类社会的良方。但现代的文化保守主义者与封建遗老遗少不同，他们多像学衡派一样，是在“融化新知”的基础上来“昌明国粹”的。余英时指出：“严格地说，中国没有真正的保守主义者，只有要求不同程度变革的人而已。要求变革较少的人往往就变成了保守主义者。”①

闻一多正是这样的文化保守主义思潮中的一员，但闻一多是一位诗人、艺术家，他不像张君劢、梁漱溟一类社会思想家那样，以长篇大论系统地阐明自己的思想与立场，而只是在一些篇幅略为短小的诗文评论中透露出其美学思想倾向。这样，我们除了从他文章的字里行间去捕捉之外，还须寻求一个和他相接近的文学理论家作为参照系，才能相对准确地把握他的美学思想动向。理想的人选，就是梁实秋。闻一多和梁实秋为清华同窗，一道组织清华文学社，并两稿一体合刊《冬夜草儿评论》一书；先后赴美留学，曾在科罗拉多同屋居住一年；回国后又一起和他人创办新月书店，出版《新月》杂志；而后又一块到青岛大学执教……两人之间关系密切、感情深挚，亲如手足；在政治倾向与美学观念上也两相合拍、同声和应。

在新月派中，理论中坚，或曰该流派美学思想核心为梁实秋。如同胡适从美国带回杜威，徐志摩从英国带回罗素，梁实秋则和他的师兄梅光迪、吴宓一样，从美国带回白璧德的新人文主义，并在此基础上建立起具有强烈的文化守成主义倾向的古典主义美学、文学理论体系。其要点如下：第一，在现代社会中，由培根、卢梭所代表的科学主义和浪漫主义的盛行，使人文精神沦落，带来了严重的文化危机；这就必须维护传统文化，从中寻求一种恒定的价值标准。第二，文学的定义是“生活的批评”，其内质是对人生、历史的透视，具有伦理价值的严肃性。第三，人性中包括欲念和理智，即善与恶的二元对立与冲突，人必须以理节制情，以善胜恶，建构

① 《知识分子立场——激进与保守之间的动荡》，时代文艺出版社 2000 年版，第 10 页。

健康的常态的人性。第四，文学的价值在于它的“健康”，文学创作是心灵的合规则的秩序与活动，它遵从的是文学的纪律，如规则、节制等，形成有机的系统的整体。

闻、梁两人在美学、文学理论上相互浸淫，共鸣谐振。由于梁实秋偏重于文学批评，闻一多偏重于文学创作，因而梁实秋在理论上，相对来说对闻一多的启示会多了一些。现以梁实秋的美学、文学理论为参照系，对闻一多这段时间中发表的文论及动向进行探索，以求得其深层的理论背景与渊源。

一、维护传统文化，寻求恒定的价值标准

1925年初，到美国留学3年之后，准备购买船票回国的闻一多，给梁实秋的信中写下这样两首诗：“六载观摩傍九夷，吟成鴃舌总猜疑。唐贤读破三千纸，勒马回缰作旧诗。”“艺国前途正杳茫，新陈代谢费扶将。……神州不乏它山石，李杜光芒万丈长。”从诗中可以看出，闻一多在东西方文化价值的选择上，有着不同寻常的动向。到了美国留学，接受的是西方的文化熏陶，接触的是西方的物质文明，按理来说，多如胡适般，会作出以西方科学文化改造落后中国的选择。从史实看，闻一多对西方现代科学知识、政治的民主平等、个体的自由权利等持赞同态度，但在是否“全盘西化”，即是否无条件地接纳西方文化的问题上，保留了自己的意见。中西文化价值的冲突及思考与选择，在这两首诗中得到充分的表现。这里，“勒马回缰作旧诗”并非是指闻一多重操旧习，回到创作古典诗词的道路上去。它仅是一个象征，暗示他在停作旧诗的六年里，对“九夷”——西方文化的“观摩”、“猜疑”、“读破”，即在综观细研中西文化优劣得失之后，最终作出的判断与选择——回归到中国民族文化的传统精神上去。在五四新文化运动这场带有中西文化冲突内质的革新浪潮过去之后，通过一番比较与思索，闻一多认为：虽然他山之石，可以攻玉，但“神州不乏它山石，李杜光芒万丈长”，中国的传统文化精华，完全值得继承与发扬，这是“艺国前途正杳茫”之中可喜的生机与正确的选择途径。

回到国内，闻一多对传统文化的崇奉日益加深，特别是为受五四运动强烈冲击，几近崩溃的儒家思想多次打抱不平。1926 年在《诗人的横蛮》一文中，他写道："依孔子的见解，诗的灵魂是要'温柔敦厚'的。但是在这年头儿，这四个字千万说不得，说出了，便证明你是一个弱者。"文中的"横蛮"是指那些"伪浪漫派"的诗人，他们的一举一动、一颦一笑都要化作诗篇，强迫世人读之，若人们不太经意或是稍有批评，便要大发雷霆，咒骂一通。对此，闻一多感叹道："但是我怕这一来，中国诗人一向的'温柔敦厚'之风会要永远灭绝了。"① 显然，这里他是正面肯定了中国的"温柔敦厚"的儒家诗教。

在《诗的格律》一文中，他针对一些人对新格律诗的攻击，进行了反驳："做古人的真倒霉，尤其做中华民国的古人！你想这事怪不怪？做孔子的如今不但'圣人''夫子'的徽号闹掉了，连他自己的名号也都给褫夺了，如今只有人叫他作'老二'，但是耶稣依然是耶稣基督，苏格拉提依然是苏格拉提。"② 他不顾时忌，公然站出来为孔夫子抱不平，并把孔子与耶稣等相提并论，这一认同显然是受到新人文主义大师白璧德的影响。白璧德从东西方文化整体出发，认为释迦牟尼、耶稣孔子和亚里士多德积储了人类经验的精华，他们所代表的是一种恒定的价值标准，对后世产生了巨大的影响，是全人类精神文化史上最伟大的人物，宜称之为"四圣"。而白璧德正是梁实秋此生此世所崇仰与遵从的精神导师。

1930 年之后，闻一多走上"向内发展的路"，转入对中国古代典籍的研究。他在《"现代英国诗人"序》中，不无幽默地说："对于英国文学的兴趣早就被线装书劫去了。"潜心于中国古代文化的研究，正是这一文化价值选择的结果。当然，他不是像那些泥古不化者一样，沉溺于古籍而无法自拔，例如，他曾用弗洛依德的精神分析学说来解读《诗经》，发表过《诗经中的性欲描写》的论文等，开拓了中国古典文学研究的新的途径。正如郭沫若所评价的那

---

① 《闻一多全集》第 3 卷，三联书店 1982 年版，第 409 ~ 410 页。

② 《闻一多全集》第 3 卷，三联书店 1982 年版，第 415 页。

样："他虽然在古代文献里游泳，但他不是作为鱼而游泳，而是作为鱼雷而游泳的。他是为了要批判历史而研究历史。"① 他能做到这点，是由于接受了西方文化中的科学精神，即中国文化保守主义者是在"融化新知"的基础上来研究传统文化的。

在对传统文化及恒定的价值标准的认同上，闻一多甚至认为文学作品并没有什么古代与现代的差别，而只有个性的有限的区别。在《"现代英国诗人"序》中，他就哈代等八位英国现代诗人评说道："梅士斐的态度，在八人中可说最合乎现代的意义，不料他用来表现这态度的工具，却回到了十四世纪的乔塞。""大概诗人与诗人之间不拘现代与古代，只有个性与个性的差别，而个性的差别又是有限度的，所以除了这有限的差别以外，古代与现代的作品之间，不会还有！——也实在没有过分的悬殊。"② 古今之间的时间界限模糊了，艺术发展的历史变革忽略了，包括形式在内的艺术内部规律的演进也可不予计议，唯一只剩下诗人的个性差别，闻一多的文化守成主义色彩在此留下了浓重的一笔。

二、对西方殖民文化威胁的警觉与抗争

那么，闻一多何以会在留学归国前夕产生维护传统、寻求恒定的价值标准这一文化守成主义动向呢？1988年，余英时在他那篇著名的《中国近代思想史上的激进与保守》演讲中，曾着重地选择了闻一多作为典型实例，来论析中国现代思想冲突、转变之激烈："闻一多的故事有象征的意义，中国思想历程变化之快，在一个人身上全显出来了。"③ 的确，闻一多的心路历程浓缩了中国思想界的风云变幻，其一生是中国现代知识分子的缩影。

---

① 《闻一多全集》第1卷，三联书店1982年版，第5页。

② 季镇淮主编：《闻一多研究四十年》，清华大学出版社1988年版，第62～63页。

③ 《知识分子立场——激进与保守之间的动荡》，时代文艺出版社2000年版，第17页。

若按闻一多在五四时期的言行来看，他完全是一位激进主义者。当5月4日北京城内学生爱国示威运动的消息传到清华园，立即引起震动。5日清晨，闻一多在饭厅的大门贴上岳飞《满江红》词，并被选为清华学校“学生代表团”的核心成员，还作为代表参加在上海召开的全国学联会议。此时，他的政治表现一点也不逊色于当时激进的自由主义者及具有共产主义倾向的人物，按常规理当顺应五四革命大潮，批判儒术孔道，否定传统文化。

那么，闻一多何以在留学美国之后文化保守主义的立场更为鲜明呢？从外在事象看，这与中国留学生在国外所受的种族歧视有关。闻一多在一封家信中这样倾诉自己的感情：“美利加非我能久留之地也。一个有思想之中国青年留居美国之滋味，非笔墨所能形容。俟后年底我归家度岁时当与家人围炉絮谈，痛哭流涕，以泄余之积愤。我乃有国之民，我有五千年历史与文化，我有何不如美人者？将谓吾人不能制杀人之枪炮遂不若彼之光明磊落乎？总之，彼之贱视吾国人者一言难尽。”① 海外游子所受的屈辱无法抑制，民族的义愤溢于言表。

但从思想内质来分析，则与他坚持民族主义立场，坚持文化守成主义，对类似于今天所说的西方的“后殖民主义”、“东方主义”持警惕、抗衡的态度有关。他极为崇仰东方古国的文明，认为她绝不亚于西方文明，在人类精神整体中，它和西方文明具有同等的价值意义。“我堂堂华胄，有五千年之政教、礼俗、文学、美术，除不娴制造机械以为杀人掠财之用，我有何者多后于彼哉，而竟为彼所藐视、蹂躏，是可忍孰不可忍！”② 在科学技术方面，中国较之西方是落伍了；但在人文精神方面，她有着西方国家无法取代的传统精华。

闻一多对西方殖民文化抗衡的动因，和他对中国传统文化一贯持肯定的立场有关。早在《女神的地方色彩》中，他就呼吁：“当

① 《闻一多全集》第3卷，三联书店1982年版，第653页。

② 闻一多：《致父母》，《闻一多书信选集》，人民出版社1986年版，第43页。

恢复我们对于旧文学底信仰，因为我们不能开天辟地（事实与理论上是万不可能的），我们只能够并且应当在旧的基础上建设新的房屋。二椿，我们更应该了解我们东方底文化。东方的文化是绝对美的，是韵雅的。东方的文化而且又是人类所有的最彻底的文化哦！我们不要被叫嚣狂野的西人吓倒了！”这说明他的文化保守主义立场有着深远的渊源，而非一时的冲动所致。

在20世纪中国学人中，闻一多是最早发觉了西方“后殖民主义”动向的一位：“我国前途之危险不独政治、经济有被人征服之虑，且有文化被人征服之祸患。文化之征服甚于其他方面之征服百千倍之。杜渐防微之责，舍我辈其谁堪任之。”① 因此，闻一多在纽约同人中倡导“中华文化的国家主义”，在《爱国的心》、《七子之歌》等诗篇中，勾勒出“现代民族国家想象”的蓝图，高声唤醒国人对西方文化殖民主义的警惕，对西方列强的侵略瓜分国土的反抗。在20世纪20年代之初，当人们大多还为接受西方文明而振奋之际，对西方殖民者的文化、政治、经济的侵略，能有着如此清醒的意识和坚定的抗衡心理，不能不令人钦佩！

三、对科学主义思潮的抵制与批评

五四前后，科学与民主两大思潮盛行。科学从对自然界规律的认识，扩展到精神与意志界域，即从对“物界”的认识论，逐渐笼括了“心界”的价值论。科学无所不能，而人的自由意志则无足轻重。这样，“科学万能论”成了当时文化思想的主潮，这就是科学主义思潮。像胡适就以达尔文的科学进化论为导向，提出“历史进化的文学观”。

1926年，闻一多为《晨报副刊·诗镌》组稿，得到了邓以蛰《诗与历史》一文，十分欣喜，破例为其写了“题记”，称此稿为“刊心刻骨，博大精深”之作。在“题记”中，闻一多指出，其第一点是“怀疑学术界以科学方法整理国故，研究历史的时论”，显

① 《闻一多全集》第3卷，三联书店1982年版，第617页。

然这一批评的矛头是指向了胡适等人。但我们记得，闻一多在《女神之时代精神》涉及郭沫若诗作中的科学精神与机械物象："《女神》里富有科学底成分也是无足怪的。况且真艺术与真科学本是携手进行的呢。"还在一定程度上肯定了科学对艺术的功用，认为两者是可以相感相生、交融互渗的。那么，到了1926年，他何以一反前说，怀疑、批判起科学来？这和白璧德的古典主义思潮影响有关。闻一多读过白璧德的书，在《先拉飞主义》一文中，他就提到："关于这一点，白璧德教授在他的《新雷阿科恩》里已经发挥得十分尽致了，不用我们再讲。"① 白璧德对以培根为代表的征服自然的物质功利主义，予以不遗余力的批判，他认为崇信科学与机械，注重物质功利的追求，势必牺牲智慧，抑制人文精神。由此而泛滥开去的科学主义思潮则加剧了这一趋势，运用科学认知能解决包括意志、情感等在内的心灵问题，这是一种僭越，一种越位。

按照邓以蛰的观点，历史包含有人的直接经验，包含有个人和种类的境遇，包含有人的意志、感情，"历史分明是人类自身的事迹，分明有意志活动的内容；若用科学方法来研究它，非先把它变成无机体的东西不可"②。而胡适、傅斯年、顾颉刚他们，只把历史当成僵冷的史料，以纯粹的科学客观的态度进行研究，势必使历史研究成了考据学、考古学、分类学一类的无机体。"历史已经变成科学，那是历史的劫运"，邓以蛰立足于古典主义思潮，强调"历史身上要注射些感情的血液进去"，即在科学研究时不能忘却人文方面的情感因素与价值判断，从而对当时科学主义思潮之流弊，给予尖锐的批判。这一批判得到了闻一多高度的认同与赞赏。

四、坚持文学是"生活的批评"的原则

在中国现代文学研究界，论者一见到文学是生活批评的表述，

---

① 《闻一多全集》第3卷，三联书店1982年版，第423页。

② 《邓以蛰全集》，安徽教育出版社1998年版，第48页。

往往就赐予现实主义美学原则的桂冠。其实，这一原则不尽是现实主义的专利，古典主义也强调之。梁实秋在《文学的美》论及："假如我们以'生活的批评'为文学的定义，那么文学的批评实在是生活的批评的批评。"① 梁实秋这一原则源自英国19世纪批评家阿诺德，后者强调了诗的社会使命，主张在一个信仰逐渐崩溃的时代，用诗来代替信仰，因此，诗的内容必须具有真实性与严肃性，必须是生活的批评。白璧德与阿诺德之间在美学观念上是一种传承关系，按梅光迪所论："白璧德先生以新人文主义倡于哈佛，其说远承古希腊苏格拉底、柏拉图、亚里士多德之精义微言，近接文艺复兴诸贤及英国约翰生、安诺德等之遗绪，撷西方文化之菁英，考镜源流，辨章学术，卓然自成一家言。"② 可见从亚里士多德—阿诺德—白璧德—梁实秋—闻一多，学术薪火，一脉相传。

闻一多正是承接了这一古典主义美学原则，强化了邓以蛰《诗与历史》注重生活体验的美学原则：诗"应该有点骨格，这骨格便是人类生活的经验，便是作者所谓'境遇'，这第二个意思也便和阿诺德的定义'诗是生活的批评'正相配合"③。邓以蛰把人类精神活动分为印象、艺术、知识三个阶段，把诗与历史划分在艺术和知识之间的地带，是直接经验的印象和概念理性的知识两者"参和起来捏成的"。对于当时的诗，邓以蛰认为它和历史一样也走了"劫运"："它则变成专门描写感情的工具了。感情如不渗和着知识"，就仅成了"一种知觉上的印象"，成为"油头粉面，娇声媚态"的感觉性一类的诗作，也就是闻一多所批评的"伪浪漫派"的诗作。而真正的诗，则应该像荷马史诗、但丁《神曲》、陶渊明、陆放翁的诗那样，善于描述人生境遇，把人生与历史牵连起来，"把人文的精彩结晶在历史上"。④ 这才是闻一多、邓以蛰所推崇的作为"生活批评"的诗，具有人生经验内质的诗，诗的人

---

① 《梁实秋批评文集》，珠海出版社1998年版，第196页。

② 《胡适来往书信选》下册，中华书局1980年版，第146页。

③ 《闻一多全集》第3卷，三联书店1982年版，第408页。

④ 参阅《邓以蛰全集》，安徽教育出版社1998年版，第48~55页。

文精神进一步强化了。

在这样的基点上，我们便容易理解何以在国内对泰戈尔一片颂扬声中，闻一多会特识先觉地写下《泰果尔批评》一文。他批评道："泰果尔底文艺底最大的缺憾是没有把捉到现实。""文学底宫殿必须建立在生命底基石上。""于今我们的新诗已够空虚，够纤弱，够偏重理智，够缺乏形式的了，若再加上泰果尔底影响，变本加厉，将来定有不可救药的一天。"对当时中国诗坛热衷于小诗、哲理诗创作的偏颇敲响了警钟。值得重视的是，闻一多还认为泰戈尔诗作之所以偏于哲理而疏于现实，是"因为受了西方文化底陶染，他的思想已经不是标类的印度思想了"。也就是说，由于英语在印度的流行，西方的殖民文化已潜移默化地在一定程度上左右了泰戈尔的创作意念，其民族性的内质已不再纯净了。这一带有民族主义观念的警觉，在当时中国诗人中并不多见。

同样的，我们也才能深刻理解闻一多在《"烙印"序》中，何以会对臧克家的诗给以高度的评价："克家的诗，没有一首不具有一种极顶真的生活的意义。没有克家的经验，便不知道生活的严重。""我们只要生活磨出来的力"，一种真正地从灾难、厄运中磨砺出来的生活体验与生命力度。只有这样的诗，才有可能是人生历史的透视，才可能具有伦理价值的严肃性，才能达到古典主义诗学原则的根本要求——诗是"生活的批评"！

五、表现"常态"的人性，以理节情，化丑为美

古典主义者高度推崇"常态的人性"。梁实秋写道："在理性指导下的人生是健康的常态的普遍的；在这种状态下所表现出的人性亦是最标准的；在这标准之下所创作出来的文学才是有永久价值的文学。"① 因此，要在文艺创作中塑造"常态的人性"，就必须注重理对情的节制、善对恶的抗衡、美对丑的修饰。

在《诗的格律》中，闻一多批评了伪浪漫派："在文艺的镜子

① 《梁实秋批评文集》，珠海出版社 1998 年版，第 105 页。

里照见自己那倜傥的风姿，还带着几滴多情的眼泪，啊！啊！那是多么有趣的事！多么浪漫！”如此的多情善感，顾影自盼，完全是一种不健康的、病态的表现。梁实秋说过：“古典主义是健康的学说，新古典主义便是健康衰退的征候，浪漫主义便是病态的勃发。”① 从中可以看出，他们俩人对以卢梭为代表的感情泛滥的浪漫主义，其态度是反感的，其立场是批判的。在《文艺与爱国》中，闻一多还揭示：“见了一片红叶掉下地来，便要百感交集，‘泪浪滔滔’，见了十三龄童的赤血在地下踩成泥浆了，反而漠然无动于中。”他认为，这类缺乏人道主义的“伟大的同情心”的情感是“不近人情”的，是一种“伪浪漫主义”，而要使自己的感情符合“健康、常态”的人性，最重要的是理对情的节制。

要表现常态的人性，还必须注意美对丑的修饰，这就是创作中“化丑为美”的美学原则。在给陈梦家《论“悔与回”》的信中，闻一多提到了处理现实中丑陋形象时的审美态度：“明彻则可，赤裸却要不得。”“我并非绅士派，‘苍蝇似的思想垃圾桶里爬’，我也有顾不到体面的时候，但碰到‘梅毒’、‘生殖器’一类的字句，我却不敢下手。”早在《冬夜评论》中，他就涉及“丑”的问题，谈得更为明晰：像“咂着嘴舐那附骨的血”一类诗句，他总觉得有些过火。他主张：“‘丑’在艺术上固有相当的地位，但艺术的神技能使‘恐怖’穿上‘美’底一切的精致，同时又不失其要质。”② 这说明美学中的审丑问题，他很早就关注到了。

这一审美态度与艺术表现手法，来自古典主义美学观念。东西方古典美学思想的主导面都是追求一种和谐之美，而排斥突兀性的矛盾的不平衡的美。文克尔曼评古希腊艺术作品即为“高贵的单纯和静穆的伟大”。但是现实的人事物象存在着各种形式外观上不和谐的丑，往往以奇特、怪异、缺陷、变形、恐怖的外观，引起人们情感上的尖锐冲突，与和谐的古典美原则格格不入。因此，古典美学观念对丑是排斥的，不是把它逐出艺术之宫，就是以“化丑

---

① 《梁实秋批评文集》，珠海出版社1998年版，第124页。

② 《闻一多全集》第3卷，三联书店1982年版，第340页。

为美”的艺术手法来修饰它，使文学艺术在表现人性与情感时，达到“常态”，就像《拉奥孔》塑像一样，是“痛苦中的均衡”，这才是闻一多在创作诸如《死水》一类作品时，所坚持的美学原则。譬如，他以诗的联想，引出“翡翠、桃花、罗绮、云霞、绿酒、珍珠”等一系列精美的物象，于“外在”上给“破铜、烂铁、油腻、霉菌、死水、白沫”等丑类“穿上‘美’底一切精致”，通过“化丑为美”的手法，达到古典美学的标准。

六、“健康与和谐”的整体诗美建构

闻一多在《诗的格律》一文中提出了著名的“诗的三美”的新格律诗的理论原则：诗必须具有音乐的美（音节）、绘画的美（词藻）、建筑的美（节的匀称和句的均齐）。但这一理论提出的原因是什么呢，学界一般多是这样解释：由于新诗草创期的粗制滥造，形式上简陋单一，所以促使诗界改弦更张，去追求形式的完美，新格律诗理论便应运而生。这一解释是合乎新诗当年的创作状况的，但其内在的学理动因是什么呢？学界未能论及，这就是古典主义美学要求的“健康”与“和谐”两大标准。

古典主义美学把每一件艺术品都当成一个有机的生命体，强调其“健康”与“和谐”。梁实秋论析道：“古典主义者所注重的是艺术的健康，健康是由于各个成分之合理的发展，不使任何成分呈畸形的现象。”① 即指作品的各种成分需按秩序呈现，形成有机的和谐的生命整体。因为文学创作是“心灵的合规则的秩序与活动”，遵从的是理性制约下的文学纪律，不能形成畸形状态。而中国新诗的媒介物是象形汉字，是由汉字组构而成的，其形、声、义都有着不同于欧洲文字的特点，如何使它的各个成分都得到“合理的发展”，即作品各个部分呈现出秩序与和谐，形成有机的系统的生命整体，以符合“艺术的健康”，这便是闻一多所思考与追求的。

① 《梁实秋批评文集》，珠海出版社 1998 年版，第 102 页。

从视觉空间角度来审视，闻一多论析道：文学“既然占了空间，却又不能在视觉上引起一种具体的印象——这是欧洲文字的一个缺憾。我们的文字有了引起这种印象的可能，如果我们不去利用它，真是可惜了”。因此，中国新诗在空间上必须注重其由象形字所形成的独特的绘画的美（词藻）。同时，诗的语词的排列组构还具有一种形体美，所以还必须注意到它的建筑的美（节的匀称和句的均齐）。而从听觉时间的角度，闻一多则强调诗的音节的美，认为诗的内在精神是节奏，“所以整齐的字句是调和音节必然产生出来的现象。绝对的调和音节，字句必定整齐”①。不难看出，闻一多在论述、建构诗的“三美”体系时，其内在的理论基石就是古典主义的“健康”和“谐和”这两大原则。由此，才能产生闻一多所一再强调的诗的“精神与形体调和的美”，即诗的整体和谐的建构美，这也是古典主义艺术所追求的“健康”的美，终极的美。

在给陈梦家《谈商籁体》的信中，闻一多表达的同样是古典主义诗美原则，“总之，一首理想的商籁体，应该是个三百六十度的圆形，最忌的是一条直线”，要注意“起、承、转、合”过程中的诀窍。商籁体诗作为一个艺术生命，它是独特的，有着自身建构规律，写作时不能违反“起、承、转、合”的演进逻辑，否则就失去它的独立存在格式，而其理想的形式建构，应是最高的和谐——“圆”。

由此，我们才能更深刻地理解到闻一多何以会在《先拉飞主义》一文中，对艺术类型的混乱、对“艺术移置”作法，持反对的态度：“艺术型类的混乱，是‘先拉飞派’的一个特征……不仅诗和画的界线抹杀了，一切艺术都丢了自己的工作，给邻家代庖。”闻一多归结道：“‘先拉飞派’的‘诗中有画，画中有诗’可不同，那简直是‘张冠李戴’，是未流的滥觞，猛然看去，是新奇，是变化，仔细想想，实在是艺术的自杀政策。”② 站在古典主

① 《闻一多全集》第3卷，三联书店1982年版，第418页。

② 《闻一多全集》第3卷，三联书店1982年版，第421～435页。

义美学立场上，势必讲究艺术类型的稳定、明晰，强调各种艺术类型必须以其自身的、为它者不可取代的特质而取得独立的价值与地位。现代主义思潮恰恰混淆了这一美学界限，这是闻一多这批古典主义美学信奉者所不能接受的。

同样，闻一多也在《"英国现代诗人" 序》中批评了现代主义诗学与艺术："我们这时代是一个事事以翻脸不认古人为标准的时代。这样我们便叫作适应时代精神。……垫底的砖是平平稳稳的砌着的，我们便偏不那样，要竖着，要侧着，甚至要歪着砌，那自然是更可笑了。所谓艺术的宫殿现在确乎是有一种怪现象：竖着，侧着，歪着的砖处处都是。这建筑物的前途，你去揣想罢。"① 认为现代主义艺术，乃至后现代主义艺术，违背了古典主义的"健康与和谐"的整体的诗美建构的原则，处处以丑、乱、怪、奇为其表现形态，其前途与命运必然是危机四伏的。当然，由于时代的限制，闻一多无法把握到现代主义艺术对资本主义文化批判的价值与意义，如今天西方马克思主义流派所揭示的那样，这是其历史局限性之所在。

总之，只有把闻一多 1925—1937 年发表的文章纳入文化守成主义思潮之中，其中期古典主义美学思想倾向才能得以完整、明晰地显露出来，其论著的写作动机与美学旨向才能得以敞明，其所存在的疑似矛盾的问题才能得以合理地解答。

---

① 季镇淮主编：《闻一多研究四十年》，清华大学出版社 1988 年版，第 62 页。

论闻一多的信仰者心理

陈国恩
（武汉大学）

在中国现代史上，闻一多绝对是一位著名人物。这不仅是因为他在文学创作和学术研究领域取得了出色的成就，而且还因为他以生命和热血谱写了一曲反独裁、争民主的雄壮悲歌。这后一个事件，有学者甚至认为影响了中国现代历史的进程，因为他的被刺使国民党政府的合法性大打折扣，连美国政府也因此改变了对它的态度，这无疑大大促进了共产党和国民党在中国政治舞台上的力量消长。① 有意思的是，一介书生的闻一多怎么会跟中国现代政治紧密地联系在一起，甚至直接成为中国现代政治的重要一环？人们可以说这是因为性格，比如说他喜欢挑战权威，具有正义感，还有他的耿直和敢于仗义执言，但我认为在这些性格因素的背后，其实还有更为内在的东西在起作用，这便是他作为信仰者的心理因素。

性格与心理是紧密联系在一起的。性格是一个人在行事态度和行为方式上较为稳定的心理特征，心理则是性格的重要基础。当一个人获得了某种宗教信仰，他的心理有了信仰者的特点，他的性格也就会与一般世俗化的人有所不同，甚至是截然有别的。

据吴泽霖回忆，闻一多早在清华学校读书时就接受了基督教的洗礼。在回复闻黎明的信中，吴泽霖说："关于信基督教事，我们几个知己的朋友态度几乎是一致的。我们都读过圣经，对上帝如何

---

① 闻黎明：《美国对李公朴、闻一多被刺事件的反应与对策——李闻惨案再研究之一》，《江汉论坛》2006 年第 11 期。

创造宇宙、创造人的故事，我们都不信，认为是迷信。但对于宇宙万物能构成一个有条不紊的巨大体系，都感到万分惊异，带有不可知论的态度。至于基督教的善恶、道德观、与人为善、服务社会、平等待人等等思想，我们都认为人人都应信奉而且加以扩散。我们都在海淀的一个中国教堂里正式受过洗礼，在我们看来，洗礼等于宣誓，表示对这些教义深信不疑而且愿意身体力行。但我们并不相信教会里那些迷信性质的仪式，同时我们认为基督教义应该由中国人自己结合中国情况而进行宣传，无须由外国传教士来包办一切……我们在海淀的教堂里受了洗礼，后来几乎都没有到那里做礼拜。"① 这段话有三点值得注意，一是闻一多他们并没有全盘接受基督教的教义，比如他们认为基督教的创世说和宗教仪式是迷信，这反映了他们具有现代人的独立人格，掌握了现代科学的知识；二是他们接受了基督教教义中带有普世性的价值观念，比如善恶、道德观、与人为善、服务社会、平等待人，等等，并且承诺要身体力行，这说明他们接受了基督教观念的重要影响。三是他们具有强烈的民族主义倾向，认为中国的基督教应该有自己的教义，不赞同外国传教士来包办。把吴泽霖的信前后联系起来看，便可以明确，闻一多的接受基督教洗礼其实并不是严格意义上的皈依宗教；与其说他是接受了基督教的教义，不如说他是从中国传统文化的立场上，甚至是在爱国主义和民族主义的立场上认同了基督教教义中与中国传统文化相一致的基本价值观，并把这些有益于人类的普世价值观作为自己立身处世的准则，决心沿着它所指明的方向前进。不过，就闻一多执著于这种理想的坚定性而言，他又不同于一般中国民众践行民族传统文化价值理想时的善于变通或者说有时候的圆滑世故，他的坚定执著显示出了信仰者的特殊品格。

中国没有严格意义上与世俗生活两分的宗教传统。中国本土的道教，是世俗化的。佛教传入中国内地，也很快与世俗的理想融合在一起，吃素念佛大多成了民间追求现世荣华富贵的手段。后来基

① 闻黎明，侯菊坤：《闻一多年谱长编》，湖北人民出版社 1994 年版，第 126 页。

督教传入中国，除了少数盲目的信徒，一般知识分子接受其部分的教义，往往是与其原来的道德理想乃至人格互为因果的。这是说，他们本来就是有志向的人物，愿意为国家和民族效劳，哪怕因此要牺牲自己的利益也往往在所不辞。这些人的人格是趋向崇高的，其理想和行为是传统文化所肯定的。当传统文化后来越来越执著于封建的说教，趋向于僵化，因而在五四新文化运动中受到猛烈批判时，在传统文化的熏陶中已经形成了崇高人格的有志者，他们就很容易接受基督教文化中与中国传统文化相一致的价值观。这些价值观已经超越了民族的范围，代表了全人类的共同理想。在这样的意义上，我们既可以说是闻一多接受了基督教的信仰，也可以说他的接受基督教信仰是由于这一信仰符合他原初的道德理想，他的皈依宗教只是他内在人格的一种表现。

因为闻一多的信仰基督教有一个中国传统文化的思想基础，并且是他人格的一种表现，所以他信仰的具体内容后来随着时间的推移发生了变化，而信仰的实质（为他人乃至人类的正义）却没有改变，并且在他的一生中持续地发挥作用。① 1923 年 3 月 23 日，闻一多在致好友梁实秋的信中明确地说："我的基督教的信仰已失，那基督教的精神还在我的心里烧着。"② 所谓"基督教的信仰已失"，是指他留学美国后，对西方文化产生了强烈反感，连带着抛弃了与西方文化联系在一起的基督教信仰。可是他抛弃的只是基督教信仰的外在东西，是那些宗教说教的部分，而基督教的精神却保留了下来，即基督教文明和中国传统文化共同推崇的处理自我和他者、个人和群体的基本原则，依然被闻一多所坚守，而且越来越成为他追求神圣之美的心理动力，这用闻一多自己的话说，就是

① 需要说明的是，闻一多后来改变了对待中国传统文化的态度，从早期的认中国传统文化是绝对美的，韵雅的，到 20 世纪 40 年代痛斥儒、墨、道是偷儿、土匪、骗子，他对待中国传统文化的态度可以说是发生了 180 度的转弯。不过，深入地看，他否定的是传统文化对于政治和道德问题的具体论述，而传统文化，尤其是儒家文化所强调的处理个人与群体及国家民族关系的原则已经融化在他的血液里，成了他人格的重要组成部分了。

② 《闻一多全集》第 12 卷，湖北人民出版社 1993 年版，第 159 页。

"基督教的精神还在我的心里烧着"。

闻一多离不开信仰。他抛弃基督教信仰后所找到的新的信仰形式，就是"艺术"、"创造"和"人民"，而且有一个从前者到后者的发展过程。1922年9月1日，闻一多在致梁实秋、吴景超的信中说："我对于艺术的信心深固，我相信艺术可以救我；我对于宗教的信心还没有减替，我相信宗教可以救我。"① 艺术和宗教在这时的闻一多看来，具有同等的拯救灵魂的功能。1922年12月4日，他在致吴景超的信中又写道："死有何足畏呢？不过我同你一样是个生命之肯定者。我要享乐，我要创造。创造将要开始，享乐还没有尝到滋味，就要我抛弃了生命到那不可知的死乡去，我怎甘心呢？……我失了基督教的信仰，但我还是个生命之肯定者，我的神秘性 mysticism 还存在，所以我还是有宗教的人。"②"创造"在这里也有了宗教般的神奇力量。到20世纪40年代，闻一多进一步找到了"人民"。"人民"所代表的超越个人价值的道德高度，能让闻一多感觉到为"人民"的牺牲都是值得的，"人民"在这时显然成了闻一多的新的精神依托。"艺术"、"创造"和"人民"，之所以能在闻一多的人生不同阶段扮演类似于上帝的角色，一方面是因为闻一多具有信仰者的心理，他渴望富有激情的崇高生活，另一方面是因为"艺术"、"创造"和"人民"相对于世俗来说，相对于个人来说，都是带有神秘色彩的伟大存在。艺术和创造的神奇性，自不待言；"人民"是一个集合概念，它更足以寄托人类的普遍价值理想。对于虔诚地信仰"艺术"、"创造"和"人民"的人而言，它们都是高居于渺小的个人头顶的"上帝"，因而愿意为之献身。那么，"艺术"、"创造"和"人民"真的拥有这般神奇的魅力吗？回答是不确定的，因为这要因人而异。世俗中的人，缺少理想和激情的人，因为本来没有把它们看得很重，因而可以少受甚至不受其影响。但对于信仰者而言，对于内心需要激情状态的人而言，它们就可以成为心中的上帝，因为它们都是超越有限实体的存

① 《闻一多全集》第12卷，湖北人民出版社1993年版，第68页。
② 《闻一多全集》第12卷，湖北人民出版社1993年版，第122页。

在，都是可以指向无限的。就其能够趋向无限性而言，它们可以听由信仰者的心愿而包容人类的最高价值理想，在想象中成为与上帝同在的精神实体。任何“上帝”，都是人所创造的，其神圣性主要取决于信仰者的内心需要。换言之，信仰者的创造“上帝”，只是他们渴望个人生活超出一般世俗人生意义的一种心理表现，这是与他们的人格联系在一起的。

当一个人具备了信仰者的心理，他自然有了不同于常人的思想和行为特点。闻一多的思想和行为特点，至少有三个方面是与他的信仰者的心理密切相关的。

一是遭遇挫折时他能通过确立新的人生理想来规避消极情绪的影响。人的一生难免会遭遇挫折，这时如何应对，各人的方式会有不同。有人怨天尤人，有人破罐破摔，有人把挫折看淡，照样在生活中找到乐趣。这些都是世俗之人所常用的方法，但闻一多显然不是这样。闻一多不认命，也不会把挫折看淡，而是习惯于把注意力转移到更高的人生目标上去，使自己从受挫的情绪中摆脱出来，重新扬起生活的风帆。比如他面对包办婚姻，并没有像一些五四青年那样抗命，甚至离家出走，去找理想的爱人，而是站在同属受害者妻子的角度，承担起作为一个丈夫的责任。他对此心有不满，如他在《红豆篇》组诗中所写的：“我们是鞭丝抽拢的伙伴，/我们是鞭丝抽散的离侣。/我万能的鞭丝啊！/叫我们赞颂吗？/还是诅咒呢。”(二五) 可是他后来还是在共同生活中培养起了与妻子的感情。一个现代青年，能够在他最为看重的婚姻问题上向家长妥协，这不是简单地可以用传统美德来解释的。闻一多之所以能这样做，一个很重要的原因，就是他在遭遇挫折后去寻找比爱情更有意义的人生目标，这一目标足以使他从包办婚姻的挫折感中超脱出来。这新的目标，就是艺术、上帝和人类。在致胞弟闻家驷的信中，他说：“我将以诗为妻，以画为子，以上帝为父母，以人类为弟兄罢。”他通过这样的心理调节，把在婚姻问题上的受挫感转移了。有人会说这是自欺欺人。的确，这带有一点自我安慰的性质，说得严重一点，就是自欺欺人。但一个人要在这个世界上生存，有时难免需要这种自我安慰，而这也正是现代人有时仍然需要宗教的一个重要理由。宗教在这时所扮演的角色，就是通过人类自身所虚构的伟大存在把人在生活中所遭遇的苦难或者挫折感转移出去。一个人确立了终极的目标，他就能看淡眼前的挫折或者不幸，勇敢地走自己的路。这样的心理调节过程，对人的影响是积极还是消极，全在当事者的恰当把握。生活在虚幻的想象中当然是可悲的，但如果通过心理调节，摆脱消极情绪的影响，从而获得了新的勇气去面对生活，无疑应该得到肯定。不过，这种心理调节的方式并不是宗教专有的，一般世俗中的人也有类似的聪明。但是宗教生活中所积累的这种心理调节经验，无疑是最为丰富的。闻一多遇到挫折就从更高的人生目标获得精神支持，不是一般意义上的生活经验的发挥，而是与他早期接受基督教信仰和中国传统文化熏陶所形成的精神生活方式相关。这种精神生活方式具有明显的信仰者的心理特征，因为他不仅借用了基督教的上帝信仰，而且他所找到的依靠力量，不是生活中的物质目标，而全是精神性的存在。这说明他想解决的是精神生活的问题，与宗教信仰中的灵魂救助是相通的。

闻一多的思想和行为与信仰者心理相关的第二个方面，是他认准了新的人生目标后就会坚毅地前行。人生是一个不断选择的过程，对已经做出的选择，各人的态度是有区别的。有些人可能缺乏自信心，做出选择后又犹豫不决。信仰者则不一样，他是在信仰的指引下选择的。信仰不可能在经验的范围内获得实证，所以一旦做出选择，他就无须怀疑选择的正确性，这样的人往往是坚韧不拔的。闻一多就具有信仰者的这种品质。他非常认真，认准了的事决不轻言放弃。比如他年轻时立志做一个出色的诗人，要在国内引导一个新诗的潮流，如他说的："我的宗旨不仅与国内文坛交换意见，径直要领袖一种之文学潮流或派别。"① 他取得了成功，不仅成为五四时期的著名诗人，而且他的格律诗主张震撼了五四诗坛。后来他的专攻方向因职业的关系转向了学术，刚开始时所遭遇的挫折并没有使他气馁，反而激起了他的斗志。他奋发努力，从唐诗研究起步，研究到楚辞，研究到诗经，研究到古代的神话。他的意图

① 《闻一多全集》第12卷，湖北人民出版社1993年版，第80页。

就是要按当年学界流行的标准来证明自己的研究能力，他同样取得了成功。闻一多的学术成就，是有目共睹的。他在古代文学和古代文化研究的许多领域达到了一流水平，尤其是他的神话研究，至今仍受到学界的交口称道。如果不发生惨案，他本来可以取得更为出色的成果。闻一多在这一过程中所表现出来的毅力是非凡的，他的朋友曾经因为他专心致志地治学，不轻易下楼，而送了他一个“何妨一下楼”的雅号。这不是说闻一多的成就是最高的——事实上，在闻一多的同时代，像他这样著名的学者不在少数，有的甚至比他的名声更响亮。这也不是说闻一多非同寻常的毅力只是他作为信仰者的心理的直接结果，这样说肯定把事情简单化了。闻一多的毅力由多种因素促成，有性格的因素，才质的因素，还有当时环境的激励因素，但有一点不容忽视，那就是他是一个有信仰的人，其信仰者的心理在其中起了重要的作用。这一作用与他此时信不信宗教已经无关，而是与他作为一个信仰者已经形成的精神生活方式联系在一起。他此前把自己奉献给艺术、上帝和人类，现在则是奉献给了学术。对象有别，奉献则一。大凡从事一项有益于社会和公众的事业而沉溺到彻底者，通常会达到宗教的激情境界。这样的境界，与当事者对这一事业的重要性的认识相关，而并不一定要他信仰宗教。沉溺的彻底程度，常常就是其虔诚的程度——世俗之人是与这样的标准无缘的。

闻一多的思想和行为与信仰者心理相关的第三个方面，是他的大无畏精神。朝既定目标坚毅地前行的品质，其实已经包含了大无畏精神在内，只是大无畏的精神是坚毅品质的极致发挥罢了。中国历史上不乏为理想而献身的英雄，这些英雄所信奉的理想大多集中了人类的至善价值，这使他们的献身获得了自己可以预期的非同寻常的意义。但这样的理想本身是不可能在经验世界中得到确证的——在经验世界中能够确证的理想，肯定已经或者将要变成现实，充其量只是一种社会或人生的规划罢了。终极的理想是不能在世俗生活中得到确证的，正因为如此，它才能充当彼岸的精神灯塔。反过来，因为它处在无法企及的彼岸，所以它才能够按人们的想象集中人间的一切美德和道义要求，作为一个至善的象征，吸引有信者去为之奋斗。闻一多称得上是现代中国的英雄。当闻一多看到了动荡的社会已经安放不下一张平静的书桌的时候，他便认识到了和平、民主和正义是他更值得为之奋斗的目标，它们是比学术研究更高层次的理想。于是，他从书斋走向了社会，参加了争取民主和自由的斗争。而当他一旦置身于为民主的斗争时，他作为一个信仰者的心理特点，那种正气凛然、无所畏惧的精神品质便得到了淋漓尽致的发挥。闻一多这时所挑战的权威，不再是他以前所面对的诗坛明星和学界名流，而是掌握了全部政权力量的政府，手上拿着杀人的武器。闻一多不怕吗？他不怕。他之所以无所畏惧，是因为他自信代表正义。他抗议暴政，反对内战，要求民主与和平，喊出了人民的心声。“为人民”是一项至善的事业，他在“为人民”的事业中是不可战胜的——他可能会牺牲，但他不会失败；即使牺牲，精神也会永存。他就这样在“为人民”中找到了伟大的精神力量。就闻一多投入到争民主的斗争时所保持的无所畏惧、不怕牺牲的精神而言，可以说他就是一个信仰者，而且是一个伟大的信仰者。

我们不妨引用他的“最后一次演讲”，来细心地体会他当时的心态：

> 今天，在这里有没有特务？你站出来，是好汉的站出来！你出来讲！凭什么要杀死李先生？（厉声，热烈的鼓掌）
>
> ……
>
> 特务们，你们想想，你们还有几天，你们完了，快完了！你们以为打伤几个，杀死几个，就可以了事，就可以把人民吓倒了吗？其实广大的人民是打不尽的，杀不完的，要是这样可以的话，世界上早没有人了。你们杀死一个李公朴，会有千百万个李公朴站起来！你们将失去千百万的人民！……你完了，快完了！我们的光明就要出现了。我们看，光明就在我们的眼前，而现在正是黎明之前那个最黑暗的时候。我们有力量打破这个黑暗，争到光明！我们的光明，就是反动派的末日！（热烈的鼓掌）

……

我们不怕死，我们有牺牲的精神，我们随时像李先生一样，前脚跨出大门，后脚就不准备再跨进大门！（长时间热烈的鼓掌）①

现有的材料表明，闻一多的“最后一次演讲”，不是原先计划中安排的，而是因为他看到在李公朴追悼会上又晃动着特务的身影，他感到无比愤怒，才拍案而起。我们必须注意，闻一多在演讲中所用的大气磅礴的祈使句式和不容置疑的宣判语气：“特务们，你们想想，你们还有几天，你们完了，快完了！”这种句式和语气，展示的是一种高高在上的位置，是自信代表正义而在道德上处于绝对优势地位时的一种感觉，就像万能的上帝或先知对世人的罪孽进行居高临下的宣判一样。如果说这样的宣判是符合历史事实的，它表明杀人者的确是罪犯，抗议者的确代表着正义，那么闻一多在宣判的同时对未来前景的展望则更多的是表达一种信念，因而也更多地透露出了信仰者的心理特点：“我们的光明就要出现了。我们看，光明就在我们的眼前，而现在正是黎明之前那个最黑暗的时候。”说现在是黎明前最黑暗的时候，这对闻一多和许多人来说是实际的感受，而认为光明就要出现了，并且依稀看到它就在眼前，则只能说是一个执著于崇高理念的人对前景的一种展望，它是无法用当下的事实验证的。历史学家可以凭理性的分析预测前景是不是光明，因为在现状和前景之间，按照历史的经验还是可以进行分析的。尤其是在当时的政治形势下，民心的向背已经越来越明显地表现出来，做这样的预测未必没有道理，但这毕竟不能等同于历史本身。所以闻一多进行这样的展望，更多的是表示一种信念。这一信念自有其历史的依据，但它更多的是依据信念本身所作的判断，在逻辑上带有循环论证的特点。

循环论证，正是无法证实的宗教信仰在证明自己的合理性和权

① 《闻一多全集》第2卷，湖北人民出版社1993年版，第449～450页。

威性时所能采取的方法。闻一多用这样的方法来证明前景的光明，表明他与政治家为了政治利益而据历史的逻辑和精确计算阶级力量的对比而对前景进行预测是有重要差别的，他更多的是从一个有信仰的民间知识分子之道义立场出发来表达对未来的朴素而美好的期望，而这样的愿景对于闻一多来说又是十分重要的，因为这是他面对强权时所能依靠的精神力量。他敢对着台下的特务大声宣告说："前脚跨出大门，后脚就不准备再跨进大门"，就是因为他确信自己在正义的一方，而正义的一方一定会有光明的未来，他由此找到了牺牲的价值，超越了对死亡的恐惧。

总之，闻一多的一生中短暂地信仰过基督教，不久后他就抛弃了基督教的信仰，但他作为一个信仰者的心理却是贯穿其整个人生的。"闻一多的信仰基督教或后来的转而信仰艺术和创造，本质上是一样的，说到底是他需要有一种远远超出个人力量和个人存在价值的精神尺度，由这一精神尺度赋予他的存在以不平凡的意义，使他的个人努力显得有价值，人生变得充实。"① 我至今仍坚持这一观点。可以说，信仰者的心理构成了闻一多性格的极为重要的部分，影响了他在关键时候的人生选择，决定了他在重要问题上的政治态度，从而使他在中国现代知识分子中成为独特的"这一个"。当然，信仰者的心理如果失去合理的目标，或者坚守过度、发挥失当，也可能产生固执、狂热、独断等负面的心理后果。闻一多的不同寻常，在于他总是把信仰者的心理与正义的事业、崇高的追求、远大的理想结合起来，因而总体上避免了信仰者心理可能有的消极影响。这，也是我们值得深思的！

① 陈国恩：《书信中所呈现的闻一多的人格》，《江汉论坛》2006 年第 11 期。

张力结构与闻一多的文化和文学选择

李　怡

（北京师范大学）

闻一多一生的文化与文学历程充满波澜壮阔的特点，更准确地说是他常常在许多的文化思想与文学追求当中呈现出不同的“方向”，并且对这些不同的“方向”不是浅尝辄止，轻轻掠过，而是激情拥抱，深度介入，同时展开了这些彼此矛盾冲突的选择的多种“可能”，这就不能不引起我们特别的关注和思考了。

一

1923年6月3日与10日，闻一多在《创造周报》上连载《女神之时代精神》与《女神之地方色彩》，这是闻一多早年最有影响的文学批评。就是这些评论《女神》的文字，一改我们常见的平衡立论的论述方式，将赞美和批评发挥到了极致：

> 若讲新诗，郭沫若君底诗才配称新呢，不独艺术上他的作品与旧诗词相去最远，要紧的是他的精神完全是时代的精神——二十世纪底时代的精神。有人讲文艺作品是时代底产儿。《女神》真不愧为时代底一个肖子。①

---

① 闻一多：《女神之时代精神》，《闻一多全集》第2卷，湖北人民出版社1993年版，第110页。

这是闻一多《女神之时代精神》开宗明义的论断，显然，字里行间都洋溢着赞赏的激情，决非文场上的客套或者批评之前的刻意的宽言。闻一多的激赏展示的是他的诗歌价值观，整篇文字尽是当代中国青年的思想与情感如何为《女神》捕捉、所传达的感性赞许："我们的诗人不独喊出人人心中底热情来，而且喊出人人心中最神圣的一种热情呢！"① 在这样的逻辑中，"旧诗词"理所当然应该是"配称新"的郭沫若诗歌的反面。

但是，一周之后发表的《女神之地方色彩》却对《女神》失去"地方色彩"的欧化倾向提出了尖锐的批评。"现在的一般新诗人——新是作时髦解的新——似乎有一种欧化底狂癖，他们的创造中国新诗底鹄的，以来就是要把新诗做成完全的西文诗。""《女神》不独形式十分欧化，而且精神也十分欧化的了。"如何改变这一弊端呢？闻一多提出："若求纠正这种毛病，我以为一桩，当恢复我们对于旧文学底信仰，因为我们不能开天辟地（事实与理论上是万不可能的）。我们只能够并且应该在旧的基石上建设新的房屋。"②"旧文学"似乎又成了救正欧化弊端的重要资源。

旧诗词以及它背后的更大的传统文学与传统文化究竟在"现代"进程中产生着怎样的作用，1923 年刚刚出现在诗坛的闻一多是充满矛盾和困惑的。

不过，这样的两极之论在闻一多那里也随着人生历程的演变而各有侧重。在早年，这位求学于"美国化的清华"，又勤奋攻读中国传统文化的"二月庐主人"曾经是中国文化的绝对的信奉者，"我们更应了解我们东方底文化。东方底文化是绝对地美的，是韵雅的。东方的文化而且又是人类所有的最彻底的文化。哦！我们不要被叫嚣狂野的西人吓倒了"③！他对诗歌的兴味也首先来自古代

---

① 闻一多：《女神之时代精神》，《闻一多全集》第 2 卷，湖北人民出版社 1993 年版，第 117 页。

② 闻一多：《女神之地方色彩》，《闻一多全集》第 2 卷，湖北人民出版社 1993 年版，第 118、123 页。

③ 闻一多：《女神之地方色彩》，《闻一多全集》第 2 卷，湖北人民出版社 1993 年版，第 123 页。

诗歌的修养，“枕上读《清诗别裁》。近决志学诗。”① 中国古代诗人直接就是闻一多精神的支撑：“我们将想象自身为李杜，为韩孟，为元白，为皮陆，为苏黄，借无不可。只有这样，或者我可以勉强撑住了这一生。”② 然而，在经过青年的文化激情与中年的国学奉献之后，闻一多却转向了回归五四、反思和批判传统文化的选择：“老实说，民族主义是西洋的产物，我们的所谓‘古’里，并没有这东西。”“其实一个民族的‘古’是在他们的血液里，像中国这样一个有悠久历史的民族，要取消它‘古’的成分，并不太容易。难的倒是怎样学习新的。”③

对中国传统文化的崇拜来自于闻一多“中华文化国家主义”的信仰。这是闻一多参与大江社等国家主义团体活动的思想基础。正如他曾经告诉梁实秋那样：“纽城同人皆同意于中华文化的国家主义。”④ 在当时的他看来，只有国家主义的信仰才能保证中华的“文化安全”：“我国前途之危险不独政治，经济有被人征服之虑，且有文化被人征服之祸患。文化之征服甚于他方面之征服千百倍之。杜渐防微之责，舍我辈其谁堪任之！”⑤ 国家主义就是将民族昌盛、文化复兴的希望寄托在国家整体利益的解决之中，“国家至上”是其基本的理念，为了民族与文化的伟大目标，个人应该理所当然地服从和牺牲于“国家利益”与“整体利益”。闻一多出现在诗坛后的第一批诗歌作品如《长城下之哀歌》、《七子之歌》、《醒呀！》、《南海之神》都是充满对祖国、民族及中国传统文化的

① 闻一多：《仪老日记（1919年2月10日）》，《闻一多全集》第12卷，湖北人民出版社1993年版，第421页。

② 闻一多：《1923年1月21日致梁实秋》，《闻一多全集》第12卷，湖北人民出版社1993年版，第140页。

③ 闻一多：《复古的空气》，《闻一多全集》第2卷，湖北人民出版社1993年版，第355页。

④ 闻一多：《1925年3月致梁实秋》，《闻一多全集》第12卷，湖北人民出版1993年版，第214页。

⑤ 闻一多：《1925年3月致梁实秋》，《闻一多全集》第12卷，湖北人民出版社1993年版，第215页。

整体赞美，充满了对国家政治领袖丰功伟绩的激赏，成为抗战之前“唯一有意大声歌咏爱国的诗人”。① 但是，在历经战火荼毒、时局变乱之后，他重新思考了“国家”与“个人”、整体政治需要与民主自由原则的关系，完成了对国家主义的超越，他说：“我们一向说爱国、爱国，爱的国家究竟是个什么样子，自己也不明白，只是一个‘乌托邦’的影子，读了这些书，对中国前途渐渐有信心了。”② 始有与著名学者、战士李公朴一道创办《自山论坛》，参与编辑《民主周刊》等事迹。1945 年 5 月，他在《大路周刊》创刊号上发表文章《人民的世纪》，副标题就标出“今人只有‘人民至上’才是正确的口号”。显然，这是针对当时“国家至上”的口号而提出的。闻一多在文章中说，“假如国家不能替人民谋一点利益，便失去了它的意义。老实说，国家有时候是特权阶级用以巩固并扩大他们的特权的机构”，又说，“国家并不等于人民”，国家与人民是对立的。③ 与前期“国家”、“民族”、“领袖”等关键词不同，“民主”、“人民”、“五四”成为此时此刻频频论述的主题。

不仅是文学与文化的观念，闻一多一生的事业选择也经历了好几重的变化转折，其中也不难看出他人生与学术如何在矛盾中前行的种种景象。青年时代投身国家主义的政治热情曾经让他并不拒绝“向外”的发展，然后几次人事纠纷的烦恼却促使他走向了学院派学术的“内向”之路：“我近来最痛苦的是发见了自己的缺陷，一种最根本的缺憾——不能适应环境，因为这样，向外发展的路既走不通，我就不能不转向内走。在这向内走的路上，我却得着一个大安慰，因为我实证了自己在这向内的路上，很有发展的希望。”④ 但是，现实社会的黑暗却又让他在 20 世纪 40 年代再一次走出了学院的围墙，重新思考着介入社会的可能，“近来我在联大的圈子里

① 朱自清：《爱国诗》，《新诗杂话》，三联书店 1984 年版，第 51 页。

② 何善周：《闻一多纪念文集》，三联书店 1980 年版，第 152 页。

③ 闻一多：《人民的世纪》，《闻一多全集》第 2 卷，湖北人民出版社 1993 年版，第 407 页。

④ 闻一多：《1933 年 9 月 29 日致饶孟侃》，《闻一多全集》第 12 卷，湖北人民出版社 1993 年版，第 265 页。

声音喊得很大，慢慢我要向圈子外喊去，因为经过十余年故纸堆中的生活，我有了把握，看清了我们这民族，这文化的病症，我敢于开方了。”“你想不到我比任何人还恨那故纸堆，但正因恨它，更不能不弄个明白。你诬枉了我，当我是一个蠹鱼，不晓得我是杀蠹的芸香。”① 在人生流变的复杂过程中，闻一多对现代知识分子的角色与身份都有了全新的把握和理解，他这样说：“从前我们在北平骂鲁迅，我们错了，海派为什么就要不得？我们要清高，清高弄到国家这步田地，别人说我和政治活动的人来往，是的，我就要和他们来往。”②

二

作为心灵微妙表征的诗歌文本，也到处布满了文化重叠的信息。闻一多的自我矛盾与冲突还体现在他的诗歌创作当中：不仅有从旧诗到新诗的转折，也有新诗创作本身的复杂。

这里的传统诗歌的兴味融合了现代人生的感受，如《雨夜》、《雪》、《率真》、《睡者》这一类诗歌。在中国传统式的“即景抒情”与“托物言志”中，昂然屹立的却是人的精神与人的意志，也就是说，这里不再仅仅是人与自然的相互应和，而常常是人的主体性超越自然的和谐拔地而起，人的“物化”往往为物的“人化”所代替。诗人或者不时对自然界中的事物发表评论，总结人生的哲理：莺儿的婉转和乌鸦的恶叫都是天性使然，鹦哥却“忘了自己的歌儿学人语”，终究成了“鸟族底不肖之子”，可见“率真”是多么重要啊！（《率真》）雨夜的狰狞让人心惊胆战，直想逃入梦乡，但清醒的理性却又提醒诗人要直面人生：“哦！原来真的已被我厌恶了，/假的就没他自身的尊严吗？”（《雨夜》）自然事物也成

① 闻一多：《1943年11月25日致臧克家》，《闻一多全集》第12卷，湖北人民出版社1993年版，第380页。

② 闻一多1944年10月19日在西南联大的演讲，见闻黎明等：《闻一多年谱长编》，湖北人民出版社1994年版，第512页。

了人的精神、人的情趣的外化，黄鸟是美丽的生命，向天宇“癫狂地射放”(《黄鸟》)，稚松“扭着颈子望着你”(《稚松》)，孤雁脚上“带着了一封书信”，肩负庄严的使命飞向“腥臊的屠场”(《孤雁》)，蜜蜂“像个沿门托钵的病僧”(《废园》)，“勤苦的太阳像一家底主人翁”(《朝日》)，“奢豪的秋”就是“自然底浪子哦!”(《秋之末日》) 诗人的主体形象开始上升，开始突出，他们不再仅仅满足于物我感应，不再以“物我共振”为诗情发生的唯一渠道，主体丰富的心灵世界本身就是诗的源泉。“琴弦虽不鸣了，音乐依然在。”“我也不曾因你的花儿暂谢，/就敢失望，想另种一朵来代他!”(《花儿开过了》) 诗人眼前的世界不再只有天人合一，不再只有恬淡虚无，这里也出现了斗争，自然界各个生命现象之间的斗争，人与自然的斗争，“高视阔步的风霜蹂躏世界”，“森林里抖颤的众生”奋勇战斗，大雪也“总埋不住那屋顶上的青烟缕”，“啊！缕缕蜿蜒的青烟啊！/仿佛是诗人向上的灵魂，/穿透自身的躯壳，直向天堂迈往”。(《雪》)

这里也有诗歌选题与情感基调的反差。是爱情诗却没有必要的热烈与温馨，倒是凉似古井，寒气逼人，如《你指着太阳起誓》、《狼狈》、《大鼓师》；是悼亡诗却又竭力克制个人的情感冲动，摆出一副铁石心肠，如《也许》、《忘掉她》；是爱国激情却又极力压制自己的真挚与灼热，如《口供》，是现实控诉却换以一副外表的冷漠与淡然，如《天安门》、《春光》。甚至这些反差与矛盾就保留在一首诗的内部，或者呈现为出其不意的“突变”，如《洗衣歌》是含诟忍辱的行动与不甘受辱的意志之矛盾，《你莫怨我》是言辞上的洒脱与情感上的偏执之矛盾，《春光》是自然的和谐与社会的不和谐之矛盾，《你看》是挣脱乡愁的努力和挣而不脱的事实之矛盾，《心跳》是宁静的家庭与不宁静的思想之矛盾，《什么梦》是生存与死亡两种选择的矛盾，《祈祷》是对中国魂的固恋与怀疑之间的矛盾，《罪过》是生命的不幸与旁观者的麻木之矛盾，《天安门》是革命者的牺牲与愚弱大众的冷漠之矛盾。其中，《口供》一诗是闻一多矛盾性人格的真切呈现，“白石的坚贞”、英雄、高山与国旗的崇拜者，这是为我们所熟悉、为世人所仰慕的“道德君子”，“苍蝇似的思想”却又是人之为人所与生俱来的阴暗的一面，饱经沧桑的闻一多在洞察世事的同时对自我也有了更加深入的认识。

《红豆》组诗是闻一多著名的爱情诗歌，相思的红豆自然有缠绵悱恻：“袅袅的篆烟啊！/是古丽的文章，/淡写相思底诗句。”(四)“爱人啊！/将我作经，/你作纬线，/命运织就了我们的婚姻之锦；/但是一帧回文锦哦！/横看是相思，/直看是相思，/顺看相思，/倒看是相思，/斜看正看都是相思，/怎样看也看不出团圆二字。”(九)不过，真情款款的字里行间，竟然也有微妙的厌倦与无奈，可谓是现代爱情诗歌中的奇观，如：

我们是鞭丝抽拢的伙伴，
我们是鞭丝抽散的离侣。
万能的鞭丝啊！
叫我们赞颂吗？
还是诅咒呢？

这是在反思他们的包办婚姻形式？再如：“你明白了吗？/我们是照着客们吃喜酒的/一对红蜡烛；/我们站在桌子底/两斜对角上，/悄悄地烧着我们的生命，/给他们凑热闹。/他们吃完了，/我们的生命也烧尽了。”这里包含的是悲凉。另外，诗人还说，红豆“有酸的，有甜的，有苦的，有辣的。/豆子都是红色的，/味道却不同了。/辣的先让礼教尝尝！/苦的我们分着囫囵地吞下。/酸的酸得像梅子一般，/不妨细嚼着止止我们的渴。/甜的呢！/啊！甜的红豆都分送给邻家作种子罢！”其中渗透的则是深深的无奈。

在总体上，闻一多诗歌的思想内涵与诗歌形式表现出了一种引人注目的“互斥”效果。归根结底，作家对形式的选择都存在着一种“搏斗中的接近”，作为习惯，作为先在的规范，语言形式似乎天生就与个体性的人存在距离，尤其在最需要利用语言潜能的诗歌创作里更是明显。不过，一般说来，经过了诗人选择过程中的“搏斗”，诗歌文本最终还是出现了一幅思想与形式相对协调的

"圆融"景象。但是，闻一多似乎没有最终实现这样的圆融，《死水》文本里，他所选择的语言形式仍然与思想内涵保持着紧张的关系，仿佛搏斗尚未结束。无疑，闻一多的精神矛盾是他自由意志的表现，我们很难再从他的作品中找出和谐的美学理想：一方面，他想象飞跃，跨越时空，但是，另一方面，他所选择的语言形式却又是严格的古典主义样式，匀齐的音顿，匀齐的句子，匀齐的段落乃至匀齐的字数，刻板的语言造成了对自由思想的极大的压力，而活跃的思想、变幻的意象又竭力撞开封闭的形式外壳，这就是思想内涵与形式选择上的"互斥"效果。比如《一个观念》，"隽永的神秘"、"美丽的谎"、"亲密的意义"是闪烁着的抽象的意念，"金光"、"火"、"呼声"、"浪花"、"节奏"则是互不相干的物象，它们都沉浮在诗人思维运动的潮流之中，它们之间的差异显示了诗人精神世界的复杂性，是多种情感与感受交替作用的产物，最终诗人也没有进入一种稳定的、单纯的"意境"。"五千多年的记忆"在感受中呈现为"横蛮"与"美丽"两种形象，这表明闻一多的爱与怨、追求与反抗并没有得到一个妥帖的调配；以上"反意境"的自由运动的思绪却又被桎梏在一种非常严谨的形式中，各句基本上由四音顿组成，各句字数大体相等（10 或 11 个字），两句一换韵，颇为整齐，诗人的自由思绪在忍耐中冲击着形式，忍耐与冲击就是闻一多思想与艺术的"互斥"。沈从文说《死水》的"作者在诗上那种冷静的注意，使诗中情感也消灭到组织中"①，这是说"忍耐"；臧克家读了《一句话》之后认为："我们读了这 16 句，觉得比读 10 个 16 句还有力量，此之谓力的内在。"② 这种互斥的结果就是诗人不得不承受诗歌创作的难以协调的压力："我只觉得自己是座没有爆发的火山，火烧得我痛，却始终没有能力（就是

---

① 沈从文：《论闻一多的〈死水〉》，原载 1930 年 4 月 10 日《新月》第 3 卷第 2 期。

② 臧克家：《闻一多先生诗创作的艺术特色》，原载《诗刊》1929 年 4 月号。

技巧）炸开那禁锢我的地壳，放射出光和热来。”①

三

同时展开了这些彼此矛盾冲突的选择的多种“可能”，闻一多文化与文学选择的这一形态可以被称做内在的“张力结构”。从现代中国文化与文学发展的大格局来说，特别是现代知识分子的精神形态格局而言，像上述这种类型的矛盾冲突恰恰可以说是现代中国的最基本的特点，它所代表的是现代中国最基本的文化关系项：古代/现代，中国/外国，国家/个人，学院/社会……所谓选择的方向其实不过就是这种种“问题”的端点。是选择古代文化传统还是钟情于现代社会的问题本身？是强调文学与文化的“中国性”还是注目于它们的“世界意义”？是突出国家民族的整体需要还是“任个人而派众数”？是专注于学院内部的生存法则还是在更广大的社会领域中体现我们的关怀？对这些问题的每一个方面的回答都体现了中国现代知识分子的不同的价值趋向，而具有不同价值趋向的选择又形成了现代中国文学与文化的内部矛盾与冲突。

只不过，在现代中国，这些“问题”的不同的选择常常是由其他不同的文化倾向的人来予以体现，因而最终是造就了不同的群体、派别和社团，中国现代文化与文学的“思潮流派与社团史”因此成为可能，但是，在闻一多这里，一人之身竟然奇迹般地同时保存了如此众多的“倾向”与“可能”，不仅有历时性的演化发展，更有共时性的自我矛盾与分歧，这都与闻一多自述的“东方老憨”的真挚而执著的性格有关。

1922年，闻一多曾情绪激动地说：“美国化呀！够了！够了！物质文明！我怕你了，厌你了，请你离开我罢！东方文明啊！支那底国魂啊！‘盍归乎来！’让我还是做我东方的‘老憨’吧！理想

① 闻一多：《1941年11月25日致臧克家》，《闻一多全集》第12卷，湖北人民出版社1993年版，第381页。

的生活啊!”① 这就是“东方老憨”的来源。所谓“东方老憨”者，一是有自己的坚持，二是有自己的真纯。

众所周知，生活中的闻一多素以沉稳质朴、严于律己而著称。在清华学校，他修身持心，一日三省，俨然传统儒生，“恢复伦理”是他清华读书时期自觉的追求，留学美国以后，最让他牵肠挂肚的是大洋彼岸的祖国、家乡、亲人，以及那位遵照父母之命迎娶进门的妻子，芝加哥杰克逊公园的秋色总是与北京城的金黄叠印在一起，他勤奋攻读，拒绝了一位青年人理所当然的娱乐享受；从1925年到1926年，作为大学教授，他克己奉公，奖掖后学，德高望重，作为学者，他严谨求实，一丝不苟，自觉地将学术活动与维护中国传统文化的历史使命联系起来，无论是在“美国化清华”还是在纯朴的“二月庐”，他主要的学习计划都是围绕中国传统文化而制定的；作为民主战士，他把自己的生命奉献给了国家民族的前途，在事实上实践着传统儒家“克己复礼为仁”、“扶危定倾，身任天下”的道德理想。此种坚守东方文化的“本土”意识使得闻一多在根本上不同于那些追逐“时代风潮”的善变之士，“他从小个性强，有主见，感情很丰富；他认准了要坚持什么就从不退让”②。

但固守却不是闭目塞听的保守僵化，闻一多竭力维护传统文化的行为是与他内在的情感需要与敏锐的现实感受能力联系在一起的，这样的精神品质使得他较别人感受也更丰富更真纯，更能够不断反映现实人生的各种真实的信息。最终，我们又奇异地发现：从闻一多认同“东方老憨”这一中国性格的那一刻开始，他竟然又不知不觉地与传统文化的基本观念拉开了距离——过分的诚实，诚实到不放过自己的每一点感受，这确实是在进行一种危险的自我颠覆活动。颠覆让自我的文化追求矛盾重重，让中国传统文化的理想支离破碎。就这样，闻一多沿着自己的体验和感受，走过“红

① 闻一多：《美国化的清华》，原载1922年5月22日《清华周刊》第247期。

② 刘烜：《闻一多评传》，北京大学出版社1983年版，第6页。

烛”，走过“死水”，走过人生“内”与“外”的种种选择，他以自己的生命过程接纳、包孕、呈现和运演了所有的这些矛盾的基本面，闻一多他不是将种种的文化矛盾交由时代演进的浪淘来荡涤、消泯，而是通通返转到个人的精神世界之中，不推脱，不拒绝，不回避，不伪饰，“矛盾”转化成为闻一多精神世界的一种内在运动的形态。

在这个意义上，我们可以得出这样的结论，“东方老憨”真挚而执著其实意味着那种饱满的生命意志与生命体验。更重要的是在于，当所有这些文化的倾向与选择经由“东方老憨”充满生命体验的个体来加以承受和运演的时候，也就为我们更细致地展示了这些文化选择的内在关系，特别是其彼此冲突与过渡的可能性，这在其他的现代中国知识分子身上是很难直接发现的：当闻一多从传统文化的捍卫者转化为毫不留情的批判者，当他走出国家主义的逻辑回归民主自由的五四传统，当他经由“外”与“内”的几番抉择终于在学院派之外确立了自己的“公共知识分子”角色，这样的逻辑过程不正是现代中国知识分子的命运演变？而当他为诗歌艺术的选择而踯躅彷徨以至最后不得不放弃诗歌创作的过程，所折射的不正是现代诗歌创立的深刻难题？甚至，当他不能掩饰自己的心灵悸动，在爱情的倾诉中袒露自己内心深处的困惑与无奈，这也成为伦理与情感相冲突中的中国知识分子绝好的精神之镜。在其他的一些知识分子那里，因为种种的自我掩饰的需要，往往将自我的精神层次作更多的伪装和装饰，一般很难为我们所轻易觉察和精确描述，在这个意义上，“张力”结构中的闻一多的精神现象具有它不可替代的文化价值。

闻一多思想精神及其阐释的若干问题

逢增玉
（中国传媒大学）

一

闻一多与大江会及曾经具有的国家主义思想问题，经过改革开放以来文学界和史学界的研究，已经基本得到澄清并达成共识，即认为闻一多在参与发起大江会并倡导的“大江的国家主义”，主要是在留学期间，以一个弱国子民的身份，亲身感受到由于国家的衰弱使得海外华人遭遇到种族性的歧视，由此萌发出强烈的民族国家意识和爱国主义情怀，在这种思想情绪驱使下，闻一多参与发起大江会的思想基础，主要是爱国主义而非政党和政治意义上的国家主义，诗人闻一多也从未从政治和政党角度把爱国主义、民族主义（大江会称为“族国”主义）和国家主义做出明确区分。而闻一多发起和组织大江会后的活动，也主要是在文学实践上践行“中华文化的国家主义”。而且，闻一多的思想经历了从国家主义到民主主义的发展历程，最终摆脱了国家主义而代之以民主主义，甚至是新民主主义。

对闻一多与国家主义的这种阐释和描述，我认为有很准确的一面，如闻一多参与提倡国家主义的大江会，确实是出于诗人的爱国主义。大江会提倡的国家主义主要是反帝反殖、救国救亡的现代民族主义，与后来的国家主义政党是不同的。但是，对中国现代的国家主义和闻一多思想里是否经历了从国家主义到民主主义的直线发展历程，以及完全摒弃了国家主义（民族主义）的问题，我觉得还需要再认识和再阐释。

首先，对国家主义及其在现代中国政治和思想史上的作用，我觉得需要重新认识和阐释。所谓国家主义，是世界范围内的现代性政治和思想现象，它与民族主义具有密不可分的联系。一般而言，现代民族主义是在西方启蒙运动和工业革命前后兴起和出现的，工业革命带来的巨大生产力与民族主义搅拌在一起，使得最先实现工业化和资本主义现代化的国家，以民族国家整体利益和全民利益的面目，以工业化和现代化带来的物质与文明优势，开始了对弱小国家和民族的掠夺与殖民。在这一过程中，欧洲封建时期的“国王神圣”演变为民族国家利益和权利的神圣，早期具有历史进步性的民族主义演变为具有殖民性的国家主义。殖民主义和帝国主义时代列强国家的民族主义和国家主义已经成为殖民和帝国扩张的理论工具。

但是，在列强以国家利益的天然合法性、正义性为名目对第三世界弱小国家进行殖民和压迫的过程中，却催生出第三世界国家以反抗殖民压迫为旨归的民族主义和国家主义，催生出现代性的民族国家意识和在此基础上掀起的民族独立与解放的思想政治运动和革命。这一点，是殖民侵略和征服者所没有料到的，可以说，自19世纪开始，伴随着殖民帝国的扩张与征服，被殖民和压迫的民族与国家普遍出现了民族国家意识的觉醒、民族主义和国家主义思潮的盛行和随之出现的民族独立与解放的运动，这成为一种世界性现象和潮流。所以，从这一大的世界潮流和现象来看，现代性的民族主义和国家主义在不同的历史阶段、不同的国家和民族，具有不同的性质：在工业革命和现代化最早发生和出现的西欧国家，最早出现和形成民族国家意识并逐渐形成民族主义和国家主义，此时的民族国家主义是具有历史进步性和合理性的；但当这些国家进入殖民和帝国阶段并向外扩张和殖民时，他们所奉行的国家主义、民族主义就变质为一种坏的、反动的东西，成为为殖民主义和帝国主义行为寻找合法性的灵幡，换言之，成为掩饰殖民主义罪恶的外衣；而作为发源于19世纪欧洲民族解放运动中兴起的一种思潮，第一次世界大战前后的欧洲若干相对弱小国家也曾吸取过这种思想作为发动民众抵抗外族侵略的精神武器，高举国家主义大纛实现民族独立和国家复兴。在欧洲之外的被殖民的广大的亚非拉第三世界国家，民族主义和国家主义（很多时候二者都没有，也不可能有严格界限）从思潮到运动都是反抗殖民压迫的有力武器，具有这个范畴内的历史的合法性和进步性。

因此，从清末孙中山等人把国家主义与民族主义、军国主义等混同在一起加以接受和介绍，到五四前夕受意大利爱国者马志尼创建少年意大利影响而出现的少年中国学会，再到包括闻一多在内的留美学生受土耳其人民在基马尔派领导下，以国家主义为思想武器掀起大规模民族解放战争，终于摆脱奴役获得独立的事件的启示和鼓舞而发起大江会，甚至于从少年中国学会独立出来的曾琦的信奉国家主义的青年党，近现代中国的国家主义其实一直与民族主义搅和在一起，而这些不同派别的国家主义最初和最大的宗旨，都是为了拯救积弱不振的国家，摆脱外来的奴役，使之走向独立、自主和富强，即都是为了“救中国”和“强中国”，这样的国家主义就都具有历史阶段性的正义性与价值性，属于19世纪以来世界性的民族要独立、国家要解放、人民要自由的浩荡的世界潮流。即便是20世纪30年代的民族主义文学运动，这个曾经被宣判为政治死刑的文化与文学派别，据学者的研究，也绝非完全反动和一无是处的，左翼当时的指责和后来的批判有许多是绝对化、无限上纲上线和与事实不符的。① 从这个意义上看，闻一多之组织和参加国家主义性质的大江会并从事文学和一定的政治活动，我们以往的研究一再辨析他并没有从政治上和理论上理解国家主义内涵，他是以爱国主义特别是文化爱国主义来理解和参与大江会，因而说明他参加大江会和接受国家主义的单纯性和政治无辜性，甚至强调闻一多崇奉的国家主义和当时其他一些国家主义者提倡的国家主义有所区别，等等。这样的辨析是必要的，因为它厘清了大江会的性质、大江会倡导的国家主义的性质和闻一多之接受国家主义的动机和目的的正

① 秦弓：《鲁迅与民族主义》，《南都学刊》2008年第3期。

确性。但另一方面，如上所述，世界上存在两种性质截然不同的国家主义，第三世界国家的民族主义和国家主义在帝国和殖民时代天然具有反抗殖民压迫的历史合理性和正义性，作为第三世界被压迫国家的知识分子，闻一多不管是不是在政治上理解国家主义，都不是什么不清白的、有损于声誉和形象的污点，而我们过去一再为闻一多洗刷，主要是因为历史和认识的局限使我们对国家主义和民族主义的认识不全面。

二

当然，近现代中国的国家主义，包括大江会的国家主义，存在着与马克思主义和革命政党不同的民族主义和国家观念，即使怎样辨析大江会的爱国性质和闻一多非政治层面的国家主义认识的正确性，也无法掩饰这一点。还有，闻一多回国后不只是从事“文化的国家主义”，还曾与罗隆基、余上沅等人一起代表大江会，与大神州社、醒狮社等国家主义党派，共同参与发起北京国家主义团体联合会，国家主义团体联合会在北京开展的两项重要活动之一，就是所谓的“反苏反俄”：1926 年 1 月 29 日晚，大江会与中国国民党同志俱乐部、国家主义青年团、国魂社、铁血救国团、醒狮社、夏声社、蜀光社、大神州社、国民党各团体联合会等 40 余团体在北大二院召开“反对日俄进兵东三省大会”，闻一多积极参与，是主事者之一，此事起因背景是第一次国奉战争中，奉军将领郭松龄前线倒戈，1905 年以后即占据东北的日本以“满蒙”与其有利害关系为借口公然出兵干涉，致使郭军惨败。战事紧张时，张作霖调黑龙江部队南下，而暗中支持郭松龄、冯玉祥的苏联中东路局，以未交纳车费为名中止中东路交通，张作霖遂扣留苏方路局长。一时双方剑拔弩张，并出现苏联可能出兵东北的传闻。1905 年日俄在东北进行的战争曾经给中国人民带来巨大损害，曾经使中国知识界和海外留学生义愤填膺。此时如果日苏两国无论以什么理由在中国境内交战，东北人民必将生灵涂炭，都是对中国主权的侵犯。因此，爱国心切的闻一多主动去找倡导国家主义的中国青年党领袖李璜商量，建议由联合会发起一次反对日俄进兵东三省大会。后者的起因是1926年2月，报刊上有报道说旅俄华侨总会会长金石声回国途中在伊尔库茨克被害。也有消息说被驱逐回国的华侨常常被拘，并有人因受刑而导致身体残疾。由是，李璜约闻一多、罗隆基、余上沅等相商，决定在北大三院礼堂召开一次反俄援侨大会筹备会，并推闻一多与李璜、常燕生、邱椿、罗隆基组成主席团，以李璜为主席。反俄援侨大会3月10日下午在北大三院举行，闻一多是主席之一，① 闻一多还画了恶魔举着皮鞭抽打华人的讽刺画，影响甚大。

那么，怎样看待和评价闻一多的这些思想行为呢？在中国现代历史和文学中，“反苏”曾经是一个很大的判别政治家和文学家的政治正确性的政治问题，有很多人因此被一度宣判了政治死刑。但历史往往又是非常复杂的，而历史唯物主义的基本原则就是把具体问题放到一定的历史环境中进行具体分析。

毋庸讳言，闻一多积极发起、组织和参与的这两次大会，直接针对当时的社会主义国家，也是世界无产阶级和社会主义革命的堡垒苏联，如果简单地从政治层面看，在当时苏联代表世界革命和社会主义事业正义性的时代，闻一多的反苏行为里包含着很严重的政治问题。而回到历史环境和语境里看，闻一多根本不是从政治和党派立场，而是从他一贯的爱国主义立场参与这场活动的，他发起和参与这些表面的反苏活动的真正目的，是保护国家、民族和人民利益，是不管谁损害中国的国家、民族和人民利益就予以反对和谴责，在美国留学时期目睹华人受歧视而致使民族爱国热情膨胀的闻一多此时也是以这样的态度和立场对待苏联的，而根本没有把苏联的行为与其他列强的行为加以区分，闻一多实质上是把这次的行为与从爱国主义立场出发进行的所有反对列强的行为同等对待，是他极端强烈的爱国主义思想情感的“诗性”爆发和流露。另一方面，十月革命后的苏联尽管是世界无产阶级和社会主义革命的源头和堡

① 闻黎明：《闻一多与“大江会”——浅析二十年代留美学生的“国家主义观”》，《近代史研究》1996年第4期。

垒，但毋庸讳言，斯大林执政时代及其以后的苏联共产党和国家行为，确实有民族主义和大国沙文主义色彩，这是导致后来中苏两党与两国关系破裂的重要原因，也是苏联与其他社会主义国家几度关系紧张，甚至出兵干涉内政并最终导致所谓“社会主义大家庭”和国际共产主义运动分裂和消亡的重要原因之一。苏联和共产国际当时既有支持中国革命、支持中国摆脱西方列强殖民压迫的国际主义行为，也存在着某些非国际主义的民族主义和沙文主义成分，所以，在延安时期毛泽东同志对所谓“留苏派”的反感和拒斥，既包含政治思想上实事求是与教条主义和本本主义的矛盾，强调从实际出发的中国国情的特殊性和由此产生的中国革命的自主性与中国道路的独特性，反对简单地把中国革命当做共产国际世界革命的棋子；也包含政治原则问题之下实质存在的国家民族利益的潜在冲突。中国革命中一直若隐若现地存在着苏联的沙文主义和毛泽东代表的革命政党与中国的合理的民族主义的内在利益冲突。从这一现代中国历史进程中的中苏关系的大背景来看，20世纪20年代中期闻一多参与的所谓“反苏行为”，与后来毛泽东代表的中国共产党人对中苏两党两国关系处理中的维护民族尊严和国家主权的行为，潜隐地存在近代以来屡遭外侮而产生的中华民族强烈的民族爱国主义的精神轨迹和内在接点，尽管闻一多与毛泽东代表的革命政党对待苏联的政治立场截然不同。也因为如此，与闻一多在文学艺术和私人友情上更为接近的新月社的徐志摩、胡适当时发起的“仇俄友俄”的讨论，与其说带有政治上的反苏、反革命的清醒认识，毋宁说更多的是一种民族主义和爱国主义的、诗人与文人的作为。甚至，我们过去一直认为的这些所谓资产阶级知识分子出于反苏反共的政治立场对苏联的错误评价，今天看来，可能比激进和左翼知识分子完全拥护苏联的言论更接近历史真实和真理。

三

闻一多的民主思想，是闻一多思想精神构成的相当重要的部分。过去有些强调闻一多经历了“从国家主义到民主主义”的思想演变历程的研究模式，实质上漠视了闻一多思想里一直存在的民主主义，把闻一多前期思想里同样存在民主主义的事实遮蔽或淡化了，因而也是不符合闻一多的思想精神面貌的实际状况的。

诚然，从五四到抗战前，作为诗人和学者的闻一多身上，表现更多的是他的以国家主义为标志的爱国主义，而这是与时代环境分不开的。但是，作为现代知识分子，五四新文化运动的民主、科学、自由等核心价值对闻一多思想的影响，同样是深厚巨大的。闻一多在抗战胜利后不断发表《五四历史座谈》、《五四运动的历史法则》、《在五四青年运动座谈会上的发言》、《五四断想》等文，一再谈到五四的爱国、科学与民主思想对他的影响，结合现实对国民党政权的专制和独裁严厉批评。尽管闻一多对民主思想、民主制度、直接民主与间接民主等问题没有像政治学者那样进行深入研究和具体分析，但闻一多所追求和向往的显然既包括民主自由的思想，也包括政体化的民主体制。过去人们谈到闻一多受五四的影响，更多地关注他所受到的五四反帝爱国运动和思想的影响，对他所受五四启蒙和新文化运动倡导的科学与民主的影响，重视不够，当然这也与闻一多留学期间和回国后一段时间内，在文学创作和社会活动中更多地表现出爱国主义和国家主义的诉求有关，也与救亡成为时代主潮的历史环境有关。不过，不能因此漠视作为闻一多思想精神构成的民主理念和诉求。

闻一多的民主思想和诉求的爆发，确实是与时代变化，特别是与抗战时期的所见所闻有密切联系的。其中的一个重要的触发点是蒋介石的《中国之命运》的发表。受国家主义思想影响的闻一多本来在民族和国家多难之时是拥护代表国家的国民党和蒋介石的，因此西安事变发生后闻一多对张学良、杨虎城的“逆行”是反感和反对的，担心张、杨的行为会破坏国家稳定和利益，亲痛仇快。但是到1943年蒋介石发表《中国之命运》后，闻一多写道：“《中国之命运》一书的出版，在我个人是一个很重要的关键。我简直被那里面的义和团精神吓一跳，我们的英明的领袖原来是这样的吗？五四给我的影响太深，《中国之命运》公开向五四挑战，我是无论如何受不了的。"① 在这里，闻一多所说的对他影响太深的五四，指的是五四的民主精神，而蒋介石著作中的"义和团"精神，恰恰就是反民主的一个党、一个主义、一个领袖的专制主义。那种既反对共产主义也不容忍民主自由的独裁倾向，使得对抗战爆发后希图中国得以"民主、进步、文明和危机中重生"的知识分子，深感失望。抗战是百年来屡遭外侮的中华民族最大的民族危机和最大的民族解放战争，当此之际，中国知识界出现了两种显著的变化：一是对民族传统和文化的回归与"寻根"倾向，民族危亡和救亡的现实处境使得对立的国共两党都高扬民族传统和文化的旗帜，在思想界、文化界与文学界也随之出现重新思考和发掘民族传统与文化价值的"传统热"，以古典和传统显示民族往昔之荣光，激励和发扬民族精神。闻一多此时极其勤勉的古代文化与文学研究，也在总体上属于这种潮流。但对"国故"的研究和弘扬，也可能导致对现实的"国统"、国家领袖"至尊"乃至独裁的认同和标举。而闻一多的可贵之处，就在于在沉湎国学的时候，又能对民族文化回归大潮中的反民主的专制主义，保持警惕，强调和坚守五四民主自由思想的价值，故此才会对蒋介石《中国之命运》里"义和团"和专制思想极为反感和坚决反对，并构成闻一多成为民主斗士的主要契机和思想转折点。

抗战后国统区知识分子的另一种思想风景，是对抗战、民主和国家复兴的共识。对民主问题的关注可以说是国统区形成的时代氛围和思想语境，闻一多来自五四影响的民主思想在此时的触发和爆发，除了现实的触动外，也与这样的思想和时代环境有内在联系。如果说辛亥革命后袁世凯复辟等社会现象触发了知识分子对社会革命与思想文化启蒙关系的思考，那么，抗战现实特别是抗战中后期国统区"前方吃紧、后方紧吃"的现实，使得救亡关怀强烈的知识分子再次将外侮与"内暗"联系起来，将民主与抗战建国的问题联系起来，外抗敌寇与内建民主成为他们思考"中国之命运"

① 闻一多笔谈，际戡笔录：《八年的回忆与感想》，联大除夕社编《联大八年》，1946年，第4页。

的焦点，成为思想和行为的价值取向。特别是对闻一多、李公朴这样一批留学欧美、深受五四影响的人而言，尤其如此。他们普遍希望在抗战这样一个中华民族百年来遇到的最大灾难，也是最大机会的时代，彻底解决使国家积弱的根本的制度问题——民主与民生，把五四以来的民主思想制度化，使救亡抗战与践行民主、创建新国家并行不悖。闻一多不仅加入了李公朴早就加入的民盟，而且在民主问题上同气相求，所以在抗战胜利后李公朴被不谙大局的国民党地方当局杀害后，闻一多会表现出那样的愤慨和为民主奋不顾身的斗志。就此说来，抗战时期追求民主建国的时代氛围和精神环境，对闻一多早就具有的民主思想的勃发，又的确具有催化作用。

论及20世纪40年代闻一多的民主思想的表现和行为，不能不涉及在悼念李公朴集会上闻一多的讲演中对美国的态度，因为这也是闻一多民主思想的一个方面。以往的教科书和史书，多引用政治话语，把闻一多和朱自清描述为打破对美国幻想的中国知识分子的代表。而实际上，闻一多在他那篇悼念李公朴的昆明集会上的《最后一次的讲演》中却有如下的内容：

> 反动派故意挑拨美苏的矛盾，想利用这矛盾来打内战。任你们怎么样挑拨，怎么样离间，美苏不一定打呀！现在四外长会议已经圆满闭幕了。这不是说美苏间已没有矛盾，但是可以让步，可以妥协。事情是曲折的，不是直线的。我们的新闻被封锁着，不知道美苏的开明舆论如何抬头，我们也看不见广大的美国人民的那种新的力量，在日益增长。但是，事实的反映，我们可以看出。
>
> 第一，现在司徒雷登出任美驻华大使，司徒雷登是中国人民的朋友，是教育家，他生长在中国，受的美国教育。他住在中国的时间比住在美国的时间长，他就如一个中国的留学生一样，从前在北平时，也常见面，他是一位和蔼可亲的老者，是真正知道中国人民的要求的。这不是说司徒雷登有三头六臂，能替中国人民解决一切，而是说美国人民的舆论抬头，美国才有这转变。

其次，反动派干得太不像样了，在四外长会议上才不要中国做二十一国和平会议的召集人，这就是做点颜色给你看看，这也说明美国的支持是有限度的，人民的忍耐和国际的忍耐也是有限度的。

这段话在1949年以后闻一多的文集和各种选篇中都被删节，因为闻一多、朱自清等知识分子被誉为打破对美国幻想的代表。其实，在抗战爆发后，由于美国与中国都是反法西斯同盟国，美国对中国的抗战予以物质与精神的巨大支持并成为抗击德日法西斯的主要力量之一，所以不仅国民党政府亲美，延安和中共在抗战中后期也对美国表现出友善灵活的态度，接待美国特使和观察团，中共和美国在反法西斯的共同事业中历史性地走向了解和接近。不论是国民党还是中共的报刊舆论，当时都把美国作为反法西斯的正义力量、对抗法西斯极权的民主世界的代表，对美国的国体、政体，对华盛顿、林肯及罗斯福等领袖都予以颂赞。因此，可以说在抗战时期中国各政党、团体、知识界和人民对美国及其代表的正义与民主，是普遍认同的，是“亲美”的。中国抗战和世界反法西斯战争胜利后，由于苏联支持和主导的东欧社会主义阵营与美国领导的西方阵营形成了冷战格局，由于美国继续支持国民党政府并实际上卷入了中国的内战，所以受苏联和共产国际支持，并作为国际共产主义运动一部分的中共，开始走向与美国的对立。在中共领导的思想、文化和文学领域，随着内战的进程和国民党败相日显，左翼知识分子中逐渐掀起将美国与反动反民主势力联系在一起的“反美”“仇美”思潮。不过，在那些留学欧美，被认为是自由主义的或主张民主建国的民主党派中，还是把美国人民的舆论使美国政府“转向”支持中国民主势力看得非常重要，也就是实际认为美国仍然是人民的意志和选择决定政府行为的民主国家，把中国人民的老朋友司徒雷登出任美国驻华大使看做美国人民和政府理解和支持中国民主进步的重要步骤，即闻一多这类知识分子还对美国抱有希望和“幻想”，还是把欧美的民主制度与文明，作为中国打倒和取代专制独裁、进行民主建国的重要的制度依赖和思想资源。闻一多对美国及其制度文明的认识和态度，是闻一多民主思想构成中的不可或缺的一部分，也是研究闻一多民主思想不可回避和绕过的一部分。抽离了这一部分，就无法还原和呈现闻一多思想精神的全貌。当然，闻一多民主思想构成中的“亲美”认识的是非曲直，如何评价，则另当别论。

论闻一多的国学研究结构及其特征

刘殿祥
（山西大同大学）

国学研究之于闻一多，既指向研究对象和研究范围，以此体现出他国学世界的丰富性，更指向研究态度和文化思想观，以此体现出他国学世界的复杂性和矛盾性，这都标志出他国学世界的结构性特征。既为结构，就不是单一的研究内容、单纯的研究态度和单薄的文化思想，多样化的国学对象、复杂的国学态度和矛盾的国学思想共同形成了他的国学研究结构。

一、国学研究内容结构

闻一多国学研究结构包含了异常丰富的研究对象、异常广阔的研究范围和异常深厚的研究内容，在现代国学研究格局中可谓独树一帜。从研究层面看，这一结构大致包括了四大层面，一是闻一多作为考据家对国学典籍的考据学研究层面包括典籍的辑佚、校勘、训释、史料的考订和编纂等；二是闻一多作为诗人对典籍中诗歌艺术美的还原、发现、阐释层面，这主要指向古典诗歌的研究，也包括在非文学典籍中发现诗歌美如《易林》研究和他研究中的诗性思维及诗意化风格特征；三是闻一多作为“文学史家”对中国诗歌史、文学史、文化史的研究层面；四是闻一多作为思想家对国学中文化思想的反思和批判层面。不同的研究层面体现在不同研究阶段中，时间上的发展演变和研究层面中的自“下”（基础性的考据学研究）而“上”（在考据学基础上的国学综合性研究）基本对应，历时性的演变和共时性的内容纵横交错、有机结合而成复杂的国学研究结构世界。如果我们将闻一多最后形成的国学研究结构按照研究对象展开来，同时可以见出他的国学研究对象展开于中国古代文化的历史演变过程中、扩展到中国古代文化的各个构成领域里。

从时间性顺序看，闻一多的国学研究历程几乎就是一部中国古代文化史，他的研究对象分布在从上古到近现代文化的各个历史时期，计有：先秦文化中的上古神话研究、甲骨文和金文研究、《诗经》研究、《周易》研究、《庄子》研究、《管子》研究、《楚辞》研究；汉代的《焦氏易林》研究、《乐府》研究；魏晋南北朝的道教研究；唐代诗歌、唐代文学、唐代文化研究；现代诗歌研究；中国文学史研究和中国文化史研究。这些都是他深入研究并有专著的研究对象，即使没有选择专门研究对象的历史文化时期如宋元明清时期，他实际上也都有所涉及，纳入到了整体的中国文学史和文化史的考察中，这只要看他的《四千年文学大势鸟瞰》即可领略到。而且，除了专门深入研究的上述国学典籍外，尚有大量国学典籍亦进入到他研究视野并有所考释和论列，如《璞唐杂业》中即收录了他对 32 种国学典籍的考释①，虽然也仅仅是读书札记，但可以见出闻一多广阔的研究视野。

从文化领域看，闻一多最初的研究对象是古典诗歌，随着研究的深入发展，他以古典诗歌为基点向各个方向伸展，每个方向都指向一种文化领域或说学科领域。闻一多在研究中所涉及的文化领域计有：1. 传统小学和语言文字学。闻一多为了诠释《诗经》、《楚辞》的词义就进入到传统小学领域，在文字学、音韵学、训诂学方面有所成就，进一步，脱离开诗歌词义诠释而进入到纯粹的语言文字学研究领域，特别一度致力于甲骨文、金文的考释，在此基础上思考了汉语言文字的起源和特性，在这个层面上，闻一多堪称为语言文字学家。2. 传统经学和汉学考据学。因为《诗经》和《周

① 闻一多：《璞堂杂业》，《闻一多全集》第 10 卷，湖北人民出版社 1993 年版。《璞堂杂业》考释了 32 种典籍，大部分属于先秦诸子百家，也有汉以后的典籍。

易》属于儒家经学经典，所以闻一多事实上同时进入到传统经学研究领域，不仅以经学方法研究儒家经典的《诗经》和《周易》，而且以经学方法研究非经的经典如《庄子》、《楚辞》和唐诗，这样，闻一多以诗歌典籍研究为起点，深入到中国传统经学领域，以经学所崇尚的汉学考据学研究古典诗歌和其他国学典籍。3. 文学和艺术学。闻一多对古典诗歌的研究从经学考据学提升到文学角度研究，进一步从诗歌艺术扩展到古代艺术的各个部类，重点探索艺术的起源、发展和各自的特性，如《论形体》、《匡斋谈艺》、《字与画》、《说舞》、《两种图腾舞的遗留》、《歌与诗》、《九歌古歌舞剧悬解》等涉及绘画艺术、书法艺术、舞蹈艺术、音乐艺术、诗歌艺术、戏剧艺术、歌舞艺术等不同艺术部类的起源。这是他从诗歌到文学到艺术的扩展方向。4. 另一个扩展方向是从文字到文学到文化的扩展，其研究范围更扩展到文化的各个领域，涉及现代多学科的研究。在文化史的研究中，闻一多一方面考论中国文化史上各种文化现象如龙与凤的源流、“七十二”数字的来历等，另一方面探索中国文化源头而以文化人类学的方法研究原始社会，在对整个上古社会文化的考察过程中，闻一多深入到神话、史诗、传说、民俗、巫术、宗教等领域，在每个领域都作出了独到的思想发现。5. 从文字到文学到文化的典籍都是由人创造的，闻一多不仅研究国学典籍之文，而且关注国学典籍的创造者，所以，从文到人，他的国学研究更扩展到对诗人和整个中国传统士大夫阶层的研究，研究他们的人格结构，研究他们的精神特质，研究他们的文化思想，并进而探索士大夫的源流，这体现在他对儒家、对屈原、对唐代诗人的具体研究和对传统士大夫阶层的总体考察中。6. 国学典籍承载着文化思想，影响中国文化历史的思想最主要的是儒家、道家、道教、佛家、墨家、法家等，闻一多最后更扩展到这些文化思想领域的反思和批判中。这种反思和批判是建立在自己研究的基础上，建立在全面了解中国文化基本构成的基础上，建立在准确把握传统文化思想对于现实影响的基础上，将自己的国学研究提升到文化思想批判的高度，重点对儒家、道家、墨家进行了揭露和批判，特别独具慧眼发现了道教的本质，在考证道教和神仙方技的起源中批判了道教，与鲁迅、许地山、陈寅恪等对道教的认识达成了共识。国学领域的多学科横向透视、四千年文学和文化的纵向贯通、国学研究的多层面展开和深入，形成了闻一多博大精深的国学研究世界，生成了闻一多错综复杂的国学研究内容结构。

这一结构在现代国学研究领域中具有相当的独特性，但未必有代表性，因为现代国学研究学者少有如闻一多这样涉猎如此广阔的国学领域，少有如闻一多这样建立如此复杂的研究结构。闻一多之于国学研究真是纵横捭阖，自由地徜徉于纵向的几千年中国文化历史中，任意地出入于横向的多样化中国文化领域里，依据他深厚的国学修养、深远的学术史背景、开放的中西文化视野，在长期的学术实践中既掌握了一套纯熟的学术方法技巧，又赋有自我的思想识见和文化认知高度，所以在国学研究中可以得心应手，既入乎其内又总是能出乎其外，不粘滞于一种研究对象，呈现为不断的跳跃性特征。而他在每一种研究对象上都不是蜻蜓点水式的浅尝辄止，几乎都有深入研究并多有创见。这种不断地跳跃的思维和不断地变换研究对象的“广种”式研究，极容易“薄收”而流于“走马观花”式的概览或甚至一无所获，但闻一多以自己专心致志的学术意志深入到每一种研究对象中、在每一种研究对象中都有重大收获，如此才形成他丰厚复杂的国学研究结构。当我们把闻一多的这一国学研究结构放归中国现代学术格局中、放归现代国学研究构成中，两相对照，就会发现，双方既有重合的部分，也有交错的地方。研究对象的重合部分可以见出闻一多与现代学术界的密切联系，交错的部分则表现出闻一多与现代学术界的区别。即使在对象的重合部分，闻一多亦有自己的独特的研究路径和独到的发现，这使他在现代《诗经》研究史、《楚辞》研究史、《周易》研究史、《庄子》研究史、唐诗研究史、古文字研究史等领域据有一席之地而构成各学术史的重要组成部分；而在他与现代学术界交错的部分，则更显示出他的学术史价值，在多个领域填补了学术空白，如在神话研究、《焦氏易林》研究、《全唐诗》研究、艺术起源研究、文化史现象研究、文学史研究等领域多具有开创性。基于学术史角度的这两方面合起来就使闻一多的国学研究在现代学术格局和国学研究领域具有更大的涵盖性，几乎包容了现代国学的大部分研究领域，意味着包容了研究国学的现代学者的学术世界，也意味着闻一多与现代学者具有广泛的对话基础和对话中自有他自己独特的声音。

二、国学研究态度结构

闻一多国学研究内容的结构化过程同时也是他的国学态度和研究价值取向的一种演变历程，其国学态度和研究价值取向在发展和演变历程中的曲折性构成了另一种隐性的国学结构，包含在国学研究内容的显性结构中。研究主体和研究对象之间一方面当然有着显性的研究与被研究的学术联系，另一方面还存在研究主体之于研究对象的基于情感态度的价值认定关系。一般来说，在人文社会科学领域，研究主体总是对自己的研究对象有着浓厚的兴趣和深厚的情感，在喜好的态度支配下进入研究过程，在研究中发现和阐释对象的价值和意义。在国学研究中，应该说，所有的国学对象都有研究的价值，但并不是所有的研究对象对于现代社会都有价值和意义。对象价值和意义的评判取决于情感态度，文化情感往往决定文化价值取向。那么，闻一多对自己的研究对象即国学总体上持有怎样的态度和价值取向呢？

闻一多之于国学的情感态度并不是单纯的，既有在长期的国学修习和研究过程中呈现为不断演变的特征，又在演变中生成了他国学态度的复杂性和矛盾性特征。总体上说，闻一多对于国学经过了从主观喜好到怀疑、从客观分析到批判的过程，文化情感和文化理性、文化传统与文化现代化追求、国学研究与具体社会现实之间在他的精神中始终存在着相当的矛盾，影响了他对于国学的整体价值评判和意义认定。具体看，闻一多之于国学经历了四种情感态度的变迁，这四种国学情感态度也体现出时间的阶段性，但在不同时间段中又有同一情感态度的反复和同一时间段中不同情感态度的叠加。

第一种是从最初对国学的文化情感发展出对国学的歌颂和赞美

之情。少年时期在学习国学经典过程中就培养起的对国学的兴趣爱好奠定了闻一多早期基本的国学态度。到清华学校读书后，课余时间几乎都用来阅读古典诗文①和《史记》、《汉书》等历史典籍，从而奠定了他扎实的国学修养基础，无形中为他日后的国学研究作了学养的充分准备。更重要的是，在少年时期国学典籍的充分学习培养了他最初的文化情感，可以说，和当时大部分读书人一样，闻一多的文化情感是由国学以浓墨重彩而打下底色的，这几乎影响了他一生的国学情感态度，更决定他日后的学术研究道路的选择。但闻一多毕竟已经不是生活在封闭的传统文化环境里，他所接触和接受的文化更已经不限于传统文化，对于闻一多自我人生道路和文化环境变迁而言，已经先后出现了三种足以冲击到他国学情感的文化语境，一是他所在清华学校的“美国化”教育，二是新文化运动的反封建文化思想的现代取向，三是出国留学后的西方文化环境。但恰恰在这几种文化语境中，闻一多不仅保留着对国学的情感爱好，而且更强化了对国学的歌颂和赞美。在美国留学时针对美国文化的压迫和中西文化矛盾而热烈地歌颂和赞美中国的历史文化和文化历史，不仅在诗歌中倾力尽情歌颂和赞美，而且在行动中更加注重国学的研读，认为“东方底文化是绝对地美的，韵雅的。东方的文化而且又是人类所有的最彻底的文化”②。正是这样的国学情感态度，促使他转向国学研究，至少是他研究国学的一大动因。当初“振兴国学”的理想在国学研究中得以落实，一贯的歌颂赞美之情使他一度完全沉醉于国学研究中。可以说，闻一多的国学研究在相当程度上是以情感化的态度、以对国学的依恋和陶醉而进入到研究过程的。但情感如果缺乏理性的指导往往会模糊是非界限而产生迷误，文化情感如果缺乏理性反思也会导致“骸骨的迷恋”。闻

---

① 闻一多：《仪老日记》，《闻一多全集》第12卷，湖北人民出版社1993年版，第421页。这部闻一多在清华读书时的日记记载了当时的读书计划，中国古典诗歌的阅读“自清明以上，溯魏汉先秦”，包括了《清诗别裁》、《明诗综》、《元诗选》、《宋诗钞》、《全唐诗》、《八代诗选》。

② 闻一多：《〈女神〉之地方色彩》，《闻一多全集》第2卷，湖北人民出版社1993年版，第123页。

一多毕竟是长在新时代，是新文化运动的产儿，是接受了国学以外的西方文化思想的现代知识分子，所以他即使对国学有所迷恋，也不会走向抱残守缺的复古道路。

这样，闻一多有了对于国学的第二种情感态度即以怀疑的眼光看国学，不再如以往一味地歌颂和赞美国学，在文化情感中增加了文化理性，在文化理性和现代化的坐标中重新考量国学经典及其所蕴含的思想。一旦真正面对国学典籍，尤其进入到研究过程中，单纯的歌颂赞美之情自然隐退，代之而起的首先是质疑。应该说，青年闻一多已经完全接受了新文化运动的反封建思想和重估一切价值的怀疑精神，这已经成为他根深蒂固的思想原则，足以控制和规范他少年时形成的完全指向国学的文化情感。本来，新文化运动后就在现代学术界兴起了影响甚大的“疑古”思潮，从国学研究角度，闻一多在接受新文化运动思想影响的同时，也自然受到这股“疑古”思潮的影响。特别是当他自己进入到国学典籍的研究实践时，作为学术研究的理性活动不容他再进行情感上的笼统赞美，而是要以冷静的态度面对研究对象，不是煽动情感而是调动理性来客观地研究国学典籍。总体上说，闻一多对国学的质疑主要体现在三个层面。一是国学典籍的文本正误；二是质疑学术史上对国学典籍的解释；三是质疑国学典籍所承载的思想。学术研究是建立在怀疑基础上的，国学研究尤其需要怀疑精神。“信而好古”的传统在新文化运动中遭到毁灭性打击，“古史辨派”更在学术实践中高扬起“疑古”大旗而造成了时代的学术潮流，闻一多自己在国学研究实践中对国学的质疑既在时代思潮影响下又顺应了时代学术潮流，更主要的是来自他自己切身的体会而比较全面地质疑国学典籍及其思想。

但质疑只是学术研究的基本机制和之于研究对象的一种态度，并非学术研究本身，闻一多正是在这种学术怀疑精神的推动下进入国学的全面研究中，在研究过程中体现了他对于国学的第三种态度，即客观地、冷静地、科学地分析和研究国学，在研究中恢复国学典籍及其思想的本来面目，给出国学解释的“正确答案”。至此，国学态度已经不再限于情感层面而更主要体现为一种理性精神，情感可能无视对象的意义，甚至偏执于对象的一方面价值，而理性则要全面衡定对象。学术研究主要不是情感活动，而是一种理性活动。这样，闻一多全面进入国学研究领域后，相对地取消了情感的介入，压抑了情感的“火山”，建立在怀疑国学典籍及其思想的基础上，进入到全面研究国学的过程中，从质疑国学而顺理成章地要释疑，释疑的过程也是全面解释国学经典及其思想的过程。与质疑国学的层面相对应，国学释疑研究也就展开于三个层面，首先是国学典籍文本文字的校补，包括辑佚学方法下的散失典籍的辑补，如对《全唐诗》的辑补和辨证；校勘学方法下的文字校正，如《楚辞校补》、《庄子校补》、《管子校勘》等；编纂学方法下的国学史料的考订和汇编。闻一多在文本文字校补基础上，倾心力于词义诠释，对《诗经》、《楚辞》、《周易》、《庄子》、《乐府》等进行“通义”、“笺注”、“疏证”、“义疏”、“解诂”、“义证”、“章句”等不同方式的解读，力求使现代人读懂国学典籍并准确理解诗义文义。文本意义的准确理解可以做到同样准确地把握国学典籍所传达的真实诗歌美学意蕴和文化思想，由此，闻一多在质疑以往误读、曲解、附会国学经典内容的基础上，一方面还原其原初本义，如对《诗经》和《楚辞》诗歌原始美的还原，另一方面重新发现典籍中的新内涵，如对《周易》社会史料的发现和对《焦氏易林》诗歌美的发现；进一步作出国学典籍内容的立足于现代基点的自我的阐释，如他对古典诗歌意韵美的阐释，对中国文史现象如龙凤含义的阐释，对中国传统文化思想如儒家、道教的阐释。当闻一多从创作诗歌转向学术研究后，对于国学就不再是无原则的赞美，也不限于无根据的怀疑，而是以研究的态度实事求是地对待国学，怀疑其伪时就切实地证伪，认定其真时更有力地证实，力图以“杀蠹的芸香”消除国学典籍中的“蠹鱼”。这“蠹鱼”，既是伪书的窜入而需要辨伪，也是文字的错讹而需要校正；既可以指向诠释的谬误而需要匡正，更可以指向经典本身和历代阐释出的病态文化和思想“毒素”。

经过长期的国学考据学和客观的国学文化思想的阐释，闻一多的国学态度又为之一变，发展出第四种国学态度，即真正以“杀蠹的芸香”而展开对国学中腐坏思想的批判。如他所说：“经过十余年故纸堆中的生活，我有了把握，看清了我们这民族，这文化的病症，我敢于开方了。”① 治理民族和文化病症的“药方”闻一多没有来得及开出就牺牲了，即使假以天年，事实上他也开不出包治民族和文化病症的药方，但与他前期的研究态度比较，晚年的闻一多试图“开方”的同时，更是向国学“开刀”“开战”了，自命为“杀蠹的芸香”，展开了对国学中所包含文化思想的批判，其激烈程度不下于五四新文化运动时期知识分子批判封建文化思想。到20世纪40年代，闻一多明确表示“我比任何人还恨那故纸堆，正因恨它，更不能不弄个明白”，这意味着闻一多对“故纸堆”的态度从前期的“爱”转变为“恨”的文化情感，其实他研究的出发点还是更多基于“爱”的，但研究的结果发现这“故纸堆”不值得爱，从而为他的研究在客观上赋予了原本不一定具有的目的即出于“弄”明白“故纸堆”。“弄”明白的结果使闻一多具有了这样的态度：“愈读中国书就愈觉得他是要不得的，我的读中国书是要戳破他的疮疤，揭穿他的黑暗，而不是去捧他。”“我念过几十年的《经》书，愈念愈知道孔子的要不得，因为那是封建社会底下的，封建社会是病态的社会，儒学就是用来维持封建社会的假秩序的。他们要把整个社会弄得死板不动，所以封建社会的东西全是要不得的。我相信，凭我的读书经验和心得，他是实在要不得的。中文系的任务就是要知道他的要不得，才不至于开倒车。”② 这是闻一多在1944年的五四历史座谈会上的发言，表达了这个时期他的国学态度，他也正是重新以新文化运动的思想原则和“五四运动的历史法则”批判文化复古主义和封建思想。这个时候的闻一多，不单纯是理性的思想批判，在批判中更带有诗人般的激情，成为一种独特的思想激情，全然不同于国学经典考据学研究时期的压抑和

① 闻一多：《1943年11月25日致臧克家信》，《闻一多全集》第12卷，湖北人民出版社1993年版，第380页。

② 闻一多：《五四历史座谈》，《闻一多全集》第2卷，湖北人民出版社1993年版，第267～268页。

冷静。应该说，闻一多最后以“杀蠹的芸香”对待国学，是他文化人生历程和学术生涯中国学态度的最终归宿。

从喜好和赞美国学到质疑国学典籍及其思想，从冷静客观地研究国学到最后以“杀蠹的芸香”批判国学中的病态文化思想，闻一多的国学态度几经变化，大致呈现为时间性的演变历程，其中不无反复性和曲折性，因而不免有时同时皆备而表现出自身精神的矛盾性。由此，这几种国学态度与国学内容的结构性一样也构成为闻一多国学研究的另一种结构，即国学态度在演变中共生为内在的精神结构。

三、国学研究思想结构

闻一多的国学研究结构从外在形态上体现为具体研究对象和研究层面的构成，从内在精神上表现为国学态度和国学价值取向的构成，而从整体上同时贯穿着他不同阶段共生而成的国学思想构成，其国学研究结构同时也体现为一种国学思想结构。国学研究内容在累积中的连贯性未必表现其思想的一致性，国学态度的变化性联系着国学思想的演变，文化情感的矛盾性在显在形态上体现为思想的矛盾性，既有前后的矛盾，也有同时期的矛盾。如果没有思想的黏合，其国学研究内容仅仅是量的累加而无以成为结构；如果没有思想的主宰，其国学情感和研究态度也会流于随意性而不能取得一定的稳定性。闻一多以自己的既发展又连贯的国学思想统摄了全部的国学研究内容和主导着国学情感态度的演变，使具体的、分散的研究内容构成了一个整体结构，使直觉的感性的国学情感态度赋有思想的深度和思想的力度。这样，闻一多的文化人生历程和国学研究历程同时也是他国学思想的生成历程，正是在时间的生成过程中，最后形成了与国学内容结构、国学态度结构同构的国学思想结构，即：以最初的“振兴国学”理想和“文化上的爱国主义”思想为国学研究的出发点，以新文化运动的历史原则为思想基础，从国学考据学发展为“杀蠹的芸香”而以人民性原则和文化思想批判为国学研究的思想归宿。

闻一多的国学思想最初形成于自我切身的文化感受和对国学的直接体认中，然后在具体的国学典籍及其思想的研究中提炼出自我的国学认识，同时在接受了古代学术文化思想和时代文化思潮的影响的基础上形成的。这样多方面的渊源历时性地共生出他的国学思想。思想作为认识对象的理性思维成果首先是建立在对具体对象的感性把握基础上的，闻一多的国学意识首先源于他最初的国学兴趣、国学爱好，正是在强烈的兴趣和爱好支配下研读国学典籍而奠定了比较扎实的国学基础。以此为基础，在思想上形成了清华学校读书时的“振兴国学”的国学思想和文化理想。但这一思想在新文化运动中固然发生了新变，但他在国学认识和今后的国学研究中并没有完全沿着新文化运动开辟的文化方向和思想路径高歌猛进，正如一个人的思想和精神历程不会是直线式发展一样，闻一多的国学思想历程呈现出相当的曲折性和复杂性。有发展，但也有反复，总体的进步中不免有特定时期的后退。闻一多国学思想的曲折性与他个人的人生经历和人生境遇有密切关系，首先是出国留学几乎切断了他与新文化运动思想革命的联系，其次是回国后的遭遇使他一度几乎放弃了五四运动激发的社会责任。这两方面体现在国学意识上，前者主要发展出他的“文化上的爱国主义”思想，后者导致他完全转向学术研究并且长期陷身于国学考据学研究中。不可否认，从诗人转向典籍考据学研究后，闻一多既偏离了现代文化又偏离了现实社会，固然具有鲜明的学术意义，但相对地缺乏了现代性和现实意义。过分地沉湎于国学考据学使他远离了现实社会，“故纸堆”既压抑了他的诗情诗意，又消磨了他的社会战斗意志，也冲淡了五四运动激发起的社会责任意识，而且纯粹技术性的国学考据学操作只有学术观念的方法论意识，表现不出多少富有建设性的文化思想，所谓“思想退场，学术凸显”正可谓闻一多国学考据学研究阶段的学术情态。国学研究最重要的是赋予国学现代性和现实性，研究的目的不是回到古代文化世界而是使国学现代化，研究的过程不能脱离现实社会而要建立国学与现实社会的密切联系，这样的国学研究才会有价值和意义，这价值和意义应该体现在国学的现代化和现实性上。重要的不是国学典籍物化形态的考据学还原，而是在国学内容的文化反思和思想批判中确立其真正的价值和意义。如果闻一多仅限于无原则的“振兴国学”理想和“文化上的爱国主义”理想，难免重蹈晚清“体用派”和“国粹派”的覆辙，国学思想也永远落后于时代而无逾近代“中体西用”思想和“国粹派”思想的藩篱；如果闻一多一味地沉浸于国学典籍物化形态的考据学还原中，他的国学世界也会大为逊色，仅仅是乾嘉学派的末流而已，因为他的典籍考据学在学术本身不会超越乾嘉学派成就。可贵的是，闻一多的精神和思想一方面本来就具备诗人激情、史家视野和思想家的敏锐，另一方面他的精神和思想并没有永远停滞而经过十几年的学术生涯后再次发生巨变，为自己的国学思想赋予了现代的和现实的思想内容，他在最后阶段的国学研究发生了新变。第一，在具体研究层面上超越了考据学而进入国学典籍诗学的、史学的、文化学的研究，在诗学层面还原、发现和阐释了从《诗经》到唐诗的艺术美，在史学层面以史家意识研究国学而进入到“诗的史”和“史的诗”的构建中，在文化学层面重点阐释国学典籍所蕴含的文化思想和抉发国学产生的历史文化背景。第二，在诗与史的国学研究中做出了中国文化史上诸多重大的思想发现，涉及语言、神话、艺术、宗教、民俗、各种文化现象及士大夫的精神结构本质，各个领域的思想发现超越了中国学术史中的国学研究，是闻一多对于国学研究乃至整个中国学术史的重大贡献。第三，在国学思想上超越了“文化上的爱国主义”而以新文化运动的思想原则担负起“杀蠹的芸香”的思想家职责，全面系统地反思和批判了传统文化思想，诗人的激情转化为思想激情，史家意识强化了思想的洞察力，思想锋芒直指国学中的奴隶思想和封建意识，深刻地揭露出其中残酷、专制、虚伪、腐化的部分，如同清除“故纸堆”中的“蠹鱼”一样，彻底清除国学中的思想“蠹鱼”。这是闻一多国学思想的最终归宿。

从最初的国学情趣、国学素养和国学情感开始，闻一多逐渐形成了自己的国学思想结构。他的国学思想结构的起点是“振兴国学”的理想，基础是新文化运动的原则，在“文化上的爱国主义”驱动下进入具体的国学研究中，从国学考据学的一度偏离现代文化而回复到新文化运动思想革命的传统，最后以配合现实民主斗争的文化思想批判为其归宿，在诗与史的思想发现和思想批判中从“文化上的爱国主义”发展为国学“杀蠹的芸香”。由此形成了闻一多国学研究的思想结构。

四、国学研究结构的矛盾性和结构功能

闻一多的国学研究内容结构、国学研究态度结构和国学研究思想结构共生同构而成总体的国学研究结构，既是历时性地形成的，又呈现为共时性的存在形态。这一结构形态以其内容的丰富性在现代国学研究格局中有一定的代表性，因为闻一多这里几乎包容了现代国学研究中各个层面的内容、各种国学的态度和多种国学思想，足可以成为现代国学研究的标本。但另一方面，闻一多的国学研究结构又具有相当的独特性，为现代其他国学研究者难望其项背。其独特性在于，第一，闻一多国学研究内容的异常丰富性体现出他国学内容的复杂性，因此而能够成为一种“结构”。既成为结构，就不是单一的内容，而是容纳了不同时代（从先秦文化到诗唐文化乃至整个中国文化史）、不同领域（从文字到文学到文化的各个领域）、不同研究层面（从典籍考据学的文字校补到诗学、史学、文化学的综合研究）、不同研究方法（从汉学到西学到唯物辩证法）的国学内涵，上下贯通、纵横交织而成国学的结构网络。所以，我们说，打开闻一多的国学研究世界也意味着打开了整个国学世界，进入闻一多的学术世界仿佛进入了中国文学史和中国文化史。正是在国学研究内容上的丰富性和复杂性形成了他国学研究的结构性特征。第二，国学态度和国学思想的矛盾性造成了闻一多国学研究结构的张力，形成一种国学研究的张力结构。在闻一多的精神中，至少存在这样几种矛盾，一是国学态度的矛盾性，从歌颂赞美到怀疑批判，“信古”中有“疑古”倾向，“释古”时有“信”有“疑”，客观的研究中既蕴含情感的陶醉又预示着未来的批判；二是国学思想的矛盾性，早期振兴国学的理想和最后批判国学的矛盾，国学考据学研究和现代文化价值取向的矛盾，“文化上的爱国主义”中的

“五千年历史文化”和新文化运动后诞生的现代文化的矛盾；三是文化情感和文化理性的矛盾，即国学态度和国学思想之间就存在着矛盾，情感上陶醉于国学研究而在文化理性上要做“杀蠹的芸香”。国学态度和国学思想的多重矛盾构成了闻一多国学的内在精神结构，一方面起到了黏合外在的国学研究内容的作用，使得国学研究内容不是平面的摆列，而成为有机的结构，另一方面，多重的矛盾使得国学结构具有一种精神张力，无论是前后矛盾还是同时呈现的矛盾，两极情感或思想对接、碰撞出巨大的力量。这是闻一多在国学研究过程中从精神的压抑到精神爆发的结果，在爆发中毁灭着国学，在爆发中也使国学走向新生，毁灭的是国学中的“蠹鱼”，新生的是包含着民族文化生命力的现代国学。第三，闻一多的国学研究世界既为“结构”，就不是对象的简单累加而是多样化的有机融合和矛盾中的对立统一，因此，他的国学研究结构就具有了结构的功能，体现了“部分之和大于整体”的结构主义原理，其国学结构超越每一种单独具体的国学对象而赋有整体的结构功能。在这个意义上，我认为把握闻一多的国学研究世界应该主要着眼于整体的国学研究结构，只有这样，才能够感知到国学结构的功能，因为任何一种单独的研究对象都不能够代表闻一多和体现闻一多的国学研究意义。一个《诗经》研究专家、《楚辞》研究专家、《周易》研究专家、《庄子》研究专家、唐诗研究专家都可能在学术上超过闻一多的同类研究，同样，如闻一多的甲骨文、金文研究也不会超越罗振玉、王国维、郭沫若、董作宾，但当他的全部研究构成整体结构时就有了独特性而在相当程度上超越了前人和同时代学术，其鲜明的超越处在于他的庞大的国学研究具有的结构功能，是一种可以给现代国学发展以启示和指导的文化功能。是做国学的“蠹鱼”，还是做国学的“杀蠹的芸香”，闻一多给现代文化树立了一种标尺，并以他自己的国学研究历程给现代文化的发展以最重要的价值衡定，他指示了现代国学接受的价值取向。

闻一多的国学研究结构从外在形态来看当然是一种学术结构，但这一外在的结构对应着他的精神世界，同时内化为闻一多的主体精神结构。国学内容、国学态度、国学思想等不同层面构成的国学研究结构和闻一多的精神结构是同构的，当我们进入闻一多的国学研究结构时，同时进入了闻一多的精神结构世界，矗立在我们面前的既是闻一多提供给我们的博大精深的国学世界，也是由博大精深的国学充实起来的闻一多的主体精神世界。闻一多以他与国学血肉般的生命联系体现了中华民族的精魂，在自我漫长而曲折的国学研究历程中为国学赋予了现代精神和民族文化的骨骼，使原本“软性”的国学成为他所代表的体现“硬气”、“骨气”和“火气”的现代精神，这是闻一多所启示的国学的生命所在！

由“李闻并谈”到“朱闻共论”：伤逝的多重意涵

王桂妹
（吉林大学）

殉难之后的闻一多在“民主斗士”的光辉形象上定格，但是在这个统一的徽号下，纪念死难、言说逝者的意义并不相同。从20世纪40年代中期闻一多作为不同政治倾向的知识阶层普遍认可的精神旗帜，到新中国成立前夕被政治话语进一步提炼赋值，伤逝的多重意蕴统一为一个音调。在这一天地玄黄、疾风骤雨的历史大转折时期，中国不同倾向知识阶层的心路历程也可见一斑。

一、李闻并谈：知识阶层与政党话语的同调与异声

1. 逝者的精神遗风：《观察》周刊中的闻一多

《观察》周刊在1946年创刊伊始便遭遇了李公朴、闻一多被刺事件，这一耸动海内外的事件既成为《观察》周刊的一个焦点，也构成了《观察》知识群体生存的时代语境。《观察》周刊从创办的第1卷到被迫终刊的第5卷始终与闻一多的遗风相伴，逝者不仅成为自由主义知识群体追求民主言说自由的精神旗帜，同时也成为《观察》群体反抗专制暴政的道义力量。以《观察》群体为代表的中国自由主义知识群体在历史大转折时期所经历的呐喊、抗争、苦闷、忧惧，正可借《观察》周刊对于“闻一多”的言说得窥全豹。

创刊于20世纪40年代的《观察》周刊是一群以“自由思想

而保持超然地位的学人"① 相标榜的政论群体，其"共同的志趣和态度"是本着公平的、独立的、建设的、客观的态度对于政府、执政党、反对党，进行毫无偏袒的评论，以"民主"、"自由"、"进步"和"理性"作为共守的信约。② 然而，首先祭起这一理想大纛的正是自由战士的鲜血。《观察》周刊创办伊始便遭遇李公朴、闻一多的遇刺殉难事件，与其说是时代的巧合不如说是历史的必然。或者说，李公朴、闻一多的遇刺身亡既可以说是这个非常时代的非常事件，也可以说是这个非常时代的必然事件。《观察》第1卷第1期便以醒目的标题明示了观察同仁对于李闻事件的态度：《血与理想——李闻之死——求仁得仁·逝者已矣·念兹在兹·后生勉之》。对于自由主义者而言，"血与理想"既是一种铮铮誓言又仿佛是一个谶语。随着抗战后国共两党和谈的破灭，对峙双方分别在"戡乱"和"解放"的大旗下拉开了内战的大幕，"民主、自由、和平"在内战烽火中不断遭到扼杀，"血与理想"的抗争日益迫切而艰难，然而恶劣的情势却更加激发了知识阶层对于"民主、自由、和平"捍卫的决心与抗争的斗志。李闻遇刺一年后在北平清华园和云南两地掀起的规模浩大的死难周年祭，正是这种时代情绪的体现。《观察》也借纪念活动的报道表达了对专制、独裁、暴政的反抗，批判的矛头已经非常鲜明："李公朴、闻一多两先生，被最无耻、最卑鄙的法西斯反动派所暗杀……为了民主，为了人民的福利，闻先生身殉了。他才真是觉悟的知识阶级的代表，是青年们一代的导师，是争取民主人士的楷模，是中国民主运动中的伟大英雄之一。……"③ 在《纪念闻一多在清华园》一文中，《观察》"特约记者"更借吴晗在闻一多死难周年大会上的致辞明确表达了对于专制政府的严重警告："'生活、自由和幸福的追求，是天经地义的。……政府对于这些疏忽了，人民有权利改变这个政

① 《辛勤·忍耐·向前》，《观察》1947年第1卷第24期。

② 《我们的志趣和态度》，《观察》1946年第1卷第1期。

③ 何华：《在闻一多的衣冠冢前：人民英烈李闻二先生死难周年祭在昆明》，《观察》1947年第2卷第23期。

府。……政府既滥用他的权利，人民有权推翻这个政府。’他说：‘这教育了闻一多，在闻一多的脑子里构成了两种思想：一、改变政府；二、取消政府。改变政府是含有希望的，认为这个政府还有希望改变。综计闻一多的主张有四点：反对内战，要求和平，拥护政协，维护人权。改变不是推翻，也不是取消，连人民对一个普通政府所应做的事的希望都渺茫了时，那就只有一条路——革命。’”① 由《观察》纪念逝者所表达的情绪可以见出，自由主义知识阶层对于现行合法政府（国民政府）始终是“缱绻与决绝”的矛盾心态，即便是在天地玄黄，交战双方形势逆转、民心向背急转的1948年，《观察》也未放弃本着诚恳的态度对于政府实行公开批评的职责，只不过这种批评在学生运动惨遭暴行、自由民主惨遭践踏的情势下带上了最后通牒的意味。《观察》第4卷第10期（1948年5月）的头版头条便以《第二个闻一多事件万万制造不得》为题，发出了对于国民政府的严重警示：“这一年来，就学生一部分说，最触目的现象，是学生与政府之间的距离越来越远，敌视的程度越来越深。”“不仅一般青年学生越来越趋向极端，就是一般中年人，据我们所了解的，心情和思想也都一天一天的在转向变化：本来对于政府感觉失望的，慢慢儿的对政府感觉绝望了；本来对于政府感到绝望的，终于对于政府‘不望’(不再存什么希望)了；本来无所谓的人现在也一点儿一点儿的左倾了；本来稍稍左倾的人，现在也一点儿一点儿左倾的利害了；本来绝对仇视共产党的，现在也在努力了解共产党了；本来不大喜欢共产党的，现在也渐渐对共产党表示同情了。”实际上，国民党统治在政治、军事、经济的全面失利中所暴露出来的无可救药的腐败无能和血腥的专制暴力，最终起到了“为渊趋鱼，为丛趋雀”(《观察》语）的作用，导致中国大部分自由主义知识阶层由失望到绝望进而与之离心离德，进而转向对于共产党及其新生政权的观望和期待，这正是中国自由主义知识分子在20世纪40年代的急风暴雨中所走过的心路历程，在这一转向过程中，逝者闻一多成为这一转向过程中的线索和

① 《纪念闻一多在清华园》，《观察》1947年第2卷第23期。

核心人物。

2. “人民之声”的多重奏

“李闻遇刺”是一个政治事件，因此，来自社会各界的“纪念”必然是政治性的，而这种政治性又最明显地体现为政党性，这不但包括“李闻”所在的政党组织“民盟”和“同志们”的抗议、悼念，也包括其他在野党派、民主团体、民主人士广泛的呼声，其中以中共代表及其高级领导人所表达的抗议最为激烈。但是，“李闻之死”的意义并不仅仅局限于这种狭义的政治范畴，而是在一个广义的政治层面上显示出更为复杂而深远的内涵，正是在这两个不同界面的纪念中，“李闻并谈”由一个统一的句式变成一个分裂的话语。

李公朴、闻一多遇难不久，就由郭沫若等人在第一时间编辑出版了《人民英烈——李公朴、闻一多先生遇刺纪实》，详尽搜罗了来自海内外各界的报道、唁电和纪念文章，广泛地记录了来自各方面的“悲哀和愤怒”、“吊唁和慰问”、“抗议和呼声”以及“国内外舆论”。其中“人民之声”显得意义非凡。“人民之声”所辑录的主要是来自执政的国民党政府以外的声音，其中既有与国民党政治上分立的民主党派中坚如张伯钧、张申府、梁漱溟等，也有与国民党在政治上、军事上抗衡的共产党人如董必武、廖承志、李维汉、周建人等，而大部分则是以无党派身份出现的知识阶层。与《观察》周刊中的自由主义知识群体大致形成对照，这里的知识分子相当一部分都有着鲜明的政治倾向——或者与共产党有着同一信仰或者是倾向于共产党的“进步人士”，其中既有以“著名民主人士”身份出现的郭沫若、茅盾、吴晗、田汉、郑振铎、田汉，又有“转变中”的田间、何其芳等。“人民之声”所唱的主调就是要通过“李闻事件”揭露中国法西斯统治的残暴，批判国民党反动派的黑暗腐败。以中共代表的唁电作为蓝本，① 而由“进步人士”

① 李闻二烈士纪念委员会编辑：《人民英烈——李公朴、闻一多先生遇刺纪实》，上海书店1946年影印，第47页。

所发出的声音基本是这一论调的翻版或者副本，可见，所谓的“人民之声”基本可以看做中共的声音。

在这声势浩大的主旋律中，还夹杂着其他的声部，这就是立于“党争”之外的知识分子的声音，而正是在此类的伤逝中，闻一多和李公朴的死难呈现出不尽相同的指向。

李公朴固然也具有文化界知名人士的身份，但他主要还是作为一个民主党派的中坚、一个终生致力于民主斗争的斗士身份为世人所认可，及至在政治黑暗、党派倾轧交恶中殒身殉难，虽然令人痛惜但又符合残酷政治斗争的逻辑，正所谓为民主而生，为民主而死，求仁得仁，死得其所。与之相比，著名诗人、学者、教授闻一多的被刺则显得触目惊心：“李公朴先生被害时，的确在各阶层人士中产生了一种仇恨然而多少有些恐惧的空气；闻一多先生被害后，这空气像变了，是仇恨，更是决心！现在开始流行这么一句话：‘光怕不行，就是沉默一点也不行，那些家伙是连老教授也忍心下毒手的’！”① 可见，由闻一多遇刺所激发的社会愤慨不仅仅是因为执政当局制造了一而再、再而三的惨剧，更是因为这样的辣手是针对一个“纯粹的”有良知的学者教授。因此，与强调李公朴作为坚定的民主斗士而殉难的指向不同，广大的纪念尤其是广大知识阶层的悼念更强调闻一多由一个不问政治埋首书斋的学者走上街头投身政治的被迫性与正义性，强调闻一多所体现出的“人民性”而非“政党性”：“闻先生生平致力于艺术文学工作，对于政治素不感兴趣，这是人所共知的事实。惟近年来他痛恨政治上无道，同情于人民的苦难，才开始参加和平民主运动。他的日常私生活是极端艰苦而又严肃的，不苟取，不趋避，是一位典型的乐道前进的学者。……他生前曾向几位最亲密的同志说：‘在民主运动能获得相当的成功以后，我还是回到书斋中，做我的研究工作，但

① 李闻二烈士纪念委员会编辑：《人民英烈——李公朴、闻一多先生遇刺纪实》，上海书店1946年影印，第123页。

是，在今天，在奋斗中，我只好站在最前线，我不能后退。'"①闻一多道出了广大知识分子的共同意愿，他的死所引发的也是知识者普遍的"自我"哀伤与愤怒："在听到李公朴先生被刺时，我感到深深的痛惜；然而闻先生的凶耗，却使我更加感到切身的哀伤。这大约因为我不仅和全国人民一样，也要求和平民主；而且还多年来一直接近文艺的缘故。'斯文骨肉'，我相信，全中国的文艺工作者们，学术研究者们，普天下的读书人门，对于闻先生的惨死，一定都会感到哀痛，感到悲愤！要是在一个尊人民，重学术的国家里，闻先生是决不会遇害的。由他的死，人们将更要清楚地认识了是谁不要民主，不要学术！倘若有人认为，李公朴先生是政治性很强的实际活动家，所以反动顽固分子们必然要置之死地而后快；那么，对于连大公报也称为'无私心，无偏见，纯粹是书斋学者'的闻一多先生，为什么也要出以这样卑劣狠毒的手段呢？闻先生可杀，那恐怕全国的读书人都将无噍类了。"②

闻一多从书斋走向街头，由漠视政治到热衷政治并成为"民盟"的中坚和领袖，但是在更本质的意义上讲他并不是作为政党，更不是作为政客热衷于政治活动的，而是作为一个有良知有血气的文人学者被迫投身于政治活动，以争取一个人人都期盼的民主、自由、和平的生存环境。闻一多做了广大知识分子想做而没有做甚至不敢做的，因此，广大知识阶层不仅仅是把闻一多作为一个民主革命斗士，更是作为一个有良知，有血性、有殉道精神的学者，作为"我们"中的一员来纪念的。

二、"朱闻并论"：从民间话语到政治定论

朱自清之死（1948年8月）是在闻一多遇刺两年之后，于是

① 李闻二烈士纪念委员会编辑：《人民英烈——李公朴、闻一多先生遇刺纪实》，上海书店1946年影印，第196页。

② 李闻二烈士纪念委员会编辑：《人民英烈——李公朴、闻一多先生遇刺纪实》，上海书店1946年影印，第228页。

“朱闻并论”形成了新的伤逝链条。从“李闻并谈”到“朱闻并论”的转换，既是一个时间流程上的自然变化，也暗含着精神意义上的深刻转换。

1. 狂与狷：精神的至高与人格的底线

在“朱闻并论”的纪念中，对于朱自清与闻一多身上所体现出来的“狷”、“狂”气质的比照最为普遍：“闻一多先生与朱佩弦先生是一代的学人作家，也是清华中国文学系的柱石。他们二位先生文学的创作，作风不同，为人处世，风格亦异。一多宏大，佩弦精细。一多开阔，佩弦谨严。一多近乎狂，佩弦近乎狷。二位虽不同，但合在一起，有异曲同工，相得益彰之妙。”① 对于闻一多与朱自清“狂与狷”的比照并非只是一个简单而有趣的性情、品格论，在一个非常时期，更是知识阶层借以言说自我操守与出路的一个方式。应该说，在中国历史的大转折关头，狷者朱自清与狂者闻一多所给予当时知识阶层的启示/警示是不同的。对于一个积极为理想殉难的斗士来讲，闻一多的死难轰轰烈烈，这种“主动牺牲”、“愤而就死”、“以暴抗暴”的“狂者姿态”固然是恶劣时代激发出的“常态”，但是对于被压抑在整个黑暗时代，往往以“非暴力不合作”的退守姿态作为抵抗方式的广大知识者来讲，却又是一个“非常态”，是一个可望而不可即也不必及的精神至高点。相比较而言，在黑暗中努力于生存并保持着人格气节“有所不为”的狷者朱自清才是一个亲切的“常态”：“只须淡泊而不躁进，有正义感而不抹煞良心，自然不会帮凶；处事认真，生活严肃，自然也不会帮闲。不帮凶，不帮闲，虽不曾做到十足的积极的斗士，至少也可以说不会与斗士背道而驰的。狂性很容易成为斗士，狷性的就不必定是斗士姿态出现了。”“积极为善永远求真”原本是一个知识者品性的“底线”，但在一个非常时代，能够保持并坚守这样一个“常态底线”并非易事，非有正视现实的勇气和坚守的大毅

① 冯友兰：《回念朱佩弦先生与闻一多先生》，《最完整的人格》，北京出版社 1988 年版，第 244 页。

力不可，因此，“底线”也就成了至高，“狷者”也便与“狂者”殊途同归：“一多是斗士，佩弦就是不必以斗士姿态出现而仍不失为斗士的人。”① 在一个恶劣的境遇中以坚忍的姿态“认真做事、认真做人”，并保持着一个知识者应有的良知，正是当时广大知识阶级普遍秉持的一种人生态度和人格底线，因此和闻一多比，朱自清便“成为一般知识分子所最容易追随的前驱，成为一般知识分子最好的典型”②。

2. 从广义的政治考量到狭义的政治定论

与闻一多的政治死难不同，朱自清的不治而亡显然不是一个具体的政治事件，但是在知识阶层中所引起的震动与共鸣却异常深广，其深层动因正在于中国走到了一个天地玄黄的大转折关头，中国知识阶层由纪念逝者所表达的恰是对自我操守、现实道路、未来命运的思考，在“何去何从”的历史大背景下，其政治意涵显然又是无可规避的。因此，伤逝的链条由“李闻共论”转向“朱闻并谈”就显得意味深长。中国知识阶层力图在一个“非左即右”的狭义政党政治环境下寻求一个广义的政治空间，拓展出一个和平、自由、民主的生存发展条件，从这个角度来讲，“朱闻纪念”在“性情论”中从没有摆脱沉重的政治意义。知识阶层通过对于同类者朱自清、闻一多的悼念，实际是以惺惺相惜的心态表达着对于自身境遇的深层思考和严峻的现实叩问：“这是一个什么时代？什么世界？”③“一代学人得到如此的遭遇，这是国家的损失，这是谁的责任？”④ 与闻一多相比，知识者们更从朱自清身上发现了

---

① 郭绍虞：《忆佩弦》，《最完整的人格》，北京出版社1988年版，第214页。

② 李广田：《朱自清先生的道路》，《最完整的人格》，北京出版社1988年版，第260页。

③ 吴晗：《悼朱佩弦先生》，《最完整的人格》，北京出版社1988年版，第22页。

④ 王瑶：《悼朱佩弦师》，《最完整的人格》，北京出版社1988年版，第57页。

自己的“身影”，从一个“不应当死而毕竟死了”的“好人”身上所看到的是一个群体的共同境遇——想苟全而不得的艰难状态：“既不应当死，就不免想挣扎着活下去。然而，是不是只凭不应当死就可以活了？就能活下去吗？怎么活法？活着的人也会让那些厮杀的声音把你震昏。”“即使将来你改变了性格，只图苟全生命，你那份儿穷和肩上的那份别人不能分担的担子，以及这个世界，又岂能许你苟全！”① 广大的知识阶层的愤懑是针对整个混乱年代的，更是针对抗战结束之后更致社会元气斫丧的内战局面，呼吁武力对峙双方停止内战走向和平是这个时代最大的、最根本的政治问题。在最为普遍的关于“黑暗时代”的愤懑与哀悼中，更有着代表左翼倾向的进步之声，即共产党领导下的言论倾向。在此类言论中，由对逝者的纪念进而指向对于国民党黑暗统治的控诉自不待言。同时，左翼进步言论更通过对闻一多、朱自清“进步性”、“战斗性”、“人民性”的强调和提炼，尤其是闻一多、朱自清由“转变”而走出的“进步”之路，进一步指出了广大知识阶层的“正确出路”问题，在历史转折时期，中国知识阶层何去何从的问题已经不可回避。

“朱闻并论”由普通知识阶层关于“道德文章”和“命运道路”的考量经由左翼知识分子对于进步政治倾向的强调直至彻底转向一种“政治定语”，是来自于政治领袖的“盖棺定论”。毛泽东在 1949 年 8 月《别了，司徒雷登》一文中，全盘分析揭批了美帝国主义及其走狗国民党反动派的阴谋之后，对于还在彷徨不定的自由主义和民主个人主义者们发出了劝诫。作为这场“战场”与“民心”的双重争夺战的最终胜利者，毛泽东给予这些“对美国怀着幻想的善忘的自由主者或所谓‘民主个人主义者’们”的“说服、争取、教育和团结”已经毫不客气地带上了警示、教训的口气：“那些近视的思想糊涂得自由主义或民主个人主义的中国人听着……你们所设想的美国的仁义道德，已被艾奇逊一扫而空……美

① 川岛：《不应当死的又死了一个——悼佩弦》，《最完整的人格》，北京出版社 1988 年版，第 197 页。

国人在北平，在天津，在上海，都洒了些救济粉，看一看什么人愿意弯腰拾起来。太公钓鱼，愿者上钩。嗟来之食，吃下去肚子要痛的。”教训了这些“书生气十足的不识抬举的自由主义者，或者个人主义者”之后，毛泽东举出了两个“转变”的正面典型：“我们中国人是有骨气的。许多曾经是自由主义者或民主个人主义者的人们，在美国帝国主义者及其走狗国民党反动派面前站起来了。闻一多拍案而起，横眉怒对国民党的手枪，宁可倒下去，不愿屈服。朱自清一身重病，宁可饿死，不领美国的‘救济粮’……我们应当写闻一多颂，写朱自清颂，他们表现了我们民族的英雄气概。”① 可见，曾经被广大知识阶级认定为精神旗帜的闻一多、朱自清被政治领袖以“你们”和“我们”截然划分为两个阵营。或者说，以往作为知识阶层“自己阵营”中追求“真理”的“殉道者”，在革命领袖的言论中已经被置于一个由“我们”和“你们”构成的差异性政治框架内，成为对另一部分知识者“进行说服、争取、教育和团结的工作”（毛泽东语）的典范。至此，对于闻一多、朱自清两位逝者的纪念完全被政治结论所覆盖。与之相一致的是知识阶层话语也不断主动剔除其不和谐的音符而主动汇聚到这一政治独唱中来，成为其“和声”甚至“回声”。臧克家在1987年的纪念文章中讲道：“我钦佩闻先生，也同样钦佩朱先生。他们的形象高高并立在我的心头上。他们两位都是：学术家，大诗翁，年相约，道正同，革命路上携手行。”② 出于逝者进步性和革命性的提炼，人们往往是沿着闻一多的道路来重新阐释朱自清的人生道路：“闻先生晚年是‘豁出去了’。朱先生最后也说出了‘谁怕谁！’面对国民党反动派统治的严酷现实，他实际上已越来越接近于‘拍案而起’了。”顺承着这条不断被升华、深化的“政治进步”倾向，类似的逻辑也就自然而然了：“如果朱先生不死，他必然会继续进

① 毛泽东：《别了，司徒雷登》，《毛泽东选集》第四卷，人民出版社1991年版，第1495~1496页。

② 臧克家：《朱自清先生的背影（代序）》，《最完整的人格》，北京出版社1988年版，第2页。

步，进而参加到无产阶级先锋队的战斗行列中来。”更有甚者认定：“假使朱先生能活在新中国，他的胃病决不会拖延到那么重而得不到妥善的调养和治疗，他的病一定会治好，他甚至根本不会得胃病。”① 如果说前者算是深度阐释，后者则属于过度阐释了，这种阐释的无意义和无效性正在于这种假设既可以是正向的，也可以是反向的。

纪念逝者是表达生者自身的意愿。由“李闻”到“朱闻”所构成的伤逝链条，在20世纪40年代始终存在着多声部，闻一多既是不同话语之间同构的纽带，又成为其间异质的分界。当民主战士、斗士成为第一定语时，前承“革命同志”李公朴，所凸显的往往是统一的、固定的政治话语和政党话语；而当“学者、诗人、教授”的身份被凸显时，后继同道者朱自清，所显露的则是知识阶层向内的自我人格考量和现实追问。这两种话语最终在政治领袖的盖棺定论中变成唯一的声音，这既是一个“精神提升”的过程，也是一个“政治纯化”的过程，逝者由一个广义的、公共的政治象征纯化为一个狭义的政党政治的代言，而在这一过程中，中国知识阶层是以顺向的、积极的附和、阐释的姿态参与了建构逝者形象并修正自我过程。

① 张守常：《编后记》，《最完整的人格》，北京出版社1988年版，第265～268页。

哲人闻一多——《文学的历史动向》与“轴心时代”理论

刘丽文　谢　筠

（中国传媒大学）

朱自清说闻一多是诗人，是学者，是斗士；郭沫若说闻一多的古代文学研究“那眼光的犀利，考索的赅博，立说的新颖而翔实，不仅是前无古人，恐怕还要后无来者”①。其实，除此之外，闻一多还是一个文化哲人。他的《文学的历史动向》，提出了与世界颇有影响的哲学家雅斯贝斯“轴心时代”相媲美的文化“命题”，并同样对人类未来前景进行了不乏科学的规律性的揭示和预见。

德国学者卡尔·雅斯贝斯（Karl Jaspers）(1883—1969 年）曾在 1949 年提出著名的轴心时代理论。他将公元前 800 年到公元前 200 年这一历史时期称做“轴心时代”。他说：这一历史时期充满了不平常事件，“在中国，孔子和老子非常活跃，中国所有的哲学流派，包括墨子、庄子、列子和诸子百家，都出现了。像中国一样，印度出现了《奥义书》(Upanishads）和佛陀（Buddha)，探究了一直到怀疑主义、唯物主义、诡辩派和虚无主义的全部范围的哲学可能性。伊朗的琐罗亚斯德传授一种挑战性的观点，认为人世生活就是一场善与恶的斗争。在巴勒斯坦……先知们纷纷涌现。希腊贤哲如云，其中有荷马、哲学家巴门尼德、赫拉克利特和柏拉

① 郭沫若：《开明版〈闻一多全集〉序》，《闻一多全集》第 12 卷，湖北人民出版社 1993 年版，第 432 页。

图……。在这数世纪内，这些名字所包含的一切，几乎同时在中国、印度和西方这三个互不知晓的地区发展起来”①，从此，“人类一直靠轴心期所产生、思考和创造的一切而生存。每一次新的飞跃都回顾这一时期，并被它重燃火焰。自那以后……轴心期潜力的苏醒和对轴心期潜力的回忆，或曰复兴，总是提供了精神的动力”②。

雅氏提出的轴心时代理论，已引起不少学者的瞩目。笔者认为，雅氏所说的轴心时代即是民族基本精神系统的奠基时代。所谓基本精神，即是指民族文化发展及民族传统形成中具有原创性、规范性和相对稳定性的意识形态基因，它奠定了民族文化的基本框架及民族的基本精神气质。一般说来，最能体现民族基本精神的往往是轴心时代所留下的、在后代被奉为经典的若干部著作：如希伯来的《圣经》，希腊的《荷马史诗》、《理想国》、《形而上学》等。而在中国，则是《易》、《诗》、《书》、《礼》、《春秋》，以及《老子》、《庄子》，等等。

可以说，雅氏的见解是精辟的，对于中国文化和世界文化来说都是合适的。就中国文化讲，轴心时代传下来的的“六经”及《老子》、《庄子》等，确如雅氏所说，它们所产生的思考和所创造的一切，始终照耀着未来的历史。中国几千年封建社会意识形态的主要部分，就是在对这些典籍主要是“六经”的诠释中体现的。“我注六经”也好，“六经注我”也好，总之，轴心时代所留下的经典及对这些经典的发掘、阐扬，一直规范着中华民族两千年封建社会中人们的价值取向、思维方式，至今仍可见到其影响。

① ［德］雅斯贝斯著，魏楚雄、俞新天译：《历史的起源与目标》，华夏出版社 1989 年版，第 8 页。

② ［德］雅斯贝斯著，魏楚雄、俞新天译：《历史的起源与目标》，华夏出版社 1989 年版，第 14 页。

当人们感叹西方人雅氏的见解的卓绝时，却往往忽略了这样的事实：生在东方中国的闻一多先生早于雅氏发表了类似的见解。

闻一多1943年发表的《文学的历史动向》中说：

> 人类在进化的途程中蹒跚了多少万年，忽然这对近世文明影响最大最深的四个古老民族——中国，印度，以色列，希腊——都差不多在同时猛抬头，迈开了大步，约当纪元前一千年左右，在这四个国度里，人们都歌唱起来，并将他们的歌记录在文字里，给流传到后代。在中国，《三百篇》里最古部分——《周颂》和《大雅》，印度的《黎俱吠陀》(Rig-veda)，《旧约》里最早的《希伯来诗篇》，希腊的《伊利亚特》(Iliad)和《奥德赛》(Odyssey)——都约略同时产生。……
>
> ……四个国度里同时迸出歌声，但那歌的性质并非一致的。印度希腊，是在歌中讲着故事，他们那歌是比较近乎小说戏剧性质的，而且篇幅都很长，而中国以色列则都唱着以人生与宗教为主题的较短的抒情诗。……
>
> 中国和其余那三个民族一样，在他开宗的第一声歌里，便预告了他以后数千年间文学发展的路线。……我们的文化大体上是从这一刚开端的时期就定型了。文化定型了，文学也定型了……①

雅斯贝斯的轴心时代理论发表于1949年，而闻一多先生的论述发表在1943年。——我们不是要争论谁有关于这一富有创建性理论的“发明权”或“发现权”，而意在说明，闻一多先生的哲人

① 乐齐主编：《精读闻一多》，中国国际广播出版社1998年版，第252～253页。

的思维和识见。①

当然，闻一多先生之学说没有引起雅斯贝斯“轴心时代”理论那样大的影响，这当在于他没有一个类似雅斯贝斯的“轴心时代”之类的简洁而有概括力的概念；也在于他主要是就文学而言，罕论其他；更在于他只是以一篇小论文简单地表述这一思想，而并未像雅斯贝斯那样以著作形式逻辑严密地构建一个完整体系。但是，他所论述的问题和提出的观点与“轴心时代”理论是极为相似的；而对于中国的论述，闻一多先生所发议论尤为具体深刻。

在《文学的历史动向》中，闻一多先生的一些观点与雅斯贝斯的“轴心时代”理论极为相似乃至不谋而合：

其一，雅斯贝斯和闻一多都认为，四大古老民族都曾在纪元前1000年往下数的几百年间的约略相同的时刻，突然觉醒了；人类在世界的几个不同地域同时造就了一个伟大的、富有创造精神的时代。在这个人的精神第一次大觉醒的时代，人类对历史有了认识。

① 在闻一多之前，将中国春秋战国时期灿烂之文化与其他文明古国比较者也有，如严复在其所译《天演论·教源》中关于“世运”的一段译文下加按语说：“世运之说，岂不然哉！合全地而论之，民智之开，莫盛于春秋战国之际。中土则孔、墨、老、庄、孟、荀，以及战国诸子，尚论者或谓其皆有圣人之才。而泰西则有希腊诸智者，印度则有佛。……尝谓西人之于学也，贵独获创知，而述古循辙者不甚重。独有周上下三百八十年之间，创知作者迭出相雄长，其持论思理范围后世，至于今二千年不衰。而当其时一经两海，崇山大漠，舟车不通，则又不可以寻常风气论也。呜呼，岂偶然哉！”（[英]赫胥黎著，严复译：《天演论》，商务印书馆1981年版，第55、57页）梁启超说：“呜呼，世运之说，岂不信哉！当春秋战国之交，岂特中国民智为全盛时代而已，盖征诸全球，莫不尔焉。自孔子、老子以迄韩非、李斯，凡三百余年，九流十家皆起于是，前空往劫，后绝来尘，尚矣。”在“征诸印度”与“征诸希腊”之后，他说：“由是观之，此前后一千年间，实为全地球有生以来空前绝后之盛运。兹三土者，地理之相去如此其辽远，人种之差别如此其淆异，而其菁英之磅礴发泄，如铜山崩而洛钟应，伶伦吹而凤凰鸣。於戏！其偶然耶，其有主之者耶，姑勿具论。要之此诸贤者，同时以其精神相接构、相补助、相战驳于一世界遥遥万里之间，既壮既剧，既热既切。”（梁启超：《论中国学术思想变迁之大势》，上海古籍出版社2001年版，第40页）但是二人谈及这一时代在各民族后世发展中的巨大作用时尚嫌笼统概括。

雅斯贝斯说："看来要在公元前500年左右的时期内和在公元前800年至200年的精神过程中找到这个历史轴心。正是在那里，我们同最深刻的历史分界线相遇，我们今天所了解的人开始出现。我们可以把它简称做'轴心期'(Axial Period)。"① "最不平常的事件集中在这一时期。……这个时代的新特点是，世界上所有三个地区的人类全都开始意识到整体的存在、自身和自身的限度。"②闻一多说："……约当纪元前一千年左右，在这四个国度里，人们都歌唱起来，并将他们的歌记录在文字里，给流传到后代。……再过几百年，在四处思想都觉醒了，跟着是比较可靠的历史记载的出现。"③

其二，他们都认为，这时期各民族出现的伟大的历史文化现象，奠定了本民族文化未来的发展基调和方向。雅斯贝斯列举了中国的孔子、老子、庄子等诸子百家，列举了印度的佛陀，以及伊朗、巴勒斯坦、希腊的贤哲等，之后说："在这数世纪内，这些名字所包含的一切，几乎同时在中国、印度和西方这三个互不知晓的地区发展起来。"④ "这个时代产生了直至今天仍然是我们思考范围的基本范畴，创立了人类仍赖以存活的世界宗教之源端。"⑤ "总而言之，轴心期的概念提供了借以探讨其前后全部发展的问题的标准。"⑥

闻一多则似乎就是对雅斯贝斯理论的进一步阐扬，似乎是以中

① ［德］雅斯贝斯著，魏楚雄、俞新天译：《历史的起源与目标》，华夏出版社1989年版，第7~8页。

② ［德］雅斯贝斯著，魏楚雄、俞新天译：《历史的起源与目标》，华夏出版社1989年版，第8页。

③ 乐齐主编：《精读闻一多》，中国国际广播出版社1998年版，第252页。

④ ［德］雅斯贝斯著，魏楚雄、俞新天译：《历史的起源与目标》，华夏出版社1989年版，第8页。

⑤ ［德］雅斯贝斯著，魏楚雄、俞新天译：《历史的起源与目标》，华夏出版社1989年版，第9页。

⑥ ［德］雅斯贝斯著，魏楚雄、俞新天译：《历史的起源与目标》，华夏出版社1989年版，第15页。

国文化和文学的发展为雅氏理论提供佐证。他说：“中国，和其余那三个民族一样，在他开宗的第一声歌里，便预告了他以后数千年间文学发展的路线。《三百篇》的时代，确乎是一个伟大的时代，我们的文化大体上是从这一刚开端的时期就定型了。文化定型了，文学也定型了。从此之后的二千年间，诗——抒情诗，始终是我国文学的正统的类型，甚至除散文外，它是唯一的类型。”① 闻一多强调，这种定型，不仅是文学形式的定型，更是文化和思维方式的定型。他说，诗歌“一出世，它就是宗教，是政治，是教育，是社交，它是全面的生活。维系封建精神的是礼乐，阐发礼乐意义的是诗，所以诗支持了那整个封建时代的文化。此后，在不变的主流中文化随时代的进行，在细节上曾多少发生过一些不同的花样。诗，它一面对主流尽着传统的呵护的职责，一方面仍然给那些新花样忠心的服务”②。

其三，闻一多和雅斯贝斯都不约而同地探讨了未来。如同他们各自论著的标题所示，闻一多探讨了“文学的历史动向”——文学的未来发展趋势；雅斯贝斯探讨了人类历史最终发展的目标。尽管他们探讨的不是一个问题，他们之间存在着中西方人在思维方式、文化传统和信仰等方面的差异，但是，在历史和文学的未来预测上，他们却在思路上表现出惊人的一致，即他们都认为，结果世界最终将指向“统一”。

雅斯贝斯说：“技术使前所未有的交往和通讯速度变为可能，它造成了全球的统一。人类整体的共同的历史开始了。统一的命运控制着人类整体。全球四面八方的人们都能互相理解。由于比起以前东亚对于中华帝国，或者地中海世界对于罗马来，现在通讯联系技术更容易到达世界各地，因此全球的政治统一只是一个时间

① 乐齐主编：《精读闻一多》，中国国际广播出版社 1998 年版，第 253 页。

② 乐齐主编：《精读闻一多》，中国国际广播出版社 1998 年版，第 253 页。

问题。”①

关于雅斯贝斯所说的“全球的政治统一”，有学者这样概括：“在他看来，科学技术时代开辟了通向世界历史的道路。在进入这个历史的过程中政治不可避免地成为世界政治。对于他来说，这种世界政治必须以政治自由为前提，因而它并不象汤因比和罗素那样考虑一种世界帝国，一种世界国家，而是考虑一种世界秩序（Weitordnung）。在这种世界秩序中，战争从人类事务的进程中完全排除。在这种秩序中，民族的绝对自主权被放弃，所有对外政策都转变为对内政策。这样的‘世界秩序’意味着废除国家的旧概念，建立包容世界各国的联邦制国家。这种世界秩序是在法律限制范围内自我管理的各国秩序，是在协商和共同决定中不断重建的。因此，这种秩序必定是国内政治自由的持续化和普遍化。在这样的世界秩序中，重要的不是总体上人的存在的发展、形成和实现，而是一切人天生所共有的东西以及超越人的一切差异、信仰和世界观的差异把人们结合起来的东西。”②

闻一多对文学发展的未来“统一”，是从世界各民族的文化是相互影响的角度谈起的，他说：

> ……四个文化，在悠久的年代里，起先是沿着各自的路线，分途发展，不相闻问。然后，慢慢的随着文化势力的扩张，一个个的胳膊碰上了胳膊，于是吃惊，点头，招收，交谈，日子久了，也就交换了观念思想与习惯。最后，四个文化慢慢的都起着变化，互相吸收、融合，以至总有那么一天，四个的个别性渐渐消失，于是文化只有一个世界的文化。这是人类历史发展的必然路线，谁都不能改变，也不必改变。③

---

① ［德］雅斯贝斯著，魏楚雄、俞新天译：《历史的起源与目标》，华夏出版社1989年版，第220页。

② 梦海：《论雅斯贝尔斯的历史哲学》，《史学理论研究》1993年第4期。

③ 乐齐主编：《精读闻一多》，中国国际广播出版社1998年版，第252页。

当然，雅斯贝斯和闻一多谈的问题毕竟不同，一个讲的是世界历史，一个讲的是中国文学，因此他们所说的“统一”所包含的内容也不同。但是，雅斯贝斯谈世界历史，中国历史是他论证的重要依据和内容；闻一多谈中国文学，世界文学是他论述的重要的参照系。而“文学史”说到底也是历史的一个组成部分。所以，在某种意义上说，闻一多谈的是雅斯贝斯母课题下的一个子课题；而最终他们都归结到“统一”，一个说：“文化只有一个世界的文化。这是人类历史发展的必然路线，谁都不能改变，也不必改变。”另一个说：“因此全球的政治统一只是一个时间问题。”

我们这里暂且不去评价雅斯贝斯和闻一多对未来世界历史蓝图和文学发展蓝图的描画是否完全“科学”。毫无疑问的是，他们对未来走向某种“统一”的论断，应该是毫无疑义的。

以上本文论述可见，闻一多的《文学的历史动向》和雅斯贝斯的《历史的起源与目标》在基本观点上有着惊人的相似。雅斯贝斯是饮誉世界的哲学家和历史学家，他的《历史的起源与目标》发表于1949年，被认为是提出了具有里程碑意义观点和命题的论著，当时他66岁；闻一多的《文学的历史动向》写于1943年，当时他仅44岁。

当然，闻一多的一篇短文不能与雅斯贝斯的皇皇巨著相比。但是，这篇短小论文中所寓含的巨大的思想能量和深邃的识见——与雅斯贝斯的那种“英雄所见略同”的议论，我们看到的，就不止是以往的诗人的和文学史家的闻一多，更是哲人闻一多了。

朱自清先生说闻一多的一生是一篇“诗的史”或“史的诗”①，确实如此！但我们也可以说，在闻一多先生的一生是“哲人的史”，是“哲人的诗”。闻一多的其他论著以至诗歌中，也往往都充溢着某种哲人的思维。可惜的是，闻一多先生在他的学术生涯正当如日中天的时候，就为民主事业殉难了，他成了“一篇未

① 闻一多：《闻一多全集》，第12卷序，湖北人民出版社1993年版。

完成的‘诗的史’或‘史的诗’”①，成了一部未完成的“哲人的史”和“哲人的诗”。虽然如此，他的某些成就，确实也已前无古人，后罕来者了。不难设想，如果他与雅斯贝斯一样得享天年，将会是一番怎样的景象！

① 闻一多：《闻一多全集》，第12卷序，湖北人民出版社1993年版。

闻一多论原始舞蹈

陈　欣　许祖华
（湖北第二师范学院　华中师范大学）

原始社会的生产力极其低下，人类的各种生产活动都会受到大自然的严密控制，他们无法在物质层面上控制大自然的行为。因此，原始初民转而寻求在精神上获取对大自然的控制，产生了原始巫术，以便寻求一种安全和保障。对原始人类来说，他们的巫术心理支配着他们的各种行为活动，在原始艺术中处处渗透着原始思维对世界的看法和态度。

闻一多在研究中发现，原始舞蹈作为原始艺术最重要的组成部分，浸润了原始初民的思维方式、行为习惯和情感表达，反映了先民们的喜怒哀乐，充满了炽烈的迷狂的原始情感。朱狄指出，“最早的舞蹈形式是个体的心醉神迷的舞蹈和集体的巫术和模仿的舞蹈”①。

闻一多认为，原始舞蹈的激情状态是原始巫术活动的典型表征，这反映在以下三个方面：

第一，原始舞蹈反映了原始巫术所追求的写真与象征的意义。闻一多在《说舞》中提到非洲布须曼人的摩科马舞，“舞者跳到十分疲劳，浑身淌着大汗，口里还发出千万种叫声，身体做着各种困难的动作，以至一个一个的，跌倒在地上，浴在源源而出的鼻血泊中。因此他们便叫这种舞作摩科马，意即血的舞”②。很明显，舞蹈本身有一定的节奏，舞蹈者完成了一系列的身体动作，这些动作

---

① 朱狄：《艺术的起源》，武汉大学出版社 2007 年版，第 134 页。

② 闻一多：《闻一多全集》第 2 卷，湖北人民出版社 1993 年版，第 211 页。

姿态都是固定的，蕴含原始巫术意义的。只有在模拟舞蹈的过程中装得越真切、越逼真，才能真正做到以假乱真，才能具有巫术的作用。列维-布留尔指出："'这种或那种家庭用具、弓、箭、棍棒以及其他任何武器的'能力'都是与它们形状的每一细部联系着的：所以，这些细部仿制起来总是与原来的毫厘不爽。此外，物品的形状不但赋予它们以'能力'，而且还限制这些能力的性质和大小。'"① 正因为如此，原始人类对于最微小的细节也会给予注意，而这些模仿所起到的写真效果，最终也是为了达到象征的目的。

原始舞蹈的服饰、神器、姿态与动作都是具有象征意义的符号，是原始先民信仰和观念的反映，并非简单的对自然的模仿。巫术活动所利用的形象，就是凝聚着激情的意象，对于参与巫术的人来说，就是"有意味的形式"，就是令人赏心悦目的美的形象。这种意象不同于普通形象，它不是现实的、真实的形象，而是加以组装、整合、扭曲、变形的形象。这是为了达成主观愿望而将现实对象加以夸大、变形，是由原始思维的神秘性决定的。原始舞蹈的象征意蕴将原始初民对大自然的思考符号化，不仅有它本身的意义，还有隐喻的意义。

这些具有巫术性质的舞蹈，与原始人类的狩猎生活紧密相连。原始人的生活中，采集、捕鱼和狩猎是他们生活的重要组成部分。原始社会中，舞蹈源于祭祀性的活动，具有特定的象征意义。例如，满族最具代表性的舞蹈"莽式"，整个舞蹈的九折十八式，涉及打鱼姿势、织网姿势、欢庆姿势、打猎姿势等，表现出"氏族部落人搏击生涯的特征，以及粗犷悍勇的民族性格"②。这些舞蹈都被赋予了特有的形式和意义，现代活态文化的萨满跳的"飞虎神"，就是由"身披虎皮外衣、手持神鼓和鼓槌的萨满，一边口念神名，一边施术，模拟虎的形貌动作：八面威风的飞虎神来时震撼

① ［法］列维-布留尔著，丁由译：《原始思维》，商务印书馆1981年版，第32页。

② 王松林主编：《远去的文明——中国萨满文化艺术》，黑龙江人民出版社2004年版，第98页。

人心，它先要在神案前小憩，然后醒来，伸伸懒腰，随即摹仿带翅膀的飞虎，纵身跃上大树，并从这棵树到那棵树，穿行之间，神行并肖，下来后雄武阔步，走上几圈，再开始唱诵神词"①。直到今天，我们的民族舞蹈中还蕴藏着一定的民俗意义，这些意义就是原始初民精神思想的遗留物。

闻一多指出："原始舞是一种剧烈的，紧张的，疲劳性的动，因为只有这样他们才体会到最高限度的生命情调。"② 原始舞蹈的紧张程度的确远远超过了现代的舞蹈，原始初民为了达到逼真的效果用尽全力，从而达到巫术的效用。不论是何种形式的舞蹈，都必须在模拟的过程中做得惟妙惟肖，这样才会真正实现舞蹈中模拟的场景，才会弄假成真。同时，原始人类也在舞蹈的过程中，体验自身生命的真实存在，获取一种集体的力量，从而增强与大自然抗争的信心。闻一多在《说舞》中总结说："所谓模拟舞者，其目的，并不如一般人猜想的，在模拟技巧的本身，而是在模拟中所得的那逼真的情绪。他们甚至不是在不得已的心情下以假代真，或在客观的真不可能时，乃以主观的真权当客观的真。他们所求的只是那能加强他们的生命感的一种提炼的集中的生活经验——一杯能使他们陶醉的醇醴而酷烈的酒。"③ 这"酒"的力量能使原始人类忘记自己生存环境的艰难，鼓舞他们的士气。不论是舞蹈者本身还是观众，都融入集体热烈而迷狂的氛围中，进入物我两忘的境界，与大自然合而为一。因此，在这种舞蹈的律动中，不仅"舞者自身得到一种生命的真实感"，观者"也得到同样的生命的真实感"。④ 在这种真实感中，原始人类释放自己所有的生命热情，舞出他们的

① 王松林主编：《远去的文明——中国萨满文化艺术》，黑龙江人民出版社 2004 年版，第 95 页。

② 闻一多：《闻一多全集》第 2 卷，湖北人民出版社 1993 年版，第 211 页。

③ 闻一多：《闻一多全集》第 2 卷，湖北人民出版社 1993 年版，第 212 页。

④ 闻一多：《闻一多全集》第 2 卷，湖北人民出版社 1993 年版，第 212 页。

生命力量与情感。

第二，原始舞蹈体现了巫术活动“以假当真”的原则。在巫术活动中，原始人类把虚拟物当做真实物看待，并以它来寄托、实现自己的企望、理想、追求，来表达自己的情绪和愿望。巫术活动中的“以假当真”，体现出了原始思维强烈的情感性特征。原始初民以情感倾向作为行为的动力，以情感倾向去选择喜爱或憎恨的象征物，从而表达自己的主观意愿。列维-布留尔指出：“集体表象通常还形成一部分神秘的复合，在这种复合中，情感的和激情的因素简直不让真正的思维获得任何优势。对原始人的思维来说，很难存在赤裸裸的事实和实在的客体。这种思维想象到的任何东西都是包裹着神秘因素的……”① 巫术活动往往以具体的感性表象为象征，从而引发狂热的激情。

闻一多认为，跳摩科马舞的非洲布须曼人，“他们的目的是在追求疲乏”,② 不论是舞蹈者还是观众，他们都全身心地融入其中。从巫师到普通演员，都虔诚地进行他们独特的舞蹈，履行这个特定的仪式。在这里，原始舞者是在模仿他们狩猎活动的过程，模拟动物被他们追逐时的疲惫状态。所以，原始舞者追求疲乏的目的在于巫术的实用效果，他们希望动物被他们追捕时，也会像他们在舞蹈中一样疲乏，从而被他们捕获。原始舞者的生命情调的体会，是在原始舞蹈的实用性中，而不是由于疲劳而领略的最高限度的生命情调。他们相信他们的舞蹈所带来的巫术效用，通过这样的形式来确认自身的存在，肯定自我价值，追求生命的存在与延续。

闻一多指出：“他们不因舞中的‘假’而从事于舞，正如他们不以巫术中的‘假’而从事巫术。反之，正因他们相信那是真，才肯那样做，那样认真的做。……这种舞与其称为操练舞，不如称

① ［法］列维-布留尔著，丁由译：《原始思维》，商务印书馆 1981 年版，第 102～103 页。

② 闻一多：《闻一多全集》第 2 卷，湖北人民出版社 1993 年版，第 211 页。

为‘纯舞’，也许还比较接近原始心理的真相。”① 也就是说，原始思维不同于理性的逻辑思维，在原始初民的眼中，常常是以假当真的。原始人对世界的认识还很朦胧，类似于人类的儿童时代。他们凭借自己的想象力，并灌注以强烈的情感，来认识周围的世界。它遵循着情感的愿望，按照情感的趋向来进行判断和推理。巫术和艺术在情感倾向中趋于一致，巫术活动中带有象征意味的模仿形式成为原始艺术。

第三，原始舞蹈体现了巫术活动的实用功利目的。原始巫术往往通过特定的仪式来操纵某种超人的神秘力量，从而给原始初民的生活带来好的影响，以满足某种直接的功利目的，达到某种预期的愿望。朱狄指出："原始舞蹈是与祈祷、祭礼的活动联系在一起的。原始人认为依靠舞蹈就能与无情的大自然取得和解，因此原始舞蹈有着明显的实用目的。”② 因此，原始人类认为，狩猎的舞蹈会帮助他们狩猎成功，象征植物生长的舞蹈能帮助他们植物的生长。舞蹈具有一种神秘的魔力，拥有一种巫术的力量，能帮助他们实现自己的愿望。

很多巫术仪式的举行常常在雨季开始之后，因为此时动植物处于繁殖之际。此时的巫术活动主要表现为模拟动物行为的舞蹈，原始初民在表演中模拟动植物的繁殖状态，主要作用在于祈求图腾动植物的繁衍。这种模拟具有巫术的效力，原始初民不仅可以借此实现巫术的功利目的，还可以由此获得一种自身生命真实存在的满足感。另外，还有一种描述战争场面的原始舞蹈。“在歌唱和舞蹈中，在野蛮人为了鼓励自己工作得更好并调整他的活动的努力中，我们可以发现一种功利主义的模式，它所带来的利益是真实的而非想象的。它明显不属于一种独立的审美愉快，尤其是那种描写战争的舞蹈，目的是非常明确的。”③ 这里，描写战争的舞蹈一方面具

① 闻一多：《闻一多全集》第2卷，湖北人民出版社1993年版，第212页。

② 朱狄：《艺术的起源》，武汉大学出版社2007年版，第186页。

③ 朱狄：《艺术的起源》，武汉大学出版社2007年版，第187页。

有巫术作用，能使原始人类赢得未来的战争；另一方面，它也是一种战前演习，能帮助他们更好地进入战争的状态。

原始舞蹈中还有一个最常见的主题：模拟动物的行为习惯，模拟狩猎时的场景。“当北美印第安人或卡菲尔人或黑人在表演舞蹈时，这种舞蹈实际上全部都是对狩猎活动的模仿，我们不可避免地会看到他们古怪的表演中所具有的原始特征……这种哑剧有它的现实性，正如这些动物的模仿和再现有着一种实践的目的那样，所有世界上的猎人都希望能把猎物引入自己的射击距离之内”。① 根据交感巫术的原理，在舞蹈中模拟的狩猎活动的场景，也会在真实的狩猎活动中实现。这种带有巫术意义的舞蹈，显然不是为了审美娱乐的需要，它具有极强的实用目的。正如黑格尔所说，象征具有“实体性目的”。

闻一多认为这种带有模拟意味的原始舞蹈，是非常浪漫和富有诗意的。他称之为“一场原始的罗曼司”。闻一多用诗人的感性，带我们走进想象中的澳洲的科罗泼利舞蹈：“灌木丛中一块清理过的地面上，中间烧着野火，在满月的清辉下吐着熊熊的赤焰。……闯入火圈里来的三十个男子，一个个脸上涂着白垩，两眼描着圈环，身上和四肢画着些长的条纹。……那些妇女已经面对面排成一个马蹄形。她们是完全裸着的。每人在两膝间绷着一块整齐的兒鼠皮。舞师呢，他站在女人们和野火之间，穿的是通常的兒鼠皮围裙，两手各执一棒。……有一次舞队是分成四行的……变作一个由身体四肢交锁成的不可解的结，可是各人手中的棒子依然在飞舞着。你直害怕他们会打破彼此的头，但是你放心，他们的动作无一不遵守着严格的规律……舞人们在自己的噪呼声中，不要命的顿着脚跳跃，妇女们也发狂似的打着拍子引吭高歌。……最后舞师两臂高举，一阵震耳的掌声，舞人们退场了，妇女和观众也都一哄而散，抛下一片清冷的月光，照着野火的余烬渐渐熄灭了。”② 在这里，我们可以看到，舞蹈中有男女双方的加入，有穿着兒皮围裙的

① 朱狄：《艺术的起源》，武汉大学出版社2007年版，第186～187页。

② 闻一多：《闻一多全集》第2卷，湖北人民出版社1993年版，第208～209页。

舞师。很有可能兒鼠就是这个氏族崇拜的图腾。《汉语大字典》中，我们可以得知，兒鼠，“亦名‘负鼠’。有袋囊，其尾细长，毛皮可制衣物，主要产于非洲”。可见，兒鼠是科罗泼利人重要的衣食来源，在当地人的生活中占有非常重要的地位。火圈中的女人们的装扮和舞蹈动作，很有可能象征兒鼠的行为习惯和活动方式。男人们手中的棒子很可能是捕猎兒鼠时使用的武器。而男人们不断变换的队形，正是他们平常狩猎时用来诱捕兒鼠的方式。在整个舞蹈中，原始舞者的动作是整齐而有规律的。因为原始人相信他们所能掌握的东西，相信这种特定的程序会带有巫术的力量。最后，在舞蹈中的兒鼠为人所捕获，舞蹈的巫术目的达到了，舞蹈也就结束了。

与此类似的舞蹈，还有非洲西部的部落出猎大猩猩前所跳的舞蹈，表演的内容是一人装扮大猩猩被猎手杀死的场景。达科他印第安人也会在猎熊前，表演熊被猎人驯服的舞蹈。原始人类认为，这种类型的舞蹈具有极强的巫术效用，舞蹈中表演的猎物被捕获的行为能够影响到未来狩猎的真实场景，因而这种舞蹈能保证狩猎的成功。从我们现代的眼光看，这种舞蹈也可以称为一种战前演习，在捕获动物的行动之前来一场训练，进行预演，无疑对实际的捕获行动是十分必要的。

由于原始舞者相信舞蹈所带来的巨大的巫术力量，因此在舞蹈中时刻处于激情状态，带有鲜明的情感性特征。这是我们现代人所万万不能及的。列维-布留尔指出：“在他们那里，在集体表象中，客体的形象与情感和运动因素水乳交融；在那里，人在意识中拥有客体的形象，同时又体验这必然与客体形象一同产生的空间感、希望感、逃跑的愿望、感性、请求等等感觉和愿望。我们‘百种成年文明人’已经不能再现那种能符合原始人集体表象的意识状态了。……只有观众厅里的人群在听到‘起火啦!’的叫声时体验到的那种状态，或者在沙漠中迷失方向的商队看到绿洲时的狂喜，才能对这些集体表象得到某种观念。”①

---

① ［法］列维-布留尔著，丁由译：《原始思维》，商务印书馆 1981 年版，第 456 页。

诗歌、舞蹈、音乐都有激发热情的鼓舞作用。在原始艺术形式中，表现出了强烈的生命形态。这些原始巫术，不仅仅是简单地模仿大自然中的飞禽走兽，再现原始生活的部分图景，它还反映了潜藏在其中的深层的原始思维，是我们中华民族强盛生命力的象征。闻一多对部分的原始生活场景进行了还原，为我们现代人研究原始思维提供了很好的物质依据。

闻一多从文化阐释批评的角度去还原这些原始巫术背后的含义，揭示原始思维的情感性特征。惟其如此，我们才能理解这些神奇文化艺术的源泉，以及舞蹈艺术悠久的生命力。闻一多总结说，原始舞蹈的目的即"以综合性的形态动员生命"，"以律动性的本质表现生命"，"以实用性的意义强调生命"，"以社会性的功能保障生命"。① 无论是采用什么样的方式，原始巫术最终是为了唱响生命的赞歌，维持种的生存与繁衍。不论是东方民族还是西方民族，都以生机盎然为美，例如车尔尼雪夫斯基的《艺术对现实的审美关系》中有"美是生命"的命题，中国诗歌中的"池塘生春草"，都表达出了同样的意思。东方民族以生殖崇拜为主要特点，喜欢老虎，因为它虎虎有生气；喜欢舞蹈，因为舞蹈是把生命力的张力提高到最高程度的艺术表现形式。

原始巫术表现了一种生命力的张扬，艺术生命渗透在巫术活动中，尤其是原始舞蹈中体现出的生命的张力。在原始舞蹈中，人们充满了对宗教的虔诚、对神祇的敬畏，又怀着一种对未来生活的向往和期盼。所以闻一多认为，"舞是生命情调最直接，最实质，最尖锐，最单纯而又最充足的表现"②。虽然原始舞蹈的节奏鲜明，动作不断重复，但就是在这简单的律动中，体现出了生命的真实感。舞蹈者是带着一种实用功利性的对宗教的虔诚态度，极认真地投入到舞蹈中，去领悟和体验原始舞蹈所带来的激扬和最高的生命

---

① 闻一多：《闻一多全集》第2卷，湖北人民出版社1993年版，第209页。

② 闻一多：《闻一多全集》第2卷，湖北人民出版社1993年版，第209～210页。

情调。“原始舞看来简单，唯其简单，所以能包含无限的复杂。”①对于原始舞蹈所代表的原始巫术活动，也具有同样真实而热烈的情感。

① 闻一多：《闻一多全集》第2卷，湖北人民出版社1993年版，第210页。

闻一多与大学精神

陈昭明
（江西赣南师范学院）

大学精神是什么？20 世纪末的中国有过热烈的讨论，时至今日，这个讨论还没有结束，仍是热点问题。今天，我们在纪念闻一多先生诞辰 110 周年之际，从闻一多与大学精神这个层面来探寻大学精神，来纪念闻一多先生，这是很有现实意义和历史意义的。

一、闻一多与大师精神

所谓“大学精神”，是大学在办学的历史过程中形成的办学理念和大学人共同的价值追求，是大学文化的精髓、核心，是大学之魂。

原清华大学校长梅贻琦的名言影响至今，他说：“所谓大学者，并非有大楼之谓也，有大师之谓也。”这就是说大学不在于楼高院深，而在于有大师。何谓大师？《现代汉语词典》上给“大师”的定义是：在学问或艺术上有很深造诣，为大家所尊崇的人。原北京大学校长蔡元培先生也说过这样一句话：“大学者，研究高深学问者也。”因此，人们可以作这样的理解：大师是指在某一学术领域或技艺领域有很高的学问、很深的造诣，冠绝天下、受人尊敬的人。正是这样的大师、大学者、大学问家是大学的灵魂和核心，是大学精神的缔造者和践行者。从大师精神来看大学精神，是一条可以追寻大学理念的路径。

闻一多先生就是这样大师级的学者。闻一多早就被称为集诗人、学者、斗士三重人格于一身的人物。作为诗人，他以《红烛》、《死水》等著名诗集确立了自己在现代诗歌史上的重要地位。作为斗士，他以自己的生命在现代民主运动史上写上了光辉的一页。作为学者，他学兼中西，研究范围既广且专，研究门径别开生面。他从唐诗开始做起，不断上溯，对《诗经》、《周易》、《楚辞》、远古神话和金文甲古等都作了深入的研究。尤值一书的是，他将中国传统的考据校勘之学与西方现代弗洛伊德精神分析法和文化人类学的方法熔为一炉，作了开创性的工作，其成就享誉学界。

闻一多先生当年在清华讲授《诗经》、《楚辞》的时候，新颖的见解并非随心所欲的胡猜，而是由最可靠的训诂学推求得来的，证据极端充足，往往为了一句、一词，要翻阅一屋子书。《诗经》虽老，一经闻一多讲解，就会肥白粉嫩地跳舞了；《楚辞》虽旧，一经闻先生评点，就会五色斑斓地鲜明了。科学的事业容不得半点虚假和欺骗，唯真所是，唯真所求，往往是大师们一生的追求。大师精神是一种科学精神，是一种求实的精神，是一种追求真理的精神，有这种精神的人脚踏实地、务真求实，靠坚持不懈的努力逐渐接近真理。

闻一多不长的人生道路和思想发展，充满了令人心惊的戏剧性变化和内在的“紧张”：由感情奔放如烈火腾烧的狂放诗人变为埋首故纸堆的冷静学者，又由躲在书斋不问世事的学者一跃而为倒在血泊中的“民主斗士”，由对共产党的长期敌视急转为该党的忠实信徒……闻一多的这些变化，无疑为我们提供了透视一代知识分子在云谲波诡的中国现代社会中，如何苦苦探寻救国之路、追求自我救赎这一悲壮历程的最佳典范。

二、闻一多与五四精神

大学精神一旦形成，就会不断地浸透到大学文化的行为主体和各种文化载体中，以其特有的导向、凝聚、激励、塑造等功能在大学发展中发挥着重要的作用。高等学校正是借助于大学精神的力量，唤起和激发师生员工对学校的深挚感情，团结校内所有成员，为学校教育理想的实现而共同奋斗。

然而，大学精神不会自发形成，大学不是存在于真空之中，而要受到社会政治、经济等外在环境和校内师生员工等内在因素的各种影响。这种影响或是积极的，或是消极的，我们应积极培育催人奋进的大学精神。大学精神的形成也不是一蹴而就的，它是伴随着学校的发展和社会的变迁，经过一代又一代人的实践，“倡导、践行、提炼、再实践、升华、发扬光大”，逐渐浓缩而成的。

哈佛大学前校长科南特曾说过：“大学的荣誉不在于它的宿舍和人数，而在于它一代又一代的教师质量，一个学校要站得住，教师一定要出名。”① 他们的行为及其功绩成为学校的历史和后人学习的榜样，成为大学精神的标志。我们看看五四时期的闻一多。

1912年，年仅13岁的闻一多从湖北乡间一户富裕人家来到清华学校。不久，他发起成立了好几个文学艺术社团，以呼应蔡元培先生的“美育代替宗教说”。他在《美司斯（Muses）宣言》中声称：“生命的量至多不过百年，他的质却可以无限度地往高深醇美底境域发展。生命底艺化便是生命达到高深醇美底唯一方法。”当时正在崛起的白话文运动，使他开始尝试新诗创作，并与梁实秋等人创办了小有影响的“清华文学社”，为新文学运动推波助澜。1919年5月5日，清华大学食堂门口贴出了一张大红纸，上面用工楷整整齐齐地抄着岳飞的《满江红》。这一下，平静的清华园也沸腾起来了。贴这张《满江红》的，是高等科二年级学生闻一多。当时的闻一多，在旁人眼中并不是个激进的人。他少年时被人称为“书痴”，本来就不大关心外界事物，加上又进了清华，所以到了五四前夕，他还在读《清诗别裁》，写《明城考》，对《清华学报》准备改用白话文仍然持保留意见！（《闻一多年谱长编》）这样一个人，居然会率先响应学潮，实在是件出人意料的事。当天清华召开57人会议，讨论是否参加五四运动时，闻一多说：“清华住在北京，北京学生救国，清华不去参加。清华、清华，难道你真的

① ［美］约翰·布鲁贝克著，王承绪等译：《高等教育哲学》，浙江教育出版社2002年版。

不算是中国人的学校了吗?”(闻立鹏《血土》) 此次会上，闻一多当选为学生代表。7 日，学生代表团正式成立，闻一多任职于秘书部。

闻一多在 5 月 17 日的家信中，向父母叙述了自己对五四运动的看法：“国家至此地步，神人交怨，有强权，无公理，全国懵然如梦，或则敢怒而不敢言。卖国贼罪大恶极，横行无忌，国人明知其恶，而视若无睹，独一般学生敢冒不韪，起而抗之。虽于事无大济，然而其心可悲，其志可嘉，其勇可佩。”同时，闻一多对清华大学在运动中的表现感到十分骄傲：“此次北京二十七校中，大学(指北京大学)虽为首领，而一切进行之完密、敏捷，终推清华。……清华作事，有秩序，有精神，此次成效卓著，亦素所习练使然也。”对自己在代表团中的作用也颇感自豪：“男与八哥均在秘书部，而男责任尤重，万难分身。”并告诉父母，他决定暑假不回家，在学校参加爱国活动：“男在此为国作事，非谓有男国即不亡，乃国家育养学生，岁糜巨万，一旦有事，学生尚不出力，更待何人?”

他的同学这样记述了闻一多在运动中的表现：“闻一多则埋头苦干，撰通电、写宣言、制标语，做的是文书的工作。他不善演说，因为他易于激动，在情绪紧张的时候满脸涨得通红，反倒说不出话。”(梁实秋《谈闻一多》)

最能体现闻一多的热情和勇气的是 6 月 4 日的游行。前一天，北京学生恢复了一度中断的街头演讲，立刻遭到政府的严厉镇压，清华大学进城的百余名学生全部被捕。但第二天仍然有 160 多名清华学生进城，执行市学联上街演讲的决议。闻一多本来被分配做文书工作，一向不参加演讲，但这天也和大家一起出发了，而且行前也带备了水壶干粮和洗漱用具，做好了坐牢的准备。

6 月 16 日，全国学生联合会在上海成立。闻一多作为清华代表，参加了旋即召开的学联常会。6 月 27 日，全国学联第一次临时干事会讨论了日刊出版问题，闻一多正式担任学生联合会日刊编辑。8 月 5 日，全国学联举行闭幕式，孙中山先生在会上发表演讲，指出：“惟学界此次举动，差强人意。盖以革命经验而言，其弊亦复在乎不统一。”这给闻一多留下了极深刻的印象，闻一多对五四的看法明显受此影响，直到1945年，闻一多还认为，因为当时工人没有起来，所以五四运动算不得成功，他的看法是：“当初五四运动是一个零碎的青年运动，没有组织，慢慢才出现群众的运动，那时由于国民党的加强，这运动转成了一个具体的政治运动，由于一个党派，有组织的集团的接受和领导，于是这运动有了结果。当时我们感激国民党，感激孙中山先生的领导。”（1945年5月3日闻一多在“五四青年运动座谈会”上的发言）所以他一直拥护国民党，而他对国民党产生怀疑，并最终分道扬镳，也与五四有关。

1944年，国民党政府将原来定在5月4日的青年节改成了3月29日，这引起了素崇五四传统的西南联大师生的强烈不满。到了蒋介石在《中国之命运》一书中正式提出要“恢复儒家的伟大传统”，闻一多简直忍无可忍了，他在《八年的回忆与感想》中写到，五四给他的影响太深，《中国之命运》公开地向五四宣战，他是无论如何受不了的。闻一多一度拥护国民党是因为他“爱国”，他后来反对国民党是为了要求“民主”和“进步”。这种种态度无不与五四精神息息相关。闻一多曾严厉抨击西南联大当局“胆小怕事，还要逢迎”，他在1944年5月3日的五四晚会上说：“在一个没有民主的国家，埋头搞学问有什么用？学生是国家的主人，有权过问国家大事，如果认为一个国家要学生耽误学业来过问政治就是不幸，那么，造成这种不幸的原因，还不是因为没有民主？”“五四的人物是没有完成五四的任务的。五四要科学，要民主，而靠五四起家的罗家伦、段锡朋之流，都堕落成反民主的人物了。”（萧荻《我们应当写闻一多颂》）作出这一切的批评，闻一多依据的都是五四的标准。

从这里我们可以明白，闻一多虽然在很长时间内专心治古典，以至足不出户，但由五四点燃的尊尚爱国、民主、科学的火焰，从未在他胸中熄灭。他虽然有很好的古文功底，但却“愈读中国书愈觉得他是要不得的”。闻一多从拥护国民党到反对国民党是“变”，其实只不过是他一直遵奉着五四精神罢了！闻一多政治上的见识可能不见得高明，但他却是一个坚持自己信念的人，在青岛大学劝阻学生运动时如此，在昆明支援学生运动时亦复如此。

三、闻一多与西南联大精神

大学精神不是人为设定的，也不是哪位校长或大师头脑中的理念产物，它是介乎于理性与情感之间的一个范畴，它的形成是多重因素长期相互撞击和融会的结果。一般来说，一所大学的“精神”同这所大学独特的历史、地理、文化环境有密切关联，是国家意向同社会（国内外）流行趋势相互冲突与融合的结果，校长与大师对大学精神的影响重大，但学生（特别是那些学生中的精英）也对大学精神的形成有着不可忽视的作用。

闻一多工作过的西南联大就是典型的范例。自1937年9月至1946年7月，西南联大历时9年，成绩卓著，培养出了大批优秀人才。在战火纷飞之际，在学习、生活、工作条件都极其恶劣的环境中，西南联大为什么能取得如此骄人的成就？半个多世纪以来，让人们达成共识的是，联大的成功纵然有“天时、地利、人和”的种种因素，但最重要的是西南联大集中了北京大学、清华大学、南开大学三所名校的优良传统和办学理念，名师荟萃，形成了特有的“爱国、民主、科学”和“刚毅坚卓”的西南联大。

首先是爱国奉献。在民族存亡的紧要关头，振兴国家的强烈历史责任感和使命感，使西南联大师生在被日军摧毁的残垣断壁前仍然精神不倒。抗日战争开始，闻一多先生跋山涉水，由北往南徒步长征，来到了封建、落后的山城昆明，亲身体验了中国下层民众的艰辛苦楚，他进入了新的生命历程。这以后，他几乎没再写诗，也不画画，而是写批判封建士大夫思想意识、反对蒋介石独裁的杂文，发表演讲，朗诵别人的战斗的诗篇，并且像鲁迅那样，用自己胸中炽热的火种，去点燃下一代人心中的火炬。西南联大师生都是这样，置任何艰难困苦于不顾，教师为国之振兴而教，学生为抗战建国而学，体现了“贫贱不能移”、“威武不能屈”、誓死不当亡国奴的崇高民族气质。

其次是刚毅坚韧。西南联大的条件非常艰苦，经费极其匮乏，师生温饱都不能保障，许多教师只能靠出售或转让自己的衣物、书籍勉强维生。闻一多治印，吴大猷摆摊，梅贻琦校长的夫人出售自制点心……学生们几十人挤在铁皮屋顶（甚至铁皮屋顶最后还因为经济困难换成了茅草屋顶）、土坯墙的教室和宿舍里。“天下兴亡，匹夫有责”的爱国传统和“刚毅坚卓”的顽强精神支撑着他们。闻先生曾想去延安，中共南方局同志劝他留在昆明，他的工作和影响是无人能代替的。他实际上是以革命战士的精神、意志对待生活和斗争的。西南联大同学陆续北返后，国民党特务装扮成疯婆子，常到他宿舍周围造谣恐吓，他的处境已很危险。美国加利福尼亚大学请他讲学，高薪聘请，还可带眷属。他说：“这时候不能远离斗争跑出去!”同学们担心他的安全，请他和大家一起离开昆明，他觉得工作不能放下，坚持要等到最后才走。他无私无畏，以大勇精神面对牺牲，以碧血丹心培育新中国的火种。

再次是“特立独行”。那些以个体则显得峭岸生姿，以群像则显得崔嵬强健的教授、学者们，以及真正担得起受过高等教育之名的学生，显然是“联大精神”产生和存在不可或缺的要素。闻一多先生在西南联大，不仅是昆明民主斗争的核心人物，而且是推动中国新诗发展进入新的历史阶段的代表人物。闻先生用力发挥诗鼓舞群众、组织群众的作用。国民党叫嚷“闻一多煽动青年”，最怕闻先生“煽动”。他朗诵共产党员——艾青和田间——的诗，而且还加以讲解，大赞田间是“时代的鼓手”。他叫人们当旧时代的叛逆，他像摇着鬃毛的狮子那样在台上呐喊！新诗社不断举行朗诵会，参加朗诵的人愈来愈多。许多校外的同学、公务人员、中学教员、报馆编辑、记者，也带着他们的诗来参加朗诵会，闻先生和大家一起朗诵，他那像大提琴一样的声音、卓越的朗诵艺术才能，经常把群众的热情推向高潮。

四、闻一多与清华大学精神

闻一多的人格就是“清华精神”的体现。所谓“清华精神”

至少具有以下三个特点：

一是自强不息。“自强根基于明耻”，创建伊始的清华是一所用标志着中华民族丧权辱国的“庚子赔款”举办的留美预备学校，目的是为了培养“追随美国的精神领袖”。学校偏又建在了被英法联军洗劫过的清华园和近春园，紧邻惨遭英法联军蹂躏的圆明园，校址的一部分就是被帝国主义洗劫过的王府废墟。清华学子每天面对残垣断壁，民族耻辱袭上心头，渐渐成为“知耻而后勇”的精神力量。这样的历史场景使“自强不息”成为清华人伤痛心灵中顽强的意志。当五四运动爆发的消息从北京城传到清华园后，闻一多先生只将岳飞的《满江红》书于墙壁，清华学生的队伍就集合起来了，浩浩荡荡向城中进发；当日寇铁蹄进逼华北，清华学生发出了“华北之大，已安放不下一张平静书桌”的呐喊，这成了“一二·九”爱国运动的动员令。

二是科学严谨。清华改大是在“科学与玄学”论战之后，科学优势上扬。清华国学院一建立，主任吴宓就宣称本院与其他大学不同处在于重视“科学方法”(参见吴宓在国学院开学日的讲话)，闻一多等人的研究成果证明此言不虚。梅贻琦到任后，办校重自由，更重“科学家的眼光和态度”，强调理性和纪律，主张一切以事实为出发点。这一点，构成清华与北大办学的风格不同，其原因除上面提到的社会因素外，还同梅贻琦在美国受的理工科教育背景有关。这种科学精神不仅贯彻于理工科建设而且旁及人文学科。冯友兰说清华文科的共同风格是追求“所以然”、“比较有科学精神”。中华人民共和国成立后，清华校长明确提出继承发扬严谨、科学的传统，并且在广度和深度上大大超越从前。蒋南翔在1958年大跃进、“文革”中多次坚持实事求是，表现出非凡的勇气，对整个清华的干部、教师队伍有深刻影响，对发展清华的科学传统起了不可估量的作用。

三是务真求实。早在20世纪30年代，闻一多先生就认为清华的精神是实干。直到现在，在校园的中心位置还竖立着一块碑，上书“行胜于言”，如果再加上韩愈的话“行成于思”，便可以很好地概括清华“实干”的特点。西方近代大学精神与此相反，强调大学精神在“思”，不在“行”，但进入20世纪，西方的大学也在变，变得更加重视“实用”。中华人民共和国成立后，清华被改造成为一所以工科为主的大学，“务真求实”的传统进一步充实了工科的操作型特点。每一重大决定的做出，必有细密的操作程序和系统，保证决定能够获得实现。从培养计划、科研战略到校园管理都是如此。清华有多人进入中央、省部担任领导，在很大程度上得益于这种实干作风。清华每年招生高居龙首，无可匹敌，也是因为它给学生家长与学生本人一个扎实可靠、稳定有序的信任感。从根本上说，“实干”同“后现代”时期相契合，它在某种程度上代表着大学教育从“思”向“行”转变的趋势。清华改工科后，工科的研究需要集体操作，与文科不同。罗素说：“技术给予人的能力是社会性能力，不是个人的能力。科学技术需要有在单一的指导下组织起来的大量个人进行协作，所以它的趋向是反无政府主义，甚至是反个人主义的。”① 工程训练养成了很强的团队意识，对个人作用不像文理科那样看重。长期受清华精神熏陶的人在工作中比较重视人际关系，重视一般人的团结。这也是清华人同中国的现行社会制度比较契合之处。

① ［英］罗素著，何兆武、李约瑟译：《西方哲学史》，商务印书馆1982年版。

闻一多的诗歌节奏理论与实践

王泽龙　王雪松
（华中师范大学）

节奏问题一直是困扰着中国现代诗学与诗歌实践的一个重要的本体性问题。研究闻一多节奏诗学及其实践，对我们现代诗学与新诗本体形式建构都具有重要意义。闻一多 1921 年在清华文学社作的演讲《诗歌节奏的研究》与 1922 年所作的《律诗底研究》可视作其节奏理论的先声；《〈冬夜〉评论》为其运用节奏理论批评的实践，1926 年发表的《诗的格律》为其理论总结。对闻一多节奏理论具体内涵及其功能意义的探讨，依然是闻一多研究中的一个较薄弱的问题。

一、现代诗歌的大节奏观

1. 节奏与格律的同一性

在闻一多的诗论中，“节奏”术语有多种表述，在 1921 年《诗歌节奏的研究》这份英文报告提纲中，他使用的是“Rhythm”（英文意思为“节奏”），他后来翻译为“音节”（即声音节奏的简称）；在 1922 年出版的《〈冬夜〉评论》中，闻一多使用的是“音节”这一术语；在 1926 年发表的重要论文《诗的格律》中，闻一多作了明确表述。文章开头，“格律在这里是 form 的意思。‘格律’这两个字最近含了一点坏的意思；但是直译 form 为形体或格式也不妥当。并且我们若是想起 form 和节奏是一种东西，便觉得 form

译作格律便是没有什么不妥的了”，接着，“诗的所有能激发情感，完全在它的节奏；节奏便是格律”，还有，“上面已经讲了格律就是 form。试想取消了 form，还有没有艺术？上面又讲到格律就是节奏。讲到这一层更可以明了格律的重要；因为世上只有节奏比较简单的散文，决不能没有节奏的诗”。在分析具体诗作优劣时，他又提到“音节的调和”。上面的这些引文中，闻一多做了一个等质代换：“音节”、“格律”、“节奏”实际上是作为同义性术语处理的。尽管闻一多本人的论述中未能统一这些术语，也存在交叉现象（比如节奏单位也时而简化为“节奏”一词），但是，基本上我们可以认定闻一多关于“格律”的理论实际上也可以置换为“节奏”的理论。

在我看来，“节奏”和“格律”还是有所不同的。在闻一多诗论中，“节奏”显然贯穿于古今中外一切称之为“诗”的文体中，既是“诗的内在精神”，又常以“技巧”的面目出现，“节奏技巧”可有效沟通自由诗和格律诗，在打破二者之间“人为壁垒”时的效用更大。而“格律”一词则负载了太多的负面意义，诚如闻一多所说的“这两个字最近含了一点坏的意思”，“格律”使人的思维惯性指向古典诗歌体式，它更追求一种体式的规范、规约等“束缚性”的指标。闻一多在使用“格律”一词时，不排除其主观上补偏救弊以规约新诗的愿望，但在客观上，他展现的同时也是更让人称道的，是关于节奏的技巧，事实上，新月派也可作如是观。

2. 从声韵节奏到结构节奏

以现在的节奏观衡量之，古代诗歌节奏实质上是声韵节奏，意即在平仄和韵式上极为讲究，即便是对仗（属于成句，建联范畴），也必定受到平仄的制约，所以声韵实际上控制了整个诗体。在狭小的诗歌格局里将声韵运用到极致，故而，有为一字之妥帖而用破一生心之说；苦吟的结果是佳句多于佳构。

现代新诗的节奏观从“单一的倚重声韵”向“重视整体结构”转移，闻一多敏锐地捕捉到这种趋势，他是最早在理论上系统表述现代节奏观的诗论家。他特别强调节奏在诗歌结构方面起到的作用，故而也可以将他的节奏理论称为“结构节奏论”。他将诗歌节奏分为“内部的韵律；外部的韵脚和诗节”，从外部来看，节奏单位又可分为几个层次：音尺（闻一多将之与中国诗中的“逗”相比拟）作为最小的节奏单位；诗节（闻一多认为是诗歌韵律的最大单位）以修辞句和旋律句作为基础（在这里，二者其实都以诗行的面目出现）。这样节奏单位从小到大可以分为：音尺<诗行<诗节。韵脚作为强有力的节奏点，“组成部分的布局；预期效果的满足”①；而标点，“不但界划句读，并且能标明节奏（在中国文字里尤其如此）”②。他在批评部分自由诗（当然闻一多有特定所指，主要指新诗草创期胡适一派的自由诗）抛弃节奏时导致的后果有“平庸、粗糙、柔弱无力”。新诗不可避免地走向散文化，如果上述要素运用得法，则可有效地避免新诗松散化。他指出节奏的美学作用：“1. 整体的重要性；2. 一致中的变化；3. 注意力的悬置；4. 结构的框架。”同时，节奏还可作为“表达情感的手段”和“凭借想象加以理想化的一种手段”③，故而节奏成了贯穿诗情、诗思、诗形的重要结构手段，所以闻一多一再强调诗不能没有节奏。

近代以来，西洋标点系统引进后，被迅速推广普及，在抒情达意方面起到了重要的作用。标点的作用一是点断句子，二是标明语气，跟五四时期“明晰告白”的实用追求比较合拍。鉴于标点在节奏中的重要作用，在1931年的《论〈悔与回〉》中，他明确提出“不用标点，不敢赞同……要标点的理由如此，不要它的理由，我却想不出”。对于标点的滥用，闻一多同样反对。他认为《冬

① 以上引述见闻一多：《诗歌节奏的研究》，闻一多在清华文学社报告提纲，1921年12月2日；《闻一多全集》第2卷，湖北人民出版社1993年版，第54~61页。

② 闻一多：《论〈悔与回〉》，《新月》第3卷第5、6期合刊，1931年4月；《闻一多全集》第2卷，湖北人民出版社1993年版，第165页。

③ 以上引述见闻一多：《诗歌节奏的研究》，闻一多在清华文学社报告提纲，1921年12月2日；《闻一多全集》第2卷，湖北人民出版社1993年版，第57页。

夜》里的多半作品不独意思散漫，造句破碎，而且标点也用得过度的多。就闻一多的创作实践来看，他相当注意标点的运用。例如《红烛》的“雨夜篇”收录21篇诗作，跟原作相比，作了标点改动的有11篇，改动率高达52%。

二、听觉节奏和视觉节奏的交响

听觉节奏和声韵节奏实际上是同一个问题的两面。考虑到古代诗歌主要的传播途径是口耳，必然要求诗歌上口顺耳，并且规律的平仄声韵箍住诗体，同时诗体不能太长，否则有碍记忆。诗情通过听觉来营造，诗歌展现的形象通过听觉来构造，“言而无声，则行之不远”。故而古诗并不太注重诗体在物理空间中的展开，而更强调以听觉为主导的心理时间上的呈现。在书面载体中，古诗竖排而无标点，阅读者根据已有的听觉节奏经验即可读出，随之带来的效应是视觉节奏的弱化。

新诗采取现代白话语体，不管是吟是诵，已经远离古人的读诗习惯。在现代教育、现代传媒、出版的催生下，大众对诗歌的接受传播更依赖纸质传媒，必须考虑诗歌在物理空间的呈现方式。现代诗歌的横向排版方式和借鉴西方的分行方式，都有助于形成从视觉上感受节奏的审美习惯。有人将现代诗取消分行，造成与散文的混淆，以此证明诗歌远离诗意，其实这恰恰证明了现代诗歌诗体视觉化加强的重要性。从符号学的角度来看，“分行”这一视觉符号提醒接受者的欣赏角度选择，决定是按诗还是按散文的标准来评判。闻一多认为人的听觉节奏和视觉节奏都有其生理基础（声波和光波），他以美术家的空间感和色彩感，配合诗人的乐感或语感提出“三美说”：音乐美（音节）、绘画美（词藻）与建筑美（节的匀称和句的均齐）。前者与听觉相关，后两者关乎视觉。闻一多赞赏的可谓是听觉节奏与视觉节奏的交响。他认为“这两类其实不当分开来讲，因为它们是息息相关的。譬如属于视觉方面的格律有节的匀称，有句的均齐。属于听觉方面的有格式，有音尺，有平仄，有韵脚；但是没有格式，也就没有节的匀称，没有音尺，也就没有句的均齐……在我们中国的文学里，尤其不当忽视视觉一层，因为我们的文字是象形的，我们中国人鉴赏文艺的时候，至少有一半的印象是要靠眼睛来传达的。原来文学本是占时间又占空间的一种艺术。既然占了空间，却又不能在视觉上引起一种具体的印象——这本是欧洲文字的一个缺憾。我们的文字有了引起这种印象的可能，如果我们不去利用它，真是太可惜了。所以新诗采用了西文诗分行写的办法，的确是很有关系的一件事”。闻一多虽然用了很多篇幅谈视觉节奏的营造，对于听觉节奏他也是很重视的。在给吴景超的信中，他指出："本来中国韵极宽，用韵不是难事，并不足以妨害词意。既是这样，能多用韵的时候，我们何必不用呢？用韵能帮助音节，完成艺术；不用正同藏金于室而自甘冻饿，不亦愚乎？"①

在《一句话》中，作者很好地利用了视觉节奏与听觉节奏对注意力的悬置：

有一句话说出就是祸，
有一句话能点得着火。
别看五千年没有说破，
你猜得透火山的缄默？
说不定是突然着了魔，
突然青天里一个霹雳
　　　　　爆一声：
　　　"咱们的中国！"

在此诗节中，前六行都是9字，七八行若合在一起便是8字，与前几行相差无几，但是作者在这里做了一个变形，拆开来写。前六行每两行的顿数基本一致，且保持句句押韵的态势（第六行除外），等到第七行突变为一顿，第八行变为两顿。从诗形上看，像是一个长方形放在一个三角形上，似乎前面的积聚的情感达到了一个临界

① 蓝棣之编：《闻一多诗全编》，浙江文艺出版社1995年版，第424页。

点，力量便集中在“爆一声”上，同时最后一行的“国”也呼应了前面通押的“O”音，声气相通，同时，“破、霹、爆”这几个字或位于行首，或位于行尾，声母均为爆破音，增加了抒情的力度。本诗共两节，结构基本对称，“爆一声”和“咱们的中国!”作为旋律句回荡在全诗，体现了一致中的变化和变化中的一致，诗形配合了诗情。

再看闻一多祭奠爱女的《忘掉她》，视觉节奏和听觉节奏配合得甚好。

忘掉她，像一朵忘掉的花！
　　　　像春风里一出梦，
　　　　像梦里的一声钟，
忘掉她，像一朵忘掉的花！

全诗共七节，这是其中的第二节，节与节完全对称。有论者认为这首诗的诗行排列像是一个小小的棺椁，女儿似乎躺在“花丛中”，诗人好似抚棺自诉。节首和节尾的诗行一致，且用感叹号加重语气，韵选择响亮的“发花”韵；中间两行语气轻，选择绵长悠远的“中东”韵。诗节形成“重（短）—轻（长）—重（短）”语气节奏的交替。诗境以“现实—回忆—现实”交替，情感以“悲恸自制—柔情回忆—悲恸自制”交替，全诗七个诗节的异义同构重复，形成往复节奏。似乎诗人不断穿梭在现实与回忆中，理智上的强令自己忘却，情感上的千转百回，悲伤但又自制，自持而又惆怅的父爱在视觉节奏和听觉节奏的交响中呈现。

三、“均齐”的节奏追求和试验

1. 何谓“均齐”

新月派的总体倾向有理智节制情感一说，落实到操作层面，则表现为特定的节奏搭配可以较成功地节制情感，闻一多给出的配方是“均齐”。（闻一多在谈到“均齐”时，遵循的是节奏理论中“一致中的变化”这个原理，故而适度的变化也是“均齐”理论中的应有之义，以破除其单调之感。）

闻一多认为正式的新体中国诗应具有中国艺术之特质，这个特质就是他在《律诗底研究》中得出的“均齐”论。他在考察了律诗的句和章的组织后，得出结论“总观上述的句底组织及章底组织，其共同的根本原则为均齐。作者尽可变化翻新，以破单调之弊，然总必须在均齐底范围之内。如此则于‘均齐中之变异’一律相吻合”。在《辨质》一章中，闻一多从中国哲学、伦理、艺术方面论证，均齐也是上述方面天然的色彩（原质），律诗则为这个原质的结晶。在他看来，“抒情之作，宜短连、紧凑、整齐、精严”，律诗是抒情的完美载体。故而他汲取了“均齐”的原则为造就中国新体诗的方法。其原理在于他深信，“然情感有时达于烈度至不可禁。至此情感竟成神情之苦累。均齐之艺术纳之以就规范，以挫其暴气，磨其棱角，齐其节奏，然后始急而中度，流而不滞其快感生矣”，“盖热烈的情感底赤裸之表现，每引起丑感”。他举出的论据有：莎士比亚之名剧中，每到悲惨致极处，便用韵语杀之；歌德创作《浮士德》时也运用同样的技巧。他从中推导出“均齐”的节奏能节制情感的结论，并倡导将此原则用于中国新诗的创作中。《也许》是闻一多为一位亡女而作的诗，一共四节，每节四行，下面是第二节：

不许阳光拨你的眼帘，(2-2-3-2)
不许清风刷上你的眉，(2-2-2-3)
无论谁都不能惊醒你，(2-2-2-3)
撑一伞松阴庇护你睡，(3-2-2-2)①

我们可以看到，每行都是四个音尺（均由一个三字尺和三个二字

① 上述括号内的数字为音尺的类型，如 2 代表二字尺，3 代表三字尺，后同。

尺组成)，不论从外观上，还是从阅读上，都是均齐的。我们知道，按常规，句子越长，那么占用的诵读时间就越长，整句速度放缓，节奏变慢，但音尺间的间隔时间缩短，相应地，单位音尺的诵读变快。反之，句子越短，那么占用的时间越短，整句速度加快，节奏变快，但音尺间的间隔时间扩大，相应地，单位音尺的诵读变慢。如果人为调整句子的长度和音尺的个数，就会带来节奏上的变化。上面引用的诗节比较均齐，那么在总时间一定的情况下，分配到各行的时间近似均等，可认为行间匀速；再由于每行含的音尺数一定，三音尺和二音尺间的时间差别微小，可忽略不计，可认为行中也近似匀速（即便考虑二者间的占时细微差别，也可看做均齐中的变化，可破单调之感，依然不影响行与行间的匀速)。而行尾的“帘、你、睡”，行首的“不、许、无、论”等字的韵母分属于齐齿呼（帘、你)、合口呼（不、无、论、睡)，口型都不像开口呼那样大，有效控制了情感的力度，伴随匀速的阅读，力度随之均匀分摊。如果再仔细观察诗节的前两行，句法的结构基本一致，使用了“双线并行”的行文节奏（近似对仗的两句通常是并行的两件事物，共同围绕一个话题，从行文节奏上看属于双线并行)。跟“单线推进”式的行文节奏相比，这种技法收住了感情一泻到底的势头，更多的是回环往复的咏叹。这样，均齐的节奏带来的是情感的节制。

2. 如何“均齐”

诗歌被书写、印刷，在空间中必须以一定的形式展开；同时诗歌又是被诵读的，必须以一定的形式在时间中绵延。故而“均齐”的要求既指视觉上的，也指听觉上的。作为空间的艺术，字数的多寡排列控制着视觉中的形式；作为时间的艺术，节奏的轻重快慢也影响着听觉中的感受，然而二者之间常常发生龃龉。对于二者的关系，闻一多认为，“句法整齐不但于音节没有妨碍，而且可以促成音节的调和”；“整齐的字句是调和的音节必然产生出来的现象。绝对的调和音节，字句必定整齐。（但是反过来讲，字数整齐了，音节不一定就会调和，那是因为只有字数的整齐，没有顾到音尺的整齐。)”① 这样看来，均齐的关键在于音尺的整齐。

音尺就成为闻一多欲造“均齐”节奏的基础。Foot（音尺，也译作音步），本是英诗中的节奏单位，一定量重读音节和轻读音节的交替构成不同的音步（音尺）类型，然后音尺组合成行。重音是英语诗歌的节奏基础。闻一多在借用这个概念时，赋予了自己的理解。他不同意魏来（Arthur Walay）将诗中的平仄等同于英诗的浮切（即重轻音节）的说法，而是认为“大概音尺（即浮切）在中诗当为逗”，“逗中有字当重读，是为‘拍’”。“五言底拍在第一、三、五字；七言在第一、三、五、七字”。② 在这里他所说的“逗”，即是古诗中的停顿单位，如“春水船如天上坐”则可划为“春水”、“船如”、“天上坐”三逗，即三个音尺。应当说，闻一多用“逗”比附“音尺”，来组织中国新诗的节奏，代表了其时其后的大多诗论家和诗人努力的方向。

在汉语中，除了儿化音是一个音节对应两个汉字外，其余都是一字一音。中国人对诗歌字数的重视自古皆然（比如我们常以每行诗的字数来命名诗体），故而以字构成节奏有民族文化心理基础，“二字尺”、“三字尺”即是闻一多提出的基本节奏单位。他认为“均齐”包含“节的匀称”和“句的均齐”。对于“句的均齐”，他给出的原则是：每行都要包含“二字尺”和“三字尺”两种节奏单位以破单调，同时组成每行的音尺数要相同，如此便能做到“句的均齐”。这方面，闻一多认为最满意的试验就是《死水》。后来，闻一多对“句的均齐”的要求有所变动，“句子似应稍整齐点，不必呆板的限定字数，但各行相差也不应太远。因为那样才显得有分量些”③。如果完全做到“句的均齐”，一定会造成《死水》那样“麻将牌”或“豆腐干”似的诗体，一样会单调，闻一多的

---

① 闻一多：《诗的格律》，《新月》第1卷第4期，1928年6月10日；《闻一多全集》第2卷，湖北人民出版社1993年版，第143页。

② 以上引述见闻一多《律诗底研究》，《闻一多全集》第10卷，湖北人民出版社1993年版，第149页。

③ 闻一多：《论〈悔与回〉》，《新月》第3卷第5、6期合刊，1931年4月；《闻一多全集》第2卷，湖北人民出版社1993年版，第165页。

变通方式是：（1）在大多数诗行整齐的前提下，插入一两行不整齐的调节，如《一句话》、《收回》。（2）采用诗行参差对称的方式。这其实就涉及“节的匀称”问题。在闻一多的相关论文中并未对“节的匀称”做出直接阐述。根据他的创作和举例来看，“匀称”包括“均匀”和“对称”之意，强调平衡之感。“均匀”与“句的均齐”相呼应，“对称”则在诗体的营造上有了较大的自由。单个诗节中的诗行或两两对称，或交叉对称，可以在诗节内取得匀称效果，即便诗节内参差不齐，但当诗节作为一个更大的节奏单位组成诗篇时，诗节间的对称又可以使整个诗篇取得匀称。如闻一多对朱湘《采莲曲》的称赞，自己的诗作既有像《死水》那样整齐如一的，也有参差对称的，如《洗衣歌》、《你莫怨我》、《什么梦》、《忘掉她》等。

然而这个试验存在问题。首先是闻一多对节奏单位类型的选定拘泥于“二字尺”和“三字尺”，不能涵盖复杂的创作现象。比如《死水》中的“漂满了珍珠似的白沫”一行，“珍珠似的”似乎不当分为两个音尺，否则有违阅读习惯。更有，“这四墙既隔不断战争的喧嚣”(《静夜》) 就非“二字尺”和“三字尺”所能解决的，显然有不同的节奏单位类型，如“四字尺”等。随之带来的一个问题是：如果说“二字尺”和“三字尺”之间的占时差别可以忽略不计以造成听觉上的均齐，那么“二字尺”和“四字尺”、“五字尺”间的时间差别就比较大了，在这种情况下，每行音尺总数的一致并不能带来视觉上和听觉上的均齐感觉了。所以闻一多的许多诗歌，照样存有视觉上均齐与听觉上参差带来的龃龉。显然闻一多的节奏理论还有待进一步拓展，《死水》出版后的三年内闻一多几乎没有发表诗作，显然他也在思考这些问题。到了1931年，闻一多写出《奇迹》，震惊诗坛；到了1944年，闻一多写出《八教授颂》(未完成，当时也未公开发表)，节奏体式亦非“均齐”所囿。如果说《死水》时期的闻一多在“二字尺”和“三字尺”调配上的用心经营使其诗歌带一点“滞重”的话，后期的闻一多在“均齐”理论上的松动（表现为：诗作中用到了“一字尺”、“四字尺”等），使得其诗作在行文节奏上更加随心所欲。这不是对其

“均齐”节奏理论的否定，而是在此基础上的深化和探索，正是“一致中的变化”这个节奏原理的合理延伸。可惜闻一多未作理论上的总结，创作也仅有上述的两首，之后他便将精力投向其他领域。

闻一多为后来者搭建了一个节奏研究的框架，初步构建了一个大节奏观的雏形。他将节奏提到诗歌“内在精神”的高度。不仅探讨了节奏的类型，也重视节奏的功能意义，避免了一味形式化之嫌。其对视觉节奏的重视和阐发，对“均齐节奏”理论的倡导和实践，在当时引起巨大反响，其经验教训也启迪着后人对格律的再探索。

论闻一多诗歌的情感性与个人性①

罗晓静
（南京师范大学）

闻一多曾被誉为“唯一的”或“纯粹”的爱国诗人，“爱国”则在很长一段时间内成为解读闻一多其人其诗的基本命题。“爱国”固然概括出了闻一多诗歌的精神或特征，但也在无形之中框就了对闻一多诗歌的理解。在笔者看来，闻一多诗歌除了“爱国”这一基本精神或特征之外，还具有很强的情感性和个人性。从情感性和个人性的角度重新解读闻一多的诗歌创作，不仅能够更深层次地把握闻一多诗歌的“爱国”主题，而且能够加强对闻一多诗歌丰富性的认知。

一

闻一多诗歌具有明显的情感性特征。闻一多在《〈冬夜〉评论》中说：“诗是被热烈的情感蒸发了的水气之凝结。”闻一多诗歌正是由各种“热烈的情感”之水汽凝结而成的，既包括人们给予诸多关注的爱国之情，还有较少为人提及的爱情、亲情、友情等。更为重要的是，在形态各异的情感表达背后，隐伏着两大情感之源——孤独和失落。

孤独，在闻一多的生命体验中占据了极其重要的位置。三年的

① 本论文为中国博士后科学基金面上资助项目（20080440164）的中期成果。

留学生活，使闻一多深味孤独的痛苦。闻一多在乘船赴美途中就已经开始感受到孤独，他连“一个能与谈话的人都找不着”。刚到芝加哥才一个星期，闻一多就急切盼望朋友们的来信，希望他们“不要忘了那半球一个孤苦伶仃的东方老憨”①。作为一个初出国门者，闻一多将自己称做“孤苦伶仃的东方老憨”，可能很容易被认为是对美国生活不适应。事实上，闻一多在整个留美期间，孤独感是愈演愈烈。在美国生活近一年之后，闻一多向梁实秋感慨：“这一年生活苦极了，除了同一位同班的洋姑娘偶尔谈谈粗浅的文字知识以外，竟没有人共谈了。”直至回国之前，闻一多仍将留学期间的生活描绘为“斗室孤灯”。② 如此频繁甚或有些夸张地表述令人难耐的孤独，可见闻一多对“孤独”有着非常深切的感知。

爱情的无所皈依，是闻一多备感孤独的另一个重要原因。1922年2月，闻一多奉父母之命与高孝贞结婚。闻一多称此举“诚为一大牺牲”。出于孝道而非情感需求的婚姻，造成闻一多难以言说的伤痛。婚后2个月，闻一多在写给弟弟的信中大大抱怨了一番：“我不肯结婚，逼迫我结婚，不肯养子，逼迫我养子——谁管得了这些？驷弟！我将什么也不要了！……我将以诗为妻，以画为子，以上帝为父母，以人类为弟兄吧！”③ 婚姻，不仅没有带给闻一多归属感和幸福感，反而让他产生了自我放逐、自甘孤苦的强烈意愿。闻一多在婚后5个月赴美留学，自然更无法寻找一丝一毫的情感慰藉。身处异国他乡的闻一多，不愿“再讲到女人”，痛哭自己“情的生活已经完了”，以后“只想在智底方面求补足”，“要在艺术中消磨我的生活”。④

---

① 闻一多：《致吴景超、翟毅夫、顾毓琇、梁实秋》，《闻一多全集》第12卷，湖北人民出版社1993年版，第43、53页。

② 闻一多：《致梁实秋》，《闻一多全集》第12卷，湖北人民出版社1993年版，第177、223页。

③ 闻一多：《致闻家驷》，《闻一多全集》第12卷，湖北人民出版社1993年版，第34页。

④ 闻一多：《致梁实秋》，《闻一多全集》第12卷，湖北人民出版社1993年版，第139～140页。

现实生活和情感体验的孤独感，凝结成了闻一多源源不断的艺术创作。其中的一大类别，是对自己“孤独”状态的直接写照。闻一多在赴美途中第一首诗《孤雁》中，称自己是“不幸的失群的孤客”、“孤寂的流落者”、“可怜的孤魂”、“流落的孤禽”，“泣诉那无边的酸楚”，迸出痛苦而热情的哀音。他在《我是一个流囚》则说：“我是快乐底罪人，/幸福之宫里逐出的流囚。”第二大类是闻一多最为有名的爱国思乡之作，从“游子”的角度抒发爱国思乡之情。这类通常被理解为强烈的民族感情和文化感情的情感，又何尝不是初出国门的游子身处异国的孤独而敏感的精神状态呢？如《太阳吟》中，闻一多不仅说太阳是“家乡来的太阳”，另一方面也说太阳跟自己一样“无家可归”、“身世一样地不堪设想”！他在深秋中一方面想着祖国、家庭、母校、故人，最终仍是因为“追想春夏已逝的荣华”而洒下“几点黄金泪”。至于那些动人的“红豆篇”，与其说是相思之作，不如说是因爱情无所皈依的宣泄，或者说是孤独之人对“情”本身的相思。诗人不怕那“着了火”、“有泪雨洒着”的相思，“最难禁的，/是突如其来，/赶不及哭的干相思”。相思之后的团聚，也不过是“冬天底长夜，/好不容易等到天明了，/还是一块冷冰冰的/铅灰色的天宇，/那里看得见太阳呢”。

失落，则是闻一多情感世界及诗作内容的第二大主题。年轻的闻一多首先遭遇爱情的失落。闻一多于1922年4月4日在《清华周刊·双四节特刊》上发表《进贡者》、《死》、《深夜的泪》三首诗，无疑可以看做对父母之命、媒妁之言的婚姻的回应。他把自己比做向爱进贡的臣子，未曾想竟航到“一个涸了的海港”，他悄悄等着“爱潮膨涨”，却始终等不来爱的潮头。诗人最后质问：“我的王！/无知海潮他也有信，/难道你的爱潮这样无情?”爱的贡臣在深夜拭泪，从“澈虚的古镜”中照见“颠额的容颜”，尝到生活苦涩的滋味。诗人原本对爱充满了期待，甘愿“淹死在你眼睛底汪波里”、“烧死在你心房底熔炉里”、“醉死在你音乐底琼醪里”、“闷死在你呼吸底馥郁里”，此刻对爱只剩下“酷冷”、“无情”、“寡恩”的感受。在笔者看来，真正让闻一多失落于爱情的，不是婚姻的对象，而是婚姻的形式。闻一多后来与妻子高孝贞感情甚笃，但最初的那份失落深深烙刻在了早期诗篇中。

闻一多紧接着遭遇文化的失落。刚到美国不久，闻一多就在家信中表达愤激情绪："美国政府虽与我亲善，彼之人民忤我特甚(彼称黄、黑、红种人为杂色人，蛮夷也，狗彘也)。呜呼，我堂堂华胄，有五千年之政教、礼俗、文学、美术，除不娴制造机械以为杀人掠财之用，我有何者多后于彼哉，而竟为彼所藐视、蹂躏，是可忍孰不可忍!"闻一多身处域外，真切感受到来自异类民族的种族歧视和文化否定。他不仅多次感叹"美利加非我能久留之地"，甚至宁可"提倡中日之亲善以抗彼美人，不言中美亲善以御日也"①。民族、文化的自尊，如此轻易地被践踏，给闻一多造成极大的心理落差。他一方面不遗余力地批判美国社会的现代文明，"那里只有铜筋铁骨的机械，/喝醉了弱者底鲜血，/吐出些罪恶底黑烟，/涂污我太空，闭熄了日月/"；另一方面则无比思慕祖国的东方文化，他将菊花视为"东方底花，骚人逸士底花"，并热烈赞美"我祖国底花"、赞美"我如花的祖国"，他看到秋色即想到"紫禁城里的宫阙——/黄的琉璃瓦，/绿的琉璃瓦"。

然而，闻一多在回国之后更是遭遇理想的失落。当闻一多直面社会现实的时候，梦想中美轮美奂的祖国完全改变了模样。诗人听到的是"四邻的呻吟"，看见的是"寡妇孤儿抖颤的身影，/战壕里的痉挛，疯人咬着病榻，/和各种惨剧在生活的磨子下"。他捶胸顿足地哭喊："这不是我的中华，不对，不对!"他痛苦失望之极发出绝望的愤怒："这是一沟绝望的死水，/清风吹不起半点漪沦。/不如多扔些破铜烂铁，/爽性泼你的残菜剩羹。"闻一多关于社会和民族的理想破灭了，继而关涉对自我认知和自我实现的失落。诗人坦率供认自我的矛盾、分裂状态：一个"我"爱着"白石的坚贞"、"青松和大海"、"英雄"、"高山"和"一幅国旗在风中招展"，另一个"我"却是"苍蝇似的思想，垃圾桶里爬"。在

---

① 闻一多：《致父母亲》，《闻一多全集》第12卷，湖北人民出版社1993年版，第50、138页。

《末日》一诗中，诗人处在黑暗、冰冷的环境中，用蛛丝鼠矢、花蛇的鳞甲燃烧心之盆火；当鸡鸣报晓之后，火焰熄灭，人如游魂一般隐退。这样一些诗句传达出来的，是诗人灵魂深处的矛盾和幻灭感，带着浓重的伤感、失望和失落的情绪。

二

闻一多诗歌也具有突出的个人性特征。闻一多曾经这样表达："每个诗人都有他独特的性格，作风，意见与态度，这些东西会表现在作品里。"① 闻一多是一个有着强烈自我意识的诗人，也有着自我实现的强烈要求，更是乐于在诗作中倾尽全力地袒露个人的精神世界，其诗作在思想内容与艺术风格两方面都呈现出鲜明的个人色彩。

首先，闻一多的全部诗作，可以看做他同时期个人生活和情绪的忠实纪录。闻一多与梁实秋同在珂泉留学的时候，有一次梁实秋讥笑他的书桌太凌乱，闻一多当天便创作了《闻一多先生的书桌》这样一首颇为诙谐的诗。诗人既为自己的邋遢解嘲，又吐露了自己当时的生活态度："一切的众生应该各安其位。/我何曾有意的糟蹋你们，/秩序不在我的能力之内。"闻一多在纽约给梁实秋的一封信中附了一首英文诗《相遇已成过去》，并自述创作动机"人非木石，孰能无情"！梁实秋回忆这首诗的创作："一多的这一首英文诗，本事已不可考，想来是在演戏中有了什么邂逅，他为人热情如火，但在男女私情方总是战战兢兢的在萌芽时就毅然掐死它，所以这首诗里有那么多的凄怆。"在长女立瑛患病夭折之后，闻一多写下了一首极为美丽、哀伤的诗——《忘掉她》，诗中反复重叠"忘掉她，像一朵忘掉的花"，表达了父亲对女儿的无限思念之情。闻一多在潜心学术三年之后，于1931年发表长诗《奇迹》。这首诗是应徐志摩邀约催稿专为《诗刊》创作的，徐志摩认为是自己

① 闻一多：《诗与批评》，《闻一多全集》第2卷，湖北人民出版社1993年版，第219页。

帮闻一多“挤”出来的奇迹。梁实秋否认了“挤出来”的说法，十分肯定地说：“实际是一多在这个时候在情感上吹起来一点涟漪，情形并不太严重，因为在情感刚刚生出一个蓓蕾的时候就把他掐死了，但是在内心里当然是有一番折腾，写出诗来仍然是那样的回肠荡气。”① 以上所举的几首诗，都能与闻一多的个人世界直接对应。事实上，从《红烛》到《死水》，我们能够清晰看出闻一多的生活处境、个人身份以及思想情感的种种变化。

其次，闻一多总以个人的情绪体验和存在状态来看取现实世界，并构筑起诗歌创作中独特的精神世界。闻一多在诗歌创作中，有一种一以贯之的思想线索，即对于生命价值和死亡意识的双重追寻。无论爱情、希望、梦想，还是自然生物、人类个体、民族国家，无一不是经历着生生死死的纠结！在诗人看来，生命的价值和死亡的意义是互相转化的，生预示着死、死成就着生。正如《梦者》这首短诗中所说：“假如那绿晶晶的鬼火/是墓中人底/梦里迸出的星光，/那我也不怕死了。”闻一多的诗作中，有《红烛》、《李白之死》、《剑匣》、《死》等明显以“死”为主题的篇章，但几乎所有的死亡都具有了重生的意义。如《红烛》中说：“红烛啊！/是谁制的蜡——给你躯体？/是谁点的火——点着灵魂？为何更须烧蜡成灰，然后才放光出？”《李白之死》中李白为救水中之月溺水而亡，力尽气竭之际看到圆月还贴在天上，只想到“我已救伊上天了”。《剑匣》中当“我用自制的剑匣自杀了”，却欢呼“我的大功告成了”。在其他涉及和描写死亡的诗作里，诗人的主观意识中生与死的界限亦以泯灭。如诗人在《花儿开过了》这首诗中，提取了花残、果烂、叶败、枝空等死亡意象，表达对生命和爱情的执著，“我敢说那已消的春梦底余痕，/还永远是你我的生命底生命”，“我也不曾因你的花儿暂谢，/就敢失望，想另种一朵花来代他”！

再次，闻一多诗歌十分强调抒情主体——“我”，并注重营造极富个人性、主观性的意象。闻一多的诗歌，绝大多数是以“我”

① 梁实秋：《谈闻一多》，传记文学出版社1987年版，第65、96页。

为中心的抒情诗，以第一人称“我”统领全篇。这样的诗以热切、深沉、凝重的情感情绪为特色。另外一部分以第二人称“你”抒情或叙事的诗篇，则明显有一个全知全能的“我”与之进行对话，而这个“我”往往就是诗人自己。如《红烛》中两种叙事人称同时出现：“红烛啊！/匠人造了你，/原是为烧的。/既已烧着，/又何苦伤心流泪？/哦！我知道了！/是残风来侵你的光芒，/你烧得不稳时，/才着急得流泪！”《二月庐》中则有一个心碎的人在聆听燕子的倾诉：“啊？你的爆裂得这样音响，/迸出些什么压不平的古愁！/可怜的鸟儿，你诉给谁听？那知道这个心也碎了哦！”少数诗作中，虽然没有出现人称代词，但在语气、句式、指示代词等的运用中，仍然暗示着审美主体的存在。如《秋深了》一诗，其强烈的主观性和抒情性一点也不亚于那些以“我”为抒情主体的诗歌。

抒情主体“我”的介入，使闻一多诗歌中形成了极富个人性、主观性的意象。诗人以诗意的眼光捕捉生活中的寻常事物，赋予它们全新的色彩和形象。如描写秋雨中的落魄的蜜蜂“像个沿门托钵的病僧”，未燃烧的火柴“拆成两片枯骨”，溪面上的树影是“一长篇恶梦”，大雪覆盖的世界成了“冬投降底白旗”，黄昏的太阳“喜得满面通红，一气直往山洼里狂奔”。诗人对于情绪情感的表达，也采用了与众不同的方式。如用“拳头擂着大地的赤胸”来表达愤激之情，用“癞蛤蟆抽了一个寒噤”来状写恐怖之感，用“不作声的蚊子，偷偷的咬了一口，陡然痛了一下，以后便是一阵底奇痒”来传达相思之苦。上述诗句是以片断的闪光的意象见长，而《初夏一夜底印象——一九二二年五月直奉战争时》、《死水》、《忆菊》等都是通篇以“新的印象”编织成的震颤人心的诗歌。这种艺术风格上的独创性和主观性，才是闻一多诗歌具有永恒魅力的真正原因之一。

三

闻一多诗歌中，情感性和个人性这两大特征是相在而在的。正如陈梦家在《新月诗选·序》中说："人类最可宝贵的，是刹那间灵感的触发，（虽是俄倾，谁说不就是永久?）记载这自己情感的跳跃，才是生命与自我的真正实现。"闻一多自身的个性、自我意识，闻一多对诗歌主体性的认知和对诗歌本质的理解，共同决定了其诗作中这两大特征的形成。

闻一多诗歌的情感性和个人性特征密切相关于诗人自身的个性、自我意识。闻一多在自撰小传中这样评价自己："所见独不与人同，而强于自信，每以意行事，利与钝不之顾也。……好文学及美术，独拙于科学，亦未尝强求之；人或责之，多叹曰：'吁！物有所适，性有所近，必欲强物以倍性，几何不至抑郁而发狂疾哉?'"① 闻一多认为自己对事物常有独立见解，并且颇为自信，一旦拿定主意就坚持按自己的想法去做，根本不计较最后的结果。他不擅长理工科，也不愿意强求，因为违背性情勉强去做不适合自己的事情，是会把人逼疯的。闻一多的亲人、朋友，对闻一多的性格特征多有类似评价。闻一多的长孙闻黎明谈到祖父时说："闻一多是个热烈、冲动的性情中人，他的人生就是一首诗。"② 梁实秋回忆说："他觉得性情不近数学，何必勉强学它，凡事皆以性之所至为指归。"③ "以性之所至为指归"，的确是闻一多行为处事的一贯原则。无论是清华时期参加学生斗争宁可牺牲留学机会也绝不向邪恶势力低头，还是留美时期学着美术专业却致力于文学和新诗，抑或内战时期为了民主和平由学者变为斗士最终以身殉志，闻一多都是从个人兴趣、性情出发，表现出了极强的个性精神和自由意志。而这，影响或决定了闻一多对诗歌的理解，并充分表露在他自己的诗歌创作中，正所谓"文如其人"也。

闻一多诗歌的情感性和个人性特征直接来源于诗人对诗歌主体

---

① 闻一多：《闻一多全集》第2卷，湖北人民出版社1993年版，第295页。

② 刘心印：《长孙闻黎明谈祖父　闻一多是一首热烈的诗》，《环球人物》2008年第22期。

③ 梁实秋：《谈闻一多》，传记文学出版社1987年版，第38页。

性的认知。闻一多曾经在一封未寄出的信中谈到他对诗人陆游的看法，称赞“放翁真‘诗人’也”。闻一多将“真诗人”之誉给予陆游，其原因很简单，即“彼盖时时退居第二人地位以观赏其自身之人格，故其作品中个性独显。他人歌讴宇宙，彼则歌讴‘诗人’——他自己——，其所道及之宇宙，不过为他自己之背景耳”。在闻一多看来，“惟我独尊”是诗人的普遍态度，陆游在这方面表现尤为突出，处处不能忘却一个“我”。正是这一点，让闻一多发出了“吾佩放翁之诗，吾尤佩放翁之人——诗人”① 的感佩之语！闻一多对于泰戈尔诗歌的批评，同样集中在“我”之有无这一点上。闻一多对泰戈尔的诗歌总体评价不高，认为泰戈尔的诗之所以伟大是因为他的哲学，从艺术上来讲实在很平庸。造成这种偏误的原因之一，就是诗人自我的泯灭。他说：“诗人与万有冥交的时候，已经先要摆脱现象，忘弃肉体之存在，而泯没其自我于虚无之中。这种时候，一切都没有了，那里还有言语，更那里还有诗呢?”② 有“我”则为诗，无“我”则无诗。闻一多是一个有着强烈个性和自我意识的诗人，以个人为本位、为主体，正是诗人个性与艺术创作的结合点。以我为主、彰显个性的主体性认知，必然要求诗歌抒发个人的性灵和情绪。

闻一多诗歌的情感性和个人性特征最终取决于诗人对诗歌本质的理解。我们一般认为，闻一多产生广泛影响的，是提倡和实践所谓的“格律诗”。当闻一多被列为技巧派之后，他却大呼冤枉为自己辩白。闻一多在给臧克家的信中说：“我只觉得自己是座没有爆发的火山，火烧得我痛，却始终没有能力（就是技巧）炸开那禁锢我的地壳，放射出光和热来。只有少数跟我很久的朋友（如梦家）才知道我有火，并且就在《死水》里感觉出我的火来。说郭沫若有火，而不说我有火，不说戴望舒、卞之琳是技巧专家而说我

① 闻一多：《致梁实秋》，《闻一多全集》第12卷，湖北人民出版社1993年版，第36~37页。

② 闻一多：《泰果尔批评》，《闻一多全集》第2卷，湖北人民出版社1993年版，第126页。

是，这样的颠倒黑白。"① 闻一多说自己有"火"，这里的"火"就是指情感，并且是热烈的情感。闻一多认为对于诗歌来说，情感是第一位的，"诗家的主人是情绪"②。如闻一多对自己留学期间诗歌中的民族主义曾这样解释："五四以后不久，我出洋，还是关心国事，提倡 Nationalism，不过那是感情上的，我并不懂政治，也不懂得三民主义。"③ 也就是说，诗歌的本质是情感，其他如技巧、智慧、政治之类，都是情感的辅助，绝对不能喧宾夺主。

情感是一个很大的范畴，什么样的情感才能构成好诗呢？一方面，闻一多对情感有一个层次的划分：同思想相连属、由观念而发生的情感都属于情操，是第二等的情感；热情、直接地倚赖于感觉的情感是第一等的情感，其中"男女间恋爱底情感是最烈的情感，所以是最高最真的情感"④。闻一多肯定没有理性参与的纯粹情感，只有这样的情感驱动才能创造出真切感人的诗。闻一多曾忆述自己创作《园内》一诗时的情感状态："作《园内》时的我，只有悲哀，绝望，孤寂，无聊，所以《园内》表面上虽似堂皇，其中正含有无限的冷泪。"⑤ 我们读者很多时候只能停留在诗歌的表面，忽视了或者参不透诗中隐伏的情感、情绪。正如闻一多所说："本来诗是最容易误解的东西，稍不注意，就会差到与原诗相反。"⑥ 如果抛开所有的理智、理性，或许我们对很多诗歌都会作出新的阐释。

---

① 闻一多：《致臧克家》，《闻一多全集》第 12 卷，湖北人民出版社 1993 年版，第 381 页。

② 闻一多：《泰果尔批评》，《闻一多全集》第 2 卷，湖北人民出版社 1993 年版，第 126 页。

③ 季镇淮：《闻一多先生年谱》，《闻一多全集》第 12 卷，湖北人民出版社 1993 年版，第 510 页。

④ 闻一多：《〈冬夜〉评论》，《闻一多全集》第 2 卷，湖北人民出版社 1993 年版，第 89 页。

⑤ 闻一多：《致梁实秋》，《闻一多全集》第 12 卷，湖北人民出版社 1993 年版，第 176 页。

⑥ 闻一多：《莪默伽亚谟之绝句》，《闻一多全集》第 2 卷，湖北人民出版社 1993 年版，第 107 页。

另一方面，闻一多又超越了绝对的层次等级划分，指出任何情感若出于至情至性则是最高等的。闻一多曾经批评汪静之的《蕙的风》，虽然是恋爱的题材，但因无病呻吟而显得粗劣。与之相对，他说自己将趁着春天来临多作些爱国思乡的诗。按照前面的划分方式，爱国思乡属于情操之类。但闻一多肯定地断言："这种作品若出于至性至情，价值甚高，恐怕比那些无病呻吟的情诗又高些。"① 总而言之，闻一多认为催生诗歌的情之类别不重要，关键要出于本心。真实、纯粹、热烈的情感是最本质最高级的，是一首好诗的本源与保障。

① 闻一多：《致闻家驷》，《闻一多全集》第12卷，湖北人民出版社1993年版，第162页。

闻一多诗歌的当代性

黄群英
（西南科技大学）

闻一多震撼诗坛是因为他的格律诗和爱国主义情感抒写，他的诗能穿越时空在当今仍然绽放出夺人的光芒，源于他对生活的深刻洞察，对生命本真的追求，真实性情的大胆流露。在那个缺乏公正的世界里，诗人的承担与激情透示着对人性深度的追寻，使不同时代的人体验淋漓尽致的快乐和痛楚，引领了解人性的复杂性、深刻的社会蕴涵和丰厚的文化，得到一种净化向上的力量。

一、真情烛照现实生活

闻一多面对难辨真伪，正义、邪恶与良善、友爱变得扑朔迷离的复杂现实，站在现实的基石上，厘清对与错、爱与恨，以真情善意爱心为准绳进行激浊扬清，追寻人类美好情愫。闻一多诗歌抒写了时代的真实、个人情感的真实，诗中有生的真实、有死的真实，有现实的真实、有历史的真实，也有梦想之真实、梦想破灭之真实，个人及国家命运前途的真实。真实使他的诗歌更具震撼力，其真实抒写使人们能够更加真实地直面现实生活，深刻地认识社会。在贴近现实和内心体验中，用最真挚的语言进行抒情，于悠扬中难掩沉郁顿挫，又于婉约中时见硬朗风骨，最大限度地使读者与诗歌生发同震共鸣，为读者提供了独特的观照现实的方式的视角，自然地具有对于社会丰富的启示意义。诗歌因此获得更为深广的时空效应，更具意味深长的情感内涵，寄托深邃和杳渺幽微的人生，最终获得丰富复杂耐人寻味的人生意蕴、社会意蕴和艺术意蕴。

> 他少年的泪是连绵的阴雨，/暗中浇熟了酸苦的黄梅；/如今黑云密布，雷电交加，/他的泪象夏雨一般的滂沛。/中途的怅惘，老大的蹉跎，/他知道中年的苦泪更多，/中年的泪定似秋雨淅沥，/梧桐叶上敲着永夜的悲歌。/谁说生命的残冬没有眼泪？/老年的泪是悲哀的总和；/他还有一掬结晶的老泪，/要开作漫天愁人的花朵。

此诗叫做《泪雨》。诗句没有大呼小叫浮泛不实的空虚与苍白，而是主观性的感觉外化成具体的形象，以苦涩味十分浓烈的情绪展示痛苦、哀伤、忧愁等难以言说的复杂情感，由阴雨连绵到夏雨滂沱的转变，情感真挚自然，具有令人震撼的张力。

中年的苦泪似秋雨，真的是愁个不停，但中年又是人生最成熟、精力最旺盛，大干事业的时候，而怅惘与蹉跎，就多少有点苦闷、无助，多少彷徨、寂寥、失望、惆怅等情绪无法排遣，只能是“梧桐叶上敲着永夜的悲歌”，愁绪较年轻的时候就更浓、更深、更使人伤心断肠，给人们带来了抹之不去的哀伤和莫名的伤感，诗歌也就更具情感冲击力。

老年的泪更令人酸辛、悲苦，生命的暮年，体味的不是温馨的回忆，而是凄凉。随着年岁的增长和阅历的积累，越发滋生出强烈的生命意识，伤痕累累的心灵难以得到慰藉。结尾以奇妙的“要开作漫天愁人的花朵”作结，让人感叹不已、辛酸不止。闻一多在这首诗里对生命本真的探求，以三个不同阶段生活中悲苦的开掘，透示一种生存，寄予一种希望。这首诗含有浓郁悲凉的美感特征，包含作家对个体生命意识的深刻思考，同时又具有丰富的蕴涵，引人沉思。

在闻一多的另一首诗《太阳吟》表达了拳拳赤子之情，抒写了对故乡痛彻心扉的思念。诗里描述“还乡梦”、“游子的冷眼盈眶”、“我的家乡此刻可都依然无恙？”“我也憔悴的同深秋一样！”“你我的身世一样地不堪设想！”“往后我看见你时，就当回家一次”。对家乡的爱和想念全在不可遏制的深挚表达中，其质朴和真实，其瀑流一般的激越与有力，永远动人。尤其对太阳的描写，显得崇高与大气。“太阳啊，刺得我心痛的太阳！”“太阳啊，火一样烧着的太阳！”“太阳啊，六龙骖驾的太阳！”“太阳啊——神速的金乌——太阳！”“太阳啊，楼角新升的太阳！”“太阳啊，我家乡来的太阳！”“太阳啊，奔波不息的太阳！”“太阳啊，自强不息的太阳！”“太阳啊，生活之火的太阳！”“太阳啊，也是我家乡的太阳！”“太阳啊，慈光普照的太阳！”声声对太阳的呼唤与吟唱，情感激荡，充满深情，太阳缔造了整个有生命的世界，它是所有生命共尊的上帝。他赋予生命以精神，歌唱太阳，实际上在歌颂其家乡，在一轮太阳普照世界，在诗人眼中，却有一种特别情怀，太阳照着其家乡，诗人的心中有一份温暖、一份感动、一份执著。歌唱太阳，歌唱心中对家乡的牵挂和思念，诗人显得豪迈而激动，诗歌真切而感人，表达了游子不能归乡的痛苦与无奈，抒写了对家乡的眷恋。

在《深夜的泪》中更是情真意切。生活的酸甜苦辣以“泪”作为表现形式。诗中写道：“轻柔的泪，/温热的泪，/洗得净这仆仆的征尘？/无端地一滴滴流到唇边，/想是要你尝尝他的滋味；/这便是生活的滋味！//更鼓啊！/一声声这般急切；/便是生活的战鼓罢？/哎！擂断了心弦，搅乱了生波……//战也是死，/逃也是死，/降了我不甘心。/生活啊！/你可有个究竟？”

道不尽的辛酸、道不尽的无奈跃然纸上，生活的愁苦为何这般多？生活中的不如意源自哪？夜静听到更鼓，却感觉惊心动魄，诗中用“断”、“乱”形容心中的慌乱不安，战鼓把生活的一切搅得不安宁，因情绪无法排遣，显示了现实的困境，是人类灾难的困境。诗人把一切的可能的结局都想好了，不甘心屈服于生活，显示了诗人在困惑面前所作的深沉思考。

闻一多诗歌用强烈真挚的情感对现实生活的深刻观照，源于他的责任心，他有圣洁、崇高的情感，以一种纯态的情愫，传达对生活追求的某种寄予，呈兑人生愿望的美好嘱托，激励人们健康的激情与活力，表现出对时代献身的感情和对社会的责任、对国家、民族的责任，是一种净化向上的力量，诗人的感情虽激越，但常常有所克制。以一种审美来传达情感，所以闻一多诗歌别有一番滋味。

二、吹向心灵的自由之风

闻一多诗歌的真正意义上的价值指向是对自身及人们心灵进行精神抚慰，其诗歌把一种自由及美妙的人生情绪传达给读者，不管怎样，你不受点感动是不可能的。

闻一多诗歌传递着对自由、美与爱的追求，向人们展示绚丽多姿的状态。诗风清新、自然，心灵的激情与精神的超越使人分享温馨、欢乐。

在《笑》这首诗歌中，把整个秋的欢欣、喜悦、快乐的情绪表达得淋漓尽致。硕健的杨树是叉着腰微笑，矮小的丁香是躲在墙脚下微笑，诗里以不同的姿态、不同的方式展示了微笑。把获得自由与新生的迫不及待的情状描绘出来了，那渴望已久的自由用“终于”、“笑嘻嘻”表现出来了，昭示了自由的生命情态的可贵。

闻一多的《园内》，叙述他对自然美景的主体感受，以全新的艺术视角把握创作，体味人生，感悟人生，他能赋予对象以新的意义和生命，那渴望已久的自由心态通过园内直指的意向蕴含丰富。

读闻一多的诗歌，不仅能读出他对诗与生活的理解、读出他对自然与人生的感悟，更能读出他是一个情感丰富的人，他的鲜明的个性、诗人的气质和美好善良的灵魂，注重精神自由的智慧和审美距离的融合，追求心灵的自由，深情而质朴。他希望用爱、美、自由换回幸福，用纯洁彰显人间的一切东西，孕育着浪漫主义和理想主义情调。透过闻一多那些高亢的激情澎湃的诗作，我们感受到闻一多伤痕累累的内心，捂着自己的伤口来歌唱，正是那代人不幸而高尚的地方。他对人间自由、美、爱的殷殷求索与讴歌，让人充满敬意。人间的美、爱、自由是诗人心灵不再设防的地方，在人间至真至情的感悟中体悟到人生的美丽和幸福。正是在这种超凡脱俗的境界中，抛弃了功名利禄，内心得到了真正的欣喜，感受到了真正的美，他的心是自由的、博大的，以另一种视角对抗无奈的现实，其诗歌所体现的飘逸和充实，柔和与刚健，虚幻与真实，使他的诗歌呈现出意蕴美和空灵美。

三、时代潮流中漫游

20 世纪二三十年代，文学的启蒙之风成为了时代的主潮。闻一多发出了自己的独特的声音。面对社会的混乱无序、世人的生存现状，以强烈的人文精神关注国家、民族、民众，引发读者对生存状态及生存价值的更为深邃的思考，具有极强的时代意识，其诗作显示其更为丰富悠远的意义。

在诗歌《忆菊》里，诗人尽情描绘，纵横古今，浮想联翩，对祖国悠久的历史心存自豪。紧接着诗人回到现实，诗人以个人的主观感受倾诉内心的狂喜。闻一多豪迈而激动，借歌唱花而歌唱祖国，饱含深情地热情高歌祖国的花和如花的祖国，情绪饱满，意境丰厚，极具艺术的张力。

在《七子之歌》、《长城下之哀歌》、《我是中国人》、《爱国的心》等诗作里，闻一多以中华儿女的责任心歌唱祖国，歌唱民族的再生，以激情奔涌的书写表达对祖国的深深牵挂和无尽的爱，他代人类、代民族立言，掷地有声，把爱家、爱国、爱人民的侠胆豪悍表达得酣畅淋漓。

闻一多既关注国家、民族的再生，又对时代痛楚进行了深切的关注，在其诗作里，重在描述，具体感觉，细部刻画，让愤怒、痛楚、仇恨直达读者的感官神经，充满强烈的爆发力。

> 走罢！再走上那没尽头的黑道罢！/唉！但是我受伤太厉害；/我的步子渐渐迟重了；/我的鲜红的生命，/渐渐染了脚下的枯草！
>
> 我是个年壮力强的流囚，/我不知道我犯的是什么罪。

此首《我是一个流囚》显示了世道的黑暗、个人的无助，冷静、深切而又含着促人咀嚼的嘲讽滋味。

闻一多诗歌含着对国家、民族的强烈的爱，同时，又对丑恶的社会现实进行严厉的批判，对暴力、专制、丧尽天良、惨无人道的中国现实的揭露，展示了种种时代的大痛楚。他的诗歌尽情展示时代的真相，充满爱与恨，希望与失望交织，充满困惑与矛盾，正是这种穿彻人心的痛苦体验和这种体验所领悟到的社会忧患意识，使他的诗歌包含了厚实的社会内蕴，具有鲜明的时代性，又具有震撼人心的魅力。

四、浑厚文化的建构

朱自清在1935年编《中国新文学大系·诗集》时称赞闻一多是“唯一”的爱国诗人。① 其思想源泉来源于他对文化的深刻认识及对祖国深沉的爱。1923年1月14日，他在致父母的信中写道：“一个有思想之中国青年留居美国之滋味，非笔墨所能形容。……我乃有国之民，我有五千年之历史与文化，我为何不若彼美人者？将谓吾国人不能制杀人之枪炮遂不若彼之光明磊落乎？”② 闻一多一方面推崇传统文化，在诗歌里尽情歌唱文化的博大精深；后来，又极力批判中国文化中存在的弊端；同时，他又深受西方文化的影响，他独特的经历和对文化的认识建构起属于他自己的文化世界，闻一多在其诗歌里，以感性体验进行文化的颂扬与批判，抒写中西文化的碰撞与融合。

在其诗歌《长城下之哀歌》中写道：

> 啊！五千年文化的纪念碑哟！/伟大的民族的伟大的标帜！……
>
> 神灵的祖宗啊！事到如今，/我当怨你们筑起这各种城

---

① 朱自清：《中国新文学大系·诗集·导言》，上海良友图书印刷公司1935年版。

② 闻一多：《闻一多全集》第12卷，湖北人民出版社1993年版，第138页。

寨，/把城内文化的种子关起了，/不许他们自由飘播到城外，/早些将礼义的花儿开遍四邻，/如今反教野蛮的荆棘侵进城来。

对有悠久文化传统的中国充满敬仰之情，同时，又充满矛盾与困惑。诗以埋怨的口吻实际想表达对中国传统文化的颂扬，又隐含现实的无奈。他的诗作里浸染着传统文化价值学和忧思焦灼标尺，这种情结尤其表现为传统文化骄傲与茫然的矛盾，中西文化融合的矛盾。

闻一多对深厚传统文化的张扬和批判，对中西文化的清醒认识，客观效果上将这种文化意识的创作情绪转向了诗歌的审美，使作品获得了较高的文化价值和美学品位。

五、现实和审美的双重超越

闻一多诗作有其独特的社会价值和审美价值，对现实社会的广泛而深入的关注，对社会问题的深入思考，以含蓄的意象、有节奏感的语言、浓烈的情感进行抒写，实现了对现实和审美的双重超越。

闻一多是具有高度责任感的诗人，怀着对祖国负责的诚挚和浓烈的忧患意识，观照现实，反省人生，实现自己的追求和希望。诗人正是以此为目的，实现自己的美学追求。社会、人生百态，自然万物，种种情致，以诗情、诗意、诗美巧妙含蓄地传递着真情、真爱，大爱和大恨；展现出不竭而磅礴的力量；写出了五味俱全的社会和人生；时冷静、时热情、时嘲讽的表达使诗歌多姿多彩；诗之趣味因为对诗歌本身美的追求而流溢出一种动人的滋味；对现实认识的清醒使诗作将现实描画得入木三分；诗作中或浓烈、或深沉的情感与复杂的社会现实的结合，内涵丰富，耐人寻味。

闻一多诗歌有深度，又颇具文学品位，在当今仍具极高的价值，仍散发出夺人的光芒。其诗作以火热的激情反映现实，以独特的视角切入生活，抒写了丰富的现实生活，对现实社会、人生、时代进行了深刻的观照和思索，同时，蕴含了凝重、痛彻和浑厚文化底蕴，显示了很高的艺术水准。以这种思索来烛照当今现实社会是积极的，让你去仔细体验真情、自由、良善、生之可贵与放逐自我、失去追求的可怕，同时利用这种体悟，在充满复杂艰难的人生旅程中妥善安顿自己的灵魂，使人们的精神得以抚慰和升华，观照现实，反省人生，实现自己的追求与希望；同时，拥有民族的自立、自尊、自强，有宁静而和睦的生活，是闻一多诗作所企盼的，其感时忧国的民族情怀，鞭策着国人，当这些已变成现实时，其诗歌更具意味深长的内涵和精神，具有对于当下社会的启示意义。

闻一多新诗学困境的语言学分析

陈爱中
（哈尔滨师范大学）

1929年，闻一多的诗集《死水》刚出不久，沈从文就慧眼识珠，"《死水》一集，在文字和组织上所达到的纯粹处，那摆脱《草莽集》为词所支配的气息，而另外重新为中国建立一种新诗完整风格的成就处，实较之国内任何诗人皆多"①。《草莽集》是同为新月诗人朱湘的代表作，在意象选择和意境营构上，浸染有浓重的古典词曲的痕迹，比如《采莲曲》。沈从文将《死水》同其比较，认为它在语言上为新诗重建一种新的风格，这种厘定是超越《死水》的，而成为对在闻一多新诗史上价值的前瞻性总结，寥寥数语，后人鲜有能企及者。既然是前瞻，难免会有失策的危险。闻一多对新诗语言上的这种"完整风格"的建立是否真正是"完整"的？是否真的如沈氏一样乐观？文本阅读的时间远比文本发表的时间重要得多。汉语新诗的百年征程，大浪淘沙，可以消弭一切的时间为我们重估闻一多新诗学提供了可能。

闻一多新诗学的萌生是有其特定时代背景的。从他的新诗创作和理论文章发表的时间来看，基本集中在20世纪20年代。《诗的格律》发表于1926年5月13日的《北平晨报》副刊，《〈冬夜〉评论》写于1922年，评论郭沫若诗集《女神》的两篇《〈女神〉之时代精神》和《〈女神〉之地方色彩》则刊发于1923年的《创造周

① 沈从文：《论闻一多的〈死水〉》，《新月月刊》1929年第3卷第2期。

报》上，他的几封写给梁实秋、吴景超等人的信则集中于1922—1927年之间，其他的《论〈悔与回〉》、《谈商籁体》基本也都是在这个时间范围内。这时期的新诗刚刚孕育生成，自由诗大行其道，胡适、郭沫若等人以自由到“诗文不分”的姿态创造着新诗。“要须作诗如作文”虽然有其特殊的时代背景，但若长期执行下去，最终必然导致新诗的消亡。闻一多熟稔于中西古典文学，亦曾专习美术，对于规则和色彩自有相当的偏好，自然对郭沫若、俞平伯等人的过于消解文体概念，语言表述上的散漫无度，尤为不满。因此在随后的《诗的格律》、《论〈女神〉之时代精神》、《谈商籁体》等十数篇诗论中，系统地提出了建构汉语新诗语言形式的主张。

他认为新诗的语言要有所选择，尤其是要注意区分诗歌语言同日常语言的区别。这主要是针对胡适提出的做诗如“说话”，当时写诗流行的过于口语化的“自然语态”而言的，因为后者导致了汉语新诗混同于文，混同于日常口语的随意罗列，也就等于取消了其文体特征。在评价俞平伯的《冬夜》时，他顺便嘲笑了新诗始作俑者胡适所标榜的自然音节，“胡适之先生自序再版《尝试集》，因为他的诗中词曲的音节进而为纯粹的‘自由诗’的音节，很自鸣得意。其实这是很可笑的事”，“诗是被热烈的情感蒸发了的水汽之凝结，所以能将这种潜伏的美十足的充分的表现出来。所谓‘自然音节’最多不过是散文的音节。散文的音节当然没有诗的音节那样完美”①。重新区分“文”与“诗”的语言，恢复诗歌的语言表述系统，这是闻一多对新诗在语言意识上的最大贡献。

在否定新诗初期的解构思路后，如何建构新诗的文体特征，也就成为闻一多集中思考的问题。为新诗建立格律是他最初给出的答案，也是他在汉语新诗史上据有位置的重要理论。沈从文所说的“完整风格”既是在此。这种被后人称为新格律诗的诗学“药方”，一开始就是充满矛盾的，其难以避免的困境削弱了在创作中去验证

① 闻一多：《〈冬夜〉评论》，见蓝棣之编《闻一多诗全编》，浙江文艺出版社1995年版，第361页。

的可操作性。

在整体迈向现代化的社会格局中，在新旧二元对立的认识范畴中，能否为“新”，几乎被视为是否能够被归结为“现代”的前提。在这个层面上，闻一多与同时代的其他诗人并没有根本的区别。1921年，他警告“落伍”的诗家，“我要诚诚恳恳地奉劝那些落伍的诗家，你们要闹玩儿，便罢，若要真做诗，只有新诗这条道走，赶快醒来，急起直追，还不算晚呢。若是定要执迷不悟，你们就刊起《国故》来也可，立起‘南社’来也可，就是做起试帖来也无不可，只千万要做得搜藏一点，顾顾大家底面子。有人在那边鼓着嘴笑我们腐败呢！”“要做诗，定得做新诗。”① 他评价郭沫若的《女神》也是以“新”为说辞的，“若讲新诗，郭沫若君的诗才配称新呢，不独艺术上他的作品与旧诗词相去最远，最要紧的是他的精神完全是时代的精神——二十世纪底时代的精神”②。但在建构新格律诗的策略上，无论是在诗学意识还是具体的语言表达上，他却走向了古典，在时间和价值取向上的“反现代性”。这里的古典对于熟谙中西文学的闻一多来说当然不仅仅局限于传统汉语文学，也包括西方古典文学，他所认为的新诗要做中西文学结合的“宁馨儿”，其基本质地主要在此。从具体文体上说，闻一多非常推崇十四行诗，这种盛行于西方15世纪到18世纪的早期现代英语时期的代表性诗歌文体。他不仅仅译介了代表性诗人勃朗宁夫人的情诗（这被朱自清给予很高的赞誉，认为中国的十四行诗自此可以确立了），而且写作了诸如《爱底风波》、《你指着太阳起誓》等十四行诗。当同为新月诗派的陈梦家就自己写的十四行诗求教时，闻一多严格地按照西方十四行诗的规则梳理了一番，细致到标点符号如何使用，并由此话题而谈到，“音节和格律的问题，始终没有

---

① 闻一多：《警告落伍的诗家》，《清华周刊》，第211期，1921年3月11日。

② 闻一多：《〈女神〉之时代精神》，《创造周报》，第4号，1923年6月3日。

人好好的讨论过”①。从精神资源上说，促使闻一多提出新格律诗的，还是传统汉语诗歌。他反对当时盛行的“欧化的狂癖”，要为新诗寻找汉语“此地”的面孔，本土化身份，从“《三百篇》，《楚骚》，李，杜，苏，陆?”诸诗篇中爬梳新诗的未来。②“若求纠正这种毛病（欧化的狂癖——引者注），我以为一桩，当恢复我们对于旧文学底信仰，因为我们不能开天辟地（事实与理论上万不可能的），我们只能够并且应当在旧的基础上建设新的房屋。”③在具体的操作中，尽管闻一多将西方的“音尺”挪移进来，但从他分析《死水》一诗来看，其实质上仍然是传统汉语诗歌中的“顿”，因为他的分析还是以汉语的“词”为单位，兼顾视觉和听觉的完整性和统一性，而非“音尺”的单一依靠“听觉”来区分。④尤其是闻一多在对新诗格式的追求上，过于强调“整齐”，“句法整齐不但于音节没有妨碍，而且可以促成音节的调和”，“整齐的字句是调和音节必然产生出来的现象。绝对的调和音节，字句必定整齐”。由此“整齐理论”，他认为《死水》是他“第一次在音节上最满意的试验”，因为这首诗“每一行都是用三个‘二字尺’和一个‘三字尺’构成的，所以每行的字数也是一样多”⑤。从这里不难看出，尽管就格律问题，闻一多区分了律诗的格律同新诗格律的不同，在于前者同内容无关，而后者则量体裁衣，但实际上，在他看来理想的新格律诗在本质上依然是古典的。写于1922年的《红荷之魂》大量使用“红瓣中的太乙”、“五老峰前的诗人”、“洞庭湖畔的骚客”等旧典，并在给梁实秋的信中说，“我近

① 闻一多：《论〈悔与回〉》，《新月》第3卷，第5、6期，新月书店，1931年4月。

② 闻一多：《〈女神〉之地方色彩》，《创造周报》1923年第5号。

③ 闻一多：《〈女神〉之地方色彩》，《创造周报》1923年第5号。

④ 闻一多如此拆分《死水》中诗句的节奏，“这是/一沟/绝望的/死水，清风/吹不起/半点/漪沦”，并说，“以后每一行都是用三个‘二字尺’和一个‘三字尺’构成的，所有每行的字数也是一样多”。这同律诗、绝句的节奏划分大同小异。

⑤ 闻一多：《诗的格律》，《北平晨报副刊》1926年5月13日。

主张新诗中用旧典，于此作中可见一斑”，并引用陆游的诗句，认为此法使得新诗有了“诗骨”，“骨不换固不足言诗也”。① 这里，我们并不否定闻一多在继承中外古典文学的基础上来创建新诗，只不过，他并未充分意识到，因为孕育的语言系统的不同，新诗和古典诗歌之间的本质性差异，新诗绝对不是古典诗歌荫蔽下的变异，它们是相平等的两种诗歌文体。

从历史上看，在诗歌与语言的互动关系中，一种语言系统孕育一种主要的诗歌形式，唐诗宋词的繁荣基于中古汉语的修辞和语法形态，在流行于15世纪和18世纪欧洲的早期现代英语诗歌中，十四行诗成为典范，而到了19世纪，随着语法和词汇规范标准化的完成，后期现代英语成为一种成熟的语言形态，语法系统得以稳定，随之自由诗就在惠特曼等人的笔下应运而生。20世纪初，现代白话的建立基本是以后期现代英语为典范的，逐步引入逻辑严密的语法系统，逐步从非形式化语言向“形式化”的语言转变。因此胡适、郭沫若最初引入的诗歌文体就是自由诗，这是符合诗歌发展的历史趋势的，只不过是他们并未领会自由诗的真正含义，只是从彻底结构古典诗歌的语言规则出发，仅仅将直译的诗歌表述，将看似自由诗的“文”的语言作为新诗的语言了。实际上，对于汉语从文言到现代白话的这种变迁给诗歌带来的改变，闻一多在某种意义上是清楚的。比如他对写诗过程中标点符号的强调，即是一个侧面。他在评论陈梦家《悔与回》一诗的时候，对于该诗不用标点符号却不以为然，“不用标点，不敢赞同。诗不能没有节奏。标点的用处，不但界划句读，并且能标明节奏（在中国文字里尤其如此），要标明的理由如此，不要它的理由我却想不出”②。在《谈商籁体》中，以书信的形式也谈到了标点符号在创作十四行诗中的重要意义。作为一种文学常识，我们知道，古典汉语诗歌是没

① 闻一多：《给梁实秋信》，1922年，蓝棣之编选《闻一多诗全编》，浙江文艺出版社1995年版，第419页。

② 闻一多：《论〈悔与回〉》《新月》第3卷，第5、6期，新月书店，1931年4月。

有标点的，其中的节奏划分基本靠的是语气的自然停顿，以“之乎者也”类的虚词作标记，而在创作律诗、绝句的时候，诗歌还没有写，节奏就已经定型了。后来的句读是读者阅读的结果，而非诗人的创作行为。现代白话的标点符号完全来自西方，是拼音文字的语法体系的重要组成部分。闻一多强调写诗的标点化，本身就是顺应汉语的自然演化的一种表现。①

但仅仅如此，对20世纪初的这场语言沿革来说，闻一多的估计和认识显然是不够的。他做出的对现代语言系统下的新诗做古典拯救，显然是不适宜，而且也很难成功的。十四行诗在朱湘、陈梦家、孙大雨等新月诗人的笔下虽然茁壮成长，到冯至的《十四行集》而达臻巅峰，但随着现代白话的进一步成熟，尤其是中华人民共和国成立以后，形成了较为稳定的语法体系和词汇系统，迎来了现代汉语阶段，并与国家意识形态相结合，扩充到整个国民的教育体系，融会到日常生活，从根本上改变了人们的思维方式。十四行诗的写作除了在80年代偶尔在“九叶诗人”唐湜的笔下映现外，它的命运只能是逐步被人遗忘。面对从文言到现代汉语的这种不同语言系统的更迭，冯至也不得不承认他写作十四行诗之时，“尽量不让十四行诗传统的格律约束我的思想”，语言作为思想的外化，思想与格律的冲突实际上就是语言和格律的冲突，冯至笔下原汁原味的十四行诗之所以寥若晨星，这是根本的原因。

---

① 其实，闻一多对新诗中标点的作用的理解，还是忽视了现代汉语的独立性的，在后来的新诗创作中，西方语言系统的标点在事实上并没有如闻一多强调的那样成为必需，任何一种语言的变化都不可能原封不动地照搬另一种语言系统，更何况汉语这种超越时间和地域，具有超稳定性的语言了，汉语自身的节奏在诗歌中的表现在后来的实践中更为受器重。和他同时期的穆木天就写过诸如《苍白的钟声》这类不用标点的诗。到了新时期以后，弃用标点成为常态，当代诗人杨炼说：“我的诗大多不用标点，是因为它们根本不需要。古典中文作品就没有标点，是因为应当停顿之处，早已被句子内在的节奏性清晰点明了。”（杨炼：《一座向下修建的塔——答木朵问》，《一座向下修建的塔》，凤凰出版社2009年版，第226页）他的《谎言游戏》《月食》等，包括《0档案》在内的于坚的绝大部分诗歌都不用标点。

闻一多提出的新格律诗理论，并没有随着他“勒马回缰做旧诗”而偃旗息鼓，相反在随后的汉语新诗史上，被诸多诗人奉为至宝。20世纪50—70年代，在集中了何其芳、朱光潜、林庚等诗人、理论家，《光明日报》《文艺报》《文学评论》等众多国家级甚至是带有意识形态色彩的报刊的参与下，三次关于新诗文体建设的讨论，尤其是1958年5月—1959年5月，关于现代格律诗的讨论中，闻一多的新格律思想屡屡被提及，并经常被作为现代格律诗的肇始而追根溯源。但这些轰轰烈烈的探讨最后都不了了之，至今没有得出任何关于新诗格律的可以达成共识的结论，空留下理论丰富的痛苦。新时期后的诗坛几乎不再有人提及此问题，自由诗在摆脱闻一多最初的“愤懑”后，堂而皇之地成为汉语新诗的文体代言者，这不能不说是现代语言的沿革给诗歌历史提供的教训。

让我们重新回到历史现场。造成闻一多新诗学困境的，除了其意识深处的矛盾外，现代白话的不成熟是另一个主要原因。在20世纪20年代，现代白话刚刚萌生不久。1917年，随着胡适《文学改良刍议》的横空出世，首倡用现代白话写作文学，经过《新青年》杂志自1918年5月号全部起用白话文并使用新式标点，1921年北洋政府宣布国文教育使用白话文，从而确立了白话文在语言使用中的主流地位，现代白话形式上取得了对文言的胜利。20世纪初的这次汉语变革，相对于闻一多的新诗学来说，有两个致命的因素。第一，白话文取代文言文，其基本的内在思维动力是现代实证主义下的实用观，强调语言的工具化功能，陈独秀的《文学革命论》、胡适的《文学改良刍议》里说得很清楚。① 因此，口语化和大众化是这次语言变革的核心目标，按照印欧语系的模式，建立严格的语法体系和对语词去“魅”，恢复其口语意义，进一步明晰语词归属和词汇的单一化意义。胡适、钱玄同、陈独秀等人要实现对大多数人启蒙的目的，就必须走这样的语言改革的路子。从后来现代汉语的实践来看，无论是外来词和双音词的增加，还是语法规范

① 譬如陈独秀的“三大主义”中提出的写实主义，胡适《文学改良刍议》中提出的“不用典”、“不用对仗”等。

的进一步成熟，基本是按照这次语言改革的方向行进的。闻一多评价当时的诗人“都有一种极沉痼的通病，那就是弱于或竟完全缺乏幻想力”①，是同这种语言要求直接相关的，另一方面，这也是近现代中国急于向西方认同的结果，钱玄同、傅斯年等人主张的汉语拼音化路途，鲁迅号召青年不读中国书，专读外国书，都是在这种认同意识的逼使下做出的选择。这种语言发展趋向显然是同闻一多理想中的诗歌语言差池甚大的。第二，很显然，对于在本质上呈现为渐变的语言变迁来说，十多年的时间积淀并不能够催生一种新的成熟语言系统，文言、方言、官话等，杂陈在现代白话的语言系统内，需要时间来剔除，这从后来的现代汉语的发展史上也可以得到证明。20世纪20年代的白话，对于新文学来说，只是一种可能性的载体，而非结果性的呈现。尽管这次语言变革高调出现，并喧嚣异常。但事实上，理论的高蹈还是难掩事实的苍白。现代白话并没有因为胡适、钱玄同们的激烈言辞而改变其缓慢而从容的演化规律。现代白话尚停留在各种建构可能性的层面上，这从当时混乱的对白话的理解上可以窥其一斑。胡适主张承接晚清白话的余绪，在传统白话的基础上融会西方语言体系来建设现代白话，他的《白话文学史》有深入而系统的论述，而且引入了西式标点体系，钱玄同、刘半农和傅斯年则认同西方的印欧语系，试图用全盘西化的方式，用西方的语言思维和符号来建设现代白话，其最终目的是取消汉字符号，使用拼音文字。在具体的文学实践中，鲁迅从最初文言的《怀旧》到文白夹杂的《狂人日记》再到蕴含着浓郁的古白话和文言意味的现代白话文，还是有一个相对缓慢的过程的。虽然刚刚起步的白话基本上是以欧化为发展方向的，以试图在此基础上，将汉语建设成形式化的语言体系，而非传统的感悟性的语言体系。但到20年代后期到30年代中期，瞿秋白等人则开始反对白话朝向欧化的思路，要在批判五四白话文的基础上建立大众语。现代白话的坎坷发展轨迹无不彰显出，闻一多新诗学是建立在一个非常

① 闻一多：《〈冬夜〉评论》，蓝棣之编选《闻一多诗全编》，浙江文艺出版社1995年版，第366页。

不成熟的语言基础上的，这一方面为他提出新的诗学理论提供较多的可能性，另一方面，从后来的新诗实践看，也使得他的诸多诗学理论只能停留在想象中，他无法左右语言的发展，很多理论并没有获得实践的支持。

闻一多后来放弃新诗转而写旧诗，恐怕和他的新诗理论因为脱离语言实际带来的困境有关。从小经受私塾教育，饱读诗书的闻一多自然熟稔于文言诗词，相比于纷乱雍杂的现代白话，写旧诗显然会更为顺手，也能更为真切地抒发胸臆，更重要的是，旧诗更能代表闻一多对汉语诗歌的完美想象。

对于新诗的前途，1944 年，在放弃新诗创作若干年后，他说了如此耐人寻味的一段话，“在这新时代的文学动向中，最值得揣摩的，是新诗的前途。你说，旧诗的生命诚然早已结束，但新诗——这几乎是完全重新再做起的新诗，也没有生命了吗？对了，除非它真能放弃传统意识，完全洗心革面，重新做起。但那差不多等于说，要把诗做得不象诗了。也对。说的更准确点，不象诗，而象小说戏剧，至少让它多象点小说戏剧，少象点诗。太多‘诗’的诗，和所谓‘纯诗’者，将来恐怕只能以一种类似解嘲与抱歉的姿态，为极少数人存在着。在一个小说戏剧的时代，诗得尽量采取小说戏剧的态度，和用小说戏剧的技巧，才能获得广大的读众”①。在这段自言自语而又充满矛盾的关于新诗前途的分析中，集中表述了闻一多对旧诗与新诗，诗歌与戏剧、小说，诗人与读者的阅读需求等关涉新诗的所有范畴的思考。在依然相信新诗现代化的优越性的同时，为求得发展，新诗不得不以丢弃真实的“诗”为代价，采用小说、戏剧的语言技法，同样意味着“诗”的消失，殊途同归，都令闻一多伤感不已。其实，语言的演进决定了这是诗歌不得不面临的文学发展趋势，现代英语尤其是后期现代英语的成熟标志着小说、戏剧时代的到来，这同以明清白话为代表的近代汉语到现代汉语以来的汉语文学的现状相似。戏剧化、小说化，是新诗在新的语言载体面前做出的自我适应选择，不光

① 闻一多：《新诗的前途》，《火之源文艺丛刊》第 5、6 集合刊。

是闻一多，袁可嘉、卞之琳都清楚地认识到了这一点，但是否真的能够从中创造出新诗的“完整风格”，正如今天的口语诗一样，尚在实验的路上。

闻一多诗质论和诗形论的矛盾性

吴　矛

（江汉大学）

一、与时代相切合直指新诗本性的诗质论

诗是人类生命意义的根底之所在，诗歌是人类本心的语言呈现，是人类唤醒自我、确认自我的灵音。诗即人的本质，诗的意义远远超出文学之外，因此，真正的诗体，不仅应有呈现诗的能力，更应有呼唤诗的能力，也就是说真正的诗体应该有力量让每一个有文字能力的人成为诗人，从这个角度说，似乎只有中国古典时代的格律诗才是最成功的诗体，这和年轻的诗体建设尚在进行中的新诗形成鲜明的对照。

闻一多是新诗文体建设的关键性的人物，他在寻找新诗质与现代汉语的最佳契合点，确立新诗的审美规范方面，有着至今依然无法逾越的重要地位。尽管闻一多的“三美”诗论没能建立起新的成功的诗体规范，但回望闻一多，我们还是发现，在闻一多和我们之间的时间通道里，在时间敞开看似不断增值的新诗空间里，我们对新诗的认知，其实并不比闻一多多多少。因此，温故闻一多，在闻一多的诗论里体会挣扎在诗形与诗质、传统与现代、个体与群体之间诗体建设的巨大困难，对我们认读新诗的基因密码，依然有着重要意义。

新诗之产生，既来自西方工商文明对中国农耕文明的入侵，也来自中国知识分子呼唤现代文明引发的语言革命。当机器的轰鸣彻

底打破山水田园的宁静，机械时代的碧水青山不复往日的明媚妍媸，当文言与时代脱节无法有效传递新的信息，当封闭保守的农耕文明被视为必将逝去的落后而科学民主的工商文明被看成是必将到来的进化时，旧士人和新知识分子的内心在新旧矛盾之间挣扎，不仅旧诗境不复存在，旧诗心亦不复存在。世界变了，变得更接近散文而不是诗；功利心重了，重得许多人远离诗心。时世变易面前，旧体诗自然不仅变得日渐矫情和力不从心，而且还成了文化革命者眼里必须革除的阻碍历史进步，象征旧士人文化心态和特权的意识形态。因此，胡适在西方诗歌的启悟下写出第一首残留着文言痕迹的白话新诗，这是新知识分子试图以一己之力推动历史前行的必然，是散文时代诗歌因时而变的一种必然，这其中的意义显然是远超出文学之外的。因为新诗先驱们急于用白话将人性和诗歌从旧格律中解放出来，并没有完整的有关新诗修辞和新诗文体的深刻认知，于是，刚出生的新诗，是诗人们喉咙里发出的分行排列的大白话、旧诗词曲的白话新说和欧美式呐喊的交响，它不成熟的内质和外形让人无法理直气壮地把它当成诗歌在新时代生命的延续。

正因为如此，闻一多才试图重整新诗的文体规范，以使新诗能够真正拥有自足的审美修辞。

闻一多的新诗观念来自于熔中西诗艺于一炉重铸新诗的进化论的乌托邦想象：

> 我总以为新诗迳直是“新”的，不但新于中国固有的诗，而且新于西方固有的诗。换言之，他不要作纯粹的本地诗，但还要保存本地的色彩；他不要做纯粹的外洋诗，但又尽量的吸收外洋诗的长处，他要做中西艺术结婚后产生的宁馨儿。①
>
> 我们谈到艺术的时候，应该把脑筋里原有的一个旧艺术底印象扫去，换上一个新的、理想的艺术底想像，这个艺术不是西方现有的艺术，更不是中国的偏枯腐朽的艺术底僵尸，乃是

① 闻一多：《〈女神〉之地方色彩》，《闻一多全集》第3卷，三联书店1982年版，第361页。

熔合两派底精华底结晶体。①

这种进化论的诗歌观念似乎更多的来自想象而非实证。因为中西诗歌艺术，生长的文化语境不同，社会环境迥异，语言和思维方式天差地别，许多似是而非的诗歌元素，如直觉、幻象、意象、象征、暗示，看似东西诗艺兼有，实则一古一今，一中一西，无论是形式还是内质，都大不相同，并非中西诗艺兼有的会通因素。且闻一多所处的时代，一脚踩在旧时代的泥泞里，另一只脚却在走向未知的现代，其时代环境既与李白、苏轼所处的山青水碧的农耕时代不同，又离济慈、王尔德烟尘弥散大地的工业西方甚远，如何能使从他们那里借来的“词”相互融会并与闻一多感受到的“物”对应起来呢？对于中西诗歌修辞如何融会，闻一多没有专门论述，然而，他有关新诗“诗质”、“诗形”的论述和煌煌诗作似乎给了我们答案。

闻一多的新诗诗质论的关键词是“时代精神”，认为新诗与旧诗不同在于新诗的时代性。在评郭沫若诗集《女神》的时候，他这样说道：“若讲新诗，郭沫若君的诗才配称新呢，不独艺术上他的作品与旧诗词相去最远，最要紧的是他的精神完全是时代的精神。有人讲文艺作品是时代的产儿，《女神》真不愧为时代底肖子。”② 他认为郭沫若《女神》的“动”、“反抗”、“科学”的精神和开放的意识、世界性的眼光即“时代精神”。

闻一多认为新诗的“时代精神”，还在于诗歌要有现代的情感、想象、意象、意境，他认为五四早期新诗的陈词滥调，固然是拘泥于词曲的音节，更在于缺乏与新时代相应的想象力，缺乏当代的生命意识，因此不能产生“浓丽繁密而且具体的意象”。③

① 闻一多：《征求艺术同业者底呼声》，《闻一多全集》第2卷，三联书店1982年版，第15页。

② 闻一多：《女神之时代精神》，《闻一多全集》第3卷，三联书店1982年版，第356页。

③ 闻一多：《冬夜评论》，《闻一多全集》第3卷，三联书店1982年版，第315页。

闻一多认为批判现实也是“时代精神”的体现，认为诗歌应该关注现实，批判现实，写生活的血和泪。他在给臧克家诗集《烙印》的序中极为欣赏臧克家“嚼着苦汁营生”所显示出来“生活的意义”。① 然而诗歌的现实性并不是对生活经验的复写，而“应以自然作原料，而参以人工，一以修饰自然的粗率，二以渗渍人性，使之更接近吾人，然后易于把捉而契合之”②，即以人性使生活经验转化为诗歌意象。

闻一多还认为新诗的“时代精神”体现为“那讴歌机械底地方更当发源于一种内在的科学精神。在我们诗人底眼里，轮船的烟筒开着了黑色的牡丹是‘近代文明的严母’，太阳是亚波罗坐的摩托车前的明灯；诗人底心同太阳是‘一座公司底电灯’，云日更迭的掩映是同探海灯转着一样；火车底飞跑同于‘勇猛沉毅的少年’之努力，在他眼里机械已不是一些无声的物具，是有意识有生计如同人神一样。机械的丑恶性已被忽略了；在幻想同情感的魔术之下他已穿上美丽的衣裳了呢”③，即要以机械时代赋予人的科学精神和新的感觉、力量，来建立新的认知世界的方式和理性批判精神，来建立诗与现实的联系。

闻一多以“时代精神”为新诗诗质的核心，固然抓住了新诗与古典诗歌相区别的诗质的核心问题。但讲求诗歌的时代性，是古已有之的文学观念，也是文学生命更迭延续的基本方式。文学从她诞生的那一天起就是时代的产物，又因为时间的不可逆性，文学从来都属于它所产生的那个时代，即使是复古守旧的文学也不例外。即使闻一多的诗歌“时代精神论”融入了文学进化论的观念，融入了“反抗”、“科学”、开放的意识、世界的眼光、现代的情感、想象、意象、意境、现实批判精神、机械时代的感觉力量和理性精

① 闻一多：《烙印序》，《闻一多全集》第3卷，三联书店1982年版，第389页。

② 闻一多：《冬夜评论》，《闻一多全集》第3卷，三联书店1982年版，第307页。

③ 闻一多：《女神之时代精神》，《闻一多全集》第3卷，三联书店1982年版，第356页。

神，就诗歌理论本身而言，并不是富有新意和价值的理论建构。尽管如此，闻一多与时代切合的新诗“时代精神”论，无疑对当时诗人摆脱旧诗的窠臼，建立新的诗歌的感知方式和修辞方式，还是有着极大的现实指导意义。

此外闻一多还认为新诗的诗质还在于它的无边界性，闻一多曾发问：“什么是诗呢？我们谁能大胆地说出什么是诗呢？我们谁能大胆地决定什么是诗呢？有多少人是曾经对于诗发表过意见，但那意见不一定合理的，不一定是真理；那是一种个人的偏见。”① 针对这一发问，闻一多提出了诗歌“无边界”的观点：

> 在这新时代的文学动向中，最值得揣摩的，是新诗的前途。但新诗——这几乎是完全重新再做起的新诗，也没有生命吗？对了，除非它真能放弃传统意识，完全洗心革面，重新做起。但那差不多等于说，要把诗做得不像诗了。也对，说得更确点，不像诗，而像小说戏剧，至少让它多像点小说戏剧，少像点诗。太多“诗”的诗，和所谓的“纯诗”者，将来恐怕只能以一种类似解嘲与抱歉的姿态，为极少数人存在着。在一个小说戏剧的时代，诗得尽量采取小说戏剧的态度，利用小说戏剧的技巧，才能获得广大的读众。……这是新诗之所以为“新”的第一个也是最主要的理由。其它在态度上，在技巧上的种种进一步的试验，也正在进行着。请放心，历史上常常有人把诗写得不像诗，如阮籍，陈子昂，孟郊，如华茨渥斯（Wordsworth），惠特曼（Whitmen），而转瞬间便是最真实的诗了。诗这东西的长处就在有无限度的弹性，变得出无穷的花样，装得进无限的内容。只有固执与狭隘才是诗的致命伤。②

① 闻一多：《诗与批评》，《闻一多全集》第3卷，三联书店1982年版，第571页。

② 闻一多：《文学的历史动向》，《闻一多全集》第1卷，三联书店1982年版，第205页。

在闻一多看来，新诗还应该具有“无边界”的开放自由的精神，尽管这种诗歌作风是中国古代诗人诗歌无边界作风的现代延续和外国诗人诗歌无边界风格的中国借用。

闻一多的“新诗时代精神论”固然就诗论本身而言并非新的理论建树，闻一多的“新诗文体无边界论”固然仍是在从古代和外国某些诗人那里发现合理性的依据，但在时间流动远快于过去的现代，在艺术和非艺术的边界、诗与非诗的边界日益模糊的现代，仍然是因切合新的时代而直指新诗本性，使新诗与旧诗区别开来的至今仍极有价值的新诗基石之论。

二、与诗质论相矛盾的三美论

闻一多的诗形论，即他在1926年《诗的格律》中所提出的三美新格律诗体建设方案。新诗的“格律化”是众多诗人集体的建构过程，闻一多则以他的三美论和《死水》等优秀的新格律诗成为格律新诗的集大成者。

新诗之为新诗，首先在于它和其他文学体裁特别是散文形式上的区别，因此，新诗的文体意识或者说诗“形”意识与新诗相伴而生。当每一个诗人拿起笔写新诗的时候，都面临着诗“形”问题。有意思的是，几乎所有新诗文体的建设者，无论是理论建构者还是写作实践者，都不自觉地流露出浓厚的“格律”意识，即使胡适也不例外。因此，胡适提倡白话新诗应为押韵白话，新诗格律不必排斥旧体。刘半农一边写无韵诗，一边又写讲究格律的民歌体。语言学家赵元任企图以北平音为标准为新诗“重造新韵”。1920年，宗白华在《新诗略谈》中首次对诗歌作“形”、“质”区分，认为诗“形”即音节和词句的构造，“质”即诗人的思想情绪，只有两者并重，才有可能写出好诗。他还认为作为文字艺术的诗歌的文字有两种作用：音乐的作用，文字中可以听出音乐式的节奏和协和；绘画的作用，文字中可以写出空间的形相与色彩。闻一多的三美论实为宗白华诗“形”论的完善发展。陆志韦是创造新格律的第一人，并在1923年出版的诗集《渡河》中作种种新格律实验。1923年开始，汪静之、徐志摩、朱湘、刘梦苇等诗人开始创作一些字数相对齐整、白话押韵的新诗，被评论界称之为“新格律诗”。1926年初，朱湘、饶孟侃、杨世恩、孙大雨、刘梦苇、朱大楠、于赓虞、蹇先艾等诗人聚集在闻一多周围，要打破旧诗的格律与程式，建立新格律，发现“新格式与新音节”，主张“节的匀称、句的均齐”，讲究“音尺、重音、韵脚”。同年4月1日闻一多主持的《晨报副刊·诗镌》出版，新格律体的创作蔚为大观，形成影响深远的“新格律诗派”。

闻一多的诗“形”探索开始于清华读书时期，有着与生俱来唯美情结的闻一多认为作为情感和生命冲动的新诗必须有美的形式。他的诗“形”建构同样以中国旧诗和西方诗歌为资源。早在1921年5月，闻一多就认为美的诗质必须附丽于美的形式，美的形式可以在中国传统旧诗中得到借鉴，不懂旧诗的人不配谈诗。1922年3月闻一多的《律诗底研究》对旧格律的全面整理同样也是为了从格律诗中寻找可资借鉴的新诗营养。人文知识对人的影响从来都是非精确性的，外来文化尤其如此。正是这种非精确性影响过程的转译、误读和耗散使人文知识增值。西方诗歌流派对闻一多的新格律诗论、诗作的影响同样是一个转译、误读、耗散和增值的过程。尽管我们无法在西方诗歌元素和闻一多新格律诗歌元素之间寻找到精确对应的关系，但我们仍然能从他的诗论和诗作中梳理出西方诗歌对他影响的痕迹。新格律论“戴着脚镣跳舞”的核心观念固然来自中国古典诗歌，更来自唯美主义者佩德。新格律核心性的现代汉语的“音尺”概念既是对我国古典诗词“顿”的继承，也是对英国十四行诗的“音步”的借鉴。闻一多新格律论是一个从孕育到成形的动态建构过程，英国浪漫派给了他炽热的激情和繁复的想象，英国唯美主义使他主张纯艺术的艺术，美国意象派诗人弗来琪唤醒了他的色彩的感觉。走进美利坚的闻一多渐渐学会将西方诗歌直觉、幻象、意象、象征、暗示、化丑为美的感觉方式和修辞方式融会进现代汉语的印象诗、意象诗、象征诗。这些西方诗歌流派给予闻一多的修辞方式，同样是使“三美”得以呈现的“质料”。

闻一多融会中西诗艺驾驭文字强化诗歌的形式感，以纠正当时新诗创作自由泛滥、艺术品质普遍低下的努力，从某种意义上可以看做以中西融会的新的修辞方式对中国古典格律诗诗艺传统的靠拢和恢复。

然而这种诗体建构，似乎并没能达成预想的效果。理论总是带有空想的性质。“三美”固然抓住了新诗文体的确立必须建立在与散文文体特征相区别的基础之上的要害，但却始终没能达成“在束缚中求自由”的预期目的。闻一多认为新格律不可能构成对新“诗质”的束缚：

> 恐怕越有魄力的作家，越是要戴着镣铐才跳得痛快，跳得好。只有不会跳舞的才怪脚镣碍事。只有不会做诗的才感觉得格律的缚束。对于不会作诗的，格律是表现的障碍物；对于一个作家，格律便成了表现的利器。①

可实际效果如何呢？闻一多后来在给臧克家的信中告诉我们：

> 你还口口声声随着别人人云亦云的说《死水》的作者只长于技巧。天呀，这冤从何处诉起！我真看不出我的技巧在那里。假如我真有，我一定和你们一样，今天还在写诗。我只觉得自己是座没有爆发的火山，火烧得我痛，却始终没有能力（就是技巧）炸开那禁锢我的地壳，放射出光和热来。只有少数跟我很久的朋友（如梦家）才知道我有火，并且就在《死水》里感觉出我的火来。说郭沫若有火，而不说我有火，不说戴望舒、卞之琳是技巧专家而说我是，这样的颠倒黑白，人们说，你也说，那就让你们说去，我插什么嘴呢？②

---

① 闻一多：《诗的格律》，《闻一多全集》第2卷，湖北人民出版社1993年版，第139页。

② 闻一多：《致臧克家》(1943年11月25日)，《闻一多全集》第12卷，湖北人民出版社1993年版，第381页。

可见，最终的结果是连闻一多本人也不能满意。为什么李白、杜甫们能在格律中自由驰骋，而新诗人却不能呢？原因其实很简单，“音乐的美”、“绘画的美”与“建筑的美”固然能和谐统一进格律诗，但却不一定能有效地统一进新诗。这是由表达自由“诗质”的现代汉语的语言特点决定的。现代汉语有着足以形成音乐效果的音节、节奏和韵律，但现代汉语的音乐性和格律文言、格律白话的音乐性的区别是极大的。格律诗句内的音乐性来自四种平仄格式的抑扬顿挫，句与句之间的音乐性靠的是对仗和平仄相拗，整体的音乐性靠的是句群与句群间的或长或短、或急或缓的节奏旋律。律诗是文言入诗，白话也可入诗，但必须遵从格律，且语汇多为双音节词。而在建筑美的框架内做现代汉语的格律诗，如果严格遵从格律，那就根本不是新格律诗，而是旧格律近体诗；如果不严格遵从格律，那就是蹩脚的不合律的格律诗废品。废品的白话格律诗，是既当不了旧诗，更做不成新诗的。区别于格律诗的现代汉语新诗的音乐性，要靠白话参差不齐的句式所形成的内在的节奏和韵律才能实现。这种以参差不齐的不均衡来实现音乐上的均衡的现代语言的音乐性恰跟音乐本身的音乐性完全一致：音乐乐句不正是长短不齐的吗？因此，闻一多新格律诗的“音乐美”的设想，根本无法成立。

所谓“绘画美”即诗歌“藻绘”。格律诗经过两千多年的积累已形成了独有的词藻系列，而白话俚俗，现代汉语书面语又极其稚嫩，即使精心锤炼，其语汇也难与意蕴深厚、金声玉振的格律诗词汇相比肩。而且，发挥现代语汇清新明白的长处以形成语言张力似乎比努力锤炼意蕴深厚具新的审美特质的辞藻更有利于诗歌语言力度的呈现，过于偏重藻绘反而弱化诗歌的语言效果。何况辞藻的形成是漫长岁月淘洗的结果，非一朝一夕可以形成，仓促之间，又从哪里寻得新的藻绘以形成“绘画美”？因此，当闻一多大量借用古典诗歌双音节词汇以期增强新诗的“绘画美”的时候，其实也是在宣告他“绘画美”追求的失败。据陆耀东先生统计，闻一多“诗中化用的古诗词语多达数百个，就《奇迹》一首诗而言，有‘火齐’、‘幽怨’、‘矜严’、‘婉娈’、‘一树蝉鸣’、‘烟峦’、‘曙甃’、‘璀璨’、‘一阕’、‘藜藿’、‘膏粱’、‘诛求’、‘罡风’、‘阊阖’、‘户枢’、‘砉然’、‘綷’、‘半启’等近二十个古诗中用过的词”①，这何尝又不是在重复新诗初创期弱化诗质文白夹杂的老路？

“建筑美”的要求更有削足适履、弄巧成拙的嫌疑，因为新诗区别于旧诗的魅力就在于其长短自由的句式，古人能将情感和人生境遇放进样式整齐的诗歌，今人却难以将自由的生命体悟和复杂的情感硬性地套进整齐的语言画框里，何况现代诗歌是天性自由的诗歌，它的自由是由词与词的随机组合和情感的自由抒发实现的，将在现代文化语境中的人的生命遭际、心灵冲突和情感波动整合成均齐的诗句，就好比把无边无际的大森林修剪成整齐划一的西式庭园一样，其结果只能陷入臧克家所说的那种状态：“行的齐整与对称，大都不是语句自然形成的，而是人工刻意以求的结果，这样，有时就显得不自然，为了要求刀削似的‘豆腐干’式（有时为了押韵），硬把一句拆散在两行或把两句并作一行。”②

因此，从某种意义上说，闻一多“古典主义”的“三美”的诗形论和闻一多充满“时代精神”的自由的诗质论是相冲突的。固然，闻一多的新格律诗有一些成功之作，新格律体的《死水》堪称经典：全诗共五节，每节四行，每行由三个二字尺和一个三字尺构成，每行九字，起头收尾都是双音尺，格式严整，平仄相间，音节回环，色彩艳丽、音节响亮的辞藻与肮脏、霉烂、沉寂的死水形成美丑交织的反差，是中西诗艺修辞融会的三美论的波德莱尔的象征主义中国化的成功实践，但还是从反面证明了新格律无法在束缚中达成诗歌语言应有的力度使诗意自由伸展（这类格律新诗，因为拘束，总或多或少地带有文人小调的痕迹）；还是让我们看到白话诗之格律，与近体诗之格律的审美品质差距，不可以道里计。反倒是同样重视音节，轻音尺外形而重音尺内在旋律，擅清淡素朴

① 陆耀东：《闻一多新诗与中国古代诗歌的联系》，《武汉大学学报》1999年第3期。

② 臧克家：《闻一多与〈死水〉》，《人民文学》1956年第7期。

词汇表达内心微妙感受，诗行对称参差，得鱼忘筌同属新格律诗派的徐志摩的诗篇，反而有自由挥洒之美。从这个意义上说，三美论的新格律应该是新诗总体性的审美规范，而不应成为旧格律式的人人都必须严格遵循和套用的公式。

三美是不可能实现的并不美丽的梦的原因还在于：脱离语境的文体选择是难以成功的。诗形不可能先在于诗质，应该是精神成就形式而不是形式成就精神。中国人现代诗歌的审美规范应该确立于活于现代的人们的诗心，而不可能确立于对现成的中西古典诗艺和西方现代诗艺的移用。闻一多在以靠近格律诗的“复古”形式建构新诗的“诗形”“公式”的时候，似乎忘记了他的“三美”理论恰恰是与他深刻体悟到的新诗“时代精神论”和“新诗无边界论”相矛盾冲突的。闻一多新诗诗质论与新诗诗形论的矛盾以及他新格律诗理论探寻与创作实践的不成功，并不是因为他才气学识的力有不逮，而恰是源于才情纵横的他对新诗如与散文区别必回旧诗的老路，如与旧诗区别又必使诗文界限模糊的两难境遇的深刻认识。

“诗形”必须与“诗质”一致，“诗形”必须生发于“诗质”。也许，在艺术和非艺术边界模糊的灰色散文时代，分行的散文就是诗歌；也许，诗歌之为诗歌，不仅取决于诗歌形式，更取决于人们的文体确认。但诗之为诗，不仅仅在于分行，更在于她独有的修辞，不是仅有诗心的确认任何语言都可以成诗的，闻一多诗形论和诗质论的矛盾，正深刻地表明了这一点。

论闻一多诗学的现代性

罗先友
(人民教育出版社)

后人对闻一多的认识，随着时代的发展和研究的深入，早已从“爱国诗人+民主斗士”，深入到“中国现代诗学的开启者”①。但闻一多诗学的现代意义何在？其诗学现代性从生成环境、内涵到价值，等等，仍有待进一步研究，本文旨在对此作一探讨。

一、世界视野与科学思维：闻一多诗学现代性的基本内涵

现代性作为“与分散世界史中的传统文化相对的导向统一世界史的现代文化的特性”②，世界视野无疑是其首要因素；而现代社会立基于科学发展之上，科学思维则是现代性的主流思维。世界视野和科学思维构成闻一多诗学现代性的基本内涵，前者使他从根本上突破了传统，比前人更高角度、更多视角看中国诗歌和中国文化；后者使他的诗学研究不但更客观公正，而且更全面深入，也更有成效。

1. 世界视野

闻一多的世界视野似乎与生俱来。他的第一篇文学理论文章，

① 许霆：《中国现代主义诗学论稿》，上海文化出版社 2005 年版，第 2 页。

② 张法：《文艺与中国现代性》，湖北教育出版社 2002 年版，第 5 页。

即发表于1920年《清华周刊》上的《征求艺术专门的同业者底呼声》(以下简称为《呼声》)，就是站在世界角度看人类文明：欧洲战争以后，世界潮流由重物质文明转向重精神文明，怵目惊心的血战让人们明白了单有科学靠不住，转而求庇护于艺术，艺术科学并行不悖，缺一不可。

世界视野使闻一多能借用西方思想理论来研究解决中国问题，同时又并不完全趋附当时的主潮流。他既不视科学救国为唯一之路，也不全盘否定中国传统文化。《呼声》中谈到“换上一个新的，理想的艺术”时，明确指出“这个艺术不是西方现有的艺术，更不是中国的偏枯腐朽的艺术僵尸，乃是熔合两派底精华底结晶体”①。两年后他在《〈女神〉之地方色彩》中提出新诗应“做中西艺术结婚后产生的宁馨儿”的著名论断，在《呼声》中已具思想雏形。

世界视野贯穿于闻一多诗论始终。1943年11月25日他给臧克家的信中写道：“我始终没有忘记……除了我们这角落外还有整个世界。”② 同年12月发表的《文学的历史方向》，就把中国文学放在世界文化的大格局中来考察。从对世界四个文明古国的比较中，他看到《三百篇》的时代是一个伟大的时代，我们的文化和文学从这刚开端就定型了。此后两千年间，抒情诗始终是我国文学正统的类型。他还洞察到在外来影响下，“中国文学史的路线南宋起便转向了，从此以后是小说戏剧的时代”。

2. 科学思维

时代、环境和教育等因素，育养了具诗人天赋的闻一多的科学思维。其诗学著作中，科学思维、艺术思维及相应的两种语言兼备；大部分严肃的科学论文中间，间杂着一篇篇以艺术语言写成的诗评美文。与艺术思维凭直觉靠感悟尚灵感不同，科学思维靠的是实证，通过具体事例求得事物的本真。比较分析、归纳演绎、推理

① 《闻一多全集》第2卷，湖北人民出版社1993年版，第15页。

② 《闻一多全集》第12卷，湖北人民出版社1993年版，第381页。

求证等都是其常用方法，这些思维方式在闻一多的诗学论著中皆有运用，其中运用最多最绝的还是文学比较法。

发表于1921年6月的《评本学年〈周刊〉里的新诗》，是闻一多的第一篇诗评。该文引了古今中外诗句做比较的材料，来评论《清华周刊》上其他同学的新诗。次年出版的《〈冬夜〉评论》中，则几乎满篇都是诗与诗的比较。如引用《女神》浓密意象的诗句，来印证《冬夜》诗的“其直如矢，其平如砥”的松浅平泛风格；引用梁实秋《梦后》一诗，来比照《冬夜》中《别后底初夜》一诗描写男女情感之不炽烈。还摘引杜甫诗句和有关古诗，摘引济慈、卜郎宁的诗和易卜生《傀儡之家》中台词等作比照，以批评《冬夜》艺术粗糙、情感不挚等毛病。总之，《〈冬夜〉评论》中的满篇诗歌比较，对于强化题旨，表达诗学思想有很好的效果。需要指出的是，这些只是一种文学比较手法，还不是比较文学研究。所引诗歌都是作者借来批评《冬夜》的材料，是为增强表达效果信手拈来的例证。

闻一多后来在唐诗研究中的文学比较，则已从例证、强化表达效果的层面，上升到纯粹的诗歌比较和诗人比较研究的层面了。《类书与诗》中，通过对有文学嗜好的隋炀帝与唐太宗的比较，以及太宗所重用的虞世南、李百药与同代诗人崔信明、王绩、王梵志的比较，得出结论：“太宗所鼓励的诗，是类书家的诗……他所追求的只是文藻，是浮华。”① 《四杰》中，通过比较，见前人之未见，发现初唐的所谓“四杰”诗人，“并非一个单纯的、统一的宗派，而是一个大宗中包孕着两个小宗，而两小宗之间，同点恐怕还不如异点多”，“四杰无论在人的方面，或诗的方面，都天然形成两组或两派”②。《陈子昂》文稿中，就有“子昂与庄子”，“子昂与建安”，“子昂与阮籍”，“子昂与李、杜”等标题及比较后的结论。他研究孟浩然，便将孟浩然与杜甫、王维、刘长卿和十才子比较；研究贾岛，便将贾岛与孟郊、韩愈等一股挽救人心的势力，与

① 《闻一多全集》第6卷，湖北人民出版社1993年版，第9页。

② 《闻一多全集》第6卷，湖北人民出版社1993年版，第11、12页。

白居易、元稹等另一股改造社会的势力分别作比较，探出唐代文学现象中人们见惯不识的规律。

《宫体诗的自赎》则是通过纵向比较的描述，给人以清晰的宫体诗发展历史脉络。从梁简文帝、陈后主、隋炀帝到唐太宗，宫体诗变态、堕落的本质不改，不过是从一种变态到另一种变态。卢照邻、骆宾王的诗的出现，是宫体诗的一个“剧变”，除形式上的五言四句扩充到洋洋洒洒的巨篇外，“要紧的是背面有厚积的力量撑持着。这力量，前人谓之‘气势’，其实就是感情”①。但卢、骆诗中那“暴风雨”式的感情终归不能持久，刘希夷的宫体诗进入“又一重大阶段”，刘诗使“感情返到正常状态”，烦躁与紧张都消失了，只剩下一片晶莹的宁静，恋人变成诗人，诗人升华为哲人了：“今年花落颜色改，明年花开复谁在！……年年岁岁花相似，岁岁年年人不同。”最后，千古一绝的《春江花月夜》出现，赎清了一百年间梁、陈、隋、唐四代宫廷艳情诗所遗下的罪孽。这种打擂台式的比较法，不但生动地展示了宫体诗的发展过程，而且深刻地揭示出宫体诗各个发展阶段的鲜明特征。

闻一多的科学思维是多元的。如《诗经新义》、《诗经通义》等论著中，虽然采用训诂方式注解字词，但并不像传统注疏一样依自然顺序线性行进，而是采用归纳和类比等科学的方法来注解。《诗经新义》共解注23个词，以第一个词“好”为例，著者首先列出“好”在《诗经》中的两出处：《关雎》中“君子好逑”；《兔罝》中“公侯好仇”。根据《兔罝》篇一章曰“公侯干城”，三章曰“公侯腹心”，“干城”、“腹心”皆二名词并列且义相近，类推出二章“公侯好仇”之“好仇”，亦当为义近并列的二名词。然后通过考证卜辞和《韩诗章句》、《大戴礼记》等五种典籍，并证之以曹大家《雀赋》、曹植《赠王粲诗》等，得出《诗》之“好仇”字虽作好，义则当为妃，进一步推出“公侯好仇”即公侯匹俦，“君子好逑”亦即君子匹俦的结论。从而推翻了《关雎》《传》曰“是闲贞专之美女，宜为君子好匹”，似乎把“好”读为

① 《闻一多全集》第6卷，湖北人民出版社1993年版，第24页。

形容词的结论。

闻一多还自创科学公式法，来查找他认为“编得最草率，其间错误百出，几乎触目皆是”的《全唐诗》的错误，他拟定的公式之一为“甲集附载乙诗，其题下的署名并入题中，因而误为甲诗”①。唐人诗集中，凡遇有与别人唱和的题，往往将那人的诗也收入集中，附在本诗的前面或后面，结果造成作者错误。未刊论著《全唐诗辨证》中，闻一多已检查搜索出277首诗目的作者错误，有的属于一诗二主甚或一诗三主，有的是同一作者和诗重复出现在不同的卷次中。另一未刊论著《全唐诗校勘记》，共校勘了《全唐诗》中约510首诗，用来校勘的工具书达32种，所校正的错误既有作者的误置，也有诗句字词的谬错，还有原注的失当。

二、断裂：闻一多诗学现代性的主要特色

五四新文化运动之“新”的背面含义，就是“新”于传统，与传统文化全面决裂，至少当时主流思潮如此。但中国现代性不像西方现代性那样，只在对传统实行批判和否定中繁衍发展。因为中国社会的现代化进程是在外国列强欺侮下被迫启动的，它在发轫之初就肩负着双重批判任务，其中的政治命题被精确定义为“反帝反封建”。所以具有外植性质的中国现代性，也就同时具有双重的断裂性：决裂传统，阻断西化。五四以来文学现代性的发展，也正是在这种双重断裂中行进的。

当然，对于相当多的学人来说，他们在某个时段甚至终其一生，可只以实现其中一种断裂为目的。而闻一多的诗学现代性中，两种断裂兼备，这是他卓然于人的地方。

闻一多与传统决裂的态度是一贯的。早在清华求学时期，他就在《清华周刊》上撰文《敬告落伍的诗家》，批判复古倾向，反对做旧诗，主张写新诗，自己从五四以后就几乎不再做旧体诗。他认为中国诗歌乃至文化发展至唐朝就停滞不前，此后千年了无进步，

① 《闻一多全集》第6卷，湖北人民出版社1993年版，第467页。

“好象吃了长生不老的金丹似的”①，《呼声》中他称这种传统艺术为“中国偏枯腐朽的艺术僵尸”。也正因此，他大力支持新诗的发展，大力鼓吹具有时代精神的《女神》。他称《女神》中“这种动的本能是近代文明一切的事业之母，他是近代文明之细胞核。郭沫若底这种特质使他根本上异于我国往古之诗人”“《女神》真不愧为时代的一个肖子”②，称赞郭沫若的同时亦不忘抛出隐居的陶潜、逃遁的白居易、消极的苏轼来做反衬。

但五四时期，他决裂的着力点却主要在阻断欧化倾向，他诗学现代性的指向与五四主潮有一些背离。批判《冬夜》，主张诗歌新格律，实际是对早期新诗创作者宗西诗弃传统做法的反拨，是否定之否定。即使对于他自称“崇拜得五体投地”的郭沫若，他也毫不客气，历数《女神》诗集中的欧化毛病：“《女神》中所用的典故，西方的比中国的多多了……。”不仅指出毛病，还要挖出病根：“《女神》产生的时候，作者是在一个盲从欧化的日本，他的环境当然差不多是西洋的环境，而且他读的书又是西洋的书；无怪他所见闻，所想念的都是西洋的东西。”③ 批郭沫若毕竟只是引子，目标是要借批《女神》的欧化倾向，力挽诗坛“把新诗做成完全的西文诗”之狂澜，他斥之为“欧化底狂癖”。

从新月时期开始，随着研究重点由新诗转向古典诗歌，闻一多诗学中的断裂特色则主要表现为与传统的决裂。本文第一部分所论闻一多诗学中的世界视野和科学思维方法，无疑是研究方法上的“革命”，是对传统诗论视角、诗评艺术思维方式的扬弃。而诗歌观念上的决裂是最根本的，这是一种更自觉的断裂，是对传统的挑战。

中国传统诗学在儒家思维的驾驭下，一直向道德教化的轨道上

---

① 《闻一多全集》第2卷，湖北人民出版社1993年版，第119页。

② 《闻一多全集》第2卷，湖北人民出版社1993年版，第111～110页。

③ 《闻一多全集》第2卷，湖北人民出版社1993年版，第119～120页。

偏移，几乎沦为政治的附庸。由孔子的“述而不作”，到宋人的“我注六经”，中国最古老的诗歌总集《诗经》被历代儒家注解得面目全非，闻一多真切地看到这一点：

> 在今天要看到《诗经》的真面目，是颇不容易的，尤其那圣人或“圣人们”赐给它的点化，最是我们的障碍。①

正是为了要消除历代“圣人们”点化造成的障碍，还中国古代诗歌的真面目，闻一多开始了他的中国古典诗歌研究旅程。他的诗学观念从一开始就是和传统对立的，充满挑战性。

1927年载于《时事新报》上的《诗经的性欲观》，可称得上是一篇学术檄文，文中开门见山，针对孔子“《关雎》乐而不淫”和淮南王刘安扩充为“国风好色而不淫”的观点叫板，理直气壮地疾呼：“现在我们用完全赤裸的眼光来查验《诗经》，结果简直可以说‘好色而淫’，淫得厉害！”他认为：

> 用研究性欲的方法来研究《诗经》，自然最能了解《诗经》的真相。其实也用不着十分的研究，你打开《诗经》来，只要你肯开诚布公读去，他就在那里。自古以来苦的是开诚布公的人太少，所以总不能读到那真正的《诗经》。②

全文对《诗经》表现性欲的五种方式进行论证，同时对后世儒家关于诗经的论点一一批驳。作者在文章最后部分写道：“这一篇文章已经完了。‘离经畔道’到了这步田地，恐怕要算至矣，尽矣，蔑以加矣！”③ 其反传统的昂然姿态可见。从20世纪20年代后期开始直到去世，随着对古典诗歌研究的愈趋深入，闻一多与传

---

① 《闻一多全集》第3卷，湖北人民出版社1993年版，第199页。

② 《闻一多全集》第2卷，湖北人民出版社1993年版，第169～170页。

③ 《闻一多全集》第2卷，湖北人民出版社1993年版，第190页。

统的断裂愈甚。以至当时正统的学者讥其古诗研究中的学术观点"'非常异义，可怪之论'，就戏称他和一两个跟他同调的人为'闻一多派'"①。今天，我们看闻一多这些"非常异义，可怪之论"，正是他对传统学术观的彻底否定，是他诗学理论与传统断裂的表现。

1.《诗经》研究中的断裂

孔子对《诗经》评价很高，称"诗三百，一言以蔽之，思无邪"，认为"温柔敦厚，诗教也"，甚至说"不学诗，无以言"。但孔子在具体评价"《关雎》乐而不淫，哀而不伤"的同时，亦承认"郑声淫"。后代儒生美化为"国风好色而不淫，小雅怨诽而不乱"，连郑风的淫也不承认了。汉儒解诗，就把《诗经》当做道德教化的经典教材来注解。闻一多彻底颠覆儒家解诗的传统，不但指出《诗经》"淫得厉害"，而且认为只有用研究性欲的方法，才能最识《诗经》真相。

2. 楚辞研究中的断裂

闻一多的《楚辞》研究中，"有许多议论是发前人所未发，使人瞠惑"②，这些正是导致正统学者讥为"可怪之论"之所由。如在屈原评价上，1944年关于屈原是"文学弄臣"观点引起轩然大波，他十多年前就持类似看法。他关于屈原是人民诗人的观点，则"既不同于封建时代学者把屈原看成是'忠君爱国'的典型，也不同于'五四'以后进步学者仅仅强调屈原是变革时代站在时代前列的思想家、政治家和爱国诗人"③。此外，他关于《离骚》渊源于《仙真人诗》人扮神的艺术传统，《九歌》是扮演"人神恋爱"

---

① 朱自清：《开明版〈闻一多全集〉序》，《闻一多全集》第12卷，湖北人民出版社1993年版，第445页。

② 费振刚：《闻一多先生的〈楚辞〉研究》，《闻一多研究四十年》，清华大学出版社1988年版，第163页。

③ 费振刚：《闻一多先生的〈楚辞〉研究》，《闻一多研究四十年》，清华大学出版社1988年版，第161～162页。

故事的原始歌舞剧等观点，都是古典文学研究中的全新认识。

3. 唐诗研究中的断裂

唐诗研究中，闻一多无论在诗歌分期、诗人评价，还是在诗派、诗体上，都得出了与传统迥异的理论观点，前文多有涉及。甚至在唐诗这个概念上，他也别有新义：

> 一般人爱说唐诗，我却要讲“诗唐”，诗唐者，诗的唐朝也，懂得了诗的唐朝，才能欣赏唐朝的诗。①

他首先从文艺学角度解释命名“诗唐”的诸种理由，紧接着，转换角度，阐发了“诗唐”的另一含义：

> “诗唐”的另一涵义，也可解释成唐人的生活是诗的生活，或者说他们的诗是生活化了的。什么叫诗化的生活或生活化了的诗呢？唐人作诗之普遍可说是空前绝后，凡生活中用到文字的地方，他们一律用诗的形式来写，达到任何事物无不可以入诗的程度。②

4. 文学史路线另辟蹊径

中国历史分期往往以帝王谱系为核心，中国文学史分期又受历史分期左右。新版《闻一多全集》编者根据两种手稿整理编定的《四千年文学大势鸟瞰》，实际是一份中国文学史提纲。在这份提纲中，中国四千年的文学发展史呈现出的不是一本文学现象的“流水账”，而是一个文学与文化，社会文化与社会政治、经济联系紧密的整体。提纲中的文学分期尤为特异，它把中国四千年文学史划分为四段八大期，四段的划分并不与王朝更替、政治分期同

① 郑临川：《闻一多论古典文学》，重庆出版社1984年版，第82页。
② 郑临川：《闻一多论古典文学》，重庆出版社1984年版，第83页。

步，而是根据中国文化发展状态来定界标。第一段从夏商至周成王中叶，即公元前2050年到公元前1100年，为“本土文化中心的抟成”期。第二段则从周成王中叶到东汉献帝兴平二年，即公元前1099年至公元195年，为“本土文化区域的扩大”期。第一、二段的界标把周成王朝代剖成两截，第二、三段的界标又把汉献帝朝代剖成两截。从提纲可以察出，确立第一、二段的界标是公元前1099年东西（夷夏）二民族由对立转为抟合，南北文化开始交流，本土文化基调形成。也就是说，这界标之前的第一段还是夷与夏两个民族，之后第二段夷夏抟合为汉族。

三、民族性要求：闻一多诗学现代性的终极目标

闻一多从清华这所美国化学校中接受了不少西方观念，受到了现代性思维的训练。但是，他的文化根底仍是中国传统，骨子里他仍然是一个东方“老憨”。在清华学校重英文课程轻中文课程的教学体制和学风环境中，他勇敢站出来，在学刊上撰文呼吁“振兴国学”，强调国学乃国运所寄，文衰国随，文振国强，号召清华同学自觉担起“振兴国学”的责任。① 他还撰文批评一些同学“到中文课堂便谲骗欺诈，放僻嚣张，丑态恶声”② 的不良行为。他对母校十年的临别赠言是：“清华太美国化了！清华不应该美国化，因为所谓美国文化者实不值得我们去领受！”③ 虽然刚进清华学校的国学摸底考试中他独占鳌头，高居年级第一，但课余他仍继续学习钻研中国古典文学和文化。每年暑假中，是他集中研读中国古书籍的时间，回家的两个月他闭门读书，将自己的书房称做“二月庐”，所作读书札记题为《二月庐漫纪》。1919年2月10日的日记

① 《闻一多全集》第2卷，湖北人民出版社1993年版，第282～283页。

② 《闻一多全集》第2卷，湖北人民出版社1993年版，第318页。

③ 《闻一多全集》第2卷，湖北人民出版社1993年版，第339～340页。

中，他还做了一个攻读古诗计划："近决志学诗。读诗自清明以上，溯魏汉先秦。读《别裁》毕，读《明诗综》，次《元诗选》，次《宋诗钞》，次《全唐诗》，次《八代诗选》，期于二年内读毕。"① 留美三年，学的是西方美术，但对中国古典诗词的热爱和学习兴趣不减，放学后"老杜，放翁在书架上，在桌上，在床上等着我了，我心里又痒着要和他们亲热了；有时理智的欲火烧起来，我又想继续我那唐代六大诗人底研究"②。

正是自幼以来传统文化的这种浸淫，培养了闻一多深厚的民族精神。清华学校重西学轻国学的反常教育现象，又无疑刺激了闻一多民族意识的觉醒。在美国所见所受的种族歧视，则进一步强化了闻一多的民族精神。在梁启超等先贤的榜样作用下，闻一多诗学从起点到终点，始终朝着他当年号召清华同学要"振兴国学"的目标，即中国诗歌、中国文学和文化的现代化目标前进。

闻一多的诗学内容可划分为新诗理论和古典诗歌研究两大部分，两部分又有交叉关联，统一于他对中国文学、中国文化的研究探索之中。1927年之前他重在新诗理论研究，先后与清华文学社的一群风华正茂的社友、新月社一帮卓立诗坛的诗友共同探讨，自负着对中国新诗发展的重大使命，或者"径直要领袖一种之文学潮流或派别"③，或者要"探寻新诗的形式与格律的道路"④，所取得的成就在学术界已基本形成共识，此不赘述。这个时期，闻一多对中国新诗的发展方向的基本观点，就是他的"三美"理论，即新诗要有音乐的美，绘画的美，建筑的美，做诗要讲规矩，守格律。这是他根据中国语言文字特点，并吸取中国古典诗的最大特点也是最大优点，为中国新诗发展设计的第一套方案。到了20世纪40年代，在他全面深入研究中国诗歌中国文学历史以后，他的看

① 《闻一多全集》第12卷，湖北人民出版社1993年版，第421页。

② 《闻一多全集》第12卷，湖北人民出版社1993年版，第165页。

③ 《闻一多全集》第12卷，湖北人民出版社1993年版，第80页。

④ 蹇先艾：《（晨报诗刊的）的始终》，转引于闻黎明、侯菊坤：《闻一多年谱长编》，湖北人民出版社1994年版，第317页。

法改变了。站在文学的制高点上，他似乎轻而易举地找到了新诗发展方向，那就是新诗要“真能放弃传统意识、完全洗心革面，重新做起”，“说得更确点，不像诗，而像小说戏剧，至少让它多像点小说戏剧，少像点诗”①。他认为在一个小说戏剧的时代，诗得尽量采取小说戏剧的态度，利用小说戏剧的技巧，才能获得广大的读者。

闻一多的古典诗歌研究目标，亦是借用现代理论和方法，“盘点”古代文化遗产，来为中国文学文化的现代发展服务。他从唐诗一直追求到原始神话，如朱自清所言，为的是要探求“这民族、这文化”的源头，他也许要借这原始的集体的力给后代的散漫和萎靡来个对症下药。② 1943 年 11 月 25 日，闻一多在信中向自己的得意门生臧克家说道：“经过十余年故纸堆中的生活，我有了把握，看清了我们这民族，这文化的病症，我敢于开方了。方单是什么——一部文学史（诗的史），或一首诗（史的诗）……”③ 原来闻一多从文学到文化的长途跋涉中所要寻找的，正是中国文化的前途，也是中华民族的前途。

有的学者把现代性与民族性割裂开来，甚至对立起来。闻一多诗学中，民族性却是其诗学现代性的一个有机组成部分。以波澜壮阔的中国早期白话新诗潮和四千年辉煌灿烂的中国古典诗歌组成的中华民族诗歌研究场景，为闻一多的世界视野扫描和科学之思驰骋提供了广阔而又多彩的空间；而世界视野和科学思维，保证了带有鲜明民族特色的闻一多诗学没有落入狭隘的民族主义陷阱，而是朝着有利于整个人类社会发展的方向行进。在看待中国与世界的关系上，闻一多青年时就提出了世界文化资产的概念：“要造诣精深的大艺术家，借他们，中国希望能将其四千年来所积蓄的文化底私财，加入世界底资产里，使人类底精神的生活更加丰富。”④

① 《闻一多全集》第 10 卷，湖北人民出版社 1994 年版，第 20 页。
② 《闻一多全集》第 12 卷，湖北人民出版社 1994 年版，第 446 页。
③ 《闻一多全集》第 12 卷，湖北人民出版社 1994 年版，第 380 页。
④ 《闻一多全集》第 2 卷，湖北人民出版社 1994 年版，第 17 页。

基于对艺术本质规律的科学理性认识，闻一多视诗和一切艺术为“时代底经线，同地方底纬线所编织成的一匹锦”，所以地域色彩必然是其要素：“我总以为新诗径直是‘新’的，不但新于中国固有的诗，而且新于西方固有的诗；换言之，他不要做纯粹的本地诗，但还要保存本地的色彩。”①

他也明确意识到世界文学艺术的丰富多彩，有赖于各国文学艺术充分发展其地方特色。在批驳有人以提倡世界文学为欧化托辞时，闻一多认为“将世界各民族底文学都归成一样的，恐怕文学要失去好多的美”，提出“真要建设一个好的世界文学，只有各国文学充分发展其地方色彩，同时又贯以一种共同的时代精神，然后并而观之，各种色料虽互相差异，却又互相调和”②。这实际已是那条“愈是民族的就愈是世界的”现代文学理论命题的早期诠释了。

结　语

闻一多诗学建立于古今诗体转换，中西文化结合的时空坐标点上。他借用西方文艺理论改造传统诗学，构建中国现代诗歌理论。其理论指向是认清世界发展大势，固好传统文化根本，广泛吸取他国精华为我所用。当今时代，如何建设与世界潮流相匹配又有自己特色的中国诗学和中国文化，研究闻一多诗学中的现代性，无疑很有意义。

① 《闻一多全集》第2卷，湖北人民出版社1994年版，第118页。

② 《闻一多全集》第2卷，湖北人民出版社1994年版，第123页。

论美国意象派对闻一多诗歌创作的影响

卢惠余
（盐城师范学院）

闻一多是中国现代诗歌史上曾经与美国意象派有过直接交往并深受影响的为数不多的诗人之一。他于20世纪20年代初期留学美国，曾一度浸身于美国新诗运动的文化氛围之中，其诗歌创作曾受到意象派的较大影响。虽然早有学者关注这一现象，并作了一些研究与探讨，但这些研究大多散见于其他课题的论述之中，专题研究的论文极为少见，以至于闻一多研究述评类的论文与专著皆未涉猎。这与这一课题的重要价值不太相称。对此，许多著名学者已经意识到了这一点：闻一多之孙闻黎明早在1992年就曾不无遗憾地感叹道："芝加哥文艺复兴运动对他（指闻一多——引者注）的诗风影响是那么深刻，可惜它似乎没有引起人们的注意。"① 直到2007年，比较文学研究学者赵毅衡在谈到闻一多诗风的"美国渊源"时还特别提醒人们："闻一多大部分传记，不太重视闻一多诗歌所受影响的研究，或许是为了强调他的爱国主义精神。其实二者并不冲突，此小文或许可作一点提醒。"② 中国闻一多研究会会长、武汉大学教授陆耀东也曾在闻一多国际学术研讨会的开幕词中反复强调，闻一多新诗及诗学研究还应向"更高"、"更深"进军，还有很大的空间需要拓展，并提出了包括"闻一多与美国新诗运动

---

① 闻黎明：《闻一多传》，人民出版社1992年版，第61页。

② 赵毅衡：《闻一多与美国"死水"》，《对岸的诱惑》（增编版），上海人民出版社2007年版，第36页。

（意象派）”在内的许多新的研究课题。① 基于此，本文拟围绕这一课题具体探讨美国意象派对闻一多诗歌创作的影响。

一

作为一个诗歌流派，美国意象派对闻一多最显著的影响就是激活了他的诗兴，引燃了他创作诗歌的强烈激情。

为了便于论证这一点，有必要简要回顾一下闻一多留美前后的相关情况：闻一多于1922年7月赴美留学，首先就读于芝加哥美术学院，很显然他的初衷主要是学习美术，而且当时他的画兴也确实强于诗兴。他在清华读书后期虽然写过一些诗，但在赴美之前却已产生了“《李白之死》（闻一多创作中的一首诗——引者注）竟续不成，江郎已叹才尽矣”的感叹。② 在赴美途中的海船上，又因为到处都是闹哄哄的气氛，所以他说：“我的诗兴被他们戕害到几底于零；到了日本海峡及神户之布引泷等胜地，我竟没有半句诗底赞叹歌讴。”他甚至担心“胜地若不能引起诗兴，商店工厂还能么？……我预想既至支加哥后底生活更该加倍地干枯，真不知怎么才好”③。在途径日本时，他曾以美术的眼光赞赏“日本真是一个picturesque的小国。虽然伊的规模很小——一切的东西都象小孩的玩具一般，——但正要这样，才更象一幅图画呢。讲人为美，日本的装束（要在日本地方底背景里看），日本的建筑，日本的美术还要好些”。因此特为参观美术展览而专程赶到东京。他在叙述这一观感的一封信的末尾还特别补讲一句话：“归国后，我定要在日本

① 陆耀东：《2004年闻一多国际学术研讨会的开幕词》，陆耀东等主编《2004年闻一多国际学术研讨会论文选》，武汉大学出版社2005年版，第4页。

② 闻一多：《致梁实秋》，《闻一多全集》第12卷，湖北人民出版社1993年版，第36页、第38页。

③ 闻一多：《致吴景超、顾毓琇、翟毅夫、梁实秋》，《闻一多全集》第12卷，湖北人民出版社1993年版，第44页。

学一两年美术。日本画 made me intoxicated!"① 可见闻一多当时画兴较浓。他刚到美国时虽然没有放弃中国古典诗歌研究，但仍表示"不肯在美弃美术而习文学"。② 上述种种情况表明，闻一多赴美前夕及刚到美国时并没有多少诗兴。但是这种状况不久就被彻底改变了，他的诗兴又被激活了——1922 年 10 月 30 日，闻一多在给清华诗友的信中兴奋地报告自己的近况："我到美以后，成绩也出我冀料之外；近来的诗兴尤其浓厚；大概平均起来，一个礼拜也有一首。作《忆菊》后又有新作三首。秋来洁阁森公园甚可人意，上星期六、星期日我在那里整个地留连了两天。新作的三首诗都是在那时产生的。"③ 此后便一直强调他的诗兴浓于美术。根据现存有关资料查证统计，闻一多到美后第一次寄诗回国是 1922 年 9 月 1 日，至当年年底，在短短的四个月时间里至少创作新诗 63 首，真可谓诗情大爆发。④

为什么会出现如此突变呢？我认为主要原因是闻一多置身于芝加哥新诗运动的浓厚氛围之中而受到了意象派的巨大影响。当时的芝加哥，在美国现代文学史上被称为"美国新诗运动"的中心，许多意象派新诗人都聚集于此，诗歌文化气息十分浓厚，"所有阶层的男女、任何性格的男女都在吟诗、谈诗；他们都在抒写自己的人生……诗人们也使人们相信他们有能力谈论和欣赏自己的诗歌艺术"。⑤ 所以闻一多到芝加哥后不久就被新诗运动的这种诗化氛围深深地感染了，他"一直在查阅杂志，搜寻最新出版的书籍，并

---

① 闻一多：《致吴景超、顾毓琇、翟毅夫、梁实秋》，《闻一多全集》第 12 卷，湖北人民出版社 1993 年版，第 45 ~ 46 页。

② 闻一多：《致父母亲》，《闻一多全集》第 12 卷，湖北人民出版社 1993 年版，第 49 页。

③ 闻一多：《致吴景超、梁实秋》，《闻一多全集》第 12 卷，湖北人民出版社 1993 年版，第 110 页。

④ 根据闻一多 1922 年 9 月 1 日至 1922 年 12 月 27 日的书信，他先后给国内友人附寄诗作 11 首，另提到写诗 52 首，修改旧作 8 首。

⑤ 闻一多：《致亲爱的朋友们》，《闻一多全集》第 12 卷，湖北人民出版社 1993 年版，第 55 页。

抓住一切可能的机会，通过与人交谈进行学习，以了解这个国家文学领域的最新状态和流行趋势”。① 闻一多此期的文学交往活动是非常频繁的，根据他当时一些书信的叙述，我们就能了解到他从1922年8月下旬至1923年2月中旬先后会见意象派等新诗派许多著名诗人并参加其活动的大致情况：1922年8月下旬出席了美国著名诗人卡尔·桑德堡（Carl Sandburg，闻一多译为山得北）在芝加哥大学举行的演讲会，受到了很大的鼓舞和激励；② 1922年10月8日左右结识浦西夫人（Mrs. Bush），并获得引进他认识美国著名杂志《诗刊》总编辑哈丽特·蒙罗（Harriet Monroe，闻一多译为孟禄）和诗人桑德堡的介绍信；③ 1922年12月1日会见美国著名女诗人尤妮斯·娣简丝（Eunice Tietjens，闻一多称之为海德夫人），与之探讨自己的诗作并受到她的赏识，“很以为得意”；④ 1922年12月份还会见了蒙罗；⑤ 1923年2月15日又应邀与当时美国首屈一指的女诗人爱米·罗厄尔（Amy Lowell，闻一多译为罗艾尔）等一起参加晚餐会，并听她朗读自己的诗歌。⑥ 闻一多在这短短的半年时间内能与这么多美国著名新诗人结交，是很以为自豪的。他在给父母亲的家信中曾流露过这种心情：“我本不善交际也不喜交际，但是我想今年新来芝城的人中没有比我的交际更广的。当然我所谓的交际不是那种虚伪的无事忙，我所结交的都是有学问

① 闻一多：《致亲爱的朋友们》，《闻一多全集》第12卷，湖北人民出版社1993年版，第54页。

② 闻一多：《致亲爱的朋友们》，《闻一多全集》第12卷，湖北人民出版社1993年版，第57页。

③ 闻一多：《致父母亲》，《闻一多全集》第12卷，湖北人民出版社1993年版，第93页。

④ 闻一多：《致吴景超》，《闻一多全集》第12卷，湖北人民出版社1993年版，第122～123页。

⑤ ［日］铃木义昭：《闻一多与胡适“八不主义”——以意象主义为中介》，《徐州师范学院学报》（哲学社会科学版）1997年第2期。

⑥ 闻一多：《致梁实秋》，《闻一多全集》第12卷，湖北人民出版社1993年版，第147页。

有道德的人。”①

在这些交往过程中，闻一多不仅兴奋之情常常溢于言表，而且以极大的热情去搜寻、阅读、欣赏与研究意象派诗人的诗歌作品。比如他在1922年8月27日的一次书信中就抄录了罗厄尔的《风与银》，桑德堡的《雾》，蒙罗的《爱之歌》、《山之歌》等6首意象诗②，并作了简要的点评，揭示了这些诗人诗作的独特个性。③另外还有一个典型的例子可窥其一斑：1922年底，闻一多从当年出版的一本《美国新诗杂抄》上读到了被他称为“意象派健将”的约翰·各尔特·弗莱契（John Gould Fletcher，闻一多译为佛来琪）的一首诗《在蛮夷的中国诗人》(Chinese Poet among Barbarians)，快乐至极，欣喜若狂，便情不自禁地写信给国内友人传递这种情绪：“快乐烧焦了我的心脏，我的血烧沸了，要涨破了我周身的血管！我跳着，我叫着。跳不完，叫不尽的快乐我还要写给你。啊！快乐！快乐！”他在信中摘引了这首诗，并大加赞赏：“Mr. Fletcher是Imagist School中一个健将。他是设色的神手。他的诗充满浓丽的东方色彩。他的第二本诗集名曰Goblins and Pagodas，我崇拜他极了。”于是在芝加哥到处寻找弗莱契的全集，找了几个月才在一家书铺的旧书架上找出弗莱契的一本诗集《生命之树》。④从这些言谈举止之中，我们可以强烈地感受到闻一多火山爆发般的诗情。闻一多正是在这种诗性氛围和激情状态下又展开了诗歌创作，并兴起了一个创作高潮。正如闻一多的学生、美籍华人学者许芥昱

---

① 闻一多：《致父母亲》，《闻一多全集》第12卷，湖北人民出版社1993年版，第115页。

② 桑德堡虽然属于芝加哥诗派，但他有些诗（如闻一多此处抄录的《雾》）却被人们认为是典型的意象诗；蒙罗作为《诗刊》主编尽管力图在新诗运动各派之间维持平衡，但她对具有中国色彩的意象派还是有所偏爱，曾在论争中为意象派作过辩护，而她的一些诗也颇具意象派特色。

③ 闻一多：《致亲爱的朋友们》，《闻一多全集》第12卷，湖北人民出版社1993年版，第56页。

④ 闻一多：《致梁实秋》，《闻一多全集》第12卷，湖北人民出版社1993年版，第117～118页。

所说："闻一多的学习和环境促使他以一种狂热的姿态去写作，几乎每周他都写一封长信给朋友，谈论一首新诗，或一篇在最新刊物上发表的批评文章，或一首白话诗的诗节，他的创作冲动达到了顶峰。"①

在我国现代诗歌史上有两位始学绘画而中途弃画就诗的诗人，即闻一多和艾青，但两人的动因完全不同：艾青是因被反动政府投入监狱后失去了绘画的物质条件被迫弃画而写诗的；而闻一多则是在意象派的影响下主动放弃持久浓厚的绘画兴趣和慎重选择的美术专业而最终走上诗性人生之路的（当然他后来并没有完全告别绘画）。闻一多留美学画最终却弃画就诗，可谓中国现代文坛的"奇迹"之一，由此足见当时意象派周围的诗场磁力是多么强烈！

二

置身于意象派的诗化磁场之中，闻一多的诗歌创作自然受到了直接而显著的影响。闻一多在会见尤妮斯·娣简丝时，曾翻译了自己的几首诗送给她，其中《玄思》、《火柴》等诗受到了她的赏识，闻一多说："伊教我再多译几首，同伊斟酌了字句，伊当送给 Harriet Monroe 请伊选登《Poetry》。"② 尤妮斯·娣简丝曾担任意象派最重要的阵地《诗刊》(Poetry) 副主编，她非常赏识闻一多的诗并打算推荐给《诗刊》选登，说明闻一多的这些诗是符合意象派的诗学原则的。

在意象派诗人中，弗莱契对闻一多的直接影响是最为突出的。弗莱契于 1915 年接受罗厄尔的邀请加入意象派，具有独特的诗歌创作风格，被闻一多称为"意象派健将"。他创作的意象诗成就突出，个性鲜明，善于大量运用极富色彩的意象表现纷乱而丰富的世

① Kai-Yu Hsu：WEN I-TO. 方仁念编《闻一多在美国》，华东师范大学出版社 1985 年版，第 24 页。

② 闻一多：《致吴景超》，《闻一多全集》第 12 卷，湖北人民出版社 1993 年版，第 122 ~ 123 页。

界。闻一多曾在书信中说："他的第二本诗集名曰 Goblins and Pagodas，我崇拜他极了。"这本诗集即《鬼与塔》，典型地体现他的诗歌创作风格，组诗《蓝色交响乐》(The Blue Symphony) 是其著名代表作，被前期意象派首领庞德称为"一首美丽的意象派诗"。弗莱契的诗直接影响了闻一多的诗歌创作。比如 1922 年 10 月 30 日闻一多在一封书信中提道："现在我心里又有了一个大计划，这便是一首大诗，拟名《黄底 Symphony》。在这里我想写一篇秋景，纯粹的写景，——换言之，我要用文字画一张画。"① 这大计划中的"大诗"拟名《黄底 Symphony》，其诗题很显然是受了弗莱契《蓝色交响乐》(The Blue Symphony) 的直接启发。闻一多在激情欣赏了弗莱契的诗篇之后曾给梁实秋写信说"佛来琪唤醒了我的色彩的感觉"。并在其直接影响下创作了一首长诗《秋林》。② 这首长诗后来被修改整理成了两首诗：从信中所摘引的其中一节的内容看，这一节后来略加修改成了《红烛》中的《色彩》；而其主体部分的大多数诗节则组成了另一首较长的诗，根据信中提到的弗莱契唤醒他色彩的感觉，并联系诗人一个月前（即 1922 年 10 月 30 日）《致吴景超、梁实秋》的信中提及"想写一篇秋景"的"大诗"的计划进行推论，可以认定就是《红烛》中的《秋色》。此外，闻一多这期间创作的《晴朝》、《忆菊》、《秋深了》、《园内》、《剑匣》等诗也都带有弗莱契意象诗的某些特色，甚至于弗莱契一些诗歌意象与色彩过于堆砌的缺点也同样影响了闻一多，并在他的部分诗中留有明显的痕迹。

后期意象派的领袖罗厄尔对闻一多的影响也是比较显著的。罗厄尔在美国意象派中具有十分重要的地位，被闻一多称为"在此邦是首屈一指的女诗人"。③ 她有非凡的自信心，对中国诗歌与中

① 闻一多：《致吴景超、梁实秋》，《闻一多全集》第 12 卷，湖北人民出版社 1993 年版，第 110 页。

② 闻一多：《致梁实秋》，《闻一多全集》第 12 卷，湖北人民出版社 1993 年版，第 118 页。

③ 闻一多：《致梁实秋》，《闻一多全集》第 12 卷，湖北人民出版社 1993 年版，第 147 页。

国文化有浓烈的兴趣，不仅希望成为美国新诗运动的开路先锋，也想做开辟中国诗风的首要人物。闻一多与之非常投缘，到芝加哥不久就有机会与她一起共进晚餐，并听她朗诵自己新创作的诗歌，从此两位异国诗人结下了友谊。罗厄尔酷爱中国古代诗歌，曾与人合作翻译出版过一本中国诗《松花笺》(Fir Flower Tablets)，深受闻一多敬重。闻一多曾认真研读过她的著名论文《现代美国诗坛之倾向》和一些诗歌作品，在1922年8月28日的英文书信中曾抄录她的诗作《风与银》(Wind and Silver) 来印证意象派诗歌的个性。罗厄尔在诗歌作品中喜欢模仿中国诗歌，运用“中国式比喻”和中国习语，创造中国式意象，营造东方式画境，“有着浓郁的东方色彩”，使闻一多油然而生崇敬感与亲切感，并深深地影响了自己的诗歌创作。正如闻黎明所说：“她（指罗厄尔——引者注）的诗中有种活力、热忱和有意识的技巧感，这对先生（指闻一多——引者注）的诗风极有影响。”① 1925年5月罗厄尔去世时，闻一多曾专门撰写《美国著名女诗人罗艾尔逝世》一文悼念她，介绍她在诗歌创作与批评方面所取得的成就，对她的诗和她为中美文化交流所作出的贡献给予了很高的评价：“罗艾尔女士对于中国诗有极大的敬仰，她的创作往往模仿中国诗，具有特异的风味。……她的死是美国文学界的大损失。她死了，中国的文学与文化失了一个最有力的同情者。”② 该文篇幅虽短，但在《京报·副刊》上发表以后产生了较大影响，此后罗厄尔的诗文陆续被翻译成中文，逐渐为中国读者所熟知。

此外，闻一多在留美期间还受到了美国其他诗人蒙罗、娣简丝、艾略特、桑德堡、狄丝黛尔（也译作蒂斯黛儿）等人的影响，他们虽然不是意象派的核心诗人或者不属于严格意义上的意象派，但他们或与意象派核心诗人交往密切，或受其影响也写过意象诗，

① 闻黎明、侯菊坤编：《闻一多年谱长编》，湖北人民出版社1994年版，第212页。

② 闻一多：《美国著名女诗人罗艾尔逝世》，《闻一多全集》第2卷，湖北人民出版社1993年版，第131页。

与意象派核心诗人一起创造了美国新诗文化的浓厚氛围，这种氛围熏陶了闻一多，激发了闻一多，对他的诗歌创作产生了很大的影响。

总之，闻一多在意象派的直接启发和影响下创作了许多诗歌，后来收入了他的第一本正式出版的诗集《红烛》。赵毅衡说："闻一多的第一本诗集《红烛》于1922年冬结集出版，美国新诗派对他的影响处处可见，气势恢宏，语言狂放。"① 而在美国新诗派中，意象派对闻一多《红烛》的影响无疑是最突出、最显著的。

三

美国意象派的影响，不仅激活了闻一多的诗兴，直接引发了他的诗歌创作高潮，而且使他的诗歌创作形成了自己的意象艺术特色。

意象是意象主义的核心范畴。意象派的开创者庞德强调"诗歌的基本色素是意象。"② 甚至认为"一个人与其在一生中写浩瀚的著作，还不如在一生中呈现一个意象"③。因此他在诗歌创作中十分重视意象的创造，比如他在创作《地铁车站》时，开始写了30行，后来作过多次删改都不满意，最后经过认真提炼，只用了两个诗句"人群中这些脸庞的隐现；/湿漉漉、黑黝黝的树枝上的花瓣"就创造出了被人们视为经典的意象，成为意象诗的典范。以罗厄尔为代表的后期意象派，虽然有些方面疏离了庞德的意象主义诗学主张，遭到了庞德的批评，但在意象这个根本问题上却始终坚守着，罗厄尔在所编选的诗集《意象主义诗人（1915）》序中明确提出了意象主义的六点"共同原则"，其中第4点旗帜鲜明地强

① 赵毅衡：《闻一多与美国"死水"》，《对岸的诱惑》（增编版），上海人民出版社2007年版，第32页。

② ［美］艾兹拉·庞德著，黄运特译：《漩涡》，《庞德诗选比萨诗章》，漓江出版社1998年版，第220页。

③ ［英］彼德·琼斯编，裘小龙译：《意象派诗选》，漓江出版社1986年版，第152页。

调“呈现一个意象”的原则，认为“诗歌应该精确地处理个别，而不是含混地处理一般”。也正因为这一条原则，他们才称为“意象主义”。① 罗厄尔善于运用“暗喻性”的意象化方法来呈现物象在诗人头脑中的感受，创作了《境遇》、《中年》、《秋天》、《乳白石》、《风和银》、《秋雾》等优秀的意象诗。意象派的这些诗学观念与诗歌创作显然受到了中国古典意象诗学和诗歌作品的启发与影响，而有着深厚的中国传统诗学修养的闻一多来到美国一接触到偏爱中国诗歌的意象派之后，立刻产生了他乡遇知音的亲切感和情感共鸣。他在给清华诗友们写的英文书信中特别指出胡适的“八不主义”借用了意象主义“六条原则”中的四条，偏偏忽略了“意象”与“凝炼”这两个意象主义的核心与灵魂。于是他将这两条单独列出来加以强调，并以此为参照对比反思我国当时盛行的“白话诗”，旗帜鲜明地指出：“我们的‘白话诗’太模糊了，太稀薄了，太贫瘠了；这就需要我们集中大量精力借鉴意象派诗歌，用深浓而温暖的颜色去润饰，从而形成意象派诗歌的独特个性。”② 并且不惜篇幅地抄录了罗厄尔等人的6首意象诗来印证意象派诗歌的个性特色。闻一多虽然此后没有深入研究意象派的理论学说，但从他这一时期以及此后的诗歌创作实践来看，注意以意象主义诗歌为摹本努力创造诗歌意象则成了他自觉的、执著的、潜移默化的追求，并逐步构建了富有个性特色的意象艺术世界。具体地讲，主要显示出如下四点特色：

1. 意象浓丽，强化了意象的视觉性。闻一多早期诗歌的意象廓线简洁，色质清淡，基本上没有刻意着色，而留美后的诗歌则发生了很大的变化。意象派中有许多诗人十分重视意象的色彩，这对学习绘画专业的闻一多来讲具有异乎寻常的诱惑力。上文提及的弗莱契曾被闻一多誉为“设色的神手”，他的代表作《蓝色交响乐》

---

① ［英］彼德·琼斯编，裘小龙译：《意象派诗选》，漓江出版社1986年版，第158～159页。

② 闻一多：《致亲爱的朋友们》，《闻一多全集》第12卷，湖北人民出版社1993年版，第56页。

就是运用带色彩的意象来呈现音乐图式，同时达到了音乐美与绘画美的艺术效果。闻一多阅读过他的许多作品，深受其影响，认为“佛来琪唤醒了我的色彩的感觉”。并在其直接影响下创作了长诗《秋林》，还特别注明是“一篇色彩底研究”。① 如上文所析，《秋林》后来被修改成了《色彩》与《秋色》两首诗——如果说《色彩》还仅仅是凭借一个学者的深邃目光抽象地揭示了各种色彩的人生内涵；那么《秋色》则完全是以一个画家的审美视角摄取了大自然的丰富色彩，点染与涂抹了一幅幅美丽的秋色图。诗中所描画的涧水、枫叶、橡叶、栗叶、鸽子、小孩以及各种树木，各具色彩，互相交错，相互映衬，有机组成了秋天色彩的交响乐，真可谓五彩缤纷！诗人羡慕极了，情不自禁地渴望浸泡在大自然的色彩之中，穿着色彩，喝着色彩，唱着色彩，听着色彩，嗅着色彩，在色彩的包裹和熏染之下与色彩完全融为一体。此外，闻一多同期创作的《忆菊》在描绘菊花时也是用尽了赤橙黄绿青蓝紫，写得五光十色！他于 1923 年 3 月写成的长诗《园内》同样重视色彩的描写，“每景有一主要的颜色，晨曦是黄，夕阳是赤，凉夜是蓝，深更是黑”，以丰富的色彩来显示“宇宙底一切的美，——事理的美，情绪的美，艺术的美”②。许芥昱曾经对闻一多的《红烛》做过这样的概括：“包括在《红烛》中的六十二首诗，大多数的篇目也都用了相当多色彩强烈的词汇，在很多场合给予读者以异常深刻的印象。”③ 闻一多在受意象派影响期间似乎比较偏好色彩浓丽的诗风，他承认“《忆菊》，《秋色》，《剑匣》具有最浓缛的作风”，并对“有人诅之为堆砌”不以为然；他在与梁实秋讨论当时国内诗风时还强调说：“只要是个艺术家……以冲淡为风格也可，以浓

---

① 闻一多：《致梁实秋》，《闻一多全集》第 12 卷，湖北人民出版社 1993 年版，第 117 ~ 118 页。

② 闻一多：《致吴景超、梁实秋》，《闻一多全集》第 12 卷，湖北人民出版社 1993 年版，第 154 页。

③ Kai-Yu Hsu：WEN I-TO. 方仁念编《闻一多在美国》，华东师范大学出版社 1985 年版，第 35 页。

丽为风格亦无不可。”① 他这一诗风的形成，固然与李商隐和济慈的影响有关，但他当时极为崇拜的弗莱契的浓丽诗风则是不可忽视的更为直接的影响源。

2. 意象繁密，实现了意象的意境化。我国初期新诗主要重视白话语言与自由诗体这些外在形式，不太注重作为诗歌“内在质素”的意象，即使描写意象也比较粗率单薄。闻一多很不满意这种状况，他曾经批评五四初期白话诗人“都有一种极沈痼的通病，那就是弱于或竟完全缺乏幻想力，因此他们诗中很少浓丽繁密而且具体的意象”，不满“中国式意象”的“粗率简单”。② 其实闻一多早期有些诗歌也同样存在这一弱点，如《雨夜》中的“风雨”、《雪》中的“雪花”、《黄昏》中的“太阳”与“黑黯”、《二月庐》中的“瓦屋”与“燕子”等，基本上都是将单纯的自然物象直接摄入诗中，尽管有的也写得逼真如画，但却缺少艺术的想象与创造，形象比较单薄，意蕴并不丰厚。受意象派影响之后，闻一多开始注重意象刻画的丰富性与细密化，常常借助丰富奇特的联想和想象，围绕同一诗情尽力铺陈描写繁多的相关意象，增加诗歌意象的密度，通过反复渲染不断强化诗情浓度，进而创造出了意蕴丰厚的诗歌意境。《忆菊》、《剑匣》等诗堪称典型范例：在《忆菊》中，身处异国他乡的浪漫诗人在祖国的传统节日重阳节即将来临之际，自然勾起对登高饮酒赏菊的传统习俗的回忆，于是便发挥丰富的想象力，不仅尽情描绘了几十种菊花的不同形状与情态，而且深入揭示了菊花的历史文化内涵，使得菊花意象千姿百态、涵蕴丰厚，令读者目不暇接、诗情激荡！在《剑匣》中，沉醉在“艺术底凤阙”里的唯美诗人幻想化作“农夫”、“海夫”、“樵夫”采来奇珍异宝，并以自己的美梦为蓝本精心雕镂了笼罩神话气息的剑匣，种种神奇意象美不胜收、使人心醉情迷！从这些诗篇中，我们

---

① 闻一多：《致梁实秋》，《闻一多全集》第12卷，湖北人民出版社1993年版，第124、127页。

② 闻一多：《〈冬夜〉评论》，《闻一多全集》第2卷，湖北人民出版社1993年版，第66~69页。

可以看到意象派诗人的影子。

3. 意象含蓄，增添了意象的魅惑感。闻一多的早期诗歌喜欢在抒情的基调上通过情感线索贯穿意象，尽管有些意象也因比喻拟人等手法的运用而带有一些活力，但诗人难以自禁的浪漫情感常常要把自己直接推到前台来直抒胸臆，这样有时往往会冲淡甚至淹没意象，使得一些意象不够含蓄蕴藉，缺少耐人咀嚼回味的美学意蕴。接触了以罗厄尔为代表的意象派诗人及其诗作以后，闻一多深受启发。罗厄尔非常重视含蓄，她说："含蓄是我们从东方学来的重要东西之一。""如果非要我用一个词给这个习语的主要特征下个定义，我就会说这是'含蓄'，使人们在心中想到某个地方或某个人，而不是直接去描写这个地方或这个人。"① 在诗歌创作中，她强调运用"暗喻性"的意象化方法来呈现诗人的感受。如《中年》在"黑冰"、"漩涡纹"、"磨钝了的表面"等意象的类比中，传递出只可意会、难以言传的对人到中年怅然无奈的内心感受；《境遇》从"露珠"的两组意象的组合对比中传神地暗示出人生的不同境遇及其感慨；《风和银》、《秋雾》、《幻象》等也都是通过意象来含蓄地表现诗人的感觉。意象派诗人追求意象的含蓄性的特色与闻一多的幻象理论有相契合之处。后来闻一多又把意象、象征和我国古代诗学中"隐"的概念直接联系、沟通、融会起来，认为"西洋人所谓意象，象征，都是同类的东西，而用中国术语说来，实在都是隐"。② 在这里，闻一多已经不是从一般的思情与物象相融合的形象化的角度来理解意象，而是把意象与象征统一起来，突出意象的象征性和思情的隐含性。像他的《小溪》、《稚松》、《废园》、《火柴》、《玄思》、《春光》、《荒村》、《死水》等诗篇，都注重精心营构独特的意象，并将现代情思与人生哲理深蕴其中，运用意象来暗示情思，令人回味再三，颇得意象诗之精蕴。

---

① ［英］彼德·琼斯编，裘小龙译：《意象派诗选》，漓江出版社 1986 年版，第 76 页。

② 闻一多：《说鱼》，《闻一多全集》第 3 卷，湖北人民出版社 1993 年版，第 232 页。

4. 意象典型，勃发了意象的生命力。闻一多早期诗歌中的意象大多只是一般的景物素描，或者是作为诗歌整体的组成元素来描写，其中的单个意象则没有多少深刻意蕴与独立价值，因而难以给读者留下深刻的印象。接受了意象派诗风影响之后，闻一多自觉地把创造典型意象作为诗歌创作的追求，注重意象的精心选择与艺术创新。他常常在一篇诗歌作品中设置一个中心意象，并围绕这个中心意象，运用多种艺术手法进行多层次、多方位的细致刻画与深度开掘，努力提炼和升华出丰富而深刻的社会人生蕴涵，从而创造出丰满充盈的典型意象。比如《红烛》，诗人首先从李商隐“蜡炬成灰泪始干”的诗句中引申出“红烛”这一意象，然后从颜色、躯体、燃烧、流泪等外在形态到心火发光、牺牲自我、创造光明的内心世界对这一意象进行直接而细致的描绘，并同时赋予这一意象以闪光的灵魂、理想的人格与美好的追求，使这一意象不仅成为闻一多伟大人格的真实写照，而且成为中华民族奉献精神的诗化象征，因此这一意象堪称中国现代诗歌史上有着独特的审美价值和强大的艺术活力的经典意象。这是李商隐诗中的“蜡炬”所无法比拟的。此外，闻一多诗中的“红豆”、“太阳”、“菊花”、“死水”、“荒村”等也都是这样的典型意象。从某种意义上讲，闻一多诗歌正因为创造了这样一些典型意象，才具有了如此强烈的感染力与永久的生命力。

综上所述，闻一多的意象诗在凝聚了中国古典意象诗精华的同时又吸收了美国现代意象诗的营养，两者交融孕育了中西意象艺术合璧的“宁馨儿”，既遗传了中西意象诗的一些优良基因，又生成了许多独特个性，从而使他的诗歌意象世界形成了“浓丽、繁密、含蓄、典型”的审美特色。

论闻一多的译诗——以白朗宁夫人《十四行诗》为例

邹小娟
（武汉大学）

1928年，《新月》杂志的创刊号登载了英国女诗人白朗宁夫人《十四行诗》的其中10首，以及由闻一多翻译成中文的译诗。闻一多作为中国著名诗人和"新月派"诗学的主要倡导人之一，他的译诗是有特定的目的的，对于"新月派"诗学的建构和阐释具有重要的意义。闻一多的译作虽然不多，但他认为应该多翻译"西洋的古今名著"，所以他特地挑选了郝士曼（A. E. Housman.）、劳伦斯·霍普（Laurence Hope）、哈代（Thomas Hardy）、白朗宁夫人（E. B. Browning）、蒂斯黛儿（Sara Teasdale）、米蕾（E. V. Millay）等人的作品。这些外国作品的翻译和介绍，对闻一多以及后来诗人的诗歌创作与中国新诗理论的构建，都产生了积极的影响。紧接着闻一多翻译《白朗宁夫人的情诗》之后，徐志摩在《新月》上赞扬闻一多的译诗，肯定了译诗的意义：

> 一多这次试验也不是轻率的，他那耐心先就不易，至少有好几首是朗然可诵的。当初槐哀得与石垒伯爵既然能把这原种从意大利移植到英国，后来果然结成异样的花果，我们现在，在解放与建设我们的文学的大运动中，为什么就没有希望把他从英国移植到这边来？开端都是至为细微的，什么事都得人们一半凭纯粹的耐心去做。为要一来宣传白夫人的情诗，二来引

起我们文学界对于新诗体的注意。①

西方十四行诗发源于意大利，流行于文艺复兴时代的欧洲大陆，16世纪中叶传入英国，此后，风行于英国，莎士比亚是英国十四行诗歌的代表诗人。十四行诗以其完整的结构、适中的篇幅和抒情的叙事成为英国诗歌的典范，一系列性质相似或连续发展的诗歌内容，由组诗的形式贯穿起来，以表达爱情的诗歌主题为主。十四行诗格律严谨，富有音乐性，它对诗行、结构、韵式和音步都有严格的要求。

英语十四行格律诗从形式上讲包括节奏（rhyme）、音节（foot）、诗行（verse）和诗体（poetical style）。诗歌的节奏（rhythm）由韵和音步组成，韵常常体现在内韵和韵脚的使用；音步是音节和音节之间的组合或语气的停顿，英美诗歌严格规定音步，音步以“轻重格”为最普通；在音步之内，轻音与重音相间成节奏，形成固定的音节，每行十个音节。英国十四行诗有固定的音步，轻重格五步音，也有固定的韵式和主题发展模式，诗歌的最后两句统领全局，起到画龙点睛之笔。

闻一多倡导新诗格律化，诗歌要讲究“音乐美”、“绘画美”、“建筑美”，他在其著名诗论《诗的格律》中提到，格律就是form（形式），是节奏，决不能有没有节奏的诗。格律可以从视觉和听觉方面来讲，视觉的格律有节的匀称，有句的均齐；听觉的格律有格式、有音尺，有平仄，有韵脚，没有节的匀称和均齐。②

本文之所以选取闻一多在《新月》杂志上发表的译诗，因为他在中国新诗领域里是一位具有代表性的诗人和诗论家。以白朗宁夫人的《十四行诗》与闻一多的译诗为例，从中英诗歌的格律特点和诗歌的内容的角度，通过比较分析，考察闻一多的译诗是否在最大程度上接近原作，展现原诗歌的艺术之美。

---

① 徐志摩：《白朗宁夫人的情诗》，《新月》1928年第1期。

② 闻一多：《诗的格律》，《红烛·死水》，复旦大学出版社2006年版，第261页。

一、音律之美

白朗宁夫人（E. B. Browning）是19世纪英国杰出的女诗人，39岁遇到诗人白朗宁，爱神才将女诗人从阴暗的角落拯救出来，诗歌为她带来了惊世的爱情，伟大的爱情也改变了女诗人的整个人生。婚后，为了表达对丈夫的爱意与感激之情，女诗人写下了《葡萄牙人十四行诗》，共44首。①《新月》作为“新月派”文学主张的唯一杂志，选取了白朗宁夫人前10首英语诗歌和闻一多翻译为汉语的译诗，可见，其意义绝非寻常。鉴于论文的篇幅有限，本文仅以第一首和第二首英诗和译诗为例，分别讨论、分析其艺术特色。

SONNETS FROM THE PORTUGUESE	白朗宁夫人的情诗
Mrs. E. B. Browning	闻一多译
I	（一）
I thought once how Theoritus had sung	我想起昔年那位希腊的诗人，
Of the sweet years, the dear and wished for years,	唱着流年的歌儿——可爱的流年，
Who each one in a gracious hand appears	渴望中的流年，一个个的宛然
To bear a gift for mortals, old or young;	都手执著颁送给世人的礼品：
And, as I used it in his antique tongue,	我沉吟着诗人的古调，我不禁
I saw, in gradual vision through my tears,	泪眼发花了，于是我渐渐看见
The sweet, sad years the melancholy years,	那温柔凄切的流年，酸苦的流年，
Those of my own life, who by turns had flung	我自己的流年，轮流掷着暗影，
A shadow across me. Straightway I was ware,	掠过我的身边。马上我就哭起来
So weeping, how a mystic Shape did move	我明知道有一个神秘的模样
Behind me, and drew me backward by the hair	在背后揪住我的头发往后拽，
And A voice said in mastery, while I strove	正在挣扎的当儿，我听见好像
“Guess now who holds thee?”—“Death”I said. But,there	一个厉声“谁揪着你，猜猜！”

① 因为罗伯特·白朗宁常称爱妻为“我的小葡萄牙人”，因此，这组十四行诗歌被命名为《葡萄牙人十四行诗》。

The silver answer rang, "Not Death, but Love." "死，"我说。"不是死，是爱，"他讲。

从诗歌的外在形式来看，原诗与译诗诗行相同，均为十四行。英诗的每一行基本是十音节，闻的译诗除了最后的两行外，其他十行也是十二字诗行。白诗的韵脚为abba，baab，cdcd，cd，以单音节词为韵脚，闻的译诗韵脚基本也是abba，baab，cdcdcd，以双音词押韵，所以说闻的译诗呈现了原诗作的韵脚和谐之美，读起来朗朗上口，若行云流水，将白朗宁夫人内心的丰富的感情波动表现得淋漓尽致。在诗歌中，除了韵脚外，诗行内部的韵被称为内韵。第一行内，once和Theoritus押韵［s］，第二行内，years和dear押韵［iə］，第三行内，gracious和appears押韵［s］。每一诗行由不同的音步组成，白诗中音步为五音步，每一音步由轻重格组成，标注如下：

I'thought/' once/'how Theo/'ritus /had 'sung/
Of the'sweet /'years/, the 'dear /and 'wished /for 'years, /
Who'each /'one in /a 'gra / cious 'hand /'appears/
To 'bear/ a 'gift /for 'mortals, / 'old or /'young; /
And, as / I 'used it /in his /an'tique/ 'tongue, /
I' saw, / in 'gra/dual 'vision/' through /my 'tears, /
The' sweet, /'sad years/ the 'me/lan'choly /'years, /
' Those of /my 'own / 'life, who /by' turns/ had 'flung/
A'shadow /'across me/. 'Straightway/ I 'was /' ware, /
So 'weeping/, 'how a / 'mystic /'Shape /did 'move /
Be'hind /me, / and 'drew me /'backward /by the 'hair /
And A'voice/ 'said/ in 'mastery, / while I /'strove /
"'Guess now /who' holds/ 'thee?" "'Death" / I' said. / But, 'there"/
The'silver/' answer /'rang/, "Not 'Death, /but 'Love. " /

再看看译诗中的音尺：

我想起/昔年/那位/希腊的/诗人/，
唱着/流年的/歌儿/——可爱的/流年/，
渴望/中的/流年，/一个个的/宛然/
都/手执著/颁送给/世人的/礼品/：
我/沉吟着/诗人的/古调，/我不禁/
泪眼/发花了/，于是/我渐渐/看见/
那温柔/凄切的/流年，/酸苦的/流年/，
我自己的/流年/，轮流/掷着/暗影/，
掠过/我的/身边。/马上/我就哭起来/
我明/知道/有一个/神秘的/模样/
在背后/揪住/我的/头发/往后拽/，
正在/挣扎的/当儿，/我听见/好像/
一个/厉声/“谁/搂着你/，猜猜！/”
“死，/”我说。“/不是死，/是爱，/”他讲/。

以二字或三字五音尺为基准，这样诵读起来节奏感非常强，似海浪般汹涌起伏，达到听觉上的享受。

再次，诗歌除了外在形式上的节奏之外，诗人通过词语之间的张力，表达情感起伏的内在变化，形成诗歌内在的节奏。闻一多不仅把情感视为诗歌的“真精神”和“灵魂”，而且还论述了诗的感情和诗美的关系。他说；“诗是被热烈的情感蒸发了的水汽之凝结，所以能将这种潜伏的美十足的充分的表现出来。”①

女诗人的十四行诗歌情感丰富，作为献给诗人丈夫罗伯特·白朗宁的私人礼物，白朗宁称赞她不但给了他一份无价的礼物，还给人类创造了一种独一的至宝。②

徐志摩在《新月》上称白朗宁夫人是继莎士比亚后，近

① 闻一多：《冬夜评论》，《闻一多全集》第2卷，湖北人民出版社1993年版，第64页。

② 徐志摩：《白朗宁夫人的情诗》，《新月》1928年第1期。

代写“商籁体”最有名的诗人之一。他评价“商籁体”是西洋诗式中格律最谨严的，最适宜于表现深沉的盘旋的情绪。像是山风，像是海潮，它是圆浑的有回响的音声，在能手中它是一双完全的弦琴，它有最激昂的高音，也有最呜咽的幽声。①

白朗宁夫人的44首十四行诗，记录了她的过去爱情的经历和对爱情的独特体验，描写了她最早对爱情的怀疑、内心的自卑和后来爱情带给她的惊喜和欢乐，诗人反复吟唱“爱情”和“死亡”两大对立的主题。以第一首诗歌为例，女诗人在诗歌的开头，借用古希腊真纯乐观的诗人，表达自己获得爱情后快乐的心情，但转眼又想起她自己的“酸苦的流年”，与古希腊诗人的“可爱的流年”形成强烈的对比，正当她为自己不幸的遭遇垂泪伤神之际，爱情以不可阻挡的汹涌气势降临到她身上，“在背后揪住我的头发往后拽”，“快乐—悲伤—快乐”波浪形的情感变化让诗歌充满了激情。第二首诗中，在女诗人的世界里只有爱情的存在，在她全身心地倾听爱人的誓言之际，作为统治者的上帝否定了她的爱情的存在，她哭泣、昏迷，最后又起来抗争。女诗人的心情从平静到震惊又到激烈地反抗，就是一曲由平缓到激昂的乐曲。

虽然，闻尽力地还原十四行英诗外在的结构特征，但由于中英文诗歌属于不同的语体，诗人在各自不同文化中的思维方式也明显不同。作为跨文化的译者，为了传递诗歌内在的诗味，适当的调整是译者经常采取的策略。从字面意思考察，闻对每一行英诗基本都严格按照对应的意义进行直译，但对白诗的第一句和第二句糅在一起进行重新整合，也对原诗某些地方进行了处理，例如：白诗第一句提到的“Theoritus”，根据同期《新月》徐志摩《白朗宁的情诗》一文，徐认为白夫人提到的那位“Theoritus，是古希腊的一位诗人，该文化里最迟开的一朵鲜花，他是一个真纯乐观的诗人，在他的诗里永远映照着和暖的阳光，回响着健康的笑声”。② 闻将这

① 徐志摩：《白朗宁夫人的情诗》，《新月》1928年第1期。
② 徐志摩：《白朗宁夫人的情诗》，《新月》1928年第1期。

位诗人译为“那位希腊的诗人”，将具体的概念笼统化，读者如果不借助注释或其他方式的解释，就比较难以直接领会原诗的意味，如果能直译为“希腊诗人梯奥克主德斯”，读者更易理解此隐喻的准确含义。显然，闻氏如此译法估计不是随意而为，更多的是考虑到与第四行诗歌的韵脚“ren”与“pin”押韵，更符合格律诗的音韵之美。同样，白诗第三行中，“mortals, old, young”特指面临死亡的人、老人和年轻人，为了达到简约之美，闻氏译作“世人”，和本行中“礼品”形成对应的音步，这种译法堪称精妙。译诗第四行的“我不禁”，实际上是译者的创造，目的是为了和上一行最后一个“品”字押韵，这样灵活的方法也是可取的。原诗中最后一行的“silver answer rang”闻氏将它挪译在上一行，更明显易懂，并且增加了诗歌的张力。

二、诗情之浓

以组诗的第二首为例，来分析白诗和闻诗的特点。

II	（二）
BUT only three in all God's universe	可是在上帝的全宇宙里，总共
Have heard this word thou hast said-Himself, beside	总有三个人听见了你那句话——
Thee speaking and me listening! And replied	除了讲话的你，听话的我，便是他——
One of us……that was God, ……and laid the curse	上帝自己！并且我们三个人之中，
Seaorkly on my eyelid, as to amerce	还有一个答话的……那话来得可凶
My sight from seeing thee, that if I had died,	诅得我一阵昏迷，一阵的眼花，——
The deateweights, placed there, would have signified	我瞎了，看不见你了……那一刹那
Less absolute exclusion. “Nay” is worse	的隔绝，真比“死”还要严重。
From God than from others, O my friend!	因为上帝一声“不行”比谁都厉害！
Men could not part us with their worldly jars	尘世的倾轧捣不毁我们的亲昵，
Nor the seas change us, nor the tempests bend;	风雷不能屈挠我们，海洋不能更改，
Our hands would touch for all the mountain-bars	我们的手伸向峻岭，互相提携，
And heaven being rolled between us at the end.	临了，天空若滚到我们中间来，
We should but vow the fastea for the stars	我们为星辰起誓，还要更加激烈。

在这首诗的开篇，诗人将她绝世的爱情置于空旷博大的宇宙之中，在她的精神世界里，只有上帝和爱情的存在，当爱情受到上帝“不行”的否定后，诗人感觉到自己生命即将枯萎，“昏迷”、“眼花”、“比死还严重”……死亡会接踵到来。女诗人创造了“上帝”这个代表世俗力量的意象，不同于传统信仰中拯救人类的上帝，他横亘于她和她心爱的人之间，阻隔他们之间的情爱。因为，诗人与他之间社会地位悬殊，罗伯特·白朗宁当时已经拥有著名诗人的高贵身份，是王公贵族的座上常客，而她虽然才华横溢，却是一位常年蜷缩在阴暗角落里的苍白的病人。她身残志坚，虽然上帝阻隔、否定她爱的权利，但爱情是她的生命，她必须坚强地去抗争、去奋斗。因此，她立下了坚贞的誓言“风雷不能屈挠，海洋不能更改，我们的手伸向峻岭，互相提携，为星辰起誓……”“风雷”、“海洋”和“峻岭”、“星辰”不同的意象分别代表了不同的意义，前类隐喻阻碍爱情的艰难险阻，后者表达了诗人无比坚贞的信念，要去克服困难，跃过崇山峻岭，让爱情与星辰同辉。短短的一首诗歌，女诗人用自己的真实感受，将爱之歌唱响于全宇宙。

闻一多通过运用恰当的语词将原英诗的诗情、诗骨都最大程度地表现出来，但有些地方的翻译仍然值得斟酌。

闻一多先生对于原诗歌题目的翻译，如果从诗学倡导者的角度，那么意译是可以接受的。原英诗的题目按照字面意思应该为“葡萄牙人十四行诗”，但闻一多先生译为“白朗宁夫人的情诗”，如果按照严复“信达雅”的翻译标准，此译文恐怕值得商榷。但闻的翻译更能清楚地表达原十四行诗的爱情主题，使当时的读者更容易理解和接受这种新的诗体。因为在当时，欧洲的十四行诗体还没有大量引入到中国新诗体中，广大读者对十四行诗还处于陌生的认识层面，所以，我认为闻的译法具有一定的可取性，但削弱了原诗的诗味。原诗是白朗宁夫人婚后用“十四行诗”的诗体来表达对丈夫白朗宁的爱恋之情，用丈夫送给的爱称“葡萄牙人”作为诗歌的题目，表达了超越于情诗之外的深厚情谊，表达了女诗人对丈夫爱的欣赏和感激之情，闻的译诗可能就不能如实表达情诗之外的意味。

白诗的第二首诗歌中，首行首词使用的是转折词“BUT（但是）”，并使用大写字母，强调第二首与前一首诗歌结尾意义的转折，暗示了她内心对自己获得爱情真实性的怀疑。英文是表音的文字，中文是表意的文字，闻的译诗只能应用相对应的转折词“可是”，但失去了原诗的强调功能。第九行的行末，“O，My friend!（哦，我的朋友!）”是诗人情感上的又一次转折，当她听到上帝对她的爱情持否定的态度，她几乎眩晕，但她坚定不屈的性格使她奋起，用“哦，我的朋友”开始对“上帝”进行挑战，向爱神发誓表决。闻的译诗没有能将此情感忠实地表达出来。此首诗的倒数第二行原文“And heaven being rolled between us at the end.”，闻翻译为“临了，天空若滚到我们中间来”，有悖于英文原意，该英文诗句是被动语态，大意是“最后，天空被我们征服”，表达了诗人成为自己命运的主人，诗人的伟大爱情无比强大，可以征服一切困难，如果按闻所翻译的“天空若滚到我们中间来”，那么天空成为主宰诗人命运的主体，仍然阻隔诗人的爱情，抹去了爱情可以征服一切的强大力量。

总的来说，闻一多对白朗宁夫人十四行诗的翻译是成功的，无论按照严复“信达雅”的标准，还是后来傅雷先生提出的“传神论”或者是钱钟书先生的“化境说”，闻的译诗从内容和形式与原英诗都比较贴近，将诗意、诗情用合适对应的语词准确地表达出来，为中国新诗体十四行诗的建构和推广起到了非常重要的作用。同时，也对中国 20 世纪 30 年代“新月派”诗歌格律化，诗歌“三美”主张的提出等起到了进一步阐释的作用。当然，诗歌的翻译本身是一项艰巨的工程，不仅仅是语言和文化层面的转换，译者的艺术欣赏水平和审美意识也决定着译诗的成败，所以具有极大的挑战性，难免出现细小的瑕疵，有些细节和原诗没有达到完全的统一，但闻的译诗已经把原诗歌的诗味、诗情、诗思等艺术特色最大程度地展现给了读者，无疑，为中国新诗的迅速发展起到了重要的作用。

闻一多与废名的新诗批评比较[①]

陈　茜
（江西师范大学文学院）

闻一多和废名二人同为中国现代文学史上的诗人、作家、学者兼评论家。对于中国新诗的评论，闻一多跨越了20世纪20年代到40年代。他还是清华文学社成员时，就涉足对同学新诗的评论，五四诗歌俞平伯的《草儿》集、郭沫若的《女神》集及后起诗人朱湘、饶孟侃、陈梦家、臧克家、艾青、田间等人的诗歌都进入过他的评论视野。② 尽管他并不专门从事新诗研究，而更像一个新诗评论界的"票友"，可是他的新诗理论和新诗评论对新诗创作的影响不可估计。30年代中期，废名作为北京大学讲师开设了现代文艺课程，课程的讲义为他的一个学生保存。后来在这本讲义的基础上，整理出了《谈新诗》，从中能够看到废名系统地对中国五四早期的诗歌创作进行过评论，涉及的诗人有胡适、沈尹默、刘半农、鲁迅、周作人、康白情、湖畔诗社、冰心和郭沫若等人。30年代末，在得到卞之琳、林庚、朱英诞、冯至等人赠送的诗集之后，为使课程完整，废名继续撰写评论，后由他人结集成《新诗十二讲》。

对比闻一多和废名二人的评诗的观念、评诗标准、评诗风范以及他们在文学史上的影响，我们可以听到中国新诗在前进中的脚步声。

---

①　本论文获得江西省高校人文社科项目资助，项目号为：WX0605。

②　可参考陈卫：《闻一多诗学论》，广西师范大学出版社2000年版，第259～263页。

一

闻一多1912年进入清华学校。在这所实行美式教育的学校里，闻一多接受了中国经典和西方文学、历史、哲学等方面的教育。因为个人兴趣，他爱好美术和文学，先后在学校的文学社团担任美术和文学编辑。在五四文化运动之前，闻一多的诗歌创作主要是以旧格律诗为主，自从白话诗风潮盛行，作为《清华周刊》诗歌版的主编，闻一多在1921年号召同学们“要做诗，定得做新诗”。① 就在这一年，他评论了周刊上发表的除自己创作6首以外的其余十首新诗，写下《评本学年〈周刊〉里的新诗》，肯定同仁的努力和收获。依据诗歌的内容与形式，他提出以下批评观点：诗的价值在于内在原素——批评“首重幻象、情感、次及声与色底原素”②；诗要有美的形式——“美的灵魂若不附丽于美的形体，便失去它的美乐”③；诗与性别的关系——“女性是诗人底理想，诗人眼里宇宙间最高洁醇美的东西便是女性……若是没有女人，一大半的诗——一大半最宝贵的诗，不会产生了”④。诗歌的创作态——“诗人胸中底感触，虽到发酵底时候，也不可轻易放出，必使他热度膨胀，自己爆裂了，流火喷石，兴云致雨，如同火山一样——必须这样，才有惊心动魄的作品”⑤；诗与哲学的关系——“诗家须有一种哲学，那便是他赐给人类的福音……若是表现得法，这首诗

① 闻一多：《敬告落伍的诗家》，《闻一多全集》第2卷，湖北人民出版社1993年版，第38页。

② 闻一多：《评本学年〈周刊〉里的新诗》，《闻一多全集》第2卷，湖北人民出版社1993年版，第40页。

③ 闻一多：《评本学年〈周刊〉里的新诗》，《闻一多全集》第2卷，湖北人民出版社1993年版，第42页。

④ 闻一多：《评本学年〈周刊〉里的新诗》，《闻一多全集》第2卷，湖北人民出版社1993年版，第45～46页。

⑤ 闻一多：《评本学年〈周刊〉里的新诗》，《闻一多全集》第2卷，湖北人民出版社1993年版，第47页。

也就成了好诗”①；还有新诗与旧诗的关系——“我并不是说新诗不应取材于旧诗……旧诗里可取材的多得很，只要我们会选择”。②

从闻一多最初的评论来看，内容较为芜杂，主要是对新诗具体作品的有感而发。从他的写作方式看，喜欢引用中西文的名家观点来辅助自己的看法。比如说，他先肯定西方诗人克慈（keats）诗中的幻象描写，认为“真诗人都是神秘家”，有幻象描写才有了真诗，并来类比同学作品中有此原素，与苏轼诗歌的某些诗句也一致，等等。形式分析时，注意汉语的特殊性，也更注意用细读文本的方式，将诗歌的字句好在何处落实到底。

据周作人在《谈新诗》的序中说，废名于民国二十四年至二十六年在北京大学当讲师，在这期间，给北京大学学生开设现代文艺这门课，主要讲新诗。我们从2006年辽宁教育出版社出版的《新诗十二讲》的编排中可以看到，《谈新诗》从五四时期第一部新诗集开始，涉及9位诗人。20世纪30年代后期，又补充了4位诗人，包括废名自己的现代诗，其他还有新诗问答，诗集序言等与诗相关的诗文。

废名在做北大讲师之前在北大英文系毕业，熟读莎士比亚英文原作，但是他接下了北大国文系给他的聘书后，由上散文习作而开设现代文艺，首讲新诗，目的应是为了系统向学生展示现代诗歌的创作群体，传播新诗的理念，肯定五四时期的新诗佳绩。

在废名的讲述中，认为新诗应该是自由诗，旧诗是做出来的，“情生文，文生情”。③ 他从鉴赏的角度，评析了13位诗人的多首代表作。比如他评价较高的有周作人、刘半农、郭沫若和卞之琳。因胡适的《尝试集》在早期白话诗中有代表性，作为首选，连讲了三次。废名评新诗以深厚的古典诗学作为基础，我们可以看到他

① 闻一多：《评本学年〈周刊〉里的新诗》，《闻一多全集》第2卷，湖北人民出版社1993年版，第49页。

② 闻一多：《评本学年〈周刊〉里的新诗》，《闻一多全集》第2卷，湖北人民出版社1993年版，第51页。

③ 废名：《新诗十二讲》，辽宁教育出版社2006年版，第12页。

经常引用古代诗歌做例子，甚至在讲完胡适之后专门增加“已往的诗文学与新诗”这一堂课，特为比较古诗与新诗的差异。借古诗析新诗方式的选择，在当时有一定的特殊性：中国现代诗的读者以及作者都有较深的古典诗歌积淀。到底什么是新诗？评论语言不能自足，只好借鉴。由于对西方诗歌和诗歌理论还未系统接受，古代诗歌于是自然成为一个参照系。废名授课的对象是大学学生，课程带有新诗启蒙性质，鉴赏性特点相当明显。

二

闻一多是一个善于接受新生事物的评论者，他的评论具有现代意识。在《敬告落伍的诗家》中，他引用当时大名鼎鼎的胡适语录，“告人此路不通行，可使脚力莫枉费”，鼓励同学“若真要做诗，只有新诗这条道走，赶快醒来，急起直追，还不算晚呢”。要做试帖，“只千万要做得搜藏一点”，“有人在那边鼓着嘴笑我们腐败呢!”①

1921年附印于同学诗后的评论中出现了“性欲杀欲两个半杯文化征服的原始冲动底发泄”句子，我们知道，“性欲”和“原始冲动”等词语来自于弗洛伊德的性欲理论。在《评本学年〈周刊〉里的新诗》中再次谈到此诗时，他干脆将弗洛伊德的性欲理论作具体讲解，可见闻一多较早地将现代西方精神分析理论引进诗歌评论中。另在评论郭沫若诗歌的两篇文章《〈女神〉之时代精神》《〈女神〉之地方色彩》中直接肯定郭诗中的现代意识：20世纪是动的、反抗的世纪，诗中富有科学成分，还认为科学的发达使全世界人类的相互关系捆得更紧，物质文明的结果便是绝望与消极。因为有着现代意识，闻一多才能从郭沫若的诗歌中分辨出现代成分。闻一多提出建设新格律诗的理论，并不是为了维护旧格律诗，而是借鉴旧格律诗的精华，结合西方诗歌的长处，改造中国新诗。

① 闻一多：《敬告落伍的诗家》，《闻一多全集》第2卷，湖北人民出版社1993年版，第38页。

闻一多的理论文章较多受到西方学者的影响①，逻辑严密，语言精简。如1926年发表的《诗的格律化》，对比古诗与新诗的不同，提出诗歌格律的重要性以及建设中国新诗的新形式。在评论诗歌时，流露出更多的诗人特色。文字中有强烈的鄙赞情绪，也喜欢使用诗人爱用的比喻和排比修辞，思绪跳跃，语调飞扬。《〈女神〉之时代特征》是这样开头的：

> 若讲新诗，郭沫若君底诗才配新呢，不独艺术上他的作品与旧诗词相去最远，最要紧的是他的精神完全是时代的精神——二十世纪的精神。有人讲文艺作品是时代底产儿。《女神》真不愧为时代底一个肖子。

没有引用名家之说，凭着自己最直观的感受，把郭沫若诗歌带来的新鲜感用几句话概括，就像一个率直天真的儿童，不知修饰。

再如《〈女神〉之地方色彩》中讲到新诗的现状，有一连串的反问，像是一个激情演说的爱国青年②：

> 现在的新诗中有的是“德谟克拉西”，有的是泰果尔，亚坡罗，有的是“心弦”、“洗礼”等洋名词，但是，我们的中国在哪里？我们四千年的华胄在哪里？哪里是我们的大江，黄河，昆仑，泰山，洞庭，西子？又哪里是我们的《三百篇》，《楚骚》，李，杜，苏，陆？

同样是与郭沫若的诗篇相遇，废名更多的是就诗论诗。他认为郭沫若的《夕暮》“是新诗的杰作”。③ 依据是什么呢？“用旧体诗

① 在闻一多的报告提纲《中国诗歌中的节奏》后面可以看到他所列出的参考书目，除了胡适的两个外，其余都是西方文论家的论文或书籍。

② 闻一多：《〈女神〉之地方色彩》，《闻一多全集》第2卷，湖北人民出版社1993年版，第119页。

③ 废名：《新诗十二讲》，辽宁教育出版社2006年版，第141页。

裁不能写出这样的诗来，这首新诗也用不着什么新诗格律了”，还有“看见天上的云，望着荒原的山，诗人就昂头诗成了，写得天衣无缝。这首诗真能表现一个诗人”。这就是废名的理由，他本着他的读诗标准：自然天成就是好诗，“真正的中国新文学，并不一定要受西洋文学的影响的”。① 为了进一步论证郭沫若诗歌的特色，他也联系中国诗人：比较冰心与郭沫若诗歌的风格差异，再联系中国古代诗人风格进行类比，提出郭沫若的诗“本来是乱写，乱写才是他的诗，能够乱写是很不易得的事。其实《冰心诗集》里的诗何尝不是乱写的，《离骚》的句子可以写在郭沫若氏的新诗里，苏东坡的词句自然也可以写在冰心女士的新诗里”②。

对于郭沫若诗歌，闻一多欣赏的是诗中的现代意识和地方色彩，废名欣赏的是郭沫若写自然的诗篇。对闻一多所肯定的“动”，废名不太欣赏，他指出《立在地球边上放号》“无限的太平洋把地球推倒了，地球也无非又来一个‘洪水时代’罢了，太平洋自己也在滔天大浪之中”。

三

废名的评论与他的诗一样，尽量客观，重联想与对比。在联想对比中暗示所要表达的含义，不太爱直说。乃至废名的诗歌标准，让人们有些疑惑。在《新诗应该是自由诗》中他讲道“有一天我又偶然写得一首新诗，我乃大有所触发，我发见了一个界线，如果要做新诗，一定要这个诗是诗的内容，而写这个诗的文字要用散文的文字”。③ 诗的内容是什么呢？废名也有过解释：“在这一刻以前，他是没有料到他要写这一首诗的，等到他觉得他有一首诗要写，这首诗便不写亦成功了，因为这个诗的情绪已自己完成，这样便是我所谓诗的内容。”废名所谓诗的内容不是我们现在说的诗歌

① 废名：《新诗十二讲》，辽宁教育出版社 2006 年版，第 188 页。
② 废名：《新诗十二讲》，辽宁教育出版社 2006 年版，第 142 页。
③ 废名：《新诗十二讲》，辽宁教育出版社 2006 年版，第 25 页。

题材，而是从创作角度提出的。从文本来理解，他说的应该是指直觉思维，即灵感突至，并将灵感到来时的一些词语记录下来，这就是诗的内容。对吗？在评论胡适的《一颗遭劫的星》时，他认为这首诗是“非意识的写出来的，写出来乃能感人了”①，这句话给我们透露一个理解诗内容的信息，那就是：不是有意去寻找一种写作题材，而是由灵感触发，不加有意识的人工修饰，这样的作品就是天然的诗，就是好作品。换一种理解：在万千大世界中，对很多事物习以为常，没有过想法。当灵感到来时，突然对事物有了陌生感受，这时候大脑里出现的文字直接沟通人与自然的信息，这就是诗的内容。这些想法都是笔者从废名评讲的胡适、冰心、康白情、卞之琳等人的诗例中，逐渐捕捉到的意思。废名在讲述自己诗歌的时候，还提到好诗的另一标准，那是从他自己的诗提出的。他说：“他们（笔者注：指他前面讲过的诗人）的诗写得很好，我是万不能及的，但我的诗也有他们所不能及的地方，即我的诗是天然的，是偶然的，是整个的不是零星的，不写还是诗的。”② 人们说废名的文字中充满禅意，这种对诗的标准之说，也可算是可意会不可言传吧。

废名评论诗的时候重个人印象，词语相对朴素，颇有古代诗评家之风。对我们现在讲究细读、喜欢采用跨学科研究手段的诗歌评论者来说，或许应该说废名评论用词简单，论述不足，多为个人感受性的表达，缺少细致分析。这也是他在诗歌评论界相对比较沉寂的原因。他用“真实自然”、“质朴”来评论胡适的部分好诗③，说《扬鞭集》作者是很“结实”④ 的诗人，用“古风的苍凉”⑤来形容鲁迅的诗，周作人的“和平与文明的德行，平平实实，疏

① 废名：《新诗十二讲》，辽宁教育出版社2006年版，第15页。
② 废名：《新诗十二讲》，辽宁教育出版社2006年版，第218页。
③ 废名：《新诗十二讲》，辽宁教育出版社2006年版，第17页。
④ 废名：《新诗十二讲》，辽宁教育出版社2006年版，第69页。
⑤ 废名：《新诗十二讲》，辽宁教育出版社2006年版，第78页。

疏朗朗"① 写在诗中，康白情的诗"新鲜爽利"②，林庚的诗"确实豪放"③，卞之琳的《车站》"真是最美丽最新鲜而且最具体的诗"④，《无题》"《无题》之佳，应是无以复加，不知子都之美者，无目者也"。⑤

废名最初讲诗时，文本本身展开论述不多，多是围绕文本不断引出古诗对比，其目的是使学生在比较中感悟新诗之美。不过20世纪30年代后期对卞之琳等人的评论相对要细致一些。

闻一多评论诗时，擅长联想，想象力更为丰富，为人热情，为文也热情。他的很多诗歌评论都是应朋友或学生的要求写的，有的还是演讲，如《艾青和田间》。他能及时结合朗诵气氛和时代氛围，根据诗人特色和接受者身份，指出艾青诗歌"表现人民及战争，用我们知识分子最心爱的，崇拜的东西与装饰，去理想化"，而"我们能欣赏艾青，不能欣赏田间，因为我们跑不了那么快。今天需要艾青是为了教育我们进到田间，明天的诗人"。⑥ 闻一多虽是知识分子，但是从时代的作用出发，他对两位诗人的境界的高低进行了个人性的评价。在战争年代，他认为田间的诗歌能"鼓舞你爱，鼓舞你恨，鼓舞你活着，用最高限度的热与力活着"⑦，热情四射。

闻一多对同学热情，对同仁郭沫若热情，对他的学生陈梦家、臧克家也很热情，但是出乎人们意料的是，徐志摩不幸飞机失事后，当时怀念徐志摩的文章不计其数。闻一多作为徐志摩的合作者，曾给徐志摩专栏写稿，给徐志摩的诗集设计封面，这时有人请

① 废名：《新诗十二讲》，辽宁教育出版社2006年版，第89页。

② 废名：《新诗十二讲》，辽宁教育出版社2006年版，第91页。

③ 废名：《新诗十二讲》，辽宁教育出版社2006年版，第193页。

④ 废名：《新诗十二讲》，辽宁教育出版社2006年版，第178页。

⑤ 废名：《新诗十二讲》，辽宁教育出版社2006年版，第181页。

⑥ 闻一多：《艾青和田间》，《闻一多全集》第2卷，湖北人民出版社1993年版，第233页。

⑦ 闻一多：《时代的鼓手》，《闻一多全集》第2卷，湖北人民出版社1993年版，第201页。

他写一篇纪念徐志摩的文章，他拒绝了。拒绝的原因跟徐志摩的生活方式有关。

废名是一个独立不倚的学者。他在评论时尽管引用当时学术权威胡适的话，但他对胡适的态度就像池中清影，不浊不粘。在《新诗应该是自由诗》中，他多次批评胡适，认为他的一些诗玩的是文字游戏，甚至带有嘲笑地说道“白话诗的元勋胡适之先生，他还是对于做旧诗填词有兴趣的，我想他还是喜欢那个”。① 虽肯定胡适的“诗体大解放”是对的，“然而他的前提夹杂不清，他对于以往的诗文学认识得不够”，还批评胡适对旧诗的“元白”易懂派和“温李”难懂派的理解偏差，二派的不同在于“辞汇”，不是文法。而胡适“没有看清楚这根本的一点，只是从两派之中取了自己所接近的一派，而说这一派是诗的正路，从古以来就做了我们今日白话新诗的同志，其结果我们今日的百花新诗反而无立足点，元白一派的旧诗也失其存在的意义了”。② 废名认为李商隐的诗“才真有诗的内容”，温庭筠的词“简直走到自由路上去了”。③

对于新月派的诗人，废名贬多于褒，认为他们“勤勉虽然可钦”，但缺乏反省精神。④ 他的《谈新诗》中没有评论过闻一多和徐志摩的任何一首诗，对他们的态度不甚客气。他嘲笑闻一多：新诗作家乃各奔前程，各人在家里闭门造车。……与西洋文学稍为接近一点的人又摸索西洋诗里头去了，结果在新诗坛上又有了一种“高跟鞋”。我记得闻一多在他的一首诗里将“悲哀”二字颠倒过来用，作为“哀悲”，大约是为了叶韵的缘故，我当时曾同了另一位诗人笑，这件事真可以“哀悲”。⑤

在评论《扬鞭集》“写得那么容易，那么庄严，那么令人亲近”时，联想到徐志摩，非常不客气地批评：“我总觉得徐志摩那一派

① 废名：《新诗十二讲》，辽宁教育出版社2006年版，第23页。
② 废名：《新诗十二讲》，辽宁教育出版社2006年版，第26页。
③ 废名：《新诗十二讲》，辽宁教育出版社2006年版，第27页。
④ 废名：《新诗十二讲》，辽宁教育出版社2006年版，第76页。
⑤ 废名：《新诗十二讲》，辽宁教育出版社2006年版，第25页。

的人是虚张声势，在白话新诗发展的路上，他们走的是一条岔路，却因为他们自己大吹大擂，弄得像煞有介事似的，因而阻碍了别方面的生机，初期白话诗家的兴致似乎也受了打击了……他们少数人的岔路几乎成为整个新诗的一条冤枉路。”① 等等。

闻一多注重批评，在《〈冬夜〉评论》中说“越求创作发达，越要扼重批评”②；废名注重鉴赏。为了上好每堂课，他都是从诗集中一首一首按自己的标准去选择。对于卞之琳的诗，他是喜欢的，尽管他认为好得“无以复加”，可是为了对得起学生，他舍弃了一些他喜欢的卞诗，原因就是“新诗最好是不要铺张，宁可刻画，能够自然的描绘出来当然最好。有文字不能相生的我亦不取”。③

四

时至今日，闻一多研究已成为现代文学研究的一个显学。北京有中国现代文化学会闻一多研究专业委员会，湖北省设有湖北省闻一多基金会，武汉大学有中国闻一多研究会，研究会的理事都是学界德高望重的前辈，如陆耀东、孙党伯、孙玉石、吕进先生等，他们指导了一批研究闻一多的年轻研究者。近年来基金会和研究会召开了多次闻一多国际学术研讨会，出版专题会议论文集，还办有《闻一多研究动态》、《闻一多研究通讯》等不定期的报道。随着研究的拓展，涌现出了一批研究闻一多诗歌理论、诗歌美学，古代文学，甚至跨学科的研究成果。

相对闻一多研究来说，废名研究的状况可借用2001年间的一文章名“光荣的寂寞”来描述。④ 废名研究大多集中在他的小说

① 废名：《新诗十二讲》，辽宁教育出版社2006年版，第75页。

② 闻一多：《时代的鼓手》，《闻一多全集》第2卷，湖北人民出版社1993年版，第62页。

③ 废名：《新诗十二讲》，辽宁教育出版社2006年版，第185页。

④ 叶蓓：《光荣的寂寞——废名研究综述》，《南京师范大学文学院学报》2001年第4期。

上，诗歌、散文、诗论的研究仍然很薄弱。8年过去了，随着废名的《新诗十二讲》再版和京派研究的进展，有关废名诗歌的评论和诗论的研究逐渐多了起来，如探讨废名诗歌中的禅学思想，诗歌技巧，诗论的传统价值取向、性情模式，或是争论废名诗论中的一些观点等。

将废名与闻一多放在一起比较，笔者认为：他们对中国传统文学都有自己独到的认识。相对来说，闻一多成长时期就受到西方文化浸润，留学美国，在诗歌创作、诗歌理论、美术、戏剧等多方面都有爱好，20世纪20年代中后期又成为名声显赫的新月派的主力成员，先后在国立武汉大学、青岛大学、西南联大等校任教授，研究古典文学声名大振。“最后一次演讲”为自己的人格写出了浓墨重彩的一笔，他的“拍案而起”因为毛泽东的影响力而传播开来。所以，闻一多在现代文学史上的地位是比较特殊而显著的。

废名的经历相对坎坷。从小学老师到北大学生，由北大讲师又回乡做小学老师，最后重回大学校园。他由小说《竹林的故事》而成名，先后出版了《竹林的故事》、《桃园》、《桥》、《莫须有先生传》等。在周作人的提携下，他成为20世纪30年代京派小说的代表作家之一。由文学涉及佛学，文学中又折射出佛学。佛学本身的精奥影响了文学上的接受，所以废名的影响力远远不及闻一多。在诗论方面，闻一多的批评热情，有领袖才能，又有进入诗歌史的理论主张，而废名持学者之态，不管是对待自己老师周作人，还是对待他当时的北大国文系系主任胡适，均不随从。他与批评对象不即不离，一派君子之风。随着近年来废名著作的整理，《废名文集》(2000年)、《废名选集》(2007年)、《废名集》六册（2009年）的先后出版，或许，废名的寂寞终究会让荣光替代。

闻一多在新诗奠基期的理论批评贡献

秦方奇
（平顶山学院）

龙泉明在界定新诗的奠基期概念时指出：“初期白话诗作者无法克服自身创作的基本缺陷，也无力防止‘非诗化’风气的恶性发展。”“开创白话新诗的先驱者还不可能拥有发展新诗艺术的必备眼光，因此不能为白话新诗不断增加新的元素和新的元素组合，以强化它的生命力。所以，当先驱者们徘徊不前时，新一代诗人便只能以‘内发的叛乱’来进行突破，为中国新诗的艺术革新开出不断建构的道路。于是新诗的发展进入了第二个阶段——奠基期（即指 1921 年至 1925 年这一时期）。”① 在我看来，新诗的进一步健康发展固然要靠诗人们在创作中不断增加新的元素和新的元素组合，也需要一批具备全新眼光的诗评家的批评实践来引导，因为“越求创作发达，越要扼重批评”②，批评家对创作家来说所“起的磨刀石的作用，能使钢刀锋利”。③ 在新诗的奠基期，闻一多的新诗理论批评，对正在成长的中国新诗正是起了这种磨刀石的作用，其新诗批评实践的主要贡献表现在：力避新诗“非诗化”、引领新诗的艺术化，纠正新诗的欧化倾向、承续诗歌的民族化特色，

---

① 龙泉明：《中国新诗流变论》（修订版），人民文学出版社 2003 年版，第 73 页。

② 闻一多：《〈冬夜〉评论》，《闻一多全集》卷 2，湖北人民出版社 1993 年版，第 62 页。

③ 亚里士多德、贺拉斯：《诗学》《诗艺》，杨周翰译，人民文学出版社 1962 年版，第 153 页。

摒弃新诗批评的门户化，推进新诗多样化风格的形成。

一、力避新诗的非诗化　引领新诗的艺术化

在新诗的初创期，诗人们打破“一切束缚自由的枷锁镣铐”的冲动，在“诗体大解放”的响亮口号引导下，迅速演变为一场诗的异化运动。由于新诗人大多只注重诗歌语言工具的更新，模糊了诗和文的界限，较少考虑诗歌本身的审美特征，使得新诗创作偏离了诗歌的艺术轨道，使新诗愈来愈趋向散文和大白话，一些诗人误把白话作诗当作“空口说白话”，造成了不讲究诗歌语言、词汇极度贫乏，大白话终成遮掩诗情的蔽障，以致酿成严重的“非诗化”病灶。周作人曾这样说他的《小河》：“有人问我，这诗是什么体，连自己也答不出……或者算不得诗，也未可知，但是这是没有什么关系的。”① 俞平伯也在《冬夜》自序里自信的说“是诗不是诗，这都和我的本意无关”。

作为一个有自觉担当意识的诗人、批评家，闻一多认为，作诗是严肃的一件事，还在清华读书时他便在《评本学年〈周刊〉里的新诗》一文中告诫人们：“你不是诗家，便不当做诗。诗不是为消遣的。做诗不能讲德谟克拉西。诗是诗家做的，犹之机器是工程师管的，病是医生诊的。”② 1922年，面对《冬夜》、《草儿》、《湖畔》、《雪朝》、《将来之花园》、《蕙的风》等多本新诗集相继出版的热闹诗坛，闻一多表现出一个批评家特有的敏感、责任心和冷静，以一篇长文《〈冬夜〉评论》来集中探讨当时的新诗创作问题。文章开篇即指出：“我很怀疑诗神所踏入的不是一条迷途，所以不忍不厉颜正色，唤他赶早回头。”③

① 周作人：《小河·前记》，《新青年》1919年第6卷第2期。

② 闻一多：《评本学年〈周刊〉里的新诗》，《闻一多全集》卷2，湖北人民出版社1993年版，第49页。

③ 闻一多：《〈冬夜〉评论》，《闻一多全集》卷2，湖北人民出版社1993年版，第62页。

闻一多认为，诗首先应该是诗，是诗就应该具备诗的艺术特性，比如诗的音节："一切的艺术应该以自然作原料，而参以人工，一以修饰自然的粗率相，二以渗渍人性，使之更接近于吾人，然后易于把捉而契合之。"更为难能可贵的是，闻一多在强调诗的音节时批评了当时影响甚巨的胡适所谓的"自由诗"的音节观，提出"所谓'自然音节'最多不过是散文的音节，散文的音节当然没有诗的音节那样完美"。他认为，为了诗的艺术性，提炼加工就是天经地义的，盖因"诗是诗人的，犹之乎铁是打铁的打的，轿是抬轿的抬的"。所以"作诗永远是一个创造庄严底动作，诗本来是个抬高的东西"。①

文章肯定《冬夜》创作成绩的同时，旗帜鲜明的批评了其艺术的种种缺陷，并对新诗创作中过于追求"民众化""凡俗化"提出质疑。文章拿《冬夜》中《别后底初夜》和梁实秋《梦后》作比较，认为诗应当追求"雅"的品质。闻一多还在文章中激动地说道："不幸的诗神啊！他们争到替你解放……谁知在打破枷锁镣铐时，他们竟连你的灵魂也一起打破了呢？不论有意无意，他们总是罪大恶极啊！"②

闻一多对《冬夜》艺术缺陷的批评，既有理论的阐释，又有细致入微的具体分析，体现了真正诗评家的客观严谨，这样的批评对警醒作者、引导读者，对纠正新诗艺术上的不足，促进新诗的艺术建设起到了重要作用。他的批评，虽然有个别语句难免过激，但从中也可看出闻一多对新诗艺术追求的强烈程度。

二、纠正新诗的欧化倾向　承续新诗的民族化特色

闻一多是一个深受民族传统文化浸染又兼具世界视野的诗人和

---

① 闻一多：《〈冬夜〉评论》，《闻一多全集》卷2，湖北人民出版社1993年版，第63、82页。

② 闻一多：《〈冬夜〉评论》，《闻一多全集》卷2，湖北人民出版社1993年版，第77页。

批评家。在第一代新诗人中的大多数忽视继承中国诗歌传统时，他提出创见，认为新诗的生命力在于中西诗歌艺术的完美结合。在《〈女神〉之地方色彩》一文中首先就对新诗发展中那种过于追求诗艺的西化“欧化底狂癖”提出尖锐批评，并进一步申明：“我总认为新诗径直是‘新’的，不但新于中国固有的诗，而且新于西方固有的诗；换言之，他不要做纯粹的本地诗，但还要保存本地的色彩，他不要做纯粹的外洋诗，但又要尽量地吸收外洋诗底长处；他要做中西艺术结婚后产生的宁馨儿。我以为诗同一切的艺术应是时代底经线，同地方底纬线所编织成的一段锦。”①

闻先生站在新诗产生发展必须走中西结合之路的高度，全面而深刻阐述了新诗之“新”所在。在文学革命背景下产生的新诗，是在除旧布新前提下得来的，自然要有别于中国传统的旧诗，但又不能因除旧而失去中国本地的色彩，那便失去了中国新诗的特色。他慨叹，新诗中“我们的中国在哪里？我们四千年的华胄在哪里？哪里是我们的大江，黄河，昆仑，泰山、洞庭，西子？又哪里是我们的《三百篇》，《楚辞》，李，杜，苏，陆？”同时，欧风美雨滋润下破土而出的中国新诗可以学习借鉴西方诗歌的优点，但它决不能走完全西化之路，因而他批评《女神》过于西化的倾向“一味地时髦是骛，似乎又把‘此地’两字忘到踪影不见了，现在的新诗中有的是‘德谟西拉克’，有的是泰果尔，亚波罗，有的是‘心弦’‘洗礼’等洋名词”，“《女神》中所用的典故，西方的比中国的多多了”，“《女神》中底西洋的事物名词处处都是，数都不知从那里数起”。他批评郭沫若创作《女神》时身处一个欧化为是的日本，自然深受其影响，因此他奉劝：“若我处在郭君的地位，我定要用一种非常的态度去应付，节制这种非常的情况，那便是我要时时刻刻想着我是个中国人，我要做新诗，但是中国的新诗，我并不要做个西洋人说中国话，也不要人们误会我的作品是翻译的西文诗。”

---

① 闻一多：《〈女神〉之地方色彩》，《闻一多全集》卷2，湖北人民出版社1993年版，第118页。

闻一多在文章中坚持了一个真正批评家的过人胆识和独立品格，一针见血的指出《女神》之所以缺乏中国之地方色彩，根底在于作者“对于中国文化之隔膜”，“他对于东方的恬静底美当然不大能领略”。“《女神》底作者，这样看来，定不是对于我国文化真能了解，深表同情者。”“他并不是不爱中国，而他确是不爱中国的文化。我个人同女神底作者底不同之处是在：我爱中国固因他是我的祖国，而尤因它是有他那种可敬的文化的国家；《女神》之作者爱中国，只因他是他的祖国，因为是他的祖国，便有那种不能引他敬爱的文化，他还是爱他，爱祖国是情绪的事，爱文化是理智的事。”

由对《女神》缺乏民族特色的批评，引发了闻一多对世界文学建设的思考，他认为：世界文学的繁荣发展，有赖于各民族文学民族特色的保持和发扬。因为“将世界各民族底文学都归成一样的，恐怕文学要失去好多的美。一样颜色画不成一幅完全的画，因为色彩是绘画底一样要素。将各种文学并成一种，便等于将各种颜色合成一种黑色画出一张 sketch 来”。所以，“真要建设一个好的世界文学，只有各国文学充分发展其地方色彩，同时又贯以一种共同的时代精神，然后并而观之，各种色料虽互相差异，却又互相调和。这便正符那条艺术底金科玉臬‘变异中之一律’了”。① 他的这些深刻的洞见，对于在今天全球化浪潮中如何保持文化的民族性特色，完成民族文化的再造无疑具有重大意义。

三、摒弃新诗批评的门户化
推进新诗风格的多样化

在新诗的奠基期，不同背景的诗人和批评家围绕新诗的建设问题展开过热烈的争论。即如胡适先生所说：“在那个文学革命的稍后一个时期，新文学的各个方面（诗，小说，戏剧，散文）都引

① 闻一多：《〈女神〉之地方色彩》，《闻一多全集》卷 2，湖北人民出版社 1993 年版，第 123 页。

起了不少的讨论。引起讨论最多的当然第一是诗。”“后来作新诗的人多了，有些是受中国旧诗和词曲的影响比较多的，有些是受了德国法国日本的思想影响比较多的，有些是受了英美民族的文学的影响比较多的，于是新诗的理论也就比较多了。”① 这些坚持不同诗歌理论的诗人和批评家互相交流碰撞，犹如铁锤敲打燧石，在撞击的过程中，不时迸发出真理的火花。这种不同流派之间的论争往往表现为：论争的一方能指出对方的实质性的错误，而另一方也能指出对方的某些偏颇和缺陷，最终形成了互相制衡、互相依存的张力，推动新诗在健康的轨道上不断前行。

在论争中，有的人试图以廉价的眼泪②赚取批评的价值；有的人则挥舞批评的板斧③，以打一场《诗之保卫战》的名誉，把不属于自己流派的诗人诗作一扫而光。而真正的批评家则主张“他人之议论，不能强同以尽于我也，我之主张，恐亦未必全是也。故他人议论之或不当也，尽可据理以折之。且彼与我持异议者，未必全无学问，全无见解，全无道德也。即彼所论或有未当，亦无庸非笑之、谩骂之，不遗余力也”。针对当时新文学论争的状况，提出真正的批评家应该遵守“批评家之道德”，“博学”“以中之态度，为平情议论”，“具历史之眼光”，“取上达之宗旨”，“勿谩骂”。④ 闻一多就是这样一位真正的批评家。

闻一多自觉跳出小团体的藩篱，对既不属于清华文学会团体又非留学欧美背景的诗人诗作给予了恰当的评价。比如对创造社郭沫若的《女神》，既对其中所缺乏的中国民族文化传统继承方面的不足予以批评，又通过《〈女神〉之时代精神》一文，盛赞《女神》的想象力和情感的真挚，“诗人不独喊出人人心中底热情来，而且

① 胡适：《中国新文学大系·理论建设集·导言》，《中国新文学大系》第1集，良友图书印刷公司1935年版，第31页。

② 鲁迅：《反对“含泪”的批评家》，《鲁迅全集》第1卷，人民文学出版社1981年版，第403页。

③ 鲁迅：《〈故事新编〉序言》，《鲁迅全集》第2卷，人民文学出版社1981年版，第396页。

④ 胡先骕：《论批评家之责任》，《学衡》1922年3月第3期。

喊出人人心中最神圣的一种热情呢!"①

闻一多打破门户偏见，敢于对在中国深受具有欧美背景的诗人推崇的印度诗人泰戈尔的诗歌提出不同流俗的意见。他在 1923 年 12 月 3 日《时事新报·文学》第 99 期发表的《泰果尔批评》一文就坚称“泰果尔底诗之所以伟大是因为他的哲学，论他的艺术实在平庸得很”。他告诫中国诗坛：“我们要的是明察的鉴赏，不是盲目的崇拜。”② 闻先生这些批评意见不见得完全正确，但他这种不受门户偏见所左右的批评态度体现了真正批评家的独到眼光。

在公开的文章里闻一多表现出一个真正批评家的卓越见识，在朋友之间的私下通信中，闻一多也祛除文人相轻的陋习，对和自己并非“志同道合”的诗人诗作给予好评，表现出一个诗评家的坦荡胸怀和对新诗多样化风格的热切期盼。他在 1923 年间致闻家驷、致闻家骥、致梁实秋等亲朋好友的信中，多次表达了对郭沫若、田汉、冰心、徐志摩等诗人的赞美之意。

1923 年 3 月 25 日，闻一多在《致闻家驷》的信中还对文学研究会诗人徐玉诺称赞有加，“实秋不喜他，我却说他颇有些佳点。徐君是个有个性的作家，我说他是文学研究会里的第一个诗人”。③ 在此之前的 1922 年 12 月 26 日他在《致梁实秋》中，就全面叙述了他对徐玉诺出版于 1922 年 8 月的诗集《将来之花园》的看法：“《未来之花园》④ 在其种类中要算佳品。它或可与《繁星》并肩。我并不看轻它。《记忆》、《海鸥》、《杂诗》(五三页)、《故乡》是上等的作品，《夜声》、《踏梦》是超等的作品。‘……杀杀杀……时代吃着生命的声响。’同叶圣陶所赏的‘这一个树叶拍着那一个的声响’可谓两个声响的绝唱！只冰心才有这种句子！实秋，我

---

① 闻一多：《〈女神〉之时代精神》，《闻一多全集》卷 2，湖北人民出版社 1993 年版，第 117 页。

② 闻一多：《泰果尔批评》，《闻一多全集》卷 2，湖北人民出版社 1993 年版，第 129 页。

③ 闻一多：《致闻家驷》，《闻一多全集》卷 12，湖北人民出版社 1993 年版，第 162 页。

④ 应为“将来之花园”。

们不应忽视不与我们同调的作品。只要是个艺术家，以思想为骨髓也可，以情感为骨髓亦无不可；以冲淡为风格也可，以浓丽为风格亦无不可。徐玉诺是个诗人。"① 在1923年9月24日《致闻家驷》的信中，他还对梁实秋加入当时帮派情绪较浓的创造社表示了鲜明的持批评态度，因为"我意此时我辈不宜加入何派以自示偏狭也。沫若等天才与精神固多可佩服，然其攻击文学研究会至于体无完肤，殊蹈文人相轻之恶习，此我所最不满意于彼辈者也"。②

总之，我以为闻一多在新诗奠基期的新诗批评和关于新诗建设的独到见解，他的新诗批评态度和坦荡的批评作风，不特为成长中的新诗做出了历史性的贡献，成为中国新诗理论中的宝贵遗产，值得我们继承发扬，尤其是当今文坛"金钱的文艺批评"、"圈子的文艺批评"盛行，"包装炒作"、"友情出演"式的批评愈演愈烈的时候，我们更需要的是闻一多那样的真正的批评家。

① 闻一多：《致梁实秋》，《闻一多全集》卷12，湖北人民出版社1993年版，第127页。

② 闻一多：《致闻家驷》，《闻一多全集》卷12，湖北人民出版社1993年版，第188页。

闻一多新诗的色彩研究与孤独意识

史 言

（香港大学）

一、引言：对闻一多新诗色彩研究的反思

自从1926年闻一多发表《诗的格律》，提出“绘画美”诗学主张至今，学术界对闻一多新诗色彩运用问题的讨论就一直未曾间断。近年来，更加涌现出为数众多，且立论、求证俱佳的著述，特别是2004年8月在武汉大学召开的闻一多国际学术研讨会上，吕进和李冰封等学者就闻一多后期诗作“黑色意象”进行的阐释，较诸以往偏重诗歌语言设色方面的言说，具有超越性进展和启发意义。然而，纵观闻一多诗歌色彩运用与色彩意象方面的现有研究成果，笔者认为尚有三点值得思索。

其一，对闻一多诗作中出现的“色彩”以及常见“颜色词”的采撷，论者大多停留在印象式的总结和提取层面，由此得出的论断，难免导致较为主观的结果：有的是对闻诗的色彩运用仅采取泛泛的概论策略，陷进失之笼统、难以深入的境地；有的则是持先入之见，或“见木不见林”地对某种或某几种“色彩”重复相同或相似的意见。

其二，观察近来的论述，尽管“色彩学”、“色彩学理论”、“纯色”等隶属色彩研究领域的词汇或概念，频现于闻一多“绘画美”讨论范畴，却大多点到即止，没有作出进一步的讨论。其实早在20世纪80年代，吴诠元就曾撰文借用绘画艺术的“互补色原

理"、"光色科学原理"讨论闻一多新诗的"色彩"，可惜多属散论性质的文章，在理论阐释方面似乎有待深入。① 而吕进等学者虽然指出闻一多"常在诗中运用色彩对比，追求完美的诗意。……究其原因，还得去诗人性格深处探寻"②，但如何对"性格深处"予以界定仍是悬而未决的问题，并且到目前为止，依旧尚未见到专门的论著，从心理学和精神分析学角度研究闻一多新诗的色彩议题，的确令人颇感遗憾。

其三，红色与黑色逐渐成为当前闻一多诗歌色彩研究的施力点，其中更以黑色较为显著：闻一多"对色彩极为敏感，尤其是红色和黑色，是他的诗作当中的具有象征意义的重要颜色。……意象的由'红'到'黑'，显示了诗人审美取向及文化取向甚至人生道路的转向与深入"。③ 从方法论层面来看，现有研究在得出此类观点及其论证上，大致都是从两条进路着手，一是"追溯诗人和美术的关系"，例如闻一多早年留洋西方、学习绘画的经历④。二是找寻影响诗人的"域外的渊源"，特别是闻一多所受的近代西方文化熏陶，例如现实存在的"丑与黑暗"冲击并质疑了传统的"至善至美"观念以及"美和光明"的绝对信仰。⑤ 然而，上述两条进路似乎更多的偏向了文学史学的研究，其考量的元素大部分外于文学作品自身。闻一多在美学习油画期间，具有"艺术家的派头"："头发养得很长，披散在颈后，黑领结，那一件画室披衣，

① 吴诠元：《闻一多的新诗和绘画之间的关系》，《华南师范大学学报》1984年第4期；《试论美术对闻一多的影响》，《汕头大学学报》1987年第2期。

② 吕进、李冰封：《由红到黑：对闻一多诗歌意象的一种阐释》，《西南师范大学学报》2006年第4期。

③ 吕进、李冰封：《由红到黑：对闻一多诗歌意象的一种阐释》，《西南师范大学学报》2006年第4期。

④ 吕进、李冰封：《由红到黑：对闻一多诗歌意象的一种阐释》，《西南师范大学学报》2006年第4期；吴诠元：《闻一多的新诗和绘画之间的关系》，《华南师范大学学报》1984年第4期。

⑤ 李冰封：《由"红"到"黑"：对闻一多诗歌意象的一种阐释》，西南师范大学硕士论文，2005年。

东一块红，西一块绿，水渍油痕，到处皆是，揩鼻涕，抹桌子，擦手，御雨，全是它"①；闻一多的书屋"全部用黑色电光纸裱糊"、"沙发也是黑色的"；闻一多的诗集《死水》封面设计也是"一体墨黑"② ——所有这些，都可能使文学史学家大感兴趣，但是作为诗歌的读者，我们很少会为了了解这些情况才去反复阅读伟大的诗作，毕竟伟大作品本身蕴含着伟大的价值，与其在作品以外的因素或考虑上徘徊，不如将发掘的力度更多地放在文本自身。③

二、统计学研究方法的启示：闻一多新诗色彩测量

陆耀东在给《闻一多诗学论》写的序言中提倡把闻一多诗学研究的视野放得宽些，论述更深一点、新一点、细一点。从一个新视角着眼闻一多的色彩书写，或者说从一个新的课题开拓闻诗阅读，正是我们整个研究计划的最终意图。诚如前文的讨论，我们认为，若继续在同构型的水平上堆积、在稠密地带做相似采撷，不但有损于学术环境，而且无异于浪费资源，必须开辟和寻找新的路径、发现新的主题才能切实做到有所前进，有所超越。所以，我们借用统计学的某些方法测量诗人的色彩运用，围绕"孤独感"(loneliness) 主题，以色彩构成的空间意象分析为大的方向，在学理上探寻一条新诗色彩分析的道路，从心理学及精神分析学角度思考诗人为何对某种或某些色彩情有独钟，

① 季镇淮：《闻一多先生年谱》，《闻一多全集》第 12 卷，湖北人民出版社 1993 年版，第 478 页。

② 吕进、李冰封：《由红到黑：对闻一多诗歌意象的一种阐释》，《西南师范大学学报》2006 年第 4 期。

③ 这里我们借鉴了"形式主义批评方法 (formalistic approach)"的某些意见。形式主义认为，面对"文学作品是什么？文学作品的形式和效果是怎样的？这些形式和效果是如何实现的？"等问题，一切解答"都应该直接来自作品文本"。然而我们必须说明，本文讨论的诸多方面，并不仅仅限制在形式主义批评的范畴之下。[美] 古尔灵 (Wilfred L. Guerin) 等：《文学批评方法手册》(A Handbook of Critical Approaches to Literature)，春风文艺出版社 1988 年版，第 94 ~ 95 页。

以及色彩与诗人性格特质之间关系等，也是希望对“闻一多诗研究”有所裨益。① 由于篇幅所限，或许本文的某些地方无法得到详述，仅希望就总体性作出瞻望为要。

在这一部分，我们首先要做的，是借助统计学手段，对《红烛》、《死水》两部诗集出现的色彩进行三个角度的测量。

1. 测量一：色彩出现比率的测量

考虑到统计准确性，我们的测量首先剔除了主观争议性较强的色彩意象和融色（混合色）的成分，例如“银灰色的鸽子”②、“铅灰色的树影”③ 等。我们仅对涉及红、橙、黄、绿、蓝、靛（青）、紫、黑、白等原色的字、词作纯数字上的计算，以求数据更具说服力（见表一）。

表一

颜色词		红	橙	黄	绿	蓝	靛/青	紫	黑	白
出现次数	《红烛》	45	0	17	25	7	11	13	25	30
	《死水》	7	0	11	7	1	6	0	11	17
总次数		52	0	28	32	8	17	13	36	47
颜色词出现总次数		233								
百分比		22.3%	0	12.0%	13.7%	3.4%	7.3%	5.6%	15.5%	20.2%

通过表一，我们看到，《红烛》与《死水》中9种颜色除橙色外，其余均有出现，共计233处。同时，闻一多诗歌色彩应用的百分比，由高到低依次是红、白、黑、绿、黄、靛（青）、紫、蓝、橙。

① 本文主要以《红烛》、《死水》作为分析对象。我们认为，以诗人的代表作品为研究文本，会更具典型意义和说服力。闻一多：《红烛·死水》，三联书店1999年版。

② 闻一多：《秋色》，《红烛·死水》，三联书店1999年版，第120页。

③ 闻一多：《小溪》，《红烛·死水》，三联书店1999年版，第128页。

2. 测量二：色彩分布比率的测量

仅从测量一的结果，我们并不足以就诗人色彩特质做任何实质的判断，但十分明显，闻一多《红烛》、《死水》中出现频率较高的是红、白、黑三种颜色，其出现率都超过了15%，红、白、黑确实备受诗人的青睐。事实是否如此，我们还必须从色彩分布的角度，即考察各种色彩所占篇目的数量，来进行第二轮测量论证（见表二）。

表二

颜色词		红	橙	黄	绿	蓝	靛/青	紫	黑	白
所占篇数	《红烛》	17	0	9	15	6	9	7	16	15
	《死水》	5	0	8	5	1	5	0	8	10
总篇目数		22	0	17	20	7	14	7	24	25
颜色词出现总篇数		136								
百分比		16.2%	0	12.5%	14.7%	5.1%	10.3%	5.1%	17.6%	18.4%

表二的结果表明，分布篇目百分比超过15%的色彩依次是白色、黑色和红色，可以看出，在闻一多《红烛》和《死水》中分布范围较广的同样是红、白、黑三色，假如不考虑次序的话，与测量一的结果一致。

相应的，若将闻一多色彩出现比率和分布比率都分为四个等级，则如表三所示，以便观察：

表三

色彩应用 / 色彩等级	色彩出现比率	色彩分布比率
第一等级（≥15%）	红、白、黑	白、黑、红
第二等级（10%—15%）	绿、黄	绿、黄、靛（青）
第三等级（5%—10%）	靛（青）、紫	紫、蓝
第四等级（≤5%）	蓝、橙	橙

综合测量一与测量二，不难看出：（1）红、白、黑是诗人应用最为普遍的颜色，具有普遍性；（2）这三种色彩各自的出现比率与分布比率既不存在正比关系也不存在反比关系，即出现比率高的，分布比率不一定同样较高；（3）红、白、黑以外的其他色彩，两次测量均按一定的次序排列，呈现相对稳定关系。

3. 测量三：红、白、黑三色稳定性的测量

根据上述第一点结论，可将闻一多色彩运用的考察范围由九种缩小至红、白、黑三色，这对我们的研究很有帮助，闻一多喜用红、白、黑这一特点十分明显。然而，我们仍然无法就此下结论，因为这只是局限于色彩应用普遍性的层次，并没有考虑到这三种色彩在两次测量过程中的变化幅度。例如，测量一中，闻一多的红色出现比率排在这三种颜色的首位，而测量二红色的分布比率却是最后一位；同样，白色、黑色两次测量排序也不同程度地出现了变化。但是，这只是感性上的印象，同样不能说明什么，反而恰恰揭示了上面测量结论第二、第三点所隐含的问题，简言之，就是色彩运用稳定性的问题，测量一与测量二是不足以解决的，因此进行第三轮测量十分必要。

通常，统计学上是综合“平均值”和“标准方差”来测量数据或数据稳定性的。“平均值”又被简称为“均值”，是数理统计中最常用的指标之一。用统计学方法计算的平均数，能说明事物的本质和特征，可用来衡量一定条件下的测量水平和概括地表现测量资料的集中情况。例如，平均值在人体测量学和人类工效学中占有重要的地位，许多设计标准就是根据平均值确定的。所谓“标准方差”，又叫做“均方差”，表示某一测量值分布在距离平均值一定范围之内的概率，即表明一系列变量距平均数的分布情形。方差大表示各变量分布广大，远离平均数；方差小，表示各变量接近平均数。方差常用来确定某一范围的界限。① 在我们研究的范围内，

① John A. Rice, Mathematical Statistics and Data Analysis. Belmont, California: Wadsworth Publishing Company, 1995, pp. 122-126.

色彩使用的平均值（$\bar{x}$）即等于某种色彩出现的总次数与出现总篇数的比值；标准方差（s）则可代入下面的统计公式①：

$$s = \sqrt{s^2}$$

$$s^2 = \frac{1}{n-1}[(x_1 - \bar{x})^2 + (x_2 - \bar{x})^2 + \cdots + (x_n - \bar{x})^2]$$

经过计算，我们得到以下的数据（见表四）：

表四

	使用的平均值	标准方差
红色	2.36	3.06
白色	1.88	1.13
黑色	1.50	0.72

对于应用最为普遍的红、白、黑三色，稳定性的差异还是比较明显的。闻一多使用黑色比较稳定，使用红色却并不稳定，也就是说，在具有黑色的所有诗歌中，其出现次数大致是相同的，而红色的出现却相对比较集中。所以，相比较而言，黑色在闻一多诗歌众多色彩意象中确实是最值得关注和研究的一则。

三、闻一多诗歌的黑色空间意象与孤独感

上一部分，我们从三个不同角度测量闻一多诗集中红、橙、黄、绿、蓝、靛（青）、紫、黑、白这 9 种色彩，是建基于统计学的基本理念并以之作为工具进行操作的，目的在于尽可能客观地观

① 公式引自 Bruce L. Bowerman, Business Statistics in Practice. New York: The McGraw-Hill Companies, Inc, 1997, p. 66. 其中 s 代表标准方差（standard deviation），s^2 称作方差（sample variance），n 为某种色彩出现的总篇数，x_1 为第一篇中这种色彩出现的总次数，x_2 为第二篇中这种色彩出现的总次数，依此类推直至 x_n（第 n 篇中这种色彩出现的总次数），$\bar{x}$ 为这一色彩平均在每篇中出现的次数，即平均值。

测闻一多诗歌的色彩运用。但我们也应该注意到，对于诗歌意象及诗人想象力的研究，纯粹科学上的计算还是有其局限性的。那种尽可能站在客观立场上，遵守科学哲学的习惯，排除欲采纳个人解释的诱惑，从而对诗歌意象进行观察的方法①，也正是统计操作给人的感觉。尽管如此，进行基本的数据测量工作，对闻一多诗歌色彩研究还是有一定助力的，当然，研究诗人作品反映出的色彩特质，我们确实还需要从其他方面着眼。有鉴于此，下文会借鉴某些色彩理论与空间诗学理论，同时也将引出孤独感主题的分析。下面我们希望配合诗人所处的时代色彩特质，从“低孤独”与“高孤独”两方面进行讨论。

1. 世纪末的色彩倾向与现代人的心理重负

城一夫《色彩史话》用了两个章节，集中论证19世纪与20世纪初的时代色彩特质：前者属于“病态的黄色时代”，后者则由“白”和“黑”所开启。对应他的理论，出生于19世纪末的闻一多一定程度上确实受到了时代特有色彩倾向的影响。

根据城一夫的观点，19世纪是病态的黄色时代，典型人物首推画家梵高（Vincent van Gogh，1853—1890年）。19世纪后半叶以狂气著称的梵高在名作《向日葵》(*Still Life*：*Vase with Fourteen Sunflowers*）中以“米黄色的墙壁为背景，以各种黄色的变化来描绘向日葵的大轮廓”，色彩的强度得以表现，探索事物本质的同时进行了再创造。② 城一夫认为，金黄色的向日葵无意中表达了梵高的“狂气和病态的本质”③，这一点可由梵高书简里多次流露的

① ［日］金森修：《巴什拉：科学与诗》，河北教育出版社2002年版，第226～227页。

② ［日］城一夫：《色彩史话》，浙江人民美术出版社1990年版，第143页。

③ ［日］城一夫：《色彩史话》，浙江人民美术出版社1990年版，第143页。

"我孤独——这是无可奈何的"① 等思想得到证实。同样，《欧仁·波许肖像》(*Portrait of Eugène Boch*) 及《黄房子》(*The Yellow House*) 里，梵高的黄色倾向表现得更为淋漓尽致，对他来说，黄色是"神秘性和精神不安定以及狂气的象征"。② 在割了左朵、精神异常的梵高笔下，这种黄色屡屡出现，似乎只有这种神秘的黄色，才能控制住他的心境。与梵高同时期的著名画家高更 (Paul Gauguin，1848—1903 年) 也嗜好黄色，《黄色的基督》(*The Yellow Christ*) 是其代表作，画中柠檬黄色的基督被捆绑在十字架上，处以极刑，周围的风景均用柠檬黄色系来描绘，象征性地表现了世界所存在的矛盾、罪恶和不安。③

黄色作为病态 19 世纪的象征色，一直持续到 19 世纪的 90 年代。传达世纪末的焦躁、不安和狂气，黄色依然是适合的颜色。然而，这种高明度和高彩度的色，却逐渐被黑与白所替代。即使是梵高，在运用黄色、黄与紫等强烈补色对比之后，也在黑与白的对比中作了新的探索。他曾把"画具店买来的黑与白大胆的放置在调色板上并原封不动地进行使用"。④ 黑和白在梵高看来"也是色彩，这种补色的对比就如绿色与红色一样具有刺激性"，黑和白的对比是所有色系之间的对比之根本所在。⑤ 实际上，在西方历史及美术史中，白色和黑色至 19 世纪末还未正式提出和讨论过，从这一角度看，19 世纪末黑和白的时代既是终点，又是起点。⑥

---

① ［荷兰］梵高：《梵谷书简全集》(*The Complete Letters of Vicent van Gogh*)，艺术家出版社 1990 年版，第 415 页。

② ［日］城一夫：《色彩史话》，浙江人民美术出版社 1990 年版，第 144 页。

③ ［日］城一夫：《色彩史话》，浙江人民美术出版社 1990 年版，第 146 页。

④ ［日］城一夫：《色彩史话》，浙江人民美术出版社 1990 年版，第 145 页。

⑤ ［日］城一夫：《色彩史话》，浙江人民美术出版社 1990 年版，第 145 ~ 146 页。

⑥ ［日］城一夫：《色彩史话》，浙江人民美术出版社 1990 年版，第 150 页。

病态的19世纪造就了世纪末的时代色彩，黑与白开启的20世纪又给现代人施以何等重负呢？让我们先来看一下日本心理学家土居健郎（DOI Takeo，1920—）有关“依赖”的理论。孤独感作为文明时代人类社会发展异化（alienation）的主要表现，于19世纪被马克思（Karl Marx，1818—1883年）洞察。所谓异化即是指“人的非人化”，这给人类精神带来巨大的危机，孤独感随即成为当今时代的通病。土居健郎在《依赖心理的结构》中亦将“异化”一词定义为20世纪流行的术语之一。为什么“异化”这个词如此脍炙人口，土居氏认为，首先在于当今社会人们对科技的加速进步感到恐怖，抱有怀疑，作为文明的代价，人类失去了许多宝贵的东西，这种恐怖与怀疑取代了过去为科技发展构筑现代文明的自豪感。诚如闻一多在《女神之时代精神》中所说，“物质文明的结果便是绝望与消极”，这是那一时代“青年们所同有的”，尽管诗人仍坚信“人类底灵魂究竟没有死”，但对“异化”已是深有感触。其次，土居健郎肯定了加赛特（Josè Ortega Y Gasset，1883—1955年）的看法，人类社会新一代接替老一辈，而新生命都必须从零出发，因此人的生命不能被“纯理性和神的启发信仰”完全支配。自从人类开始沐浴近代曙光，那种相信“靠理性能达到自力和自我满足”的渴望在现实面前成为了泡影，文艺复兴时代兴隆起来的纯理性，到了现代则成了人们竭力抗争的对象，他们本能地感到现代文明的威胁。在这一问题的阐述上，土居健郎两次借用日本小说家夏目漱石（NATSUME Sōseki，1867—1916年）《行人》中人物之口描述新一代的心理，其中引用道：“世界是这样地动摇，我注视着这种动摇，可是我不能参加进去，我自己的世界与现实的世界并列在一起，但却彼此不接触。世界这么动摇，它将会弃我而去，真令人不安。”① 土居健郎将这种“弃我而去”的被遗弃感觉设置在依赖心理的前提条件下，“当母亲弃儿而去的时候，幼儿感

① ［日］土居健郎：《依赖心理的结构》，济南出版社1991年版，第165页。

到生命的不安，而这种不安实质上正是现代人的异化感觉”①，土居氏的依赖理论也恰是以母子关系中的婴幼儿心理为原型的。

2. 低孤独与闻一多诗歌的“微型空间”

对“异化”的切身感受，使闻一多笔下常见到黑色狭小空间的意象，这与“对人恐怖”的心理关联颇为密切。狭小空间也可以称作“微型空间”，法国诗学理论家巴什拉（Gaston Bachelard，1884—1963 年）曾对此作过集中的论述，认为即便是微小的空间，也拥有独特的世界。巴什拉研究了壁橱、小箱子、巢、贝壳、角落和一般微型模型。“无论多么杂乱的房屋中都有仿佛享受特权性秩序那样的壁橱。又如整齐迭放的床单啦，哪里有什么啦，总是有受到管理的细小秩序。”② 闻一多《美与爱》中，我们见到这样的诗句：“屋角底凄风悠悠叹了一声，/惊醒了懒蛇滚了几滚。”③

“屋角”属于“角落”的范畴，如巴什拉所言，是优良的藏身之处，它能使人确认一种存有的初始特质——“静定感”，并且是一处让这种感觉“确切无虞、临近显现的地方”，人们因而以为当托庇于角落时就可以“隐藏得万无一失”。④ 角落具有封闭性，巴什拉说这是我们希望藏身的场所，虽然没有完全封闭，但对于想象力，它仍然是独立的“封闭空间”。当一个人感到不快或者孤独时，背后就会出现角落，所以角落是“提供坚定感觉的避难所”，它有时是墙壁，有时是箱子。⑤ 这一点，小箱子的心理学更明确，因为它是隐藏物品秘密的所在。日本学者金森修（KANAMORI

---

① ［日］土居健郎：《依赖心理的结构》，济南出版社 1991 年版，第 165 页。

② ［日］金森修：《巴什拉：科学与诗》，河北教育出版社 2002 年版，第 234 页。

③ 闻一多：《美与爱》，《红烛·死水》，三联书店 1999 年版，第 47 页。

④ ［法］巴什拉：《空间诗学》（*The Poetics of Space*），张老师文化事业股份有限公司 2003 年版，第 224～225 页。

⑤ ［日］金森修：《巴什拉：科学与诗》，河北教育出版社 2002 年版，第 235 页。

Osamu,1954—）概括巴什拉“微型空间”时，便对这一“能够凝聚和容纳任何秘密的不可思议的空间”倍加重视，关闭小箱子，它就与“普通事物的秩序”融为一体，成了“公共事物联系中”的一分子；打开小箱子，“公共的外部世界就消失了，之后就只有新奇和惊愕表现出来”。①

闻一多的诗歌，在角落或是微小空间中藏身的倾向与渴望是比较明显的。《剑匣》里“人们的匣是为保护剑底锋铓，/我的匣是要藏他睡觉的。/哦，我的剑匣修成了，/我的剑有了永久的归宿了!”② 恰好表达出一种“小箱子的心理学”。《睡者》中“啊！让我睡了，躲脱他的醒罢！可是瞌睡像只秋燕，/在我眼帘前掠了一周，/忽地翻身飞去了，/不知几时才能得回来呢?”③ “秋燕”意象广义来讲，也可归列于微型空间。这些按土居健郎的观点，是逃避“对人恐怖”的征兆。土居氏认为，“对人恐怖”的发生最初源自婴幼儿的“认生”行为，这一行为标志着幼儿从心理上依赖母亲的开始。除此之外，造成“对人恐怖”还包括其他一些因素，如当个人脱离亲人共同体，在一个完全陌生的社会环境中生活的情况下，对人恐怖更容易发生。而要逃避这种恐怖，“角落”无疑是最佳的选择。但角落是否真的足以提供对抗恐怖的静定感呢？审视闻一多的诗，似乎并非如此。我们曾说，阴郁幽暗的黑色空间往往作为负面的空间意象，给人带来恐怖和孤独的感触。闻一多笔下的微型空间多数是以黑色作为主色调的，如“在说话时，他没留心那黑树梢头”④、“黑黯好比无声的雨丝”⑤、“屋里朦胧的黑暗凄

---

① ［日］金森修：《巴什拉：科学与诗》，河北教育出版社2002年版，第234页。

② 闻一多：《剑匣》，《红烛·死水》，三联书店1999年版，第26～27页。

③ 闻一多：《睡者》，《红烛·死水》，三联书店1999年版，第39～40页。

④ 闻一多：《李白之死》，《红烛·死水》，三联书店1999年版，第12页。

⑤ 闻一多：《黄昏》，《红烛·死水》，三联书店1999年版，第41页。

酸的寂静"①、"黑黯的烟灶，/竟能吸引你的踪迹！"②、"记忆渍起苦恼的黑泪"③、"乌鸦似的黑鸽子"④、"我的肉早被黑虫子咬烂了"⑤ 等诗句，虽未必全部表现"对人恐怖"，但其中蕴含的低孤独的痛苦感触是不言而喻的。

3. 高孤独与闻一多的恩培多克勒情结

前文的分析似乎给我们这样一种错觉：闻一多诗歌对于黑色微型空间意象的书写，显示了来自低孤独的困扰和痛苦，而没有高孤独的精神寄托。事实果真如此吗？答案是否定的。这里，我们将借助巴什拉的元素诗学理论做一解释。

先于巴什拉的空间理论，其四元素诗学更早为世人所知。1938年完成的《火的精神分析》(*The Psychoanalysis of Fire*) 在当时法国文学批评与美学理论界引起极大的反响。巴什拉认为：作家的诗意想象可分为空气、火、水和土四种元素，即物质的四重想象⑥。巴什拉说，一个真正的作家，是忠实于自己的本源性语言、不理会驱使一切感觉的折中主义冲突的人，那么，要"识破"一个作家的"秘密"，"只须一句话就足够了：'告诉我，你的精灵是什么？是地精蝾螈，水精还是气精？'"⑦ 我们不打算展开讨论诗人闻一多的"精灵"是什么，这是一项工程浩大的任务，篇幅所限之内实在难以完成。但是，借用元素诗学的部分理论却可以指导我们解析闻一多诗歌里的高孤独这一主题。

---

① 闻一多：《幻中之邂逅》，《红烛 · 死水》，三联书店 1999 年版，第 53 页。

② 闻一多：《孤雁》，《红烛 · 死水》，三联书店 1999 年版，第 99 页。

③ 闻一多：《记忆》，《红烛 · 死水》，三联书店 1999 年版，第 111 页。

④ 闻一多：《秋色》，三联书店 1999 年版，第 120 页。

⑤ 闻一多：《烂果》，《红烛 · 死水》，三联书店 1999 年版，第 130 页。

⑥ [法] 巴什拉：《火的精神分析》(*The Psychoanalysis of Fire*)，三联书店 1992 年版，第 3 页。

⑦ [法] 巴什拉：《火的精神分析》(*The Psychoanalysis of Fire*)，三联书店 1992 年版，第 106～107 页。

《火的精神分析》第二章《火与遐想》讲述了恩培多克勒情结（the Empedocles complex），即一种对火的崇拜以及生的本能和死的本能结合在一起的情绪。① 这种情结通常是以“飞蛾扑火”的意象表达对“烈焰”、“火山”的向往，而从冷酷无情的世界中得以超脱。恩培多克勒情结在闻诗中十分显著，首先是“冬夜”与“冰冷天宇”的浩瀚空间意象，单以《红豆·三三》为例：“冬天底长夜，/好不容易等到天明了，/还是一块冷冰冰的，/铅灰色的天宇，/那里看得见太阳呢？/爱人啊！哭罢！哭罢！/这便是我们的将来哟！”② 闻一多面对此等冰冷的世界，理想的超脱的方式，或说高孤独追求的境界就是引火自焚，甚至将自己与火同化。诗人曾说：“‘五四’后之中国青年，他们的烦恼悲哀真像火一样烧着……他们觉得这‘冷酷如铁’，‘黑暗如漆’，‘腥秽如血’的宇宙真一秒钟也羁留不得了。”③ “我只觉得自己是座没有爆发的火山，火烧得我痛，却始终没有能力（就是技巧）炸开那禁锢我的地壳，放射出光和热来。”④ 这在其诗中表露无疑：“哎呀！自然底太失管教的骄子！/你那内蕴的灵火！不是地狱底毒火，/如今已经烧得太狂了，/只怕有一天要爆裂了你的躯壳。”⑤ “让雷来劈我，火山来烧，全地狱翻起来/扑我……/……愿这蜕壳化成灰

① 恩培多克勒情结包括三点：1）炉火前的遐想及炉中火，火在诉说，在飞舞，在唱歌；2）火让人产生变化的欲望、加快时间的欲望、使整个生命告终、了结的欲望，死亡；3）柴火堆的召唤，绝望的爱情表现为对柴火燃尽的渴望。［法］巴什拉：《火的精神分析》，三联书店1992年版，第15～23页。

② 闻一多：《红豆》，《红烛·死水》，三联书店1999年版，第146页。

③ 闻一多：《女神之时代精神》，《闻一多全集》第3卷，湖北人民出版社1993年版，第357页。苏志宏：《论闻一多诗学的时代矛盾》，《无锡教育学院学报》1999年第4期。

④ 闻一多：《给臧克家先生》，《闻一多全集》第3卷，湖北人民出版社1993年版，第638页。吴奔星：《中国现代诗人论》，陕西人民出版社1988年版，第163页。

⑤ 闻一多：《十一年一月二日作》，《红烛·死水》，三联书店1999年版，第60页。

烬，/……那便是我的一刹那/一刹那的永恒——一阵异香，最神秘的/肃静……/……最浑圆的和平……”①

闻诗的恩培多克勒情结从根本上说，是诗人对“大叙事”精神的反思。李欧塔（Jean—Francois Lyotard，1924—1998 年）于《后现代状况：关于知识的报告》(The Postmodern Condition：A Report on Knowledge）一书把现代状况定义为对所有“后设叙事”(meta—narratives）的怀疑，认为启蒙运动的求真精神和自由解放精神，促成两套“大叙事”(grand narrative)，一是以法国大革命为代表的激进的独立解放思考模式，一是以德国黑格尔为代表的思辨真理。② 中国辛亥革命是受法国大革命影响产生的，属于前一套“大叙事”，而以马克思主义历史观作为衡量的标准，辛亥革命是失败的，后来无产阶级起来革命，否定资本主义，中国才得以脱离苦海，“说明了中国的资产阶级没有能力领导中国革命取得胜利”。③ 闻一多作为诗人，大致上是从五四运动到 1929 年④，这期间，闻一多反思着辛亥革命的失败，也目睹了 1924 年至 1927 年国民大革命的惨败，面对大动乱、大分化、大改组的中国社会，诗人陷于极度的矛盾，对工农大众的革命性缺少认识，对“五四”后引进的资产阶级政治思想与文艺思潮也认识不清⑤，在两套大叙事之间荷戟独彷徨，孤独与沮丧在所难免，这里的孤独是对国家民族命运的思考，属于高孤独的范畴。

---

① 闻一多：《奇迹》，《红烛·死水》，三联书店 1999 年版，第 200 ~ 201 页。

② 朱立元：《当代西方文艺理论》，华东师范大学出版社 1997 年版，第 372 ~ 373 页。

③ 《中国现代史》，北京师范大学出版社 1983 年版，第 4 页。

④ 吴奔星：《中国现代诗人论》，陕西人民出版社 1988 年版，第 162 页。

⑤ 吴奔星：《中国现代诗人论》，陕西人民出版社 1988 年版，第 154 ~ 155 页。

四、余　论

色彩理论与心理学、精神分析学相结合，对闻一多新诗进行分析是一条切实可行的道路。通过三轮色彩统计，我们测量了诗人诗歌世界里色彩应用的频率、分布和稳定性，以此引出诗人色彩运用与特质的讨论。我们发现，生活在病态19世纪末与黑、白开启的20世纪的闻一多，时代的色彩特质对诗人影响巨大。闻一多善用黑色的微型空间意象，是土居健郎依赖心理的体现，反映出低孤独的困扰。高孤独在闻一多，则是一种“恩培多克勒”情结，是对冷酷黑暗现实的抗争。必须承认，我们针对闻一多新诗色彩议题，借助统计学方法并配合孤独感展开论述，只是窥探了闻一多诗歌研究纷繁画卷的一小部分，“黑色空间意象”也仅是一次小范围的实验，论述至此，当然并非最终的完结。本文布局或许更多注重理论上的关照，目的是为我们将来的讨论做一准备，同时也希望可以起到抛砖引玉的作用。

乡关之恋——闻一多诗学之精神原型

李　雪
（哈尔滨学院）

在中外文学史上我们可以归纳出无数的母题，如死亡、爱情、追寻、生存、怀乡、焦虑、弘道等母题。自亚当、夏娃被逐出伊甸园后，关于存在意义无法定位的身份焦虑、寻找失落的精神家园的“怀乡”模式反复出现。中国诗歌自《诗经》、《楚辞》开端，就形成了一个源远流长的文学母题：怀乡。诗人们或有登高临远的吟啸，或有一灯莹然的独诉，或记下鸡声茅店的实感，无论是看山、看水、看月、看雁、看征衣的旧线痕，或是听笛、听猿鸣，听一片捣衣声，不同时代、不同身份、不同个性的诗人，皆参与组成一反复缠绵、旋律单纯的合唱。不管是古代诗人还是现代诗人的区别亦不复明显，文学的创造性、个性与传统性的对立，亦趋于消解，重要的乃是其中那一曲浑厚、深沉、简单而重复、恒久而共通的生命旋律。现代诗人闻一多，即使留学国外，受了欧美现代诗人及其美学思潮影响，但面对陌生环境的疏离与隔膜，无根的漂泊、失落的情感体验与内心的焦灼使得他把笔触常常伸向“家园”，返回“故乡”，表达自己那挥之不去的落寞与乡愁，演绎着一个个“怀乡”的故事，释放因和周围陌生环境的联系发生障碍的身份焦虑；就是回到祖国，看到满目疮痍的景象，“怀乡”已经不是来自大洋彼岸的眷顾和神往，但仍然有着“理想的完美性”。①

---

① 朱自清：《爱国诗》，《朱自清全集》第 2 卷，江苏教育出版社 1996 年版，第 355 页。

孟子曰："丈夫生而愿为之有室，女子生而愿为之有家。"(《滕文公》下)从生命基本需求层面，肯定了家的意识。"五亩之宅，树之以桑"；"百亩之田，无夺其时"；"使老有所养，少有所安"(《梁惠王》上)；"人人亲其亲，长其长而天下平"(《离娄》上)，即以和平、充足、幸福之家庭生活为天下太平的范本，中国人思想中此种向往与追求，熏陶着中国诗人的伦常感受。闻一多在《比较》中写道：别人的春光歌舞着来，/鸟啼花发鼓舞别人的爱；/我们只有一春苦雨与凄风，/总是桐花暗淡柳惺松；——/我们和别人同不同？这是关于家庭生活的一首诗歌。所谓"比较"，也就是将自己与别人作对比，是关于"生计"问题的比较。诗人看到，别人的家庭春光融融、鸟啼花发，正是繁荣昌盛的大好时节，而自己呢，"只有一春苦雨与凄风"，整日布满忧愁。结合闻一多当时的处境，我们不难理解这样的实际。自1925年回国之后，诗人就有一连串的不幸，先是与供职的北京艺术专科学校校长刘百昭矛盾重重，正如他在给梁实秋的一封信中说："我近来懊丧极了。当教务长不是我的事业，现在骑虎难下真叫我为难。"又因为忙于他并不擅长的行政工作，而不得不将他所喜爱的诗歌撇在了一边，一般说来，对闻一多这样特别看重个人事业的人来说，必然将这方面的喜怒哀乐带入到家庭生活中来，并成为他衡量、判断家庭生活质量的重要的尺度，所以说，在他看来，自己的生活"总是桐花暗淡柳惺松"，沉闷、压抑、没有生机。然而，在《比较》的结尾处，有来自于精神和灵魂的诗句。无论现实有多少的遗憾，也将无可逃避，因为，生活都是实实在在的，形而下的，但在人生的终极意义上看，所有"比较"之下的差异便是微不足道的了，于是，诗人又进行了一个新的"比较"："别人堂上的燕子找不着家，/飞到我们檐前骂落花。"也就是说，别人的"家"固然豪华，固然灯红酒绿、莺歌燕舞，但也产生了新的问题，那就是过分"现代"，过分变幻莫测了，失却了自然纯朴的本色，以致燕子这种大自然的吉祥的鸟儿也不知所归了。在这个时候，我们的"家"虽然简陋，虽然贫寒，虽然没有那么多的现代情趣，但毕竟保存了与自然相融合的特色，所以终究引来了"别人堂上的燕子"，"昔日王谢堂前燕，飞入寻常百姓家”，无论如何，这都是一大喜事呀！那么，“我们比别人差不差?”当然是不差的！诗歌先抑后扬，最后不紧不慢，恰到火候地让我们承认了他家庭生活特有的情趣、特有的韵致。这样，读者先前的酸溜溜的感觉便一扫而去了，露出一丝会意的微笑，并不是我们都真的接受了闻一多的逻辑，诚服了他的理论，而是，通过他的这番用心良苦的叙述，我们真正地理解了中国知识分子生存之苦而又苦中作乐的特殊的精神状态，这一心境是对和谐、安宁之生活的一种永恒的祈求。

尽管很多诗人都歌咏过他们心中的故乡，但对于每个诗人来讲故乡的心理和美学内涵不一样。家园、故乡是他们渴念的地方，同时也是令他们迷惘的地方。很多诗人笔下的故乡、家园多与心灵骚动、挫折、孤独感联系在一起，在很大程度上这是一个灵魂中的幻象，具有形而上的意义。而闻一多的“故乡”是人间的，湖畔的、秧田中间的、听得见水车轰鸣、看得见竹子开花的故乡。弥漫着风尘、稻香和亲情。1925 年 7 月离别故乡三年的闻一多从美国回到中国，回到了故乡湖北省浠水，回到了妻子和年仅两岁的女儿身边。这里有青山绿水，娇妻幼子，一切都纯朴、美好、亲情脉脉。对在美国游历了三年，亲眼目睹了畸形的、冷漠的工业文明的闻一多来说，故乡的美是新异而温存的，是毋庸置疑的，诗人在《故乡》一诗中，描绘了一个没有机器的喧嚣，没有欲望的蒸腾，没有赤裸裸的争夺，没有明晃晃的仇恨的、宁静的田园。诗人对他的田园充满了依恋：“我要看还有没有我的家乡在”，“我要探访我的家乡，我有我的心事”，“我要看家乡还认识不认识我”。在诗的清新里我们看到诗人在这里曾经有过的，永生难忘的宁静恬然：在望天湖边，在秧田里，在神山上的白云里，在门外的水车声中……甚至连“我要看坟山上添了几块新碑石，/我家后园里可还有开花的竹子”所预示的死亡和灾难，也不过像“菱角长刺”，“藕丝难断”一样是这个质朴的世界充满契机和情感暗示的一种生命现象。在这个如诗的田园里，社会、自然与人是和谐的：“麻雀在水竹枝头耍武艺”、“燕儿飞到人家堂上来报喜”，连水车的轰鸣也如音乐收入人的心房……自然不是弱肉强食，物竞天择的竞技场，而是自由生存的乐园："孵卵的秧鸡在秧林里"，"泥上还有鸽子的脚儿印'个'字"，"兔儿在黄昏里觅食"，"狗子见了兔儿也不要追"……在这美好、和平的田园里，诗人的心灵自由而舒展，诗人可以在这里修补风霜剥蚀的心。诗人在这里沉迷：世上难道还有比这更美好的地方吗？

和平、安宁之生活向往，乃是将"家"的价值投射向整个社会。倘若进一步分析其情感向度与思维模式，即可从中国怀乡诗中读出一种精神：家、国相通的志士情怀。家、国相通成为一体，可追寻到先秦儒家思想。其渊源于早期氏族社会的血缘至上原则与祖先神灵崇拜。经晚周人文精神洗礼之后，祖神祭祀的基础遂转化为所谓"志意思慕之情"(《荀子·礼论》)、"慎终追远，民德归矣"(《论语·学而》)等伦理观念，而血缘至上原则，亦成为儒家政治学、哲学、伦理学、文艺教育学等诸方面思想之基石，如"正家而天下定矣"(《易·家人卦》)，"君子之道，造端乎夫妇，及其至也，察乎天地"(《中庸》)，"天下之本在国，国之本在家"(《孟子·离娄上》)等都表明人与社会之关系以"家"为起点。要治国平天下，首先要齐家，将亲亲长长的血缘关系推至天下，所谓君亲并用，化家为国，家国一体。

《诗大序》云："以一国之事，系一人之本。"诗人之生命与民族、国家之大生命；诗人之感情存在与国家、社会之理想目的紧紧相连。闻一多是怀着一腔爱国主义激情走向诗坛的，1923年闻一多在《〈女神〉之地方色彩》中讲："现在的新诗中有的是'德谟克拉西'，有的是泰国尔，亚坡罗，有的是'心弦'、'洗礼'等洋名词。但是，我们的中国在哪里？我们的四千年华胄在哪里？"①表现出作为诗人的闻一多，在中西文化发生碰撞和交汇的时候，立足于传统文化的爱国主义激情。这种情感更多产生于他留美期间耳闻目睹、切身感受的种族歧视而被激发出来的民族尊严感以及连同

① 闻一多：《〈女神〉之地方色彩》，《闻一多全集》第2卷，湖北人民出版社1993年版，第119页。

的家园亲人的怀念。“不出国不知道想家的滋味”①，“一个有思想之中国青年留居美国之滋味，非笔墨所能形容。俟后年年底我归家度岁时当与家人围炉絮谈，痛哭流涕，以泄余之积愤。我乃有国之民，我有五千年之历史与文化，我有何不若彼美者？将谓吾国人不能制杀人之枪炮遂不若彼之光明磊落乎？总之，彼之贱视吾国人者一言难尽”。② 闻一多的家国相通的情怀，是将中国人的乡关之恋政治化、理想化。思家的魂牵梦绕不仅仅是一己小我的温煦之情，而是与国家民族文化理想循循相通的圣洁之情。同时，又将中国人的政治情结生命化、人伦化。政治之治乱兴衰，不再是外在生命人伦之事，而是由生命中延伸而出的真实需求。于是，寄托乡愁、怀念家国首先成为他的诗歌主题：“太阳啊，我家乡来的太阳！/北京城里底宫柳裹上一身秋了吧？/我也憔悴的同深秋一样！……太阳啊，这不像我的山川，太阳！/这里的风云另带一般颜色，/这里的鸟儿唱的调子格外凄凉。”(《红烛·太阳吟》) 太阳冉冉升起了，大地逐渐为之增温，但是，诗人却道出：“太阳啊，刺得我心痛的太阳！/又逼走了游子底一出还乡梦，/又加他十二个时辰底九曲回肠！/太阳啊，火一样烧着的太阳！/烘干了小草尖头底露水，/可烘得干游子底冷泪盈眶？”(《红烛·太阳吟》) 那些在花草丛中晶莹闪烁的露珠被烘烤干了。但是，诗人的眼眶却总是湿漉漉的，太阳的热度还远不足以将它们烘干。因为比起家国故土的温暖来，太阳的这点热度实在太不值一提了。自闻一多去国离乡以来，泪水就常常伴随着他度过了无数个寂寞孤独的日子。在《晴朝》中，诗人说：“地球平稳地转着，/一切的都向朝日微笑；/我也不是不会笑，/泪珠儿却先滚出来了。”闻一多曾将《晴朝》、《太阳吟》两首诗寄给吴景超，并致信说：“我想你读完这两首诗，当不致误会以为我想的是狭义的‘家’，不是！我所想的是中国的山川，中国

① 闻一多：《致吴景超》，《闻一多全集》第 12 卷，湖北人民出版社 1993 年版，第 77 页。

② 闻一多：《致父母》，《闻一多全集》第 12 卷，湖北人民出版社 1993 年版，第 138 页。

的草木，中国的鸟兽，中国的屋宇——中国的人。”① 一山一水、一草一木无不浸润着诗人的赤诚之心。诗人于病中所作的《忆菊》便是以“菊”的形象表达了这样的情怀。“啊！东方底花，骚人逸士底花呀！/那东方底诗魂陶元亮/不是你的灵魂底化身罢？/那祖国底登高饮酒的重九/不又是你诞生底吉辰吗？/你不象这里的热欲的蔷薇，/那微贱的紫萝兰更比不上你。/你是有历史，有风俗的花。/啊！四千年的华胄底名花呀！/你有高超的历史，你有逸雅的风俗！（《忆菊——重阳节前一日作》）”怀乡的旋律与忧国的旋律起伏相应，同存俱适，思家的情感抒发与经国的知性议论，构成和谐的诗意张力。

然而，在1925年6月早已把国家民族的荣辱存亡融进自己生命的闻一多回到祖国，理想中的、诗情里的乡愁和文化被现实的景象一笔抹尽：“这不是我的中华，不对，不对!”思乡之梦醒后回归现实，诗人无限眷恋那宁静和谐的“家乡”，却是一个封建、落后、保守、顽愚的社会，所有的宁静与和谐都不过是一厢情愿的幻想，经济落后，政府腐败，军阀混战，民众愚弱，这才是活生生的现实。于是，所有“大希望之余的大失望”都聚集了起来，把“祖国”这一神圣美好的形象与一沟臭不可闻的“死水”联系起来。“死水”之腐朽停滞让诗人联想到了不思进取的国家，“死水”的恶臭污浊击碎了他落英缤纷的梦境，从而刺激着他痛苦的调整自己的“乡情”。

社会如此黑暗，前途如此多艰，疲于奔波的士人时时需要让心灵返回那个温馨淳朴的家的意识之中，获得一种慰藉与复苏。家这时又具有一种“保护功能”，可为士人情感心理提供依托与安顿。家、国相通，士人的理想人生道路是进而可以报效国家，退而可以事奉父母的，所谓“事父事君”，“出则事公卿，入则事父兄”（《论语·子罕》），“达则兼济天下，穷则独善其身”，从这个意义上说温馨淳美的人伦情味乃是诗人情感心理的补偿。“这灯光，这

① 闻一多：《致吴景超》，《闻一多全集》第12卷，湖北人民出版社1993年版，第77页。

灯光漂白了的四壁；/这贤良的桌椅，朋友似的亲密；/这古书的纸香一阵阵的袭来；/要好的茶杯贞女一般的洁白；/受哺的小儿接呷在母亲怀里，/鼾声报道我大儿康健的消息……(《心跳》)”对于小家庭的温馨，闻一多还是满怀深情的。柔和、轻缓，如水如雾，如洁白的轻纱灯光烘托着一种恬静、优悠的心境。僵硬干冷的桌椅也似乎深通人性，如“朋友似的亲密，”如主人般的“贤良”，桌上年代已久的“古书”散发出阵阵香气，随风扑面而来，茶杯稳稳地立在那里，沐浴着银白色的灯光，显得那样的洁净；在诗人的身旁，环绕着一家老小，妻子温柔地哺育幼儿，大儿已经入睡，传来无拘无束的鼾声。“这神秘的静夜，这浑圆的和平，/我喉咙里颤动着感谢的歌声。”在自己亲人的身边，沉浸在自己所熟悉环境中，是多么的惬意，多么的甜蜜啊！那在过去的人生漂泊岁月里所欠下的情感之债，如今都可以尽情地偿还了。难怪在他的“喉咙里颤动着感谢的歌声”。这可算作闻一多诗作中人伦情味精品之一了。然而补偿只是补偿而已，“歌声马上又变成了诅咒，/静夜！我不能，不能受你的贿赂”。诗人情绪陡变，那跳动的思想又投射到了外面的世界，那里正军阀混战，生灵涂炭，内外交困，民不聊生，“在生活的磨子下”各种惨剧在接连不断地发生，哪里有真正的宁静和温暖呢？这又代表了诗人对现实世界的一贯认识，特别是从大洋彼岸归来以后，两种文明程度的差距实在是让人触目惊心，对“大世界”的忧患情绪就愈发厚重了。一来一去，依稀飘渺，倏忽空灵，将思乡怀人之情表达得极其温婉深切。和睦、温馨的小家庭为诗人在动荡不安的大世界中提供了一份替代性的快感。闻一多受伤的心灵在努力地修复了后，对国家民族又一次矛盾的认同：“你隽永的美丽，你美丽的慌，/你倔强的质问，你一道金光，/一点儿亲密的意义，一股火，/一缕飘渺的呼声，你是什么？/……啊，横暴的威灵，你降服了我，/你降服了我！你炫缦的长虹——/五千多年的记忆，你不要动，/如今我只问怎样抱得紧你……你是那样的横蛮，那样美丽！”(《一个观念》）朱自清说“这里国家的观念或意念是近代的；他爱的是一个理想的完整的中国，也是一个理想的完美的中国”。① 理想上虽然完美，事实上不免破烂，所以，闻一多就是在这种生命的彷徨中，明知难爱也得爱，不加抱怨的对这个具有时代狭隘性的民族做着执著的理想性追求。

闻一多之所以要“回家”，具体到“怀乡”的母题下，也非常复杂，思乡、思亲、伤逝、忧生伤时、啼饥号寒、禅悟哲思，人类的所有的情绪和遭遇最终都似乎可以装进这个瓶中。随着此类创作的层积，此种思维模式转换成诗学中的艺术想象，便是“亲心”、“己心”之间的同构感应，从内在心性的同处、感应处着笔。因此，闻一多诗学中的精神原型，归根究底实为一种人文精神，是以人道、人生、人性、人格为本位的知识取向、价值取向。其思想并非一成不变，但有一共同特点就是对人自身所具有的情怀，人文对社会应有的贡献，阙其始终抱有一份深切的关注。这种关注，不仅为其诗学精神所独有，实与中国思想传统悠久信念，源源相通。中国思想传统之一种诗化的存在，即于此也可见一斑。

① 朱自清:《爱国诗》,《朱自清全集》第2卷，江苏教育出版社1996年版，第358页。

闻一多诗歌的庄谐张力结构

王　强
（苏州大学）

朱自清曾说，闻一多“是有幽默感的人”。① 其实，幽默地观照世事百态，是闻一多生活及创作中的一个独特视角。在闻一多的诗歌中，幽默风格的表现虽不显要，但也有迹可循，是贯穿其创作生涯的一条若隐若现的线索。闻一多的一些具有幽默风趣情味的诗歌，存在着明显的张力结构。具体地说，呈现为两种或隐或显的张力结构：一是“内庄外谐”的结构，鲜明地体现在《罪过》、《天安门》、《飞毛腿》等戏剧化的诗歌中。这些诗作表面有一副轻松叙说的腔调，但却掩盖不住作者内心的悲凉；二是“先庄后谐”和“先谐后庄”的结构，体现在《口供》、《春光》、《贡献》等诗歌中。这类诗作前后部分的情绪和格调明显转换，诗情在严肃与幽默、沉痛与诙谐之间流连。由于张力结构的运用，闻一多那些抒发悲天悯人情怀的诗歌也打上了幽默的印记，呈现出庄谐并出、悲喜交融的情感特征。不过，土白口语的活泼调子和出人意料的结构设计所造成的幽默风趣，通常只是浮在作品表层的情调。穿透这层轻松戏谑的技艺外壳，可以体味到诗人骨子里深切的悲哀和沉痛。

一、“内庄外谐”的结构

闻一多是“新诗戏剧化”较早的倡导者和主将。他说：“在一

① 朱自清：《中国学术的大损失——悼闻一多先生》，《文艺复兴》1946年第2卷第1期。

个小说戏剧的时代，诗得尽量采取小说戏剧的态度，利用小说戏剧的技巧，才能获得广大的读众。……新诗所用的语言更是向小说戏剧跨近了一大步，这是新诗之所以为‘新’的第一个也是最主要的理由。其它在态度上，在技巧上的种种进一步的试验，也正在进行着。"① 此外，闻一多受到罗伯特·布朗宁的影响。“布朗宁表现了客观抒情诗的原则和方法的‘戏剧独白’尤为他看重。"②

柏格森说：“将某一思想的自然表达移置为另一笔调，即得滑稽效果。"③《罪过》、《天安门》、《飞毛腿》等诗采用戏剧性情境或戏剧独白体，诗人尽量隐身幕后，让剧中人物登台表演，以平实的口语娓娓而谈，语言鲜活生动，给人以明快之感，为这些抒发悲哀情绪的诗歌披上了活泼轻松的外衣。《罪过》一诗中，诗人截取旧中国贫苦百姓的一个生活片段，以戏剧对白的体式谋篇，用质朴晓畅的口语入诗，原生态的生活气息扑面而来。起首的“老头儿和担子摔一交，／满地是白杏儿红樱桃”和结尾“老头拾起来又掉了，／满地是白杏儿红樱桃”复沓呼应，再加上严谨整饬的布局，琅琅上口的“摇条”尾韵，营造出亲切、生动、鲜活、风趣的氛围。而这与作品的沉重主题显然背道而驰。“《罪过》的刻意追求戏剧性动作和色彩描绘……都有可能冲淡悲剧主题。"④ 诗人并没有代替老头儿控诉生活的艰难，只是客观实录老头儿忏悔式的表白。这更使作者心中的悲哀情绪隐而不彰。然而，老头儿的悲剧遭遇是轻松叙说的活泼语调所遮掩不住的。需要忏悔、反省的不是老头儿，而是整个社会。诗人以反讽的口吻控诉了黑暗社会对贫苦百姓犯下的深重“罪过”。怀着“哀民生之多艰”的心情品味此诗，善良的读者恐怕都会笑中带泪的。后来加入新月派诗人群的卞

① 闻一多：《文学的历史动向》，《当代评论》1943年第4卷第1期。

② 胡绍华：《闻一多诗歌与英美近现代诗》，《外国文学研究》2006年第3期。

③ 柏格森：《笑——论滑稽的意义》，徐继曾译，中国戏剧出版社1980年版，第75页。

④ 蓝棣之：《论新月派诗歌的思想特征》，《中国现代文学研究丛刊》1982年第2期。

之琳，用北京土话写了《酸梅汤》等大量表现下层小人物悲剧命运的诗，“常用冷淡盖深挚”，“玩笑出酸辛”。对于这样的诗艺探索和实践，卞之琳坦言：“这（就国内现代人而论）可能是多少受到写了《死水》以后的师辈闻一多本人的熏陶。”①

朱光潜认为：“凡诗都难免有若干谐趣。……就是把最悲惨的事当作诗看时，也必在其中见出谐趣。”② 与《罪过》类似，《天安门》、《飞毛腿》等描写下层贫民悲苦命运的诗也都呈现出“内庄外谐”的艺术风格。《天安门》整首诗就是一个迷信鬼神、懦弱怕事的车夫独白的实录，讲述的是他在天安门撞鬼的经历以及感想。车夫惊魂未定，语焉不详，但从他的陈述中约略可以猜见故事发生的背景：天安门发生了屠杀爱国学生的惨案。事实上，这首诗就是闻一多为1926年天安门发生的“三·一八”惨案而作的。诗人显然不满足于记录一个车夫语无伦次的抱怨，“诗歌实际上就是为这些屈死的学生鸣冤，又为他们凛然正气树碑立传，这才是闻一多的真正目的”。③ 但车夫是为生计奔波劳碌的市井小民，没有革命者的觉悟，也不理解热血青年的爱国激情，所以不会慷慨激昂地痛斥滥杀无辜的反动当局。诗人特意选取车夫的视角，显然别有深意。首先，车夫是事件亲历者，通过他一鳞半爪的叙说能收到窥一斑见全豹之效，借以揭露反动统治者的凶残；其次，明哲保身的车夫脱口而出的尽是看客的风凉话，这从一个侧面反映出民众的麻木和不觉醒，与爱国青年慷慨赴死的壮举形成鲜明对比。肯尼思·伯克认为：“所谓历史无非是多元的声音（立场）对话的戏剧。”④闻一多让容易被遮蔽和忽略的小人物发出自己的声音，给后人留下了一个旧北京车夫的心灵档案，为众声喧哗的中国启蒙和革命史立

① 卞之琳：《雕虫纪历·自序》，人民文学出版社1979年版，第4页。

② 朱光潜：《朱光潜全集》第3卷，安徽教育出版社1987年版，第33页。

③ 王富仁：《闻一多名作欣赏》，中国和平出版社1993年版，第414页。

④ 赵一凡等：《西方文论关键词》，外语教学与研究出版社2006年版，第97页。

此存照；再次，闻一多进行“新诗戏剧化”的尝试和实验，刻意采取了戏剧独白的体式。

车夫以一种惊慌又略显兴奋的口气描述自己“见鬼”的遭遇。“你没有瞧见那黑漆漆的，/没脑袋的，蹶脚的，多可怕，/还摇晃着白旗儿说着话……/这年头真没法办，你问谁？/真是人都办不了，别说鬼。”这几句话更像讲述传奇经历一般，缺乏对死者的尊重和同情，语调轻佻，冷漠中透着刻薄。这也正符合市井小民“事不关己、高高挂起”的心态。最末两句“得！就算咱拉车的活倒霉，/赶明日北京满城都是鬼！”更是流露出车夫唯恐避之不及的厌恶之情。车夫的心肠为什么如此冰冷？这几句自白给出了答案：“先生，听说昨日又死了人，/管包死的又是傻学生们。/这年头儿也真有那怪事，/那学生们有的喝，有的吃，——”因为不理解“傻学生们”的所作所为，所以车夫的语气中带着些许奚落和嘲笑。这样轻薄的语气，再加上活泼的口语调子，造成这首诗表层格调的轻快。梁实秋回忆道：“在青岛大学有一次他（指闻一多——引者注）在礼堂朗诵他的新诗。他捧着那一本《死水》，选了六七首诗，我记得其中有两首最受欢迎，《罪过》与《天安门》。……两首诗都是以北平土话写成的，至少是一多所能吸收的北平土话，读起来颇有抑扬顿挫之致，而且诗又是写实的，都是出之于穷苦人的口吻，非常亲切。我记得平素不能欣赏白话诗的朋友，那天听了他的诗歌朗诵都一致表示极感兴味。”①

风格与《天安门》如出一辙的《飞毛腿》一诗也是独白体，但独白者没有讲述自己的遭遇，而是讲述他人的故事。不过，故事的主人公“飞毛腿”也是旧北京社会底层的车夫。但同是车夫，却有两幅面孔。如果说《天安门》中的车夫是蝇营狗苟的世俗小民，那么“飞毛腿”就是与俗世格格不入的“追梦人”。巧合的是，《天安门》和《飞毛腿》的独白者，都难以理解他们所讲述人物的行为。诗人把被讲述者置于不被理解的他者地位，这样造成的

① 梁实秋：《谈闻一多》，方仁念编《闻一多在美国》，华东师范大学出版社1985年版，第151～154页。

隔膜使讲述者容易采取一种奚落和取笑的态度，他们的话语因带上讥讽的调子而透出几分诙谐。诗的开篇就亮明了“我”的态度：“我说飞毛腿那小子也真够别扭”，接着开始数落挖苦：“还吹他妈什么箫，你瞧那副神儿，/窝着件破棉袄，老婆的，也没准儿，/再瞧他擦着那车上的俩大灯罢，/擦着擦着问你曹操有多少人马。”三言两语透露出这样的信息：飞毛腿热爱生活，充满幻想，具有艺术气质。而这似乎预示了他“心比天高，命比纸薄”的悲剧。正如克林思·布鲁克斯所说：“诗人必须为我们将死中之生戏剧化，并且他的戏剧化还必需包括反讽性的震惊。”① 果然，诗的结尾以“嗐！那天河里漂着飞毛腿的尸首……/飞毛腿那老婆死得太不是时候”两句收束，把飞毛腿家破人亡的惨状突然呈现出来，给人以强烈的情感冲击，留下袅袅不绝的悲哀情绪。

《天安门》和《飞毛腿》通篇都是看客或旁观者的略带调侃奚落的独白，抒情主人公始终没有介入其中直接表态，但还是透露出诗人无尽的悲哀、痛心和愤激之情。上文分析过的《罪过》一诗也是如此，轻快的口语调子下，潜藏着内在诗情的严肃。这些诗歌都呈现为一种隐在的“内庄外谐”的情感张力结构。需要指出的是：这些诗歌仅因活泼的语调、戏谑的口吻造成了幽默诙谐风味，其实诗人要抒发的是深切的悲凉情绪。从情感和内容上来讲，它们是悲剧性的而非喜剧性的诗歌。闻一多这样的诗歌虽然并不多，但却是其“新诗戏剧化”艺术实践的重要成果，代表了其诗艺探索的一种路向。臧克家说：“《死水》里的诗，绝大部分是口语化的，我们从中可以发现这样一条规律：题材越现实，描写的对象是劳动人民，语言也就越口语化，大众化。”② 闻一多在努力贴近现实、靠拢读众的同时，无意中为其幽默诗风的表现增多了一种样态。

除了这些采用戏剧情境和戏剧独白谋篇布局的诗歌外，闻一多的《死水》、《黄昏》等诗也呈现出一种“内庄外谐”的张力结

① 赵毅衡：《新批评文集》，中国社会科学出版社 1988 年版，第 205 页。

② 臧克家：《闻一多的诗》，《人民文学》1956 年第 7 期。

构，只不过表现得更加隐蔽和模糊。而内庄外谐、悲喜交集，正是《死水》和《集外诗》中多数幽默诗歌共同的情感特征。对此，曾有论者指出：“在真诚地以分行形式传达自己情感的同时，闻一多也不得不时时注意迁就自己的主张，于是出现了《死水》那样一望而知刻意雕琢的形式，其密集的尾韵等所体现的说唱文学特征与作品沉重主题之间的不协调只能以作者尝试自己诗歌主张的迫切性来解释。”① 其实，这也未必就是所谓的“不协调”，有的研究者把幽默解释为“内庄外谐”的态度，认为幽默“是喜剧的特殊样式；是意识对客体、对个别现象和整个世界采取的内庄外谐的态度”。② 闻一多《死水》和《集外诗》的很多篇章恰恰是通过这种“不协调”而在客观上取得了幽默的效果。

二、“先庄后谐”和“先谐后庄”的结构

1923年3月25日，闻一多在致亲友的信中说：“我近来的作风有些变更，从前受实秋底影响，专求秀丽，如《春之首章》、《春之末章》等诗便是。现在则渐趋雄浑沈劲，有些象沫若。……其实我的性格是界乎此二人之间。《忆菊》一诗可以作例。前半形容各种菊花是秀丽，后半赞叹是沉雄。”③ 闻一多的这段“夫子自道”，指认了塑造其诗风的来源，既道出其性情和人格的矛盾复杂，也说明其诗歌包容着繁复的情绪，充满情感的张力。事实上，闻一多的很多诗歌都类似《忆菊》，存在着前后部分情绪、格调的转换，而且有些转换非常突然。“好的幽默本身正是悖论，即合情合理的事儿与相互矛盾的事儿并列在一起。开头往往是个实实在在

① 刘纳：《怎样在文坛“打出一条道来”——以闻一多为例》，《黄河》1999年第3期。

② 佴荣本：《笑与喜剧美学》，中国戏剧出版社1988年版，第107页。

③ 闻一多：《致闻家驷》，《闻一多全集》第12卷，湖北人民出版社1993年版，第162页。

的陈述，接着就出现了荒诞不经的想法，从而派生幽默。"① 被看做《死水》"序诗"的《口供》，就是这样一首"先庄后谐"幽默诗。起首一句"我不骗你，我不是什么诗人"，给读者留下了悬疑，同时为结局的突转埋下了伏笔。最后两句以干脆利落的设问突然收束，以粗俗俚语的直陈，扭转了高雅庄重的咏叹。"苍蝇"和"垃圾桶"的字眼不由分说闯入视线，与上节的"青松和大海"、"英雄"和"高山""国旗"和"菊花"等美丽高洁的意象形成醒目对照。由高雅的绅士之语突变成"顾不到体面"② 的俗话，由庄入谐的格调突变，给人以强烈的错愕和震惊，充满了结构和情感的张力。首先，读者会为作者如此另类、大胆的自嘲莞尔一笑，紧接着又会对作者勇于自剖、严于自责的勇气肃然起敬。最后两行诗调侃的口吻下埋藏着严肃的情感底蕴，引发了一种令人深思的笑。事实上，创作诗集《死水》的1926年至1928年，闻一多广泛接触社会，阅历日渐丰富，对人性的复杂有了更深刻的认识。严峻残酷的现实和自身人性的弱点，使闻一多的精神备受煎熬和困扰，急需发泄内心郁积的苦闷。于是，《口供》成为诗人大胆袒露真实灵魂的载体。"俚语、执拗而幽默的措辞和举止成了保持精神健全的安全的发泄口；你会置那种潜意识压抑力于不顾，竭力用言语表达出你的言外之意。这是通向真诚的一条迂回之路，一条令人窘困的路。"③ "苍蝇似的思想，垃圾桶里爬"的"招供"，就是闻一多找到的灵魂救赎的突破口。

《春光》和《口供》的结构类似，也纠结着强大的情感张力。全诗共十句，前八句和后两句分属两节。从句数上看，这样的比例安排明显失衡，但后两句所带来的冲击太强烈，足以使读者的情感重心向后偏移。其实，这首诗运用了"衬跌"的手法。"衬跌"由

---

① ［加］诺斯罗普·弗莱等：《喜剧：春天的神话》，傅正明，程朝翔等译，中国戏剧出版社1992年版，第292页。

② 闻一多：《论〈悔与回〉》，《新月》1931年第3卷5、6期合刊。

③ ［加］诺斯罗普·弗莱等：《喜剧：春天的神话》，傅正明、程朝翔等译，中国戏剧出版社1992年版，第181页。

前半部分的“衬”和后半部分的“跌”两个部分构成。“衬”的部分是相关联的多种事物的列举，当这种由列举而累积起来的印象在读者心理上逐渐加强时，忽然一“跌”，使读者的心理期待一下子滑到了确乎意料之外，终在情理之中的终点。“笑”便由此而生。① 诗人用主要篇幅描绘生机盎然的美好春光，视听联动，动静结合，天竹、珊瑚、碧桃、麻雀、绿叶、阳光、金箭、天使……多种物象齐聚笔端，点染出宁静祥和、恍若仙境的春之美景。但紧接着，诗歌语言逻辑的正常发展突然中断，诗人引出一个令人震惊的结尾：深巷里传出一声贫民悲苦的哀号！美丽的春光像一个五颜六色的肥皂泡，一下子被无情地刺破了。总的看，这首诗的讥刺锋芒有着双重指向：一是歌舞升平的有闲阶级；二是虚假繁荣的春天。在那些习惯粉饰太平的“老爷太太”听来，这一声刺耳的“清籁”真是大煞风景，扰乱了这些上层贵族的迷梦，使他们雅兴全消，无法继续陶醉于盛世美景的幻想之中。别林斯基说：“现实诗歌的任务，就是从生活的散文中抽出生活的诗，用这生活的忠实描绘来震撼灵魂。”② 诗人撕开了现实的虚伪包装，露出了它的本真面目。“春光”就像诗人笔下的“死水”，表面的浮华幻美遮盖不住实质的萧条破败。横空出世的一声“清籁”，又蕴含着刺破春天虚假繁荣的嘲讽意味。

《死水》一诗也存在着“由庄入谐”的格调转换。诗人开篇一本正经地宣布：“这是一沟绝望的死水，/清风吹不起半点漪沦。”接下来的两句“不如多扔些破铜烂铁，/爽性泼你的剩菜残羹”表明了作者对“死水”的憎恶态度，同时暗示出诗人不按套路出牌的构思。果然，接下来诗人没有对死水之丑展开激烈批判，而是反其道行之，开始精细地描摹死水之“美”。这一出乎意料的岔断，使得诗情由严肃转为诙谐。诗人对死水之“美”的铺排着墨不少，

---

① 胡范铸：《幽默语言学》，上海社会科学院出版社1992年版，第112页。

② ［俄］别林斯基：《别林斯基选集》第1卷，满涛译，上海译文出版社1979年版，第185页。

占了大部分篇幅。但到了末节，诗人又收拢了谐谑思维的缰绳，诗情又回归严肃。“好的诗必须在某种程度上涉及抵抗，它必须具有某些它自己创造的语境。”① 《死水》一诗即是如此。它避免了平铺直叙，创设了两次格调的转换，诗情跌宕起伏，庄谐并出，带给读者丰富的情感体验。《比较》是闻一多和别人比较家庭景况的一首诗。诗歌的三节对应着三组比较。首节以“鸟啼花发”和“苦雨与凄风”作比，流露出“贫贱夫妻百事哀”的辛酸。在第一轮对比中，“我们”落败了；第二节以别人的夜夜笙歌和自己的书斋生活作比，隐约反映出诗人苦中作乐的情怀。诗人的物质生活虽然贫苦，但无妨做一个精神上的贵族。爱人“夜夜给我送烟茶”，虽称不上红袖添香，但也温柔体贴，让诗人备感欣慰。“我们怎能够比别人?”一句似乎是反诘，因为价值观不同，“我们”费不着跟别人攀比较劲。这一节是诗情由悲到喜的过渡和转折。末节，诗人先以“睡向青山”和“走入黄泉”作比，说明在生老病死的自然法则面前，人人平等。在这一组比较中，“我们”终于和别人打了个平手。接着诗人化用“旧时王谢堂前燕，飞入寻常百姓家”的古诗句，预测随着时间流转，达官贵人难免家道中落，名门望族终将流落民间。找不着繁华旧巢的燕子，也只能“骂落花”了。诗人由此得出“我们”并不比别人差的结论。作者巧妙改写古诗典故，赋予其诙谐的新意，消解了原诗慨叹沧海桑田、世事多变的悲剧感伤气息。尤其是一个“骂”字，鲜活生动地表现出富家燕子无家可归的狼狈，谐趣十足，同时也流露出“我们不比别人差”的欣喜自得之情。由此，整首诗完成了由悲到喜的情绪转变。“诗歌先抑后扬，最后不紧不慢，恰到火候地让我们承认了他家庭生活的特有的情趣、特有的韵致。这样，读者先前的酸溜溜的感觉便一扫而去了，露出一丝会意的微笑。”②

---

① 赵毅衡：《新批评文集》，中国社会科学出版社 1988 年版，第 182 页。

② 王富仁：《闻一多名作欣赏》，中国和平出版社 1993 年版，第 592～593 页。

“喜剧因素和哀怜因素之间的转移，以及这两者之间微妙的平衡，是使观众惊醒的一种方式。”① 闻一多深谙此道，上述这些“由庄入谐”的诗歌，混杂着悲喜的情感，因情绪突转带给人强烈的震撼。此外，闻一多幽默诗歌的张力结构还有另一种表现形态，即“先谐后庄”。《贡献》一诗即是如此，诗人在前两节以调侃的口吻说了一连串令人眼花缭乱的表示动作的词汇：陪客醉酒、敬烟、坐车、走路、吃饭，让路、点头、惊羡……如记流水账一般，说明自己整天应酬周旋，疲于奔命，虽然忙碌却不务正业。诗人戴着虚伪的面具，满足着他人的贪婪和虚荣，也空耗着自己的生命。对此，诗人只能无奈地苦笑：“这就是我的贡献!”反讽的语调中流露出自嘲和自责之意。第三节，诗人触及自己的灵魂，诗情转而变得严肃：“我能为人类的苦痛捏一把汗，/我能哭得像婴孩。”这表明在敷衍应酬、强颜欢笑的外表之下，诗人仍保有一颗悲天悯人的赤子之心。而这，正是一个诗人所必须具备的。作者借此呼唤良知与责任，并发出了庄严的呐喊：“这刹那间才是我最伟大的贡献!”对于诗人如此名副其实的“贡献”，读者当然会肃然起敬。整首诗的情绪“由谐入庄”，让人笑过之后回味深思。《心跳》一诗的前半部分通过拟人、比喻的修辞写景状物，赋予“桌椅”、“茶杯”、“鼾声”以鲜活的生命，透着幽默风趣的情调，营造出一派温馨祥和、其乐融融的家庭生活气氛。第九句，诗人笔锋陡然一转，开始严峻的批判，“歌声马上又变成了诅咒”。至此，整首诗的格调由诙谐转为严肃，诗情也由狭小变得阔大。诗人不满足于只唱“个人的休戚”，更要关注现实、心忧天下。前面描绘的“墙内尺方的和平”，成为“我”心中“更辽阔”世界的反衬对象。这与《贡献》一诗类似，诗歌前面谐语出之的内容，都为诗人所轻视乃至否定。

R. P. 布拉克墨尔说：“如果说心灵是一只盛破布的袋子，那就从里面掏出两块破布缝在一起。如果说材料互相矛盾，那么，这

① ［加］诺斯罗普·弗莱等：《喜剧：春天的神话》，傅正明、程朝翔等译，中国戏剧出版社1992年版，第308页。

矛盾一旦成为永久的，也就变成了一种谐调。”① 闻一多那些有着“先庄后谐”和“先谐后庄”张力结构的幽默诗歌，在悲与喜、庄与谐之间游刃有余地切换，巧妙地融合了诙谐与感伤、幽默与悲凉两种截然不同的情调，使读者得以笑中带泪地打量诗人的心灵，爱恨交加地观察身边的世界，并由此获得了丰富复杂的情感体验。

---

① 赵毅衡：《新批评文集》，中国社会科学出版社 1988 年版，第 388 页。

论闻一多诗歌的意象营造

杨永明
（安阳师范学院）

作为中国新诗草创时期的重要人物，闻一多的诗学思想和诗歌创作不同于“五四”新潮诗人，他在《女神之地方色彩》一文中这样阐述自己的思想：“我总以为新诗径直是新的，不但新于中国固有的诗，而且新于西方固有的诗。”① 他的新诗创作，真正表现出了创新精神和独立意识。他的诗歌意象中，既有朦胧、奇崛、丑怪的现代意象的大量出现，又频繁地流露出中国古典诗歌意象艺术的痕迹，意象的繁复昭示着西方现代艺术思潮与中国传统诗歌理念的撞击与融合。

一、闻一多诗歌的意象观

闻一多自幼谙熟传统文化，有着深厚的古典文学功底，同时，“五四”时代大潮和西式的清华教育，又使他切身感受现代诗艺氛围，他的《真我集》、《红烛》、《死水》及众多佚诗，大量吸收欧美浪漫主义、唯美主义及意象派诗人之所长，并与中国诗艺特质渗透融合，形成了自己独特的诗歌意象观念。

在欧洲文学发展史上，浪漫主义是伴随着资本主义的上升、个性自由解放的要求高涨而成为时代思潮的，对于古典主义压制个

① 闻一多：《闻一多全集》第6卷，湖北人民出版社1993年版，第110页。

性、忽视情感的文学倾向，有着强烈的反抗。“浪漫主义的根本点就是意识方面的一个永恒、普遍和首要的事实：人的自我信任、自我表现和自我扩张的欲望。”① 在那样一个狂飙突进的时代，闻一多的诗学理念与英国浪漫主义反抗、热烈、奇幻的精神产生了共鸣，济慈、拜伦和雪莱等浪漫主义诗人成为他所关注的对象。闻一多提到拜伦时曾冠以“最完美、最伟大”等字眼。② 他认为，应该把“想象”作为诗人和诗歌创作的最重要的质素。针对五四新诗把“真”绝对化为生活和情感原始的可感形态，他说：“绝对的现实主义就是艺术家的毁灭。”他认为新诗中除了郭沫若和梁实秋以外，几乎所有的新诗人“都有一种沈痼的通病，那就是弱于或竟完全缺乏幻想力”。③ 在《“冬夜”评论》中说得很直率：“不幸的诗神啊！他们争道替你解放，‘把从前一切束缚你的自由的枷锁镣铐——打破！’谁知在打破枷锁镣铐时，他们竟连你的灵魂也一齐打破了呢？不论有意无意，他们总是罪大恶极啊！”④

基于此，闻一多主张诗歌当中要营造“幻象”，“幻象”是被作为诗歌的重要原素来阐释的。“诗的真精神其实不在音节上，音节究属外在的质素”，“幻象，情感——诗的其余的两个更重要的质素——最有分析比量的价值的两部分，倒不容分析比量了；因为他们是不可思议同佛法一般的”。因之，“偿了玄秘性底代价”。⑤ 很显然，闻一多是把“幻象”当做诗的最重要的内在质素来认识的，而幻想最重要的特征是神秘性。他评论《一回奇异的感觉》

① 乐黛云、王宁：《西方文艺思潮与二十世纪中国文学》，北京大学出版社 1990 年版，第 28 页。

② 闻一多：《闻一多全集》第 2 卷，湖北人民出版社 1993 年版，第 134 页。

③ 《评本学年〈周刊〉里的新诗》，《闻一多论新诗》，武汉大学出版社 1985 年版，第 30、38 页。

④ 闻一多：《闻一多全集》第 2 卷，湖北人民出版社 1993 年版，第 85 页。

⑤ 闻一多：《闻一多全集》第 12 卷，湖北人民出版社 1993 年版，第 156 页。

说："'奇异的感觉'便是ecstasy，也便是一种炽烈的幻象：真诗没有不是从这里产生的。……真诗人都是个神秘家（mystics）。""《一回奇异的感觉》，所占位置很高，就因他的神秘的原素。"其中有如庄子的"'遗世高举'，'御风而行'底幻象。"批评《月食》一诗"满纸空话，索然无味"时，他强调诗应该有一种"龙文百解鼎，笔力可独扛"的力量，"做诗不能讲德漠克拉西"，"克兹（即济慈，笔者）所谓'不是使读者心满意足，而是要他气都喘不出'，便是这个意思"。而"造成这种力量，幻象最要紧"。他引了自己的《爱与美》中的一节诗说："我觉得我的幻象比较地深炽，所以我这幅画比较地逼真一点。"①

显然，闻一多的"幻象"观念受惠于英国浪漫主义诗人所提倡的想象。按华兹华斯和柯勒律治的说法，想象是对文字难以传达的对象的克服，对表象"溶化、分解、分散，为了再创造"，"尽力去理想化和统一化"，"从而超越对象的真实性而获得诗歌自身的蕴藉"，② 用想象力去把握世界在浪漫派看来是一切认识的基础。同时，"幻象"观不仅吸取西方诗歌艺术的理论精华，也打上了中国诗歌传统的审美烙印，"'其味适口'是幻象"，"这种幻象，比能动虽不秩序不整齐不完全，但因有一种感兴，这中间自具一种妙趣，不可言状。其特征即在荒唐无稽，远于真实之中，自有不可把捉之神韵。浪漫派的艺术便属此类。严沧浪诗话谓'盛唐诸公，惟在兴趣；羚羊挂角，无迹可求。故其妙处，透澈玲珑不可凑泊，如空中之音，相中之色，水中之影，镜中之像，言有尽而意无穷。'沧浪所谓'兴趣'同王渔洋所谓神韵便是所动幻象底别词。所谓'空音、相色、水影、镜像'者，非幻象而何?"③ 闻一多阐明了现代诗学的"幻象"与传统诗学的"神韵"之间的联系，分

① 闻一多：《评本学年周刊里的新诗》，《闻一多全集》第2卷，湖北人民出版社1993年版，第40~50页。

② 刘若端：《十九世纪英国诗人论诗》，人民文学出版社1984年版，第49页。

③ 闻一多：《闻一多全集》第12卷，湖北人民出版社1993年版，第156页。

析了“所动的幻象”的产生与无意识创作精神活动的关联，它的超于一般明白清楚的诗的“荒唐无稽，远于真实，自有不可把捉之神韵”的特征，这些阐释，体现了他对内涵复杂的现代性诗歌文本自觉认同和独特把握的审美意识。闻一多在创作中十分善于运用神奇的幻想创造奇异的幻象，如李白投水救月、骁将精雕剑匣、骑着太阳巡游家乡、梦中邂逅、白日见鬼等幻象，都闪烁着奇光异彩，令读者耳目一新，甚至心醉神迷。

闻一多强调诗人的幻象力在意象表现中的意义，把意象的玄秘性体现的神秘美作为诗的审美内容，这既有西方意象派与象征派的影响，又打上了中国传统诗学的鲜明烙印。他的“幻象”观念超越了早期新诗的“具体的做法”，胡适影响下的五四新诗人，在反对旧诗的虚假时，把诗所追求的“真”绝对化为生活和情感原始的可感形态。幻象质素的极度缺乏，造成了五四以来新诗的“淡而寡味”的弊端，因此，他热切地呼唤既能体现时代精神有饱含地方色彩的具有深层意蕴的现代新诗的出现并为之不懈探索。

二、闻一多诗歌的意象世界

闻一多的诗歌显现出无羁的自由精神与想象力，这里既有西方浪漫主义与现代主义的影响，也蕴涵着庄骚传统的文化积淀。它们共同使新诗真正冲出早期白话诗平实、浅显的狭窄境界，飞腾起想象的翅膀，获得浓烈、繁富的形象。综观闻一多的诗歌，其中的意象可分为下面几类。

（一）经典意象

经典意象指的是带有深深的传统文化审美特征和精神烙印的古典意象。闻一多对西方诗歌艺术的吸收与择取，始终坚持以东方文化意识为核心，他认为，要完成中国新诗的现代转型，首先“当恢复我们对于旧文学底信仰”，其次“更应该了解东方底文化。东方底文化是绝对地美的，是韵雅的。东方的文化而且又是人类所有的最彻底文化”。① 闻一多的诗中频繁地流露出中国古典诗歌传统意象艺术的痕迹，几乎只需通过其诗艺的表层结构就能窥见其特异的意象艺术风格：富有中国风采的物象——红烛、剑匣、秋菊、红豆……他还常常在诗中运用典故，以对各种历史、文学事实的隐喻或引用来回顾中国的历史、神话或文化，借古喻今，既有民族特色，又具时代风情。仅“剑匣”一首诗里就出现了楚霸王、汉高祖、梁山伯、祝英台、李翰林、大舜皇帝等历史与传说人物。梁实秋称为“科学的文明里悬想着静的和美的东方文化”。②

闻一多的新诗追求的不是一般的民族特点，而是民族的文化特点，尤其是古典文化的精神。他让传统意象和典故在现代新诗中复活。《红烛》一诗中，“烛”这个意象源于古典诗歌“蜡炬成灰泪始干”，毫无疑问地延续了燃烧自我的意义和悲的基调。《忆菊》雕金镂玉、色彩斑斓，赞美祖国的名花，“赞美如花的祖国”，借助“菊花”的形象唤起了对祖国文化的倾慕和赞赏，从菊花中挖掘出民族文化的深层意蕴。而《李白之死》中，借李白捞月的世俗传说，以“臆造”演绎“荒诞”，传达对于诗人人格的赞美和对于美的追求的忠贞。龙烛、月亮、广寒宫、女娲、玉盘、丹心等意象，使得水中捉月故事的现代阐释，笼罩上传统的、古典的氛围。在他以后的诗中，不断出现贡臣、香篆、孤雁、太阴、金乌、宫柳、菊花、红豆、春蚕、游子、罡风、六龙骖驾等。《剑匣》在虚构幻想的故事里，释放诗人自己的创造美的精神与灵魂，在荒诞与虚幻里就蕴含诗人对神秘美的渴求，在《祈祷》中更是成功地对传统诗性话语实行了现代诗性的转化：“谁告诉我戈壁的沉默，/和五凤岳的庄严？又告诉我/泰山的石还滴着忍耐，/大江黄河又流着和谐？/再告诉我，那一滴清泪/是孔子吊唁死麟的伤悲？/那狂笑也得告诉我才好。/庄周、淳于髡、东方朔的笑。”纷至沓来的传统典故和错错落落的西方祈求句式，结合成一种新异的情境，感

① 闻一多：《闻一多全集》第6卷，湖北人民出版社1993年版，第110~123页。

② 梁实秋：《闻一多诗六首》，《清华周刊》1923年第284期。

情真挚委婉，富有鲜明的民族色彩，古典意蕴为现代新诗开拓了崭新的精神和话语空间。

（二）深度意象

闻一多的诗歌中，还有大量的以外在客观事物来象征人类生存的社会状态，暗示人的幽秘的心灵世界的意象，这就是深度意象。闻一多在面对自然和社会时，常常能借助睿智的慧眼从自然景物中深邃地观照出社会景观和人生境界，并在诗歌中通过自然象征性地映照出人的生态与心境，透露出的是西方象征主义和意象派诗歌的审美意识，也有传统诗歌中含蓄、蕴藉的美学向度。

他说："文学是要和哲学不分彼此，才庄严，才伟大。哲学的起点便是文学的核心。只有浅薄的、庸琐的、渺小的主子，才专门注意花叶的美茂，而忘掉了那最原始、最宝贵的类似哲学的仁子。"① 闻一多将其对生命、爱情、社会、时空的思考和理解融入到诗歌创作中，构造了一个精神特征相当突出的意象世界。

《雪》描写了一幅冬天的场景，"无数茸毛似的天花，织成一件大氅"，如同"一层殓衣"，包裹起世界，埋起了屋顶，蹂躏着世界；但"却总埋不住那屋顶上的青烟"，青烟"穿透自身的躯壳，直向天堂迈往"；森林"战斗多时"，终于使"冬"举起了"投降底白旗"。这里表面上虽然直接描写的是自然界里"青烟"、"森林"与"冬雪"抗争的场面，但是，我们从这些场面中不难看出人类社会两种势力生死搏斗的情景，不难感受到人间生命积极向上的精神与顽强斗争的威力。《梦者》是一首三行小诗，直接写一个"寻梦者"的理想情怀，"假如那绿晶晶的鬼火/是墓中人底/梦里迸出的星光，/那我也不怕死了！"死亡者梦里的"星光"，乃是以生命为代价去寻求的理想。爱情，与生死一样是文学的"永恒主题"。情爱包含了最丰富、最具魅力的人生，它纠结了作者所处时代的敏感的深层文化道德冲突和人性的冲突。《幻中之邂逅》则

① 闻一多：《闻一多全集》第2卷，湖北人民出版社1993年版，第58页。

想象了爱情的美好，仿佛“白云，朦朦漠漠”，又似“仙鹤”浸在月光里；《贡臣》将爱人膜拜为“我的王”；《花儿开过了》抒写了对爱的坚贞，“我也不曾因为你的花儿暂谢，就敢失望，想另种一朵来代他！”后期爱情诗，从吟唱个人情爱的悲欢，从对理想爱情的描绘上升到对生命中爱的价值、爱和生死、爱和伦理道德等关系的哲学性思考上。《你指着太阳起誓》用死神颠覆了爱情、颠覆了正统。“天边的寒雁说你的忠贞”、“热情开出泪花”。《二月庐》中的“燕子”，带有人类的性灵与活力，但在无限永恒的时间面前，欢乐的生命总是短暂的，于是歌声“爆裂”，“迸出些什么压不平的古愁”！在这里，“燕子”被人格化了，而且诗作通篇围绕着它来抒写，因而实际上成了这首诗的中心象征意象，在它的命运中渗透了人生的漂泊感，体现出人生苦短的焦灼情态与忧患意识。《色彩》中，诗人通过红、黄、蓝、黑等不同的颜色，在色彩、生命、意义中思考人生的价值。《时间底教训》将“时间”幻化成了生命运动的上帝，在创造与痛苦中展开对宇宙的形上思索。《雨夜》中，出现了两种力量悬殊的事物，“风雨雷电”与“树枝”，一个傲慢残酷，一个软弱孤独，诗人以终于“没有做成”的梦境中的渴望，对抗象征着残酷现实的“风雨”，盘踞在他心灵中的是面对茫茫社会、漫漫人生的恐惧、疑虑。

在这些深度意象中，我们看到了闻一多面对人生和宇宙的冷静，悟到的是诗人冷静观照后获得的哲思，冷静中同时也蕴藏着如火的热忱，跳动着时代的脉搏，显示出现代诗歌的沉思性和悲剧性品格。

（三）“审丑”意象

“审丑”意识是人类审美文化的反题，艺术的“丑”表现为异于传统美学所肯定的丑陋、恶俗、怪诞、恐怖、混乱等，这种美学的“他在”品质，带来的是一种奇特的艺术张力。综观20世纪的中国新诗，可以说，闻一多是最早将丑的意象呈现于诗歌的诗人之一。

中国传统意象诗学是以优美和谐为审美价值追求的，在中国人的审美评价中，美总是与善与真联系在一起的。而西方近代以来，特别是自康德为代表的古典浪漫主义哲学、美学以后，强调个体与客体、人与自然、个体与社会的不和谐的观念。象征主义对美的观点作了重新的阐释与规定，认为真善美不存在于现象世界与自然中，现象世界是假、丑、恶的，开始把审丑作为艺术的主要内容，诗歌中大量营造丑恶怪诞意象。闻一多的诗歌创作中，可以明显地看出象征主义诗歌"审丑"意象的影响。在他的诗歌中，朦胧、奇崛、丑怪的意象的大量出现，如尸骸、枯骨、野鹤、狐兔、懒蛇、荒坟、沙漠、古刹、寒潭、恶魔、黑夜、绿舌头、蛛丝鼠矢、花蛇的鳞甲、癞蛤蟆、蝙蝠、蚯蚓、荒鸡、黄土堆，等等。

在早期的诗作《西岸》中，闻一多就以"满天糊着无涯的苦雾，压着满河无期的死睡"，"黑夜哄着聋瞎的人马，前潮刷走，后潮又刷回"描绘了一幅令人触目惊心的凄惨景象。《印象》里那"披头散发的脑袋"和"孤零零的一座秃头的黄土堆"预示着人生的阴冷和寂寞。《末日》是诗人对《圣经》中讲述的末日的一次想象。诗歌中的物象"芭蕉的绿舌头"、"露水"、"垩壁"、"蛛丝鼠矢"，还有"花蛇的鳞甲"，交融成为阴森恐怖的意象，"四周垩壁"的后退更给诗歌增添了一层怪异的色彩。《夜歌》则以中国民间的神秘的"鬼"文化作为诗歌的背景，整首诗中回流着鬼魅的气氛。在意象的构成上，诗人采用人们意识中的丑陋物象"癞蛤蟆"、"蚯蚓"、"荒鸡"等，并安排了视觉上不协调的色彩物象"黄土堆"和"血样的狰狞"的"猩红衫子"，还有"妇人在号啕，捶着胸心，癞蛤蟆只是打着寒噤"等景象令人毛骨悚然。《死水》里，诗人更是把大量的意象彼此撕裂，造成画面的残破。"死水"中"破铜烂铁"、"残羹冷炙"、"铁漄"、"油腻"、"霉菌"等的混杂，给人以强烈的丑恶、脏乱感。而斑斓的色彩——绿成"翡翠"，锈出"桃花"，织出"罗绮"，蒸出"云霞"，酵成"绿酒"和"珍珠"似的白沫，还夹杂着"青蛙"的歌声，给人以强烈的刺激，加大了诗歌内部的紧张力度。其他诗歌中，如"苍蝇"、"垃圾桶"、"烂果"等，都给人以强烈的心灵冲击力。

象征主义诗歌往往在揭示现实的丑恶时，流露悲观厌世的情绪，诗人们企望在诗歌的书写中达到另一个“彼岸”。闻一多笔下的这一类意象是与西方象征主义意象特征相接近的，但是，他没有像西方象征主义把物质世界之恶作为人类世界的本来面目来表现，而更多融入的是抨击丑恶人生与异化物质世界的现实主义情绪，在创作方法上也常常是象征与写实交织相糅，显示出自身意象的特色。诗歌虽也有悲哀感，却很少消沉，诗人不愿随意屈从的人格傲立在诗歌之中。丑作为审美的核心，是西方现代艺术出现的显著标志。闻一多作为典型的文化民族主义者，其诗歌创作中，“审丑”意象的繁复昭示着西方现代艺术思潮与中国传统诗歌理念的撞击与融合，它丰富了中国诗歌意象形态，扩展了现代诗歌的表现领域，极大地促进了中国诗歌审美观念由传统向现代的蜕变。

三、结　语

在所有的文学体裁当中，应当说，诗歌是与本民族文化传统关系最深、最稳固，最富有韧性的，它直接袒露人们最深层的生命体验与美学理想，让人们清楚地看到了民族的集体无意识心理。对于中国诗歌的现代转型，“五四”时期的文化先锋提出了不同主张，胡适主张“以文为诗”，在借鉴西方诗歌艺术的同时，也体现了宋以后的文学演变模式；郭沫若推崇浪漫主义诗歌“狂飙突进”的精神，但同样欣赏陶渊明的飘逸、王维的洒脱；冰心、宗白华的“小诗”更是自觉地从传统中吸取营养。可以看到，中国现代诗歌始终无法摆脱与传统诗艺的关系，然而，自由体最终沦为散漫浅显，郭沫若的诗歌则显得恣肆空洞，“小诗”创作的单纯哲思也使其难成气候。

闻一多曾引领着新诗对格律的探索，他的“三美”说对于诗歌节奏、色彩、建筑的关注，其核心就是意象营造的关注，提倡写鲜明的、韵律的、富有民族色彩的意象，把感触和情绪隐藏在由理性与感性在顷刻间化合而成的意象之中，追求在情思之外的客观对应物、用准确的意象表现主观的刹那间的感受。闻一多为了纠正浪漫主义新诗感情空泛、语言缺乏节制的弊端，在理论上提倡格律化，创作中采用意象化的方法。他的诗通过中国古典诗歌艺术传统与浪漫主义的奇思异想和象征主义、意象派手法的结合，创造了新文学初期诗歌创作中从未有过的新的境界，促进了中国现代新诗的本土化进程。

论闻一多诗歌的小说戏剧化

马德翠
（广西自治区党校）

闻一多素来以诗人、学者、战士的三重身份为世人所推崇，但在众多现代诗人中，闻一多又是“最有兴味探讨诗的理论和艺术的一个人”。① 他总是力求能从理论上阐明他自己和别人在创作上遭遇的种种问题，而不是像徐志摩那样只顾着自己体制的输入与试验，忽视了用理论来倡导别人。在闻一多这里，创作和理论是互动的关系，创作上的问题会引发他对诗的现状的深入思考，继而形诸理论的文字，而系统的诗学又会指导他自己甚至带动一批人的创作。

闻一多初登文坛，面对的正是新诗草创期极端自由、无序的状态，这时虽然已经有郭沫若的《女神》那样以“海涛的音调，雷霆的声响”震惊文坛的振聋发聩之作，但郭沫若的《女神》毕竟是一种“前无古人，后无来者”的无体之文，新诗之于旧诗要能成立，就必须将泛滥无形的情感约束在一定的形式里，给后人提供以资示范和学习的文体。由此闻一多于1926年发表了《诗的格律》，提出了著名的“三美”理论，即音乐的美（音节）、绘画的美（词藻）、建筑的美（节的匀称和句的均齐），并特别指出新诗的特点之一是增加了一种建筑美的可能性。

闻一多的诗集《死水》正是“三美”理论的规范文本。而我

① 徐志摩：《〈猛虎集〉序言》，《徐志摩全集》第1卷，广西民族出版社1991年版，第181页。

们通过闻一多后期的创作，就会发现在闻一多对理想的新诗的建构中，新诗的特点应当不仅指增加了一种建筑美，戏剧、小说的艺术与技巧溶入新诗也是他所认为的新诗获得生命力的重要元素。1943年，闻一多经过多年的学者生涯，依然不忘进一步揣摩新诗的前途问题，他在《文学的历史动向》一文中指出：新诗要重新获得生命，就必须彻底放弃传统意识，洗心革面，要把诗做的不像诗，而像小说和戏剧。他认为："太多'诗'的诗，和所谓'纯诗'者，将来恐怕只能以一种类似解嘲与抱歉的姿态，为极少数人存在着。在一个小说戏剧的时代，诗得尽量采取小说戏剧的态度，利用小说戏剧的技巧，才能获得广大的读众。"①

闻一多以上结论归终于他对中国历史与文化的思考。中国一向有"诗言志"的传统，所以中国相较于西方，史诗不发达，从《三百篇》一直到宋，大半部文学史实际是一部诗史尤其是抒情诗的历史。"赋，词，曲，是诗的支流，一部分散文，如赠序，碑志等，是诗的副产品，而小说和戏剧又往往以各自不同的方式夹杂些诗。"在那种情形下，诗支配了封建时代的一切文化。"诗不但支配了整个文学领域，还影响了造型艺术，他同化了绘画，又装饰了建筑（如楹联，春贴等）和许多工艺美术品。"② 而自南宋起，中国文学史的路线开始转向，佛教带来的印度影响使得小说戏剧开始在中国扎根。到了20世纪初，中外文化间的交往、影响达到有史以来第一个高潮，而随着基督教所带来的欧洲影响碰巧又是小说戏剧，并且小说由边缘向中心滑行，最终代替诗成为主导型的文学样式。正如在诗的国度里，诗会同化绘画、建筑、戏剧一样，在一个时代主潮已经转向小说戏剧的年代，处于支流地位的诗想汇入主流，无疑就必须吸收小说戏剧的技巧，否则只有自生自灭。闻一多以明代为例，认为归有光的《先妣事略》、《寒花葬志》和《项脊

① 闻一多：《文学的历史动向》，《闻一多全集》第10卷，湖北人民出版社1993年版，第20页。

② 闻一多：《文学的历史动向》，《闻一多全集》第10卷，湖北人民出版社1993年版，第17页。

轩记》等名篇就是采取了小说的以普通人物的日常生活为描写对象和刻画景物的技巧，从而得以不自觉地靠近时代主潮，成为自欧阳修以来散文家中的翘楚。其他同时代的散文家，其成就也无不与各人作品小说化的程度成正比。而明代的诗人，他们只忙于复古，没有理会时代的主潮已悄然开始转向，其结果就是被未来的时代彻底湮没。闻一多认为以上明代两个正反的历史的教训，是值得现代新诗人铭记的。

卞之琳的诗歌常常能戏剧性地描绘一个场面，戏剧化成为其显著特色。他在一篇怀念闻一多的文章里追根溯源谈到闻一多给他的影响："我在自己诗创作里常倾向于写戏剧性处境，作戏剧性独白或对话，甚至进行小说化，从西方诗里当然找得到较直接的启迪，从我国旧诗的'意境'说里也多少可以找得到较间接的领会，从我国上一辈的新诗作者当中呢？好，我现在翻到闻先生自己的话了，'尽量采取小说戏剧的态度，利用小说戏剧的技巧'等等。"① 卞之琳对闻一多一直执弟子礼甚恭，早在1933年北京大学毕业前，就曾面聆过当时在清华执教的闻一多"写诗方面的不少教言"。因而卞之琳诗歌中的戏剧化当然不是在1943年他看到闻一多的《文学的历史动向》一文后才受到的启发，而是早有先前《死水》的创作实践为他提供了绝好的范本。

闻一多的后期诗作，除了一以贯之的格律的严谨，另一个不容忽视的新的元素就是对小说戏剧手法的借用。长期以来评论家过多地关注闻一多诗歌中绚丽的辞藻，铿锵的音调以及节的匀称句的均齐，而往往忽视了闻一多在20世纪40年代行诸理论然而早在20年代创作实践中就实现了的诗的小说戏剧化。《死水》和收入《集外诗》中的许多诗作明显不同于别的什么人的诗歌。故事性的加强，戏剧性场面的描绘，人物独白和对话的渗入无不给他后期的诗作染上了异样的光彩。或许这就是闻一多所翘望默祷的既迴异于今日以前的旧艺术，又有别于中国以外的洋艺术的新艺术，也就是新

① 卞之琳：《完成与开端：纪念诗人闻一多八十生辰》，《卞之琳文集》中卷，安徽教育出版社2002年版，第155页。

诗的方向与前途吧。

一、故事性的框架。故事和歌舞剧虽然在中国本土早已有之，但一直被视为街谈巷议的残丛小语，从未正式登上主流文学的殿堂。闻一多在《文学的历史动向》中说："对于讲故事，听故事，我们似乎一向就不大热心。不是教诲的寓言，就是纪实的历史，我们从未养成单纯的为故事而讲故事，听故事的兴趣。"① 随着佛教的传入，那充满故事意味的佛教经典的宣讲与翻译，唤醒了我们对潜藏在记忆深处的民间故事的兴趣，使它与外来的形式相结合，才产生了我们的小说和戏剧。新诗要写的不像诗，而像小说戏剧，显然就必须借鉴小说戏剧的故事性框架，因为故事正是小说戏剧的源头。闻一多后期诗作相较于之前的《红烛》，故事性明显加强。《渔阳曲》借鉴我国小说戏曲中祢衡击鼓骂曹的传统题材，以诗的形式讲述了一个并不复杂的故事：在一个高朋满座笑语喧哗的宴会上，"儒冠儒服"的击鼓人以与众不同的鼓声完成了惩斥国贼的任务。《纳履歌》同样是根据很著名的历史故事改编，记叙整日游侠在外的张良纳履后蒙老人传授韬略兵书，终成大业。这两首诗歌都从古代民间故事中取材，首尾两节的自然景物，由菖蒲和河流、桐影和残辉构成的整体意象犹如戏剧的布景烘托着全诗的气氛。《大鼓师》用抒情的语调讲述了一个浪迹江湖以卖唱为生的民间艺人回家后的故事。《夜歌》以中国民间的传说为基础描写鬼魂的出没，仿佛是一个缓慢的特写镜头，诡异神秘，镜头虽然一晃就过了，但却让人在黑暗中长时间怔忡。其他如《末日》、《什么梦》等也都有一种戏剧化的处境，上述诗篇大多借用民间传说，但也有像《末日》这样受西方现代主义诗歌影响而产生的对"世界末日"景观的想象。闻一多始终自觉地站在中西文化交汇的支点上来寻觅新诗发展的最佳点。晕色法的运用，自然景物对心理活动的渲染以加强叙事性的手法等都可看出闻一多在这方面的努力。在他的作品里，自己的与他人的、本国的与外国的、东方的与西方的、传统的

① 闻一多：《文学的历史动向》，《闻一多全集》第10卷，湖北人民出版社1993年版，第18页。

与现代的紧密地交织在一起，浑然不可分离，是真正的“中西艺术结婚后产生的宁馨儿”。①

二、口语化和平民化。闻一多早年受济慈和李贺影响，作诗往往雕镂而出，相信“美即是真，真即美”，诗风倾向唯美主义。对此朱自清曾这样评价道：“《死水》前还有《红烛》，讲究用比喻，又喜欢用别的新诗人用不到的中国典故，最为繁丽，真教人有艺术至上之感。”② 而闻一多后期以《死水》为代表的一批诗作，虽然同样无一字不精当传神，无一行不璀璨夺目，无一节不音韵铿锵，但相较于前期的《红烛》，几乎每一句都是响当当脆生生的口语，所引用的故事也不再一昧求奇，而是妇孺皆知的民间传说。这无疑与闻一多对诗和小说戏剧的本质的思考有关。我国的文学传统是诗，诗是用于庙堂吟咏的，其本质是贵族般优雅的。故事是在民间流传的，其本质不用讳言是低级的，而小说戏剧既然是从故事发展而出来的，其本质当然也是平民的大众的。而新诗之所以为“新”的最主要的理由，闻一多认为就在于“新诗所用的语言更是向小说戏剧跨近了一大步”③，也就是新诗的语言必须向平民化、口语化方向发展。在西方最早创作方言体“土白诗”的是彭斯，其后英国诗歌中一直有股平民化的传统。华兹华斯是闻一多喜欢的桂冠诗人，在1800年与柯勒律治合作出版的《抒情歌谣集》的序言中，华兹华斯进一步申述自己的文学主张，认为诗歌要采用民间生动的语言来写作。在《序言》中，他说：“这些诗的主要目的，是在选择日常生活里的事件和情节，自始至终竭力采用人们真正使用的语言来加以叙述和描写。”④ 哈代和郝士曼这两位对闻一多影响

① 闻一多：《女神之地方色彩》，《闻一多全集》第2卷，湖北人民出版社1993年版，第118页。

② 朱自清：《中国新文学大系·诗集 导言》，上海文艺出版社1981年版。

③ 闻一多：《文学的历史动向》，《闻一多全集》第10卷，湖北人民出版社1993年版，第20页。

④ 转引自伍蠡甫主编：《西方文论选》下卷，上海译文出版社1979年版，第5页。

较深的诗人也同样是以简练的口语表达幽玄的思想。这些英国诗人给予闻一多很多启迪。《罪过》以一个挑水果担的老头儿的口语入诗，洗练如话，真实生动，简洁精确地表现了下层老百姓的辛酸与血泪。这种土白体将口语的随意性与西方诗歌的轻重音结合起来构成跌宕起伏的艺术形式。《天安门》通过一个车夫的自述写他看到“黑漆漆”、“没脑袋的，蹶脚的”、“还摇晃着白旗说着话”的东西一路赶紧过来，吓的车夫没命地逃。这首诗用北京土白来描写北京洋车夫的口吻，非常符合人物的身份。土白对于韵脚的和谐非但不具桎梏作用，反到有锦上添花的奇效。《飞毛腿》、《荒村》、《欺负着了》、《洗衣歌》等诗在语言上也明显体现了大众化、平民化的倾向。卞之琳在谈到《志摩的诗》和《死水》时说：两者虽然一为轻快，一为凝重，风格各异，“但用现代汉语，特别是口语入诗，都能吐出‘活’的，干脆利落的声调，很少以喜闻乐见之名，行陈词滥调之实”①。

三、戏剧性的独白和对话。1923 年闻一多来到珂泉，在科罗拉多大学主修艺术，当时梁实秋的课有两门，一门是现代英美诗，学习二十几个 19 世纪末 20 世纪初诗人的诗；另一门是“丁尼生和勃郎宁”。闻一多也跟着梁实秋去旁听。19 世纪及 20 世纪初的英诗受本国伟大的诗剧传统的影响，戏剧性因素比较丰富。哈代和郝士曼都偏好设置一个小小的故事框架，通过人物的对话来抒情和议论。罗瑟蒂兄妹笔下常有问有答。丁尼生和勃郎宁同为维多利亚时代最负盛名的诗人，他们的诗原本就是大段大段的独白和对话。艾略特说：“假如真有一种诗不是为舞台写的，但又值得称为‘戏剧的’诗，毫无疑问，那就是勃郎宁的诗。”② 闻一多心摩手追，诗中就充满了显在或潜在的对话和独白，有较明显的戏剧色彩。《天安门》和《飞毛腿》两首诗就是闻一多利用“戏剧性独白”这一

① 卞之琳：《徐志摩诗重读志感》，《卞之琳文集》中卷，安徽教育出版社 2002 年版，第 311 页。

② 王恩衷编译：《艾略特诗学文集》，国际文化出版公司 1989 年版，第 254 页。

特殊艺术形式，对北京车夫心态的描摹，真正做到了“说一人肖一人，说一事肖一事”。《欺负着了》以一个在血腥屠戮中接连失去儿子的寡妇的口吻自述她丧子的哀痛和愤恨。《故乡》则采用了一问一答的对话体，诗人和问话人进行着辩论，诗人申述着他回故乡的理由。这一问一答就具有了戏剧性，我们仿佛看到一边是行色匆匆的游子，一边是喋喋不休的闲人，充满了情感的张力。《闻一多先生的书桌》是诗人少有的轻松幽默的作品。诗的幽默效果就是通过墨盒、香炉等静物的众声喧哗和主人的一番笑嘻嘻的解释实现的。这种客观抒情诗的原则和方法无疑有助于“理智的控制比情感的驱遣多些”，对早期诗歌中情感的无限制扩张起到了较好的节制作用。戏剧性独白和对话表现在诗歌的形体上，就是直接引语大量人诗，比如

“我知道我今日的罪过!”
　　“手破了，老头儿你瞧瞧。”
　　“哎！都给压碎了，好樱桃!”
“老头儿你别是病了吧？
你怎么直楞着不说话？”
“我知道我今日的罪过”

直接引语可以最大限度地降低诗人主观的介入，具有高度的现场发生的生动性和真实性。这是诗的小说化、戏剧化具体而细微的表现。引号和问号的大量存在，也是对话和独白溶于诗的外在特征。这种艺术特色到了卞之琳那里更是得以发扬光大，几乎成为卞诗的标识。但卞之琳在语言运用上的成功实在是因为有闻一多、徐志摩成熟的创作实践的示范和指引。

闻一多在旧诗的生命早已结束新诗的生命重新开始的年代，清醒地意识到新诗唯有向内挖掘传统的精髓，向外摄取异域的营养，才会焕发第二度的青春。只有承认自己的花已然衰谢，并有勇气地接受这个残酷的事实，把握住自外而来的新的种子，细心培植它，其结果就会开出不很寒伧的花。闻一多后期的一批诗作就是足以让

诗人自豪的极绚丽的花。现在距离闻一多的时代又过了半个多世纪，新诗的前途问题再次被人重新谈起。新诗要免于没落的劫运，依然必须“让我们的文学更彻底的向小说戏剧发展”吗？不管药方对症与否，有一点是我们须铭记的，那就是：“历史已给我们指示了方向——‘受’的方向，如今要的只是勇气，更多的勇气啊！”①

① 闻一多：《文学的历史动向》，《闻一多全集》第10卷，湖北人民出版社1993年版，第21页。

闻一多《死水》集的写作学意义

荣光启
（武汉大学）

一、“困难”的写作

文学是一种言说方式，这种言说方式蕴藉在特定语言与特定文体之形式中，其目标是让人获得对言说对象在感觉、经验和想象上的具体性。这种言说的困难是显而易见的。很多人，都可能会认识到本体意义上的活着之困难、生命的难题（死的逼迫、人里面的罪性的困扰等等）。文学和哲学、艺术、宗教一样，是对此“困难”的言说之一种。

以文学来言说生之“困难”，是必要的，但亦是艰难的，但写作的意义亦在此凸现出来。现代诗人闻一多向来被认为是形式主义者；“三美”原则产生下的诗歌是形式主义或麻将牌、豆腐块。事实决非如此，诗集《死水》① 收录诗作28首，大部分诗作，其深切的生存经验、整饬的形式众人皆知，但更令人叫绝的是这诗中经验与形式之完美对应。

对于诗歌，形式是什么？形式是特定语言、诗的文体特征

① 《死水》为闻一多继《红烛》(上海泰东书局1923年9月出版）之后的另一部诗集，上海新月书店1929年3月初版、1933年4月4版，出版者：邵洵美。据王富仁：《闻一多诗论（代序）》(王富仁主编：《闻一多名作欣赏》，中国和平出版社1993年版，第8页），闻一多另有一部自己抄存的《真我集》，收有1920年7月至1922年3月期间《红烛》之外的诗作。

（章、节、行、句；节奏、韵律等）对写作者纷繁、混乱、涌动的感觉、经验和想象的克服。从形式角度，“新诗”的基本体式“自由诗”也不能被绝对化，“自由诗”亦需要一定的体式，写诗不能无视情感的内在节奏、诗的声音美学。

现代汉诗的本体状态乃是一种现代经验、现代汉语和诗歌形式三者互动的状态，意义和韵味乃是三者相互作用而生成的。这个互动是敏感于自我感觉经验、敏感于语言的难以驾驭、敏感于形式的难以建造、敏感于个体经验和语言和形式三者之间的复杂纠缠相互抵牾相互生成的大困难，而优秀的诗人恰恰自觉于此困难，并力求去克服此困难。

这也是闻一多在一份诗学提纲中讲到“诗歌节奏的作用”时说，“作为美的一种手段”，诗的形式是一种“克服困难所得的喜悦”。① 诗之“形式”——那已经完成了的诗歌的整体美学形态，是对言说对象的“克服”，在文学表达对生命感觉、经验和想象的克服中，人的心灵获得了一点安慰一点胜利感，也可以说，有一点点“喜悦”。②

基于此，本文认为，闻一多的诗歌写作和诗学理论具有普遍写作学意义：写作是个体对生存和生命等根本困难的承担，这是写作赖以发生的前提；而在写作内部，还有经验、语言和形式的三者之间的搏斗及最终那美妙的平衡。

从《死水》集看，闻一多在诗中深切感受与想象人世、死亡、生命、人性、人之终极想望等基本人生命题，以写作担当人世、生命与人性；而他的诗作，因其经验、语言和形式三者之间的平衡，则提示了人们：如果是文学，再深切的担当，也是在文学写作中完成的，一定需要文学“型类”的意识，有对文体特征的自觉。诗

---

① 闻一多：《诗歌节奏的研究》，见武汉大学闻一多研究室编：《闻一多论新诗》，武汉大学出版社 1985 年版，第 19、23 页。

② 但无论是文学还是此世的生命，终究如［奥地利］里尔克所言：“有何胜利可言？挺住意味着一切。”见［德］霍尔特胡森：《里尔克》，三联书店 1986 年版，第 103 页。

歌写作不仅仅关乎感觉、想象与经验，更关乎那言说感觉、想象与经验的语言，及与此语言相关的句、行、节、节奏、韵律等诗歌形式问题。无论是现代诗人追求的生存经验之深切（现代诗歌在“诗质”上的现代性）上，还是在现代诗人注意到的新诗之形式建设上，闻一多质量相当整齐的诗集《死水》，都是一个范本。它在写作者对生存的担当的意识上，在文学内部的经验、语言和形式之间的互动意识上，都对后来的写作者有启示价值。其意义超出了新诗本身。

二、哪些“困难”？

《死水》集中，作为写作的契机和写作者需要克服的“困难”有哪些？从主题的角度，也许有如下几类：

1. 对现实世界的绝望。以《死水》①、《发现》为代表：

其中以这首《死水》最为人称道，它起源于对当时社会现实的绝望，又成为超越时代的象征（以死板的“诗形”对应那个令人绝望的现实）。“诗的实力不独包括音乐的美（音节），绘画的美（词藻）并且还有建筑的美（节的匀称和句的均齐）。”② 此诗也让人简单地认识了闻一多倡导的“三美”。闻一多自己也预言这种诗形建设定要引起非议：“这首诗从第一行‘这是｜一沟｜绝望的｜死水’起，以后每一行都是用三个‘二字尺’和一个‘三字尺’构成的，所以每行的字数也是一样多。结果，我觉得这首诗是我第一次在音节上最满意的试验。因为近来有许多朋友怀疑到《死水》这一类麻将牌式的格式，所以我今天就顺便把它说明一下。我希望读者注意新诗的音节，从前面所分析的看来，确乎已经有了一种具体的方式可寻。这种音节的方式发现以后，我断言新诗不久定要走进一个新的建设的时期了。无论如何，我们应该承认这在新诗的历史里是一个轩然大波。这一个大波的荡动是进步还是退步，不久也

① 《死水》，上海新月书店1929年版，第39~41页。

② 闻一多：《诗的格律》，《晨报副刊·诗镌》1926年5月13日7号。

就自然有了定论。"①

2. 对死亡降临的悲痛：以《也许（葬歌）》②、《忘掉她》为代表：

《也许》一诗是令人感慨的，此诗纪念年仅4岁夭折的长女闻立瑛，他对这个孩子无比怜爱，对她的夭折也心怀愧疚（这愧疚让痛苦更深）。换了浪漫主义诗人，写作此诗也许不知有多少眼泪，但闻一多在这里却有惊人的克制：

"也许你真是哭得太累/也许，也许你要睡一睡，/那么叫苍鹰不要咳嗽，/蛙不要号，蝙蝠不要飞，//不许阳光拨你的眼帘，/不许清风刷上你的眉，/无论谁都不能惊醒你，/我吩咐山灵保护你睡③，//也许你听着蚯蚓翻泥，/听那细草的根儿吸水，/也许你听这般的音乐/比那咒骂的人声更美；//那么你先把眼皮闭紧，/我就让你睡，我让你睡，/我把黄土轻轻盖着你/我叫纸钱儿缓缓的飞。"在法国象征主义诗人瓦雷里看来，"带有情感的艺术，诉诸感伤的艺术"是"低级的"④，闻一多这首连"感伤"情绪都不大明显的悼亡诗，似乎在证明这一点。

3. 对人的命运（终有一死）的绝望。以《末日》⑤为代表：

"露水在笕筒里哽咽着，/芭蕉的绿舌头舔着玻璃窗，/四围的垩壁都往后退，/我一人填不满偌大一间房。//我心房里烧上一盆火，/静候着一个远道的客人来，/我用蛛丝鼠矢喂火盆，/我又用花蛇的鳞甲代劈柴。//鸡声直催，盆里一堆灰，/一股阴风偷来摸着我的口，/原来客人就在我眼前，/我眼皮一闭，就跟着客人走。"

---

① 闻一多：《诗的格律》，《晨报副刊·诗镌》1926年5月13日7号。

② 《死水》，上海新月书店1929年版，第27～29页。

③ 《也许》最早发表在1925年7月2日的《京报副刊》上，原题为《也许（为一个苦命的夭折的少女而作）》。此句曾为"撑一伞松荫庇护你睡"。

④ [美] 韦勒克：《二十世纪文学批评》，伍蠡甫、胡经之主编：《西方文艺理论名著选编》下册，北京大学出版社1987年版，第674页。

⑤ 《死水》，上海新月书店1929年版，第37～38页。

“死”有时似乎是那“远道的客人”。但对于敏于生死问题的人，“死”亦“就在我眼前”。“死亡不是一个对生存漠不相关的终点。死亡之为终点把生命的弦绷紧了。而生命正是由于有终性造成的张力而成其为生命的。这样在生存意义上领会死亡被称为‘向死存在’。”① 对于人而言，可能不是“未知生，焉知死”，而是先解决了死的问题，生才能安心。

4. 对人自身的绝望。以《口供》② 为代表：

“我不骗你，我不是什么诗人，/纵然我爱的是白石的坚贞，/青松和大海，鸦背驮着夕阳，/黄昏里织满了蝙蝠的翅膀。/你知道我爱英雄，还爱高山，/我爱一幅国旗在风中招展，/自从鹅黄到古铜色的菊花。/记着我的粮食是一壶苦茶！//可是还有一个我，你怕不怕？——/苍蝇似的思想，垃圾桶里爬。”③

闻一多曾是基督徒，此诗应与基督教人论中的原罪观④有关。在《死水》集为第一首。它仿佛在说：无论什么样的精神喜好、文化身份、思想矫饰，也不能掩盖你里面那缠绕你、你自己不能胜过的恶念与罪污。现代史上有许多好诗，但这首诗对现代人灵魂内在的分裂的揭示令人印象深刻。

5. 言说“观念”的困难：以《一个观念》⑤ 为代表：

---

① 参阅陈嘉映：《海德格尔哲学概论》，三联书店1995年版，第95页。

② 《死水》，上海新月书店1929年版，第1页。

③ 关于人里面的“罪”，使徒保罗曾说：“我也知道在我里头，就是我肉体之中，没有良善。因为立志为善由得我，只是行出来由不得我。故此，我所愿意的善，我反不作；我所不愿意的恶，我倒去作。若我去作所不愿意作的，就不是我作的，乃是住在我里头的罪作的。我觉得有个律，就是我愿意为善的时候，便有恶与我同在。因为按着我里面的意思（原文作‘人’），我是喜欢上帝的律；但我觉得肢体中另有个律和我心中的律交战，把我掳去叫我附从那肢体中犯罪的律。我真是苦啊！谁能救我脱离这取死的身体呢？”（《新约·罗马书》7：18-24）

④ 闻一多在1922年12月4日致吴景超的信中有“我失去了基督教的信仰，但我……还是有宗教的人”《闻一多论新诗》，武汉大学闻一多研究室编：《闻一多论新诗》，武汉大学出版社1985年版，第19、23页。

⑤ 《死水》，上海新月书店1929年版，第56～57页。

"你隽永的神秘，你美丽的谎，/你倔强的质问，你一道金光，/一点儿亲密的意义，一股火，/一缕缥缈的呼声，你是什么？/我不疑，这因缘一点也不假，/我知道海洋不骗他的浪花。/既然是节奏，就不该抱怨歌。/呵，横暴的威灵，你降伏了我，/你降伏了我！你绚缦的长虹——/五千多年的记忆，你不要动，/如今我只问怎样抱得紧你……/你是那样的横蛮，那样美丽！"

在现实生活、死亡问题、人性问题等因素对人心造成的实际的"困难"之外，还有一个关乎艺术的"困难"：人心中有许多难以言说的东西，它类似一个"观念"，只能意会、感觉、经验、想象，但似乎难以言传。闻一多作为一个艺术家，更有这样的艺术理想，像瓦雷里、马拉美这些象征主义诗人一样，对艺术美的要求极高。① 几乎是诗歌"绝笔"的长诗《奇迹》更是闻一多关于言说"观念"之困难的告白。长诗《奇迹》② 无疑是《死水》集的延伸。

三、如何"克服"？

面对这些生命中根本的"困难"，写作要如何"克服"才能既传达出苦痛又不流于感伤、又有诗意之美？针对此问题，闻一多诗学提供了如下建议：

1. "写实主义"是"诗的自杀"

用闻一多自己的话说："诗国里的革命家喊道'皈返自然'！其实我们要知道自然界的格律，虽然有些像蛛丝马迹，但是依然可以找得出来。不过自然界的格律不圆满的时候多，所以必须艺术来补

① 此二人诗歌理想的完美及在写作上的努力已广为人知，"瓦雷里有二十年时间没有出版任何东西"，马拉美一生"处于光荣的孤独之中"。[美]韦勒克：《二十世纪文学批评》，伍蠡甫、胡经之主编：《西方文艺理论名著选编》下册，北京大学出版社 1987 年版，第 675 页。

② 《死水》出版后，闻一多很少写诗，但 1931 年，沉默了三年的闻一多在《诗刊》创刊号上发表了此诗。

充它。这样讲来，绝对的写实主义便是艺术的破产。……偶然在言语里发现一点类似诗的节奏，便说言语就是诗，便要打破诗的音节，要它变得和言语一样——这真是诗的自杀政策了……诗的所以能激发情感，完全在它的节奏；节奏便是格律。莎士比亚的诗剧里往往遇见情绪紧张到万分的时候，便用韵语来描写。……这样看来，恐怕越有魄力的作家，越是要戴着脚镣跳舞才跳得痛快，跳得好。只有不会跳舞的才怪脚镣碍事，只有不会做诗的才感觉得格律的缚束。对于不会作诗的，格律是表现的障碍物；对于一个作家，格律便成了表现的利器。"① 自然主义、写实主义产生不了好的艺术。

2. "浪漫主义"写作中只有"自我"，无"诗"

闻一多对浪漫主义的认识也是发人深省的："有一种打着浪漫主义的旗帜来向格律下攻击令的人。……他们压根儿就没有注重到文艺的本身，他们的自身的人格是再美没有的，只要把这个赤裸裸的和盘托出，便是艺术的大成功了。你没有听见他们天天唱道'自我的表现'吗？他们确乎只认识了文艺的原料，没有认识那将原料变成文艺所必需的工具。他们用了文字作表现的工具，不过是偶然的事，他们最称心的工作是把所谓'自我'披露出来，是让世界知道'我'也是一个多才多艺，善病工愁的少年；并且在文艺的镜子里照见自己那倜傥的风姿，还带着几滴多情的眼泪，啊！啊！那是多么有趣的事！多么浪漫！不错，他们所谓浪漫主义，正浪漫在这点上，和文艺的派别绝不发生关系。这种人的目的既不在文艺，当然要他们遵从诗的格律来做诗，是绝对办不到的；因为有了格律的范围，他们的诗就根本写不出来了，那岂不失了他们那'风流自赏'的本旨吗？所以严格一点讲起来，这一种伪浪漫派的作品，当它作把戏看可以，当它作西洋镜看也可以，但是万不可当它作诗看。"②

闻一多的好友梁实秋也认为："情感的质地不加理性的选择，

① 闻一多：《诗的格律》，《晨报副刊·诗镌》1926年5月13日7号。

② 闻一多：《诗的格律》，《晨报副刊·诗镌》1926年5月13日7号。

结果是：（一）流于颓废主义（二）假理想主义……新文学家大半都是多情的人。其实情不在多，而在有无节制。许多近人的作品……到处情感横溢。情感不但是做了文学原料，简直的就是文学。……浪漫主义就是不守纪律的情感主义。"① 现代中国文学的浪漫趋势有一定的历史原因②，但从文本的审美效果角度，闻一多、梁实秋等人的提醒与应对策略亦是必需的。

3. 诗"不当废除格律"，新诗需有新"格律"

闻一多最大的应对策略就是提倡新格律："……格律就是节奏。讲到这一层便可以明了格律的重要；因为世上只有节奏比较简单的散文，决不能有没有节奏的诗。本来诗一向就没有脱离过格律或节奏。……为什么不当废除格律。现在可以将格律的原质分析一下了。从表面上看来，格律可从两方面讲：（一）属于视觉方面的；（二）属于听觉方面的。这两类其实又当分开来讲，因为它们是息息相关的。譬如属于视觉方面的格律有节的匀称，有句的均齐。属于听觉方面的有格式，有音尺，有平仄，有韵脚；但是没有格式，也就没有节的匀称，没有音尺，也就没有句的均齐。……我们的文字是象形的，我们中国人鉴赏文艺的时间，至少有一半的印象是要靠眼睛来传达的。原来文学本是占时间又占空间的一种艺术。既然占了空间，却又不能在视觉上引起一种具体的印象——这是欧洲文字的一个遗憾。我们的文字有了引起这种印象的可能，如果我们不去利用它，真是可惜了。所以新诗采用了西文诗分行写的办法，的确是很有关系的一件事。姑无论开端的人是有意还是无心的，我们都应该感谢他。因为这一来，我们才觉悟了诗的实力不独包括音乐的美（音节）绘画的美（词藻），并且还有建筑的美（节

① 梁实秋：《现代中国文学之浪漫的趋势》，《晨报副刊》1926年3月25日。

② 李欧梵：《中国现代作家的浪漫一代》（新星出版社2005年版）一书专门谈此问题。

的匀称和句的均齐)。”①

诗人需竭力以特殊的语言和形式来升华情感、经验，让情感、经验在和语言、形式的复杂纠缠中凸显诗歌言说的丰富性。闻一多虽曾在《律诗底研究》一文中早已结论：“律诗实是最合艺术原理的抒情诗文。”② 但他还是说明新诗的“格律”不同于传统的“律诗”之“律”，其义在于诗歌“格式”对“精神”的随物赋形，“相体裁衣”。他提倡“新诗格律化”并不是在说新诗一定需要一种严整的格律，而是在强调诗歌写作所必需的形式方面的自觉意识。

4. “三美”的内在关系

“音乐的美（音节）绘画的美（词藻），并且还有建筑的美”，被人说烂的这“三美”到底有何内在关系，其产生的历史逻辑是什么？

<table>
<tr><th></th><th>诗的格律</th><th>产生机制</th><th>常见的误解</th><th colspan="2">相互关系</th></tr>
<tr><td>听觉</td><td>音乐的美</td><td>“音节”(诗的节奏)</td><td>在新诗中苛求旧诗的韵律</td><td rowspan="2">“没有音尺，也就没有句的均齐”、“绝对的调和音节，字句必定整齐。”但不能“反过来讲”。建筑美来自于音乐美。三美中“音乐美”是首先的。</td><td rowspan="2">“诗形”建设</td></tr>
<tr><td>视觉</td><td>建筑的美</td><td>节的均齐和句的均齐</td><td>只是视觉上的整齐、“豆腐块”、麻将牌……</td></tr>
</table>

① 闻一多：《诗的格律》，《晨报副刊·诗镌》1926年5月13日7号。

② 闻一多：《律诗底研究》，《闻一多全集》12卷，湖北人民出版社1994年版，第158~159页。

续表

	诗的格律	产生机制	常见的误解	相互关系	
感觉（诉诸想象）	绘画的美	词藻	“诗中有画，画中有诗”（闻一多警醒于“艺术型类的混乱”①，此举并非为了给“诗”加点“画”的色彩）	特定的词语、意象唤起特定的想象，是诗在感觉、经验和境界上的个人追求。是新诗在经验的现代感上的追求，对应于音乐美、建筑美在新诗形式秩序上的寻求。	“诗质”寻求

此表试图说明闻一多新诗的“格律”的内在逻辑和新诗发展进程中“三美”出现之历史逻辑。讲究声音节奏的音乐美及由之而来的建筑美是新诗在形式秩序上的寻求；而绘画美，当然有闻一多亦是画家的个人原因，但更多是对新诗在现代“诗质”方面的一种寻求。“新诗”的名目成立后，就面临着“诗形”和“诗质”双方面的寻求与建设，“新月派”代表诗人闻一多的“三美”理论是在这一寻求与建设的历史脉络当中。

四、得何“喜悦”？

闻一多如此苦心经验的诗歌写作其状态与结果到底是什么？学者王富仁认为：“在精神结构上闻一多是这样一个人：他不是一个

① 闻一多：《先拉飞主义》，《新月》1928年第1卷第4期。此文中闻一多讲到绘画与诗各有自己的“语言”，“艺术型类的混乱”导致的是艺术的自杀，他觉得“罗瑟蒂的作品……艳丽中藏着毒药”。文中征引契斯脱登（G. K. Chesteton）对罗瑟蒂（Dante Gabriel Rossetti）的批评说：“他的诗太像画了。他的画太像诗了。……他那种作品总算是有东西的，虽则在艺术上是不值些什么的东西。”

纯粹的理想主义者，他更是一个在现实的缺陷中、在现实的实际束缚中感受理想和美的必要性的诗人，而为了理想和美的实现，他认为必须首先忍受现实的重压，在这种重要中产生的向理想和美发展的力量才是理想和美的最高体现，脱离对现实的忍耐和忍耐中的反抗，其理想和美的追求便是空洞无力的。总之，他所重视的美不再是自我独立存在的、空幻缥渺的美的境界；而是对丑的忍耐与忍耐中的反抗所体现出来的那种精神力量，他把这种精神力量便视为美的最高体现。当这种美转化为一种语言的形式，便成了他的新格律诗的诗学主张。在形式上美是什么？美就是对形式的忍耐和忍耐中的反抗，你只有接受束缚并在束缚中反抗、冲破这种束缚，诗的力量才能有效地被传达出来，而这种力量才是诗美的最高体现。①

闻一多诗歌的美学形态是一种主体情感、经验“对形式的忍耐和忍耐中的反抗”，是经验与形式在语言中显示的张力，他在一份诗学提纲中讲到“诗歌节奏的作用”时说，“作为美的一种手段”，诗的形式是一种“克服困难所得的喜悦”。诗之“形式”——那已经完成了的诗歌的整体美学形态，是对言说对象的“克服”，在文学表达对生命感觉、经验和想象的克服中，人的心灵获得了一点安慰一点胜利感，也可以说，有一点点“喜悦”。

五、结　语

无论是在现代诗人追求的生存经验的深切（现代诗歌在“诗质”上的现代性）上，还是在现代诗人在初期白话诗的成立之后注意到的新诗的形式建设上，闻一多的《死水》集，都是一个范本。“五四”以来，现代诗集中，在经验的深切、形式的整饬及经验与形式的完美契合上，在诗作整理质量的整齐上，除冯至那收录其27首诗作的《十四行集》外，可能便是闻一多这《死水》集。

除此之外，《死水》集及由之反映出来的文学观念，对于普遍

① 王富仁：《闻一多诗论（代序）》，王富仁主编：《闻一多名作欣赏》，中国和平出版社1993年版，第25页。

的文学写作亦有启示价值。写作是个体对生存和生命等根本困难的承担，这是写作赖以发生的前提；而在写作内部，还有经验、语言和形式的三者之间的搏斗及最终那美妙的平衡。这种对“困难”的自觉及以特定的语言、艺术形式去“克服困难”的意识，是好的文学作品产生的必要前提。

闻一多与"新诗戏剧化"

周逢琴
（西南科技大学）

"新诗戏剧化"一词最早由袁可嘉在《诗创造》上提出，袁可嘉所代表的现代诗派因不满于新诗两种普遍的毛病——"说明意志的最后都成为说教的，表现感情的则沦为感伤的"①，转而追求新诗表现上的客观性与间接性，从而使新诗在20世纪40年代发生了"戏剧化"的转折，发展成"新诗戏剧化"的诗学潮流。"新诗戏剧化"的理论形成于40年代，但在新诗诞生之初，在闻一多的诗歌与诗论中，也不难找到诗歌领域对"戏剧化"与"现代化"的自觉追求。蓝棣之曾指出：袁可嘉"所主张的'新诗戏剧化'，新月派早就尝试过"②，作为新月派的重镇，闻一多在"新诗戏剧化"这条诗学道路上所作的探索是卓有成效的。我们在肯定T. S. 艾略特和W. H. 奥登等西方现代诗人对中国新诗"戏剧化"影响的同时，也不应忽视新诗发展自身的或者说自然的逻辑，其中，闻一多以诗人的自觉和学者的敏锐，对"新诗戏剧化"所作的独特贡献值得我们珍视。

---

① 袁可嘉：《新诗戏剧化》，《论新诗现代化》，三联书店1988年版，第24页。

② 蓝棣之：《论四十年代的"现代诗"派》，《中国现代文学研究丛刊》1983年第1期。

一

闻一多是一个热情的诗人，新诗发展初期，他的创作热情喷发，写出了大量充满爱国激情的诗歌。在很多读者的印象中，闻一多是个情感炽热的诗人。他的诗歌主观情感一贯是鲜明的，但却又给人以深挚、凝重的感觉，因为他的诗歌往往具有理性的客观倾向，具有老成懂事的风度。与早期说理、抒情的浅白诗风不同，闻一多比较注重追求“戏剧化”的表现。闻一多诗歌中的“戏剧化”主要通过描叙、戏剧对白等手法，展现戏剧性的事件或场景，表现现实中的情境或意绪。闻一多还常常在诗歌中堆砌繁复的意象，他选取的意象多是情感和意志共同作用形成的思想凝结物，蕴含着历史的沉积和文化的意味，有点类似于传统诗歌中的典故运用，这在一定程度上也使其诗具有戏剧化的效果。不过，这种戏剧化效果，与西方现代主义诗歌所普遍包含的隐喻、象征指向，有着根本的不同，它带有一定的原生性质。

在《口供》、《静夜》等诗中，戏剧性的独白构成了诗歌的主体，在《大鼓师》、《飞毛腿》、《天安门》中，戏剧化的人物，戏剧性的对话，构成戏剧的场景，别具风味。《飞毛腿》和《天安门》可看做是诗化的问题戏，而《大鼓师》则是以戏剧化的手法写出了某种普遍人生的经验，兹录末两节：

假如最末的希望否认了孤舟，
假如你拒绝了我，我的船坞！
我战着风涛，日暮归来，
谁是我的家，谁是我的归宿？

但是，娘子啊！在你的尊前，
许我大鼓三弦都不要用；
我们委实没有歌好唱，我们
既不是儿女，又不是英雄！

这里的主观情绪是饱满的，而由于“大鼓师”这一形象的设置，作者对于人生的感喟便不再是直接的抒写，纯粹的情绪转化成了冷静的“诗的经验”。所以沈从文说：

> 《死水》不是“热闹”的诗，那是当然的，过去不能使读者的心动摇，未来也将这样存在。然而这是近年来一本标准诗歌！在体裁方面，在文字方面，《死水》的影响，不是读者，当是作者。由于《死水》风格所暗示，现代国内作者向那风格努力的，已经很多了。在将来，某一时节，诗歌的兴味，有所转向，使读者，以诗为“人生与自然的另一解释”文字，使诗效率在“给读者学成安详的领会人生”，使诗的真价在“由于诗所启示于人的智慧与性灵”，则《死水》当成为一本更不能使人忘记的诗！①

这段话对于闻一多《死水》的理解是非常深刻的，对于它影响于未来诗坛的意义的估定也是准确的。

《死水》中不少诗篇都设置了场景，有的场景甚至是虚构的，如《末日》：“露水在笕筒里哽咽着，/芭蕉的绿舌头舐着玻璃窗，/四围的垩壁都往后退，/我一人填不满偌大一间房。”这样渲染场景，只是为了从一定的距离外，冷静地观照置身于其中的“我”。在比喻的构成上，闻一多如同戏剧的导演，能够冷静地组织他调集来的意象，接近奥登的做法——“采取现代飞行员置身高空的观点，应用电影技术中水银灯光集中照射的方法，使脚底的事物在突然扩大和缩小里清晰呈现，给人极特殊有效的感觉。”②如《荒村》，开头呈现出这样一番场景：“他们都上哪里去了？怎么/虾蟆蹲在甑上，水瓢里开白莲；/桌椅板凳在田里堰里飘着；/蜘蛛的绳桥从东屋往西屋牵？/门框里嵌棺材，窗棂里镶石块！”

---

① 沈从文：《论闻一多的〈死水〉》，《新月》1930年3卷2期。

② 袁可嘉：《新诗现代化的再分析》，《论新诗现代化》，三联书店1988年版，第19页。

其后数十行写鸡犬牛羊的无家可归，戏剧化地展现了棲惨的荒村景象，对于流离失所的王家老三、周大们寄予了深切的同情。这种戏剧化表现手法既折射了中国叙事诗，尤其是杜诗的传统，也由于夸张的荒凉色调而呈现出现代主义的格调。

闻一多创作于20世纪30年代的《奇迹》，在他一贯的古典繁复意象表层之下，也潜藏了一副戏剧的结构。“我要的本不是火齐的红，或半夜里/桃花潭水的黑，也不是琵琶的幽怨，/蔷薇的香，我不曾真心爱过文豹的矜严，/我要的婉娈也不是任何白鸽所有的。/我要的本不是这些，而是这些的结晶，/比这一切更神奇得万倍的一个奇迹！……”这里的意象是丰盛的，类似于戏剧冲突的紧张在聚集，那是百转千回的思虑——“谁晓得，我可不能不那样：这心是真/饿得慌，我不能不节省点，把藜藿/权当作膏粱。/可也不妨明说，只要你——/只要奇迹露一面，我马上就抛弃平凡”，而当最后：“我听见阊阖的户枢砉然一响，/传来一片衣裙的綷縩——那便是奇迹——/半启的金扉中，一个戴着圆光的你!”一种类似于戏剧悬念的情感在一刹那间释放，使全诗的戏剧化色彩更显浓厚。

二

闻一多不但是在创作中对戏剧化有所尝试，对于新诗的戏剧化，他也有过较多理性思考。闻一多明确表示过对浪漫主义的不满，早在《泰果尔批评》一文中，他就强调由现实而来的哲理，由生活经验而来的普遍性，他说：“泰果尔底文艺底最大的缺憾是没有把捉到现实，文学是生命底表现，便是形而上的诗也不外此例。普遍性是文学底要质，而生活中的经验，是最普遍的东西，所以文学底宫殿必须建在生命底基础上。形而上学惟其离生活远，要它成为好的文学，越发不能不用生活中的经验去表现，形而上的诗人没有将现实好好的把捉住，他的诗人的资格恐怕要自行剥夺了。”① 由此，他反

① 闻一多：《泰果尔批评》，《闻一多全集》3，三联书店1982年版，第276页。

对主观色彩过浓的诗法，在致左明的信里，他又说："太明显，确乎是大毛病。根本原因是态度太主观。"① 他认为太琐碎，太写实了，不能引起读者的同情，要求将经验普遍化，避免"刻露"的弊病。反对主观，强调理性，这是诗歌戏剧化的题中应有之义。

20世纪30年代闻一多转向古典文学的研究，搁置了新诗创作，但是他并没有放弃关注新诗的发展，1934年他曾和叶功超合编《学文》月刊，这份杂志对艾略特等现代派诗人的介绍和讨论是有深远影响的。可以推断，闻一多关于戏剧化的思考，也受到了现代派诗人的某些启示。不过他谈新诗，有不少自己的新见，据朱自清1932年日记，他认为"诗异于散文者，在语的音节。诗当如话剧，须以模印理论解之"。② 所谓"模印理论"，与戏剧法尤其相近，见朱自清后来的日记："忆日前一多来谈，所谓模印理论者，利用纸上空间，由作者规定诗之读法，如剧之由导演主持也。"这是闻一多对新诗戏剧化初具理论雏形的探索，虽然据朱自清和叶功超的谈话，可知所谓"模印理论"在西方已经是过时的理论，但它还是引起了闻一多的兴味，究其原因，"戏剧"是吸引他注意力的主要因素。

闻一多是向古典文学研究转型最成功的现代学者，他对西方古今诗学及创作经验，有全面深入的研究，在艺术、美学等理论上，也有广泛的涉猎。他从自身的古典文学研究中挖掘能为现时所用的资源，主张取中西诗论之所长。在反思古典诗歌经验的同时，闻一多也对新诗的前途进行思考，在宏观把握文学史流向的基础上，他的思想结晶为属于他自己的"新诗戏剧化"。在《文学的历史动向》③ 中，他指出：在一个小说戏剧的时代，诗得尽量采取小说戏剧的态度，利用小说戏剧的技巧。他说：

---

① 闻黎明等编：《闻一多年谱长编》，湖北人民出版社1994年版，第360页。

② 朱自清：《朱自清日记》1932年12月24日，《新文学史料》1981年第4期。

③ 闻一多：《文学的历史动向》，《当代评论》1943年第4卷第1期。

中国文学史的路线南宋起便转向了，从此以后是小说戏剧的时代。

但在这新时代的文学动向中，最值得揣摩的，是新诗的前途。你说，旧诗的生命诚然早已结束，但新诗——这几乎是完全重新再做起的新诗，也没有生命吗？对了，太多“诗”的诗，和所谓“纯诗”者，将来恐怕只能以一种类似解嘲与抱歉的姿态，为极少数人存在着。在一个小说戏剧的时代，诗得尽量采取小说戏剧的态度，利用小说戏剧的技巧，才能获得广大的读众。这样做法并不是不可能的。在历史上多少人已经做过，只是不大彻底罢了。新诗所用的语言更是向小说戏剧跨近了一大步，这是新诗之所以为“新”的第一个也是最主要的理由。其它在态度上，在技术上的种种进一步的试验，也正在进行着。请放心，历史上常常有人把诗写得不像诗，如阮籍、陈子昂、孟郊，如华茨渥斯（Wordsworth），惠特曼（Whitmen），而转瞬间便是最真实的诗了。诗这东西的长处就在它有无限度的弹性，变得出无穷的花样，装得进无限的内容。只有固执与狭隘才是诗的致命伤，纵没有时代的威胁，它也难立足。

他的立论基于对中西古今文化和诗歌的综合考虑，因而能描述新诗戏剧化的逻辑进程。20世纪40年代的西南联大校园内诗歌创作欣欣向荣，联大因此成为现代诗派最活跃的地盘，作为新诗社导师的闻一多，在推动新诗戏剧化方面，有着直接的积极影响。据刘兆吉《闻一多朱自清指导的南湖诗社始末》，闻一多在西南联大教唐诗、楚辞，他也是联大新诗社的导师，学新诗的同学更愿意把他当作一位新诗的前辈，他们出诗刊，办座谈会，“在我模糊的印象里，似乎谈及新诗的前途、动向问题，也谈到新旧诗对比问题，对新旧诗问题有过争论”。① 这位诗人学者敏锐的眼光和深厚的中西

① 闻黎明：《闻一多年谱长编》，湖北人民出版社1994年版，第527页。

学养，使他能够依据本土经验，对40年代的新诗发展做出前瞻性的判断。

三

闻一多1942年编选的《现代诗钞》，是新诗戏剧化潮流中一个值得纪念的事件。从这本诗选不难窥见闻先生当时对新诗的意见，对青年诗歌爱好者的理解和支持。在这本诗选中，闻一多看重的大多诗歌并不是出自名家之手，这些作品大多笼罩着一层现代主义色彩，多多少少体现了间接性和客观性的戏剧化特征。闻一多的《现代诗钞》收入作者66人，联大师生有12人。入选作者中，有的当时还是没毕业的联大学生，“学生如穆旦、杜运燮、王佐良、罗寄一、沈季平、俞铭传、何达、陈时等”。① 其作品有些是刊物上刚发表不久的，可以想见闻一多选编《现代诗钞》时的激赏心情，他实在是急于展示这群新生代的诗歌转变了。在诗钞中，我们读到了这样的诗句：“以呢帽当雨伞/头的感觉渐渐和心的感觉平衡了，/踏着路上的泥水，/踏着水中的灯光/阿拉伯人骑一匹骆驼/独过月光下的沙漠”(俞铭传《以呢帽当雨伞》)，“一扇扇铁栏门，风瘫/在地上，碎玻璃，五彩缤纷。//千千万万的人，哑了，/喉头里则异样的怪痒。”(汪铭竹《法兰西与红睡衣》)。而穆旦的《诗》八首、《还原作用》，杜运燮的《滇缅公路》、《民众夜校》，S. M.（阿垅）的《纤夫》，现已经广为人知，它们都可以说是以戏剧化的表现为主要特征。

新诗戏剧化的诞生，与战时中国的严酷现实也是密切相关的。闻一多批判中国传统的“诗教”，戏剧化就是要以崭新的审美原则，来一改诗歌的温柔敦厚的面貌，避免抒写纯粹的情绪。就是在这里，他鼓励学生做时代的“鼓手”，主张诗人应该走到人民群众中去，要理解人民的痛苦，喊出真正的人民的呼声。他推重田间的诗，田间战时的诗歌中，不少是具备了戏剧化特征的，《现代诗

① 杜运燮：《西南联大现代诗钞序》，中国文学出版社1997年版。

钞》选田间的诗达六首，如《自由，向我们来了》、《五个在商议》、《多一些》，都可见闻一多坚持新诗戏剧化的旨趣。闻一多自己，在这股诗学潮流中，也萌发了创作的热情，他计划创作的《八教授颂》，通过画脸谱的方式表达深沉的思想，类似于现代诗歌中的表现“戏剧化”的处境，这一尝试十分可贵，但可惜只完成了一部分。

闻一多一生都对戏剧情有独钟，从早年的亲自登台饰演，到留学期间与朋友策划中国戏剧的演出，从构想创办一包括戏剧在内的广义的艺术学校，到参与余上沅、赵太侔发起的“国剧运动”，从抗战时期积极从事舞台艺术实践、推动云南戏剧演出的高峰，到以一部《〈九歌〉古歌舞剧悬解》还原一台“楚国的歌舞剧”，戏剧实践催生了他的新诗戏剧化主张，而他也想以诗剧的方式实践这一观念。把屈原的《九歌》改编成剧本的计划，是闻一多“多年的愿望”。1946 年 6 月 11 日脱稿的《〈九歌〉古歌舞剧悬解》对屈原的《九歌》既有历史的还原，也有现代的演绎，无疑是他在诗歌和戏剧之间架设的一座桥梁，能给新诗的“戏剧化”表现以别样的启示。《〈九歌〉古歌舞剧悬解》改编时调整了原诗的部分结构，并添加了舞台说明和角色的安排。舞台说明主要以诗意的笔墨介绍环境、气氛、动作、心理及人物关系，将《九歌》原诗句分配给适当的角色吟诵，在特定的情景中，楚辞《九歌》读起来更有一种抑扬顿挫的语调和情绪饱满的节奏感，它们是诗，也是戏剧台词，达到了一种整体的戏剧性的和谐。尽管《〈九歌〉古歌舞剧悬解》更像是一部古今结合的舞剧而非诗剧，但这种戏剧化方式表现诗歌内容的做法仍不失为一种有益的尝试。

新诗戏剧化，是整个 20 世纪 40 年代诗坛的反思和转向的结果，在《谈戏剧主义》一文中，袁可嘉认为从心理学来看，人生经验的本身是戏剧的，进一步说，戏剧性是一种文学的本体性，戏剧性就是“诗性”，他提出了“诗歌彻头彻尾是戏剧的表现”，“新诗戏剧化”被视为现代主义诗歌的本质特征之一。或许，艾略特和奥登们的现代主义光芒曾掩盖了新诗自身发展的“戏剧化”之脉，但是，随着研究的深入，闻一多在新诗戏剧化这条诗学道路上探索的意义将会不断更新。尽管由于现实的种种原因，闻一多关于新诗戏剧化的言论和主张并不系统，但是通过以上对他创作与实践的粗略扫描，可以这样说，闻一多在新诗戏剧化方面具有领先潮流的意义，他对新诗创作的实际影响超出了我们的想象，以往的研究中我们仍低估了这位学者诗人。

抗战时期的文人流徙与文化传播
——闻一多和茅盾的比较

陈建宁
（福建社会科学院）

一

作为中国现代文学史上的两位巨擘，闻一多与茅盾在各自的领域做出了杰出贡献：闻一多先是作为新月派的旗手，对中国现代格律诗的发展起到了积极的促进作用，随后，又因在离骚和楚辞上的成就而为世人所瞩目。而茅盾在二十几岁的时候就因主持、革新《小说月报》，一时声名鹊起，不久又组织发起“文学研究会”而赢得了更大的声誉。他在文学上的成就更毋庸赘言。二人的兴趣和研究领域本不同，但如果将二人拿来比较，却是饶有趣味的。依笔者看来，两人的差异主要有以下相互关联的三点：

首先，闻一多受过正规教育，而茅盾则是自学成才。1912 年，14 岁的闻一多考入清华大学中等科，1922 年，在清华学习了 10 年之久的闻一多赴美国芝加哥艺术学院学习美术。1923 年转入科罗拉多大学艺术系，1924 年又转入纽约艺术学院，1925 年归国。而茅盾自北京大学预科毕业后，即因家境窘困而放弃了学业，进入商务印书馆当了一名编译员。其后，在工作之余从事文学评论和小说创作，并逐渐成长为杰出的文学家和评论家。

其次，从未中断学业的闻一多一直是以教书育人为天职，归国后先后在南京大学、武汉大学、山东大学、清华大学、西南联合大学任教，虽然地点多有变换，却始终未脱离讲坛，一直到被害。而非科班出身的茅盾，人生阅历则比闻一多丰富得多，先后在商务印书馆、国民党中央宣传部、中央军事政治学校武汉分校、《民国日报》等地方工作，担任了编辑、秘书、教官等职务。

再次，学斋里的闻一多，自新月诗派解体之后，一直埋头于研究之中，与外界少有联系，在西南联大，与其过从甚密的只有朱自清、臧克家等寥寥数人。他是这样用功，乃至博得了“何妨一下楼主人”的雅号。而茅盾则交游广阔，从主持革新《小说月报》到发起成立“文学研究会”，从参加国、共两党再到成为“文协”的理事，在文学家之外，茅盾一直都是以一个社会活动家的形象展现在世人面前的，而很多人也因此而把他视为文坛盟主。

二

虽然彼此之间有着这样那样的不同，但抗战的爆发却使两人面临共同的命运——踏上流徙的道路。1937年7月，卢沟桥事变后不久，闻一多带着子女闻立鹏、闻名等从北平回到了武汉，10月，闻一多接到清华大学校长梅贻琦的快信，由武汉来到长沙迎接长沙临大（抗日战争初期，北京大学、清华大学、南开大学迁至长沙成立“临时大学”）复课。11月，临大文学院改在衡山上课，闻一多又至衡山。临大文学院周边的风景十分秀美：“这座校舍正在南岳衡山的脚下，背后靠着衡山，大门前边有一条从衡山流下来的小河，大雨之后，小河还会变成一个小瀑布。地方很是清幽。在兵荒马乱之中，有这样一个地方可以读书，师生都很满意。”① 闻一多也在给四个孩子的信中认为“这里风景却好极了”。② 饶是如此，吃住却让他犯了难：

① 冯友兰：《三松堂·自序》，三联书店1984年版，第99页。

② 闻黎明、陶菊坤：《闻一多年谱长编》，湖北人民出版社1994年版，第510页。

至于饭菜，真是出生以来没有尝过的。饭里满是沙，肉是臭的，蔬菜大半是奇奇怪怪的树根草叶一类的东西。一桌八个人共吃四个荷包蛋，而且不是每天都有的……至于住的地方，是在衡山上的一所洋房子，但这房子是外国人夏天避暑住的，冬天则从无人住过。前晚起风，我通夜未睡着。有的房间，窗子吹掉了，阳台上的栏杆吹歪了。湖南一年四季下雨（所以湖南出雨伞），而这山上的雨尤多。我们到这里快一个星期了，今天才看见太阳。总之，我们这里并不享福。①

不久，因为战事的扩大，临大当局决定迁往昆明。“因一则可得经验，二则可以省钱”，闻一多决定率领学生步行入滇。历经68天、3300余华里，途经三省会、二十七县、数百村庄的旅行，旅行团终于到达了昆明，先前抵达春城的师生对闻一多等人的壮举无一不表示惊讶和钦佩。还是在旅行团开拔之际，杨振声曾对身体清瘦的闻一多开玩笑说，“一多加入旅行团，应该带一具棺材走”。但闻一多用步行的壮举向他证明了自己除了研究还能做其他的事。但旅途的冷暖旁人是无法感知的，闻一多在写给妻子的信中这样描述旅途的艰苦：

途中苦虽苦，但并不像当初所想象的那样苦。第一，沿途东西便宜，每人每天四毛钱的伙食，能吃得很好。打地铺睡觉，走累了也一样睡着，臭虫、草蚤、虱实在不少，但我不很怕。一天走六十里路不算么事，若过了六十里，有时八九十里，有时甚至多到一百里，那就不免叫苦了，但是也居然走到了。②

---

① 闻黎明、陶菊坤：《闻一多年谱长编》，湖北人民出版社1994年版，第509页。

② 闻黎明、陶菊坤：《闻一多年谱长编》，湖北人民出版社1994年版，第542页。

闻一多等人“步行入滇”的壮举向世人昭示了，中国的文人并非只是温室里的花朵，而且也是不惧苦难的斗士。在面对战争带来的苦难时，他们没有选择退缩，而是勇敢地站了出来，凭借顽强的意志将苦难踩在了脚下。

相比之下，茅盾没有闻一多步行数千里的壮举，但是抗战的爆发，也使他不得不和妻儿“离别了曾经生活、工作和战斗了二十年的上海”，踏上四处流徙的道路。此后，他们先是南下广州，再北上长沙，在长沙逗留了半个多月，2月7日茅盾孤身一人来到了武汉，因为预料到武汉不能据守，又偕同妻儿离湘赴粤，在广州短暂停留之后又南下香港。在香港呆了十个月之后，因为不堪忍受高企的生活成本，再加上杜重远的游说，茅盾又带领妻儿经昆明、兰州抵达了新疆。不久，因为对“新疆王”盛世才的反动面目有所察觉，又于4月底离开新疆，经兰州、西安抵达延安。在延安期间，曾在鲁迅艺术文学院、陕甘宁边区文化协会讲学，并在《中国文化》、《大众文艺》等报刊撰文多篇。10月，从延安到达重庆，任郭沫若主持的文化工作委员会常委。1941年“皖南事变”后，茅盾和大批进步文化人士离开重庆到香港。12月，太平洋战争爆发，日军随后攻占香港，茅盾又离开香港辗转达桂林，1942年底再赴重庆。这之后直到抗战结束，再也没有流徙，他的流亡生涯也就此宣告结束。

在流徙的路途当中，茅盾吃的苦头并不比闻一多少。在茅盾晚年所写的回忆录《我走过的道路》中，描写流亡艰苦的字段比比皆是。如在广州赴长沙时，因为“前面有障碍”，列车刚到西站就停下了，“这一等就是一天。许多广州旅客都回城里去了，只有我们这样的外江佬仍死守在车厢里。幸而傍晚车又开了，一路上走走停停，捱到十二号总算到达长沙”。① 在滞留香港的大半年时间里，因为住房紧张，只得和别人共住一起，吃饭、盥洗、照明都成了问题。茅盾的妻子孔德沚“在上海的独家厨房中施展惯了”，但在寸土寸金的香港显然做不到这一点。于是只得买了一只酒精炉在自己

① 茅盾：《我走过的道路》，人民文学出版社1988年版，第25页。

的房间里做饭。盥洗的问题尤其突出。如果起得晚了一点，卫生间“从七点钟一直到九点都被人占着”，没办法，只得采取“接力”的办法，由孔德沚起早第一个占领卫生间，茅盾一家就“可独占卫生间三十至四十分钟”。因为房间里只有一盏二十五支光的电灯，做饭虽然还能勉强应付，但看书写字就不行了，因此茅盾把电灯换成六十支的，并买了一只台灯。不料这却惹得二房东勃然大怒，令茅盾不得加台灯，也不准换灯泡。孔德沚同她吵了一架。但最后还是以茅盾一家“在每月房租中增加若干电费”为告终。①

这里，我们分明看到了流亡文人，无论在事业上有多么大的成就，但在战争的裹挟下，只能是向现实妥协，其中的辛酸和无奈令人唏嘘。然而，同闻一多一样，茅盾也没有妥协，而是积极地拼争，表现了中国文人的高贵品格。事实上，中国的大多数文人如郭沫若、老舍等在抗战中都不得不踏上艰苦流徙的道路，而他们不屈的意志也足以令后人仰视。

三

我们看到，闻一多、茅盾在流徙过程中，无形中起到了文化传播的作用。具体来说，他们主要通过两种途径来进行，一种是闻一多式的，即主要通过教书育人来达成。众所周知，受种种原因之影响，西南地区的文化教育处于较低的水平，据统计，战前的西南地区（包括四川、云南、昆明）高等教育机构不及全国的5%，贵州的高等教育甚至还是空白。初等教育也非常滞后，贵州在1936年仅有中等学校35所，学生不足万人，有60多个县没有普通中学设置。四川的情况稍好，但入学儿童也仅占学龄儿童的20.5%。②抗战爆发后，受战争的影响，地处东部的、具有较高学术水平的高校纷纷内迁。如北大、清华、南开先是从平津迁到了湖南长沙，成

① 茅盾：《我走过的道路》，人民文学出版社1988年版，第42～43页。

② 袁源：《抗战时期高校内迁对西南教育的影响》，《贵阳金筑大学学报》2005年第9期。

立了长沙临时大学，又从湖南长沙迁到了云南昆明，成立了西南联合大学。抗战八年中，内迁四川的高校有48所，内迁云贵的约10所。这些高校的内迁对西南地区的教育发展起到了极大的促进作用，对先进文化的传播是不言而喻的。这可以由两个方面的数据佐证。首先是西南地区进入内迁高校的生源明显增加。受战争影响，内迁高校的生源由主要来自东南沿海开始转向本地学生。如战前高等教育几乎是空白的贵州，到抗战结束的1945年，共有学生4223人。另一方面，学生的质量大为提升。当时大多数的知名学者都先后来到了西南，他们不仅学识渊博，而且学风严谨，对西南地区的学生自然起到了很好的熏陶。“遵义青年以往常以经商、当兵、做小职员为前途，自此也发生重大变化，读书风气浓厚，大学生和中学生的人数有了很大增加。”① 在1940年举办的第九届各大学毕业生议论文竞赛中，川大学生获奖者达30名，居全国第二。在上述知名学者中，闻一多显然是佼佼者。他的学识渊博自不必说，在放弃格律诗之后，闻一多开始了对楚辞、离骚的研究，并成为大家。闻一多的学风也非常严谨。1937年6月，经清华大学评议会评议，他获得了在国内休假研究一年的机会，然而当他回到老家湖北浠水决定开始《诗经字典》的编纂工作时，抗战爆发了，10月20日，清华大学校长梅贻琦写信给闻一多，请他推迟休假。闻一多接信后即动身赴长沙，没有半点怨言。而在衡山时，尽管条件是那么的艰苦，但他还是开了“诗经”、“楚辞”两门课，“听讲的人数甚多，似乎是此间最大的班，我讲得也很起劲”。② 这些事例都表明了闻一多确实把教书育人当作了一生践行的信条。

另一方面，在闻一多步行入滇的过程中，通过指导南开学生刘兆吉采集民歌的方式，完成另一种形式的文化传播。西南地区的文化虽然因地理、历史等原因较东部地区落后，但当地特殊的、未受

① 贵州省遵义地区地方志编纂委员会编：《浙江大学在遵义》，浙江大学出版社1990年版，第38页。

② 闻黎明、陶菊坤：《闻一多年谱长编》，湖北人民出版社1994年版，第514页。

沾染的原生态文化也借以保存，西南民歌即是这种文化形态的一种。在步行入滇的过程中，闻一多、刘兆吉等人发现了这一瑰宝，通过“田畔、牧场、茶馆、街头的访问”，“沿途中小学民众教育馆、教育局及其他文化机关的访问”，“注意街头墙垣上的涂写”，“搜集当地印行的歌谣本及抄本”等形式①，记录了2000多首西南民歌，后以《西南采风录》为名出版。此书出版之后，“许多联大师友对于这些材料，甚感兴趣，竞相索观。有的过誉：‘这是现代的三百篇’，有的说‘这是研究西南民俗方音的良好资料’”。② 这样，西南地区的民歌得以为都市中的知识分子所了解和注意，并经由这些知识分子而为社会大众所知晓，这显然是另一种形式的文化传播。

茅盾进行的文化传播方式与闻一多有所不同，他主要采取创办刊物的方式来进行。这自然与他的编辑出身与个人喜好有关。自接编《小说月报》开始，茅盾先后与多家报刊相联系，如《公理日报》(与郑振铎合办)、出任汉口《民国日报》主编、协助鲁迅创办《译文》杂志、抗战初期又参与了《救亡日报》的编辑工作，可见，茅盾是把报刊视为了生活与革命的一部分。还是在武汉的时候，董必武曾想让茅盾留在武汉，协助“文协”和郭沫若领导的政治部第三厅的工作，但茅盾婉言谢绝了，在他心目中，他的特长还是编杂志与写小说。茅盾办刊物，从不跟风，而是有他自己的理念和想法。对《小说月报》的革新如此，在香港创办的《文艺阵地》也是如此。

1938年2月27日，茅盾来到了香港。此时的香港，“是一个畸形儿——富丽的物质生活掩盖着贫瘠的精神生活”，“香港的报纸很多，大报近十种，小报有三四十，但没有一张是进步的……除了几份与香港当局有关系的大报外，其他都是纯粹的商业性报纸，其编辑人眼光既狭窄，思想也落后。至于大量充斥市场的小报，则

① 刘兆吉：《西南采风的经过》，《西南采风录》，商务印书馆2000年版，第3~4页。

② 刘兆吉：《西南采风录·弁言》，商务印书馆2000年版。

完全以低级趣味、诲淫诲盗的东西取胜”。① 在茅盾看来，“用‘醉生梦死’来形容抗战初期的香港小市民的精神状态，并不过分”。② “进步文化界，虽然在上海、在全国搞得轰轰烈烈，却唯独忘记了这个小岛。”③ 为了使“醉生梦死”的香港小市民变身为支援抗战的社会大众，使香港这个被进步文化界“遗忘的小岛”成为抗战可以依托的大后方，同时对抗战以来的出现的新问题进行理论探讨，并在创作上对现实生活作深刻挖掘，茅盾“全力投入了《文艺阵地》的创刊工作”。远在香港的茅盾得到了分散在全国各地的朋友的支持，当得知他创办《文艺阵地》时，这些朋友的稿件就源源不断地从广州生活书店转寄到香港，这批稿件中，有远在四川的叶圣陶写的杂感《从疏忽转到谨严》、周文的通讯《文艺活动在成都》；有身在武汉的老舍写的新京剧《忠烈图》；有草明写的小说《梁玉底烦恼》和林林的短诗；有寄自临汾刘白羽的速写《疯人》和萧红的散文《记鹿地夫妇》；有郑振铎从上海寄来的《鲁迅书简》；有从长沙寄来的丰子恺写的抗战歌词《我们四百壮人》等。这些文章组成了《文艺阵地》的初始面貌。经过认真的筹备，在香港编辑、在广州印刷的《文艺阵地》“一炮打响了”。此后，虽然经历了种种的磨难，比如广州遭到轰炸，印刷移至上海，茅盾远赴新疆，等等，但《文艺阵地》却没有被打倒，而是顽强地生存了下来。它不但是香港文学史上第一本旗帜鲜明的抗日文艺刊物，也是抗日战争时期香港出版历史最长、普及最广、影响最深远的全国性文艺刊物之一。《文艺阵地》的出现，虽然没有从根本上改变香港文坛死气沉沉的局面，但却宛如一股清新的风，使香港市民在充斥着武侠、神怪、色情等小说之外，知晓了还有如此严肃、如此正气的刊物，唤起了他们的爱国热情。当然，茅盾等人创办《文艺阵地》的目的，还是为抗战服务，但实际上也起到了文化传播的作用。正是因为茅盾等人的拓荒行为，日后的文化人才在

① 茅盾：《我走过的道路》，人民文学出版社1988年版，第41页。

② 茅盾：《我走过的道路》，人民文学出版社1988年版，第41页。

③ 茅盾：《我走过的道路》，人民文学出版社1988年版，第41页。

香港掀起了一波又一波的宣传抗战的热潮。

结　语

没有战争的裹挟，闻一多、茅盾不会走上流徙的道路。他们的可贵之处在于，即使他们处于多么艰难的境地，也并未忘却自己的责任，而是发扬中国知识分子的优秀传统，并根据自身的条件，或教书育人，或办刊办报，客观上起到了文化传播的作用。当然，他们仅是成千上万抗战流徙文人的一部分，其他的文人采取了更加直接的方式，如街头剧、朗诵诗等，使广大民众的知识架构得到了“重组”，文化素质得到了提高，知识层次得到了提升。对于这些流徙文人的文化传播行为的考察，是值得我们深入研究的一个课题。

评闻一多的新诗社团活动

陈　卫
（福建师范大学）

闻一多在中国现代文学史上的形象与他提出新诗“三美”有关，而他与新月诗社以外的新诗社团的整体关系，处于被遮蔽的研究状态。笔者通过考察闻一多的经历发现：闻一多沉醉美术以及中国国粹之时，是个体性体验表征，而发诗歌之言时，与诗歌社团经历相关。布迪厄认为“研究文学场除了要考虑文学作品、作者和读者因素，还需关注赞助商、出版人、监察机构等行动者和社会制度的影响力”。① 在笔者看来，文学社团作为一个因素亦可纳入文学场的考察当中。闻一多一生兴趣甚广。从青少年开始，参加过美术社、戏剧社、爱国政治社团上社、大江学会、民主同盟等。在中国现代文学史上，他三次与文学社团关系发生密切关系。

一、清华文学社：中西文化视野中的抉择

1912 年，闻一多以湖北考生第一名进入清华学校。经过十年美式教育，闻一多临毕业写下《美国化的清华》，表示愿意做“东方老憨”。这种不容易趋同的气质个性，让他看到在这种新与旧、西与中的文化交锋中，学校“讲新也新得不彻底，讲旧也旧得不

① 张意：《文学场》，赵一凡等主编《西方文论关键词》，外语教学与研究出版社 2006 年版，第 583 页。

渗透”。① 寻求一条自新的道路，成为闻一多日后贯穿创作、评论和学术生涯的精神引线。

清华文学社是中国现代史上较早成立的学校文学社团之一。在清华学校期间，闻一多兴趣广泛，热心参与编剧、演剧、美术和新诗创作活动，做过《清华学报》、《清华年报》等刊物编辑。继1921年北平知识分子成立“五四运动”中最早的文学社团文学研究会的10个月后，闻一多建议清华学校的小说研究社改成清华文学社，亲任书记和诗组领袖。

闻一多喜欢做诗，在文学社期间写了大量的白话诗，有《十一年一月二日作》、《贡臣》、《花儿开过了》、《雨夜》、《美与爱》等。例如《贡臣》中，模仿英国诗歌，以一个臣子对君王的口吻表达对爱人的倾慕，颇具浪漫风格。受到闻一多创作的影响，梁实秋、吴景超等朋友也开始了新诗创作。

清华文学社的同仁们还经常讨论与诗相关的话题。他们对英国诗的历史产生兴趣，研究过英国诗人莎士比亚、华兹华斯、柯勒律治等，对诗学理论也有了解的愿望，第一次聚会就讨论《诗是什么》。

闻一多擅长写评论，并引导同学涉略当下诗歌和诗论。1921年3月，他在《周刊》上发表《敬告落伍的诗家》，表示“要做诗，定得做新诗”。响应时代的潮流，以胡适诗论影响同学，关注中国新诗走向。

1921年6月，因为周刊要出批评号，闻一多便以“初学的批评家批评初学的作家”，发表《评本学年里的新诗》。他对同学的诗一一品评，提出最初的新诗观：1. 新诗标准。他认为新诗的评论标准在于幻象、情感、声与色的原素，真诗人都是神秘家，诗歌音韵要和谐，“美的灵魂若不附丽于美的形体，便失去他的美了”。2. 新诗表现对象。他还从精神分析的角度去评析诗。指出女性是诗人的理想，诗人眼里宇宙间最高洁醇美的东西便是女性。3. 诗

① 闻一多：《美国化的清华》，《清华周刊》第247期，1922年5月12日，署名一多。

歌创作心理。谈到诗歌是因为诗人的情感“热度膨胀，自己爆裂了，流火喷石，兴云致雨，如同火山一样”这样才能产生“惊心动魄”的作品。4. 诗歌的功能。他认为“诗家须有一种哲学，那便是他赐给人类的福音”。诗不是为消遣的。

1921年12月间，闻一多参与《诗的音节问题》讨论，表示对“一般无韵之新诗及美国新兴之自由诗”的怀疑。他用英文写下了第一篇有关诗歌的论文大纲《诗底节奏的研究》，较为系统地列出了节奏的来历、含义以及它的生理基础、证据、特性、作用等，指出诗歌的节奏与音乐、舞蹈、造型艺术的节奏不一样，诗歌的节奏分成内部和外部的，诗歌的节奏是有用的，是一种美的手段，表达情感的手段，凭借想象加以理想化的一种手段，而自由诗打破规律，使诗歌成为一种文字游戏，目的性不明确，产生平庸、粗糙、软弱无力的后果。从列举的参考书目中，还可以看到闻一多阅读了大量的西方诗学著作，如朱里·贡巴里欧的《音乐，及其规律和演变》，吉·贝尔格·艾森伟恩等人的《诗歌格律的艺术》、西蒙斯的《英国诗歌的浪漫主义运动》、阿瑟·魏里的《一百七十首中国诗》等，中国书目相对少些，只有胡适的《尝试集》和《谈新诗》。

为丰富诗学理论与弥补中国诗学的缺欠，1922年3月，闻一多完成《律诗底研究》。与《诗底节奏的研究》不同的是，这是一篇参考了二十余种中国古代诗歌论著的论文。前后两篇诗歌论文互为呼应，从西方与中国传统的诗论中汲取源泉。乃至有研究者认为：这是五四运动以后，较早用新的方法，系统研究中国诗歌的民族传统的长篇著作。

1922年5月21日，闻一多得到赴美消息，文学社给他和两位同仁开了欢送会，闻一多表示“肉体虽然分离，精神还是在一起”。①

在五四时期的诗人中，在创作、评论和理论建构上同步进行尝试，放眼世界诗学，闻一多应该算是一个继胡适、郭沫若之后的有心人。

---

① 闻黎明、侯菊坤：《闻一多年谱长编》，湖北人民出版社1994年版，第173页。

二、新月期：文学的自觉与观念的成熟

留美专攻美术的闻一多，文学趣味却深于美术。他花了更多精力关注英美现代诗，结识了美国现代诗人如卡尔·桑德堡，《诗歌》的创办人门罗、美国意象派诗人爱米·罗艾尔等。

此时的闻一多与清华文学社仍有着精神上的联系。他常与学弟梁实秋和吴景超通信，谈诗歌创作，谈韵的作用，表示想与国内文坛交换意见，领导文学潮流或派别，① 自信"若有专一之出版物以发表之，则易受群众之注意——收效速而且普遍"。②《清华周刊》商议改组之事，闻一多还帮忙征求留美同学意见。

1922 年 11 月，身在美国的闻一多，与梁实秋合著《〈冬夜〉〈草儿〉评论》，为俞平伯、康白情诗集作评论，成为《清华文学社丛书》之一出版。这本评论著作中，闻一多仔细分析文本，严肃地挑出了新诗的诸多积弊。1923 年 6 月，闻一多先后在《创造周报》上发表了《〈女神〉之时代精神》、《〈女神〉之地方色彩》，指出《女神》表现了科学成分，并有忏悔革新精神，新诗发展的方向是：新诗要做"中西艺术结婚后产生的宁馨儿"，"只有各国文学充分发展其地方色彩，同时又贯以一种共同的时代精神"。经历了五四文学革新运动的闻一多，此时没有全盘反对中国传统文化，而是特别提出：当恢复对旧文学的信仰，更应了解东方文化。

闻一多在美三年间，人生观与诗歌观都发生了很大的变化。1924 年 7 月，他参加了一个宣传国家主义的政治性团体——大江学会，在他的诗歌创作和言论中，更多了对中国传统文化的赞美。闻一多在美时期可称为后清华期或准新月期。

1925 年 6 月，闻一多回国。回国之后，热衷于创作爱国诗篇，

---

① 闻黎明、侯菊坤：《闻一多年谱长编》，湖北人民出版社 1994 年版，第 191 页。

② 闻黎明、侯菊坤：《闻一多年谱长编》，湖北人民出版社 1994 年版，第 191 页。

有《我是中国人》、《七子之歌》、《洗衣曲》等，同时与以欧美留学生为主的新月社有了密切的关系。

新月社是徐志摩、胡适、陈西滢等人在北京组织的文学沙龙，他们在《晨报》上开辟专栏“诗镌”和“剧刊”，发表诗歌和戏剧作品，后成立新月书局，创办了《新月》杂志，出版报刊。由于志趣相投，闻一多加入其中，其影响见诸三个方面：

（一）理论与刊物建设

1926年发表的《诗的格律》可以说是闻一多对新月社，也是对中国诗歌界的最大贡献。文中提出新诗要具有“音乐的美（音节），绘画的美（词藻），并且还有建筑的美（节的匀称和句的均齐）”。开创了格律体的新诗流派，影响了不少后起诗人。既是站在中西方诗歌的发展高度而提的一个概括性纲领，也是给中国新诗探索指出了一个明确的目标。《诗的格律》是建立在《律诗节奏的研究》和《律诗底研究》基础之上的一篇成熟论文。①

（二）理论付诸实践的实验

1928年上海新月书店出版了闻一多的第2部诗集《死水》，收入诗歌28首。这些诗歌表现了闻一多诗歌由浪漫主义转向象征主义，诗歌口语化、戏剧化特征增强，诗歌力图实践闻一多的“三美”理想，并扩大了诗歌表现的内容，从早期《红烛》对于理想爱情的想象，中国古典文化的憧憬而转向对现实的关注(《死水》、《发现》)，对中国普通百姓的同情(《罪过》、《飞毛腿》、《天安门》)，对于西方不平等态度的愤慨(《洗衣歌》)，对中华文化、中华民族的赞美(《一个观念》、《祈祷》、《一句话》)以及对生命意识的探讨(《末日》)，其中《死水》和《发现》等诗代表了闻一多诗歌的最高成就。

苏雪林于1934年在《现代》杂志发表《闻一多的诗》，评论

① 有关这部分内容，请参看拙著《闻一多诗学论》的“格律论”，广西师范大学出版社2000年版。

到“有一位抱着杜甫‘语不惊人死不休’和‘颇学阴何苦用心’作新诗的诗人，使读者改变了轻视新诗的看法，那便是闻一多”，说他的诗是用气力做，完全是本色的，字句锻炼精工、意志的幽窈深细，与《红烛》相比，技巧有“惊人的进步”，到了“炉火纯青”之候，是一部“标准的诗歌”。①

此外，闻一多还与叶公超合译《近代英美诗选》，以翻译郝斯曼与白朗宁夫人诗为最多，借翻译《白朗宁夫人的情诗》向文学界推出“商籁体”。对于这一举动，徐志摩认为“一多这次试验也不是轻率的”，将引起“文学界对于新诗体的注意”。② 朱自清也给予过肯定：闻一多是“第一个使人注意‘商籁体’的人”。③

（三）参与新月活动，培植新月诗人

新月社本是一个松散自由的组织，闻一多加入后，与徐志摩一起成为核心人物。先是在徐志摩主编的《晨报·诗镌》发表论文，1928 年与同仁一道成立新月书局，创刊的《新月》上闻一多是主要作者，从第一卷第一号到第八号都有他创作或翻译的诗歌，还发表了《杜甫》传记。正应了他曾经在美国留学时所说的，要有一个刊物，并领导潮流。闻一多在新月社确实起到了诗歌领袖的作用。

为了造成更大影响，闻一多与徐志摩互相呼应。当闻一多提出“诗的格律”并践于行，徐志摩立即响应，在《猛虎集·序》中说“我的笔本是最不受羁勒的一匹野马，看到了一多谨严作品我方才憧憬到我自己的野性。”④ 闻一多还培养了新月四子”：朱湘（子沅）、饶孟侃（子离）、杨世恩（子惠）、刘梦苇（子潜）等。他们合办《晨报·诗镌》，在《新月》上，朱湘与饶孟侃成为创作主

① 苏雪林：《闻一多的诗》，《现代》第 4 卷 3 期，1934 年。

② 徐志摩：《白朗宁夫人的情诗》，《新月》第 1 卷第 2 号，1929 年。

③ 朱自清：《诗的形式》，《朱自清全集》第 2 卷，江苏教育出版社 1996 年版，第 397 页。

④ 徐志摩：《猛虎集·序》，新月书店 1931 年版。

力，饶孟侃继续闻一多的译诗事业。陈梦家也是闻一多一手提携出来的诗人，为后期新月顶梁柱，编选出版了《新月诗选》。

参与新月社活动的闻一多，由于提出诗歌的“三美”理论，率先领头进行诗歌的格律化尝试并因成熟的《死水》而得以走进中国现代文学史。

三、西南联大诗歌群：中年意识与人文关怀

1931年，徐志摩去世后，新月社的凝聚力随之减弱。身为大学教授的闻一多在很长一段时间从事于中国古典文学研究，开设英美诗歌课，创作与诗歌评论渐少。抗日战争爆发后，西南联大的成立给闻一多提供了再次与诗歌社团互相影响的机会。

据闻一多的学生回忆，1938年2月，闻一多与同赴昆明的师生一起从长沙出发，步行入滇，途中就有同学商量到昆明成立诗社①，将请闻一多担任导师。这就是西南联大的南湖诗社。诗社1938年4月在蒙自诞生，闻一多指导其中一学生刘兆吉采集民间歌谣，与学生论诗，并鼓励学生说，年轻人的诗比他的诗歌要写得好。南湖社的成员多达二十多人，有中文系的刘绶松，外文系的赵瑞蕻、查良铮等人。1938年暑期，因为该诗社迁回昆明，改名为高原文艺社，后来又有群社和冬青社成立。②

西南联大还有一个诗社出现在何达的回忆中。在当时身为学生的何达回忆录《闻一多·新诗社·西南联大》中谈到闻一多谈论田间的诗，指出中国的诗歌由节奏到旋律，而现在需要鼓点的诗，应该在现代化的剧场中，光线开始很暗，逐渐变亮，然后变红，戏院的温度，由冷而热，让人发汗，银幕上有个人头，伴着时强时弱的鼓声，朗诵田间的诗。他强调时代与诗歌的关系，民族危机的时

① 闻黎明、侯菊坤：《闻一多年谱长编》，湖北人民出版社1994年版，第527页。

② 姚丹：《西南联大历史情境中的文学活动》，广西师范大学出版社2000年版。

代，是需要“鼓手的时代”。受闻一多的感染，何达写了一篇《擂鼓的诗人和听鼓的诗人》，闻一多后来也写了《擂鼓的诗人》，宣扬田间的诗。因为闻一多的热情和诗的力量感召了何达，他找到志趣相同的同学，成立新诗社，请闻一多作指导教师。何达自己也写出了短句组成的节奏感强的诗篇。直到1946年，西南联大结束了在昆明的历史，闻一多在诗社话别会时，还说到，他与新诗社的关系是“肉血不可分”的。

一个叫沈季平的学生，因崇拜闻一多，改名为闻山，他在《闻一多导师和西南联大新诗社》① 中回忆，闻一多曾参与制订学生的新诗社纲领：

> 一、我们把诗当作生命，不是玩物；当作工作，不是享受；当作献礼，不是商品。
>
> 二、我们反对一切颓废晦涩的自私的诗；追求健康的爽朗的集体的诗。
>
> 三、我们认为生活的道路，就是创作的道路；民主的前途，就是诗歌的前途。
>
> 四、我们之间是坦白的、直率的、团结的、友爱的。

可以看出20世纪40年代的闻一多重新确立了诗歌的价值。他的新诗论中，明显吸收了来自延安的精神，如集体主义、民主前途等。如果说闻一多在新月时期对诗歌的外在形式进行了较多的关注，在40年代，他更注意诗歌表现的内容。这一诗歌观念转向，是闻一多对复古和西渐立场的抛弃。他立足于现实，对诗歌本体重新审视，确立了时代性的诗歌观念。

在西南联大时期，闻一多作为教师，给学生的具体指导有：

1. 挑选当下颇受欢迎的诗人诗作，引导学生品诗。在学生开展的诗歌讨论会上，闻一多给学生们介绍品鉴艾青、田间等人的

① 闻山：《闻一多导师和西南联大新诗社》，《中华读书报》2007年11月14日。

诗。他借评田间的诗向学生们鼓动只有鼓的情绪，才能给人生活欲，“鼓舞你爱，鼓动你恨，鼓励你活着，用最高限度的热与力活着。”①

2. 为学生诗集作序，提出自己的诗学观。闻一多在给诗社学生刘吉兆编选的《西南采风录》作序中歌颂诗歌的原动力，人的血性，“我们试验自己血中是否还有着那只狰狞的动物”。② 闻一多为薛成之的《仙人掌》作的序中谈到诗歌的变化：“二十年前，我曾替温柔敦厚担心，还怕它会绝迹呢！现在变了。这个时代一个特点是诗的题材注意农民、工人、兵士及贫苦的人民。”③

3. 继续撰写诗学论文，阐述自己的诗学变化。在《诗与批评》中闻一多批评陶渊明与谢灵运诗歌中充满了个人主义，他表示自己重视诗的社会价值，“诗是社会的产物。若不是于社会有用的工具，社会是不要他的”，提出“诗人从个人的圈子走出来，从小我而走向大我”。④ 他还强调文学与现实的关系，“中国新文艺应该彻底尽到它反映现实的任务”⑤，诗要参加现实斗争。

4. 编选《现代诗钞》。因为闻一多认为诗是与时代共同呼吸的，要以价值论诗，所以他提出需要懂得人生、懂得效率、价值的批评家来编选诗本。为了实践这一理念，专业从事中国古典文学教学和研究，业余指导学生诗歌创作的闻一多，于20世纪40年代中期编选了一部中国现代新诗选集《现代诗钞》。他选定65个诗人的诗歌，过目49位诗人，包括部分未名诗人的诗集。在待访录中

---

① 闻一多：《时代的鼓手》，《闻一多全集》第2卷，湖北人民出版社1993年版，第201页。

② 闻一多：《西南采风录·序》，《闻一多全集》第2卷，湖北人民出版社1993年版，第196页。

③ 闻黎明、侯菊坤：《闻一多年谱长编》，湖北人民出版社1994年版，第784页。

④ 闻一多：《诗与批评》，《闻一多全集》第2卷，湖北人民出版社1993年版，第221页。

⑤ 闻一多：《五四与中国新文艺》，《闻一多全集》第2卷，湖北人民出版社1993年版，第231页。

还可看到，从胡适的《尝试集》到施蛰存的诗集预告，七月派诗人的多本诗集，选集、专刊等，都在他的视阈内，见出搜罗之广。《现代诗钞》中被选入的西南联大学生有九位，即王佐良、穆旦、罗寄一、杨周翰、何达、沈季平、陈时、俞铭传等，其中穆旦被选入的就有11首。

20世纪40年代处于民族危亡时期，很多诗人学者在思想和行动上发生了转变。冯至从对个人爱情或神话的描写，转向了对知识分子面对现实态度的思考，为文坛奉献了《十四行集》。卞之琳的诗歌从对宇宙、命运的思索，个人内心的感悟，转向对前方战场和人物的描写。此时，闻一多决定不做“何妨一下楼”主人，走下楼，向学生们指出诗要与人民结合在一起。在生命的困境中，闻一多没有选择逆来顺受，也没有遗世独立，凛然面对恐吓的枪口，大声呼吁“前脚跨出大门，后脚就不准备再跨进大门”，用自己的身躯，对中国诗歌进行取义成仁式的个人行动书写。

从诗歌的时代性、地域性关注开始，到对诗歌形式的探究，思考战争期间人民与诗歌的关系，并因对中国文化、中华民族习性的谙熟，使闻一多更加关注诗歌的原生态和人民性。在多元的诗歌环境中，闻一多表现出艺术上相对保守，思想上相对进步。他与新诗社团共同成长。

四、诗人学者对文学社团的影响

文学社团是文学史的组成部分，在中国现代文学史上，社团形成与离散的原因、社团的风格及成员的成就，常成为社团研究的中心。社团对于个人的促进作用，社团组织者与导师对成员的影响的研究还有待深入。

美国文化评论家保罗·福塞尔在《恶俗》① 中谈到过诸多的恶俗诗歌现象：一个没有多少文学才能的人，想获取诗歌的“特

① ［美］保罗·福塞尔：《恶俗》，何纵译，中央编译出版社2000年版。

权与荣耀”，采用的办法是制造一个富于轰动性的色情的开头，或是按顺序把各种不相关的名目列在一起，称自己是一位超现实主义者；或是设计无法解读的诗，让文盲肃然起敬。其中，他还谈到有一类恶俗的诗人——最大的心愿就是成为某个团体的成员，往身上贴标签，以此成名。

闻一多不是此类诗人。他生命中的三个时期1912—1923年，1925—1932年，1938—1946年，跨越了中国现代历史的三十余年，三次与中国诗歌社团发生联系。第一次，青少年时期的闻一多，由诗歌讨论而进入到中国现代诗歌的命运思考当中来。第二次，作为一个学习艺术，同时见习了西方艺术，又渴望保存中国文化传统的闻一多，实现了诗歌观念上中西合璧的设想。第三次，步入学途，作为一个中年教师，生逢乱世，闻一多有意识地表现出中国知识分子的强烈责任感。或许我们今天会认为他的一些诗学观点看上去并不成熟，甚至是美学上的大倒退。但是，在民族危机的历史环境中，一个文人，强调民族意识，强调顽强的生命力，或许是美学上的暂时倒退，然而更彰显出由生命意识所激发的自卫能力，具有历史性意义。由清华文学社、新月社的领袖型人物，到学生的诗歌导师，闻一多在现代文学史上产生的作用不是他的诗集《红烛》、《死水》和论文《诗的格律》所能够概括的。文学社团成就了他，他也促进了社团的发展。

闻一多所提出的“诗的格律”与他的社团经历无不相关。在清华文学社时参与的诗歌创作和讨论，启发了闻一多从另外角度提出新诗创作的新手段。在有着强烈二元对立色彩的五四思维模式中，闻一多提供了第三条道路：既非全盘继承，也非全盘西化，而是在汉语写作的基础上，借鉴西方和中国古代诗歌的格律、节奏，创作中国新诗。这一个观点到新月时期时，与同仁、弟子不断探究而最终出炉，成为他和新月诗社的重要诗观，在中国诗学理论发展史上已不可忽略。

文学社团是文化精神显现的知识场域。闻一多参与社团活动，体现出一种极强的集体意识，这使他能跨入时代潮流，和同学一起探索中国诗歌改革的步骤及方向。他的身上，还散发出浓郁的精英意识，这跟他敏锐洞察诗歌发展方向的能力有关。革新意识是促使他积极投入诗歌文体的创造当中的动力。集体意识、精英意识、革新意识都是文化精神的具体表现，这样一种文化精神足以使一个文人在众多的创作者中脱颖而出。

闻一多的社团经历也让我们认识到：文学社团，与文学成员处在一个共生的状态。一个积极的成员，有追求有创意的成员，给文学社团以强烈的号召力，给文学社团灌注强盛的生命力。社团因他存在，他因社团留名久远。

闻一多与民族原生态歌舞首演

李光荣
（西南民族大学）

1946年，一台别开生面的彝族民间原生态歌舞晚会在昆明举办，观众潮涌，好评连连，春城为之轰动。这次演出开创了彝族歌舞和原生态歌舞登上现代舞台公演的历史。如今，民族民间文艺被艺术家看做创作的源泉，原生态歌舞成为现代文艺的一个分支被广泛开发，而其源泉却在这台名为“彝族音乐舞踊会”的歌舞晚会。而由这台晚会引出的民族宣传，保护民族艺术的呼吁，改善民族生活的主张和“各民族是一家”的思想，成为时代的先声，引导了我国民族意识的发展。那么，这台歌舞是如何组织的？演出的情况怎样？其价值和意义何在？本文将做出历史的梳理和概括的回答。

一、策划：昆明文艺界全体总动员

1945年暑假，基督教青年会学生服务处组织“暑期服务队”，去石林县圭山一带宣传抗日。服务队从西南联大、云南大学和一些中学挑选人员，由侯澄、王松声、毕恒光、杨邦祺、陈月开、吴大年、李美全、陈彰远、陈端芬、杜精南等15名同学组成。侯澄是云南大学学生会主席，有工作经验，又是云南人，对地方情况比较熟悉，任领队。王松声是西南联大学生自治会常委①，剧艺社负责

① 西南联大学生自治会仿照西南联大体制，设三名常委轮流主持工作，不设主席。

人之一，曾几次参加暑期服务队，富有工作经验，协助领队工作。毕恒光在金江中学读书，是圭山彝族同胞，兼任向导。服务队到圭山后，住在海邑天主教堂，面向周围十几个村子开展工作。他们看到，彝族人民的生活极其艰苦，但歌舞却相当丰富。每到晚上，男女青年便聚在公房内外唱歌跳舞，快乐得很。艺术敏感和鉴赏力很强的王松声，从歌舞中看出了彝族青年丰富的内心世界，意识到歌舞中潜藏着巨大的艺术魅力，联想到都市舞台上的颓靡之风，便产生了把它们搬到昆明去演出的想法。他把想法告诉毕恒光，原来毕恒光早有此意，他还想利用演出筹集一笔贫寒学生的资助金。他俩不谋而合，大为高兴。之后，他俩进一步商讨了计划，并和侯澄等同学作商量，大家都认为非常好。但此举重大，需要进一步论证。为了决策，王松声邀请正在昆明筹办“中华舞蹈研究会”演出活动的舞蹈家梁伦到圭山考察。梁伦一接触彝族歌舞就被《阿细跳月》等吸引，并且意识到这些歌舞“具有强大的生命力和丰富的内涵”①，值得向人们介绍。王松声和毕恒光对演出的成功更有把握了。等服务队完成任务回昆明后，抗战取得了胜利，形势发生了巨大的变化。大家忙于其他事，组织彝族歌舞演出的事便搁置了下来。

1946年春的一天，毕恒光去找王松声再谈此事。他俩认为现在的形势可以举办彝族歌舞演出了。但此举需要巨大的人力、物力、财力和社会各方面的支持方能实现，而他们又没有组织经验。王松声想起德高望重，号召大家“向人民学习”② 的剧艺社导师闻一多，便带着毕恒光去找他作指导。闻一多静静地听了他们的谈话，心中很是高兴。原来，闻一多对彝族歌舞已有观感。那是1945年2月中旬，西南联大悠悠体育会组织师生去石林旅游，闻一多应邀参加。一天晚上，在石林附近的一个村庄，旅游团与彝族

① 梁伦：《〈阿细跳月〉的魅力》，《舞蹈》2005年第1期。参见梁伦：《山城看彝舞》，《彝族音乐舞踊会专号》，1946年5月。

② 闻一多为酝酿筹备的西南联大“艺联”的题词，见王景山：《闻一多先生的题词》，《北京大学校刊》第442期，1986年7月。

青年联欢，彝族青年表演“大三弦”、“跳月”等歌舞，节目演出过后，大家围着篝火跳舞，欢快异常，一直跳到深夜。当年还是小女孩的同游者宗璞，50年后仍记得：“学生们在尾则小学的操场上围成大圈子，学跳阿细舞，唱歌、朗诵诗，闻先生还站在操场边的石埂上讲了话。”① 旅游团回到昆明后，曾在一次周末晚会上专门介绍路南②，《云南晚报》曾预报：“明晚周末晚会举行‘路南介绍’，由闻一多教授讲‘夷胞生活’，并由男女同学八人表演夷胞歌舞。”③ 由于闻一多对彝族音乐和舞蹈早有认识，听完王松声和毕恒光的设想后极为赞同，并说要把准备工作做得充分些。接着，王松声和毕恒光又去向音乐家赵沨和舞蹈家梁伦请教，“他们都说：好！”④ 闻一多建议他们先赴石林组织节目，经过商量，决定由梁伦和王松声、毕恒光三人前往，挑选演员，确定演出内容并做初步排练，写好解说词，而后带演出队到昆明来。

王松声他们三人骑马在圭山的村子里转了十来天，挑选了何文龙、赵国辅、曾鸿文、李正兴、王兰珍、毕文兰、毕文英、毕如芬等三十多个演员，以西南联大学生自治会的名义邀请他们来昆明演出。来前，先集中于路南集训，确定了节目，分配了演员，并进行初步排练。梁伦负责歌舞的编排和演员的训练，王松声负责写解说词。经过十来天的工作，节目在梁伦的指导下初步定型，编排也大致停当，王松声则写出了介绍彝族生活、历史和演出节目的解说词。彝族青年则发扬吃苦耐劳的品质，克服种种困难，努力训练，初步掌握了演出角色的基本要求，明确了舞台表演的基本要领，形成了团队意识。而后，他们背着行李步行数十里来到宜良狗街，乘火车赶赴昆明。

而在昆明这一边，闻一多发动西南联大剧艺社的同学，一方面

---

① 见先燕云：《三千里地九霄云——宗璞与云南》，云南教育出版社2000年版，第31页。

② 路南县即今石林县。

③ 《周末晚会介绍路南》，《云南晚报》1945年3月1日。

④ 王松声：《关于西南联大剧艺社的一些情况》，“一二·一”运动史编写组编：《“一二·一”运动史料选编》，云南人民出版社1980年版。

广泛征求文化界人士的意见，得到了声誉上的支持，一方面联络各方，解决了队伍来昆明演出的许多具体问题。例如，通过西南联大学生自治会，发动一些同学，从学校发给的北返路费中分出一部分借给彝族青年①，解决了他们来昆明的路费；通过师范学院查良钊院长，解决了演出队伍的吃住问题；通过剧艺社和新中国剧社，解决了演出所需的全部设备；通过国民党省党部，解决了演出场所。尤其是组成了一支强大的演出举办队伍，构成了前所未有的支持力量和艺术指导团体，其中演出赞助人 17 位，均为昆明政界、学界、文化界、教育界的头面人物，艺术顾问 31 位，皆是昆明艺术界的权威、领军者，难怪当时的广告词里有这样的话："是全昆明社会贤达的赞助，是文学艺术界的总动员!"② 昆明《学生报》也说：演出"集全昆明艺术界于一堂"了。③ 有这样的支持力量，一方面显示了闻一多的号召力和工作成绩，另一方面说明了当时昆明各界对这次开创历史的壮举的看重，再一方面凸显了彝族原生态歌舞演出的影响力。

在王松声、梁伦和毕恒光的带领下，30 多人的演出队于 1946 年 5 月 17 日到达昆明。西南联大以极大的热情欢迎他们，让他们住在师范学院学生宿舍，并在学生膳食团用餐。演员稍事休整，又投入了排练。排练中，剧艺社和新中国剧社给予了多方帮助和指导，使节目更加统一完整。19 日晚，演出队举行内部演出，招待艺术、文化、教育、新闻、政府等各界人士和西南联大师生，三千多人出席观看，演出中不时爆发出热烈的掌声和惊叹赞美声，反响强烈。招待演出之后，彝族歌舞即将公演的消息不胫而走，人们相互传告，打听演出消息，盼望早些看到节目。

而在演出队这一边，仍在做着精益求精的准备工作。当晚的招待演出之后，立即举行了艺术顾问团会议。会上，闻一多、费孝通

① 当时西南联大已宣布结束，北大、清华、南开三校师生开始返回北京和天津。

② 《云南日报》1945 年 5 月 24 日，《正义报》1945 年 5 月 25 日等。

③ 《学生报》第 17 期，1946 年 5 月 26 日。

等先生提出了许多宝贵意见，大家一致认为，节目还需要提炼，为此，会议决议在顾问团的基础上成立编导团，并推举闻一多、费孝通、查良钊、楚图南、尚钺诸先生为顾问，赵沨、梁伦、王松声、温功智、徐树元、聂运华、郭良夫、萧荻等为编导、音乐、舞蹈、朗诵、舞台等小组负责人。舞台演出不同于广场歌舞或篝火晚会，是在有限的时间和空间里展示预演的内容，没有随意性和散漫性，要求节目紧凑、统一、固定，节奏和情绪要有变化和发展，要不断推向高潮。为达到演出的最佳效果，编导团认为，节目还需要动大手术。经过研究，编导团确定了编排方案。接着在编导团的指导下，一方面对演出的整台节目再做了编排组合，使内容更加集中因而更具有整体性，另一方面对具体节目也做了修改加工，使其内容更加简洁，艺术表现更为精彩。再经过全体演员的共同努力，一台充满魅力的歌舞晚会呼之欲出了。

二、演出：彝族歌舞轰动春城

在人们的企盼中，这台盛大的“彝族音乐舞踊会”，终于以“云南圭山区彝族旅省学会主办”的名义，定于5月24日晚在云南省党部礼堂公演。消息传开，售票处排成长龙，团体定票接连不断，出现一票难求的局面。演出未开始就能吸引众多的观众，这与闻一多策划把昆明各界头面人物尤其是艺术名家组织起来指导演出有关，与歌舞团19日的招待晚会有关，但更主要的是这台歌舞的特异性及其艺术特色的魅力。

其魅力首先是民族的和民间的，演出的节目全部是带着彝族山野气息的民间歌舞，演员全部是彝族农民，用今天的话说，是一台纯粹的民族原生态歌舞。其次是别样的，城市里虽然不乏中外歌舞精品，但盛行的却是颓靡艺术，以致“在金碧辉煌的城市里，小市民们只会（看看）玩弄风情的大腿舞，听听低级趣味的爵士乐”①，缺乏健康的有生命力的艺术供人欣赏。彝族音乐舞蹈迥异

① 梁伦：《山城看彝舞》，《彝族音乐舞踊会专号》，1946年5月。

于此，值得观赏。再次是精彩的。几天以来，人们都在谈论彝族歌舞演出的事：那是异乎寻常的风格特色！在这种信息的鼓动下，当然要先睹为快了。而看过招待演出的人，还想再看。于是乎一开始演出座券就供不应求。

由于当时没有留下音像资料，今天已无法知晓舞台演出的情形。笔者经过数年的研究和考证，基本弄清了演出的概况：

这台“彝族音乐舞蹈会”共演出30多个节目，除《序幕》和《尾声》外，分为六章。《序幕》介绍彝族的历史和现状。第一章《战争与和平》是撒尼的舞蹈，有《跳鳞甲》、《跳叉》和《跳鼓》等。这是一组表现战争的舞蹈，勇武豪迈，气势雄壮。第二章《追慕，感激，永生》是苗族的舞蹈①，表达对于阵亡英雄的哀悼，有《芦笙舞》、《青鸟的故事》等。第三章《生活的乐趣》是白彝的舞蹈，有《拜堂乐》、《猴子掰包谷》、《鸽子渡食》、《架子骡》、《鹭鸶伸脚》、《一窝蜂》、《大箫》、《老人家》等。第四章《上帝的喜悦》是一组娱神舞蹈。有《摔跤舞》、《跳狮》和《霸王鞭》。第五章《唱出了生活和历史》把《阿细的先基》等十一首音乐即十一个节目组合在一起，即今“民歌联唱”或“器乐联奏”一类，为各族演员先后演出。第六章《流露着坦白的真情》包括撒尼的《公房》，白彝的《三串花》和阿细的《跳月》，这是一组爱情的诗章，优美、缠绵而又热烈、健康，“会使观众呼吸和脉搏都感到窒息”。② 《尾声》中演员分民族或系别列队上场，走到前台亮相而后列队于后台，欢送观众。整台节目以“中华民族本是一家人”为主题贯穿在一起，节目与节目之间用朗诵词连接转折，形成节奏由强烈到舒缓，气氛由紧张到轻松，美感由崇高到优美的演进过程。

难怪当时有这样的评论和报道：“锣鼓笙箫齐奏，原始服装出

---

① 赴昆明演出的都是居住在圭山一带的“撒尼、阿细、摆彝、花苗”四种人。那时民族划分不太规范，把他们统称为彝族了。“摆彝”今作白彝。撒尼、阿细、白彝是彝族的支系。“花苗”即今苗族。

② 《几个节目的说明》，《彝族音乐舞蹈会专号》，1946年5月。

场，这些才是真正的舞踊呵！充满着原始风味，充满着生命活力，充满着粗犷，充满着爱情，充满着生的挣扎，充满着死的哀伤，充满着人间的酸辛和痛苦，充满着世上的喜怒与哀乐。有血，有肉，有骨！有色，有声，有泪。惊坏了一些大学教授和文化团体的台柱们，不得不为之捧场，惊坏了太太小姐和享乐的大人先生们，也不由己地为之鼓掌！"① "全场观众感谢彝胞之朴实纯真艺术，啧啧称美，每一节目终了掌声四起，情绪的热烈虽至终场并未消减，对每一节目前之朗诵及开幕前彝胞青年之演讲强调彝汉一家，为建立民主中国政治彝汉更须携手努力，加深彼此间的认识诸点，全体观众更作亲切热烈之掌声。"②

演出的轰动引起了国民党当局的警觉。几天后，国民党云南省党部便下令禁演，理由是"演出受共产党利用"。禁令下达，大家很着急，王松声、侯澄、毕恒光又去找闻一多。闻一多出了一条绝妙的主意：找张冲。张冲是彝族将领、滇军元老、台儿庄大战名将，威望极高。张冲听后说声"这还了得，走！"拿起手杖就去找省党部书记长，问他："演得好好的，为什么不让演了？"书记长回答："这里面有共产党操纵。"张冲说："你说因有共产党操纵不让演，他们回到圭山就会说：共产党帮助我们演，国民党禁止我们演。使本党失去民心，这个责任你负得起？"③ 书记长无以辩驳，只好同意演出。但他提出三个条件：撤换朗诵的共产党员，不准在场内卖《学生报》、《民主周刊》等，对彝族演员训一次话。第二天，书记长来给演员训话。他一面假惺惺地表示对演出的支持，一面大骂共产党。演员听不懂汉语，他听不懂彝语。翻译毕恒光便将当局如何禁止演出的真相揭露了出来，训话的效果适得其反。此后，演员演出更加努力，演出效果越来越好。

---

① 李尚彬：《圭山彝胞舞踊观后感》，《民意日报》1946年5月26日。

② 《圭山舞踊会盛况空前　今日起续演六日》，《云南日报》1946年5月25日。

③ 转引自王松声、李凌：《闻一多和戏剧》，赵慧编：《回忆纪念闻一多》，武汉出版社1999年版。

关于节目的不足，当时的文章也以不同的方式表达了出来，主要是简单、粗糙。的确，预演后的集训只有三天，三天的提升无论如何也不能达到精致。但就是在这些简单、粗糙的形式中，包含着朴素、单纯的美感，天真、快乐的心灵，健康、向上的格调和生命力强健的信息。

演出势头日旺，观众潮涌不断，一日两场，场场爆满，长演下去，不仅社会效益更大，经济效益也将更为可观。可是，生活的压迫还是弄得演员焦急不安："田快插秧了，老不回去将来吃什么?""田里的水快放了，谁去放呢?"① 一连串的问题逼得他们去留难决，有的女演员急得哭了。于是演出不得不停止。

6月3日，昆明文化界在西南联大师范学院举行欢送彝族演员联欢晚会，三千多人出席。联欢会上，昆华女中合唱团以一曲《天鹅之歌》拉开序幕，云南大学剧社演出迤西方言剧《放下枪》，新中国剧社演出《朱大嫂送鸡蛋》，中华小学演出舞蹈《今天是我们的新天地》，李嘉玲用昆明小调唱欢送彝族演员的歌曲。② 彝族青年则演出情歌对唱，舞起《阿细跳月》……观众的掌声一浪高过一浪。最后，大家围着篝火跳起《阿细跳月》，欢乐的乐曲和吼声响彻夜空……临近午夜12点，主席不得不宣布晚会结束。而那真挚的友谊和惜别的深情却长留在大家心中。

第二天，彝族青年带着轰动一城的演出成绩，带着昆明文艺界的嘱托，带着春城人民的友谊，带着西南联大的热情，同时也带着10天的演出收入，乘火车返回了家乡。

三、意义：开创历史与启迪未来

这台歌舞演出的历史意义和影响是巨大的，我们可以把它概括为展示、宣传、认识、启迪、开创五个关键词。下面将依序论述。

---

① 转引自《他们来了》，《彝族音乐舞踊会专号》，1946年5月。

② 西南联大于5月4日结束，大多数文艺骨干已离开昆明，留下的也在做启程准备，故联欢晚会上西南联大没有出节目。

1. 展示

这台晚会展示了丰富多彩的彝族歌舞和彝族服饰。圭山彝族是什么样，他们的穿着服饰如何？大多数城里人从未见过。演出一开始就安排了别开生面的彝族姑娘服装展示：四种身着自己民族服装的演员分别列队在舞台上走动，根据需要做出潇洒而又各样的展示动作，解说员从头巾到鞋子都作了解释，观众看得清楚，听得真切，展示的艺术效果非常显著。

而更重要的是通过这些歌舞和服装展示了彝族人民的精神面貌和创造能力。艺术反映生活，同时也是人类心灵的表现。彝族歌舞反映出彝族人民生活的简单、粗劣和艰辛，可他们的心灵却是善良、纯洁、健康、向上的，他们朴实谦逊、团结和谐、诚实守信、忍让互助，较少心理重负，精神轻松而丰饶，尤其是他们能够在贫乏的物质生活基础上，创造出丰富多彩的艺术，把生活装点得光辉灿烂，滋味丰厚。因此，彝族是一个有能力，善创造，富于生命力的优秀民族。这次展示是彝族历史上的第一次，是值得演员们引以为豪的开创历史的壮举！

2. 宣传

演出本身即是宣传，它还可能带动其他方面的宣传。这台晚会就引出了彝族生活、历史、文化的广泛宣传。此前，报纸杂志有过对于彝族的宣传介绍，但都是零星的。像这样促使一个城市的多家报刊同时集中报道一个地区一个民族的情况，不仅在昆明是第一次，恐怕在全国也无先例。这里以《彝族音乐舞踊会专号》为例①，看看当时宣传的几个主要方面：

第一，圭山彝胞的物质生活非常困苦。赵沨说他去圭山，“沿途上看到的尽是荒山……那真是贫穷的地方”。张域说：“他们从天亮苦到天黑，从年初忙到年尾，所得的报酬仍不够温饱。地上的

① 为篇幅计，所引《彝族音乐舞踊会专号》上的文字，均指明作者，不再作注。

收入，有些全部拿去上粮还不敷，赶街子卖烧柴所得的价钱就只够把门户钱交清……”史靖见到的是：“那安静得可以逃避现实的环境，却充满了忧郁苦愁的瘦脸，那一大群忠厚的男女，却整日陷于魔鬼罪恶的围攻中……”

第二，圭山彝胞的精神生活非常丰富。梁伦说“这几乎被遗忘了的少数民族，生活即使简陋到了极点，但他们的艺术生活，他们的内心的生命，却比住在大城市的汉人丰饶得多了。”吴粱海著专文介绍撒尼姑娘：撒尼姑娘的“生活是极端艰苦的，但从某种角度看来，又极富于诗意！在记忆里，和撒尼姑娘分不开的，是嘹亮的歌声，是诱人的‘夜雨’，尤其是男女青年间无拘无束的浪漫生活。”

第三，彝族的历史是被驱赶的历史。舞台朗诵词说“撒尼、阿细以及很多其他的民族大半都是我们中原的先民和在边区的土著”，汉人“凭他们武器的优越，一步一步地逼他们上山，把他们本来在坝子里的土地占了”。史靖经过田野调查说：“从传说和记忆里，他们相信山外的世界本来是属于彝族的土地。”这些话充满了汉人对于祖先土地争夺战的自责，虽然他们无需对战争负责。所以，尚钺提出“大汉族主义”并对此加以谴责。

第四，彝族具有多种美德。史靖说：“他们依然没有失去纯洁与天真，还保留着许多善良的风习：诚实、守信、纯朴、互助与和谐。”舞台朗诵词说：“别把他们的热情看作毒蛇猛兽。他们是这般天真，快乐：他们或者不知道拘束文明人的繁文缛节，但比我们更懂得爱情。”张域的田野考察说：“我们在村子里找不到赋闲堕落不从事生产的人，看不见一个讨饭的乞丐。”

这些宣传均为作者的自由言论。因此，反映了当时进步知识分子较为一致的思想和态度。

3. 认识

如果说以上宣传的内容是演出节目以外的东西，那么认识则是由演出内容引发的思想和态度。

中华民族是一家，是这次演出的第一个重要思想。上文说过它是这台演出的主题。这一思想最初是王松声赋予的，一年前，“暑期服务队”进圭山后，王松声就编了一出剧《彝汉一家》排演，此次的演出“解说词”也是他起草的。后来这一思想成为编导团的共识。但是，这不仅仅属于他们，当时的许多文章都体现了这一思想，“彝胞”一词在报刊上随处可见。

对民族艺术的肯定，是这次演出的第二个思想认识。看了这台演出的节目，人们不仅认识到彝族有着丰富多彩的音乐舞蹈，而且对这些下里巴人的艺术给予肯定和赞扬。闻一多题词道：“从这些艺术形象中，我们认识了这民族的无限丰富的生命力。”楚图南称赞说：“那是劳动民族的健壮的乐歌和舞踊。”尚钺兴奋地说：“中华民族的灵魂不表现在历代封建地主病态的雍容大雅的繁琐礼仪中，却表现在许多边地彝族同胞的社会意识中。”杨一波认为：“这种音乐艺术的普遍与深入，实在是他们生活的要素，生命力的源泉，有了它，生活得到了寄托，疲劳得以恢复，苦闷得以解脱，精神生活加了营养，希望得到了鼓舞。”丹虹肯定道：“这种音乐才是健康而年轻的人民的声音。”① 这种年轻生命发出的声音，足以证明中华民族的活力，所以费孝通说：“粗大的歌声，健壮的动作，使你兴奋，使你自信。中国民族何尝衰老，还是刚在茁芽。”

感谢彝族保存了中华文化并提出保护民族艺术的问题，是这次演出的第三个思想贡献。由于中华民族本是一家，各民族中都可能存有中华传统文化的因素。可是，“汉族这个大哥，当我们和我们的兄弟分家之后，太粗心大意，把家传的宝贝，民间的歌曲和舞踊，不经心地丢了”。彝族兄弟却把它保存了下来，并精心培育，使其发扬光大。所以，要感谢彝族对中华传统艺术的保存。可是，当时彝族的生存条件，要保存这些艺术已经困难了。若要使其能够继续保持，第一要提高彝族的生活水平，第二要扶持歌舞的发展，而最根本的是要实现民主政治。尚钺说：“欲保存中国还残存的一点真正的国粹，唯一的道路，只有实行民主。”楚图南说：“看了这样的乐歌和舞踊，令我们想到了现实的中国如何迫切地需要民主

① 丹虹：《关于彝族艺术》，《云南日报》1946年5月25日。

政治的彻底实现。”有人还“建议政府增进彝民教育，加强边疆行政，提高边胞生活，发展边地生产事业”。① 这可以看作当时有识之士的共识。

以上这些思想认识不仅富有创建，而且与民族发展的情形一致，甚至和今天的国家民族政策相符。这是相当了不起的！

4．启迪

思想的产生需要启迪，艺术的创新同样需要启迪。这次彝族歌舞演出给思想和艺术界的启迪是多方面的。上面的论述已部分涉及这一点，这里再以闻一多写作《〈九歌〉古歌舞剧悬解》（下称《悬解》）作一例证。②

闻一多在策划彝族原生态歌舞演出时，并没有想到这场演出会激发出他改编《九歌》的思想火花。演出结束，他兴奋的宣告：“我多年的愿望实现了！”③

闻一多“一系列研究《楚辞》的论文，提高了一个时代的《楚辞》研究水平”。④ 例如，他“把古书放在古人的生活范畴里去研究，站在民俗学的立场，用历史神话去解释古籍”⑤，从而认为《九歌》是一套完整的宗教歌舞剧，传世的《九歌》实际是楚王祭祀天神东皇太一时演唱的歌词。⑥ 他凭借深厚的戏剧修养，计划把《九歌》“还原”为剧本，让今人了解原本《九歌》。⑦ 多年

---

① 《送别我们的兄弟》，《民意日报》1946年6月14日。

② 本人著有专文《彝族歌舞与闻一多〈“九歌”古歌舞剧悬解〉》，载《民族文学研究》2002年第1期，有意者可阅读拙文。此处为篇幅计，不作详论。

③ 转引自萧荻：《我们应当写闻一多颂》，《闻一多纪念文集》第324页，生活·读书·新知三联书店1980年版。

④ 刘煊：《闻一多评传》，北京大学出版社1983年版，第257页。

⑤ 陈凝：《闻一多传》，民享出版社1947年版，第3页。

⑥ 见闻一多：《东皇太一考》、《司命考》等文，《闻一多全集》第2卷，武汉出版社1993年版。

⑦ 见闻一多：《一个研究纲目》一文，《闻一多全集》第2卷，武汉出版社1993年版。

来，他为“《九歌》剧本”进行了多种构想，如在《〈九歌〉的结构》中有这样一段描写：“代表东皇太一的灵保（神尸）庄严而玄默的坐在广三十步高三十丈‘有文章采镂黼黻之饰’的八觚形的紫坛上，在五音繁会之中，享用着那蕙肴兰藉，桂酒椒浆的盛馔，坛下簇拥着扮演各种神灵及其从属的童男童女，多则三百人，少亦七十人，分为九班，他们依次的走到坛前，或在各自被指定的班位上，舞着唱着，表演着种种程度不同的哀情的以及悲壮的小故事，以‘合好效欢虞太一’。”① 这是论文的语言，可多么像舞台剧本的写作！但闻一多尽管想象丰富，还是构不成完整的剧本。为什么？大概找不到理想的表达方式并缺少创作灵感。是这台彝族原生态歌舞的观看打开了闻一多的想象空间，激发了创作欲望，才在较短的时间内写出了剧本《悬解》，实现了“多年的愿望”。当毕恒光特意去感谢闻一多为彝族歌舞演出所做的工作时，闻一多说：“你们这个民族有丰富的财富，这次你们干得很好，我还向你们学了不少东西哩！”② 闻一多学到的不少东西，恐怕包括着对二千年前的古歌舞剧《九歌》的理解，换言之，是闻一多从彝族歌舞里看到了屈原的《九歌》。根据荣格原型来自种族的进化和遗传的理论，闻一多从彝族歌舞里看到楚人的《九歌》是不奇怪的。这与赵沨、梁伦、费孝通等从中看到中国古代汉族的文艺，尚钺看出西北秧歌的风韵是同样的原理。

那么，闻一多从彝族歌舞中得到了哪些启示呢？首先是整体构思。圭山彝族音乐舞蹈会由一个个小节目组成，而在一个主题下演出。闻一多的《悬解》不仅做到了整体结构完整，同时每一章也是一个完整的小故事。观众从舞蹈会看到的是彝族山寨的风情，《悬解》让人看到的是神界的景象，它们的气氛都是统一的。其次是具体的情景和细节。《悬解》在《国殇》一章中写道：“国人为

① 闻一多：《〈九歌〉的结构》，《闻一多全集》第2卷，武汉出版社1993年版。

② 转引自王松声、李凌：《闻一多和戏剧》，赵慧编：《回忆纪念闻一多》，武汉出版社1999年版。

庆祝胜利并哀悼国殇，手拿着武器和钲鼓，环绕着死者尸体，举行撒尼人跳鼓似的舞踊。”——撒尼欢迎将士凯旋的舞蹈被直接用进了《悬解》。《悬解》大量使用的对唱形式可能来自《阿细的先基》。对唱的形式不仅解决了《悬解》艺术方式的大问题，还启发闻一多在剧中增添了一些出场人物，构造了集体祭祀“虞太一”的场景。当然，闻一多从彝族音乐舞踊会得到的启发是多方面的，也是整体性的，不能作一等一的对应。但这些例子足以说明彝族歌舞启示了闻一多写作《〈九歌〉古歌舞剧悬解》的情况。

5. 开创

这台彝族音乐舞踊会的开创之功是多方面的，上述各点都属于开创之列。这里再集中谈谈对于民族民间歌舞尤其是原生态歌舞演出的开创。

在论说此问题之前，需要先说说戴爱莲的“边疆舞”。1946年3月，戴爱莲在重庆举办“边疆音乐舞踊大会”，节目多为她去四川西北少数民族地区采集的歌舞，主要由她本人或她与别人共同演出，其中有几个节目为该舞原创民族的民间舞手演出，是为少数民族歌舞登上现代舞台和民族原生态歌舞演出的滥觞。但今天所谓“民族民间歌舞晚会”或“民族原生态歌舞演出”，往往指整台晚会都是“民间”或“原生态”的。这种情形只符合“彝族音乐舞踊会”而不符合“边疆音乐舞踊大会”。所以，笔者认为，民族民间歌舞或原生态歌舞的演出始于1946年5月在昆明举办的彝族音乐舞踊会，这台歌舞是民族民间歌舞以整台晚会的形式登上现代大舞台的起始标志。以此为开端，彝族歌舞逐渐走向了全国和世界。让我们看看《阿细跳月》的演出史吧。此次演出后，梁伦把它改编并列为中华舞蹈研究会的保留节目，他去香港后，又把它列入香港中原剧艺社和中国歌舞剧艺社的保留节目，不仅在香港演出，还赴泰国、新加坡、马来西亚等国演出。1950年，由彝族歌舞手担任演员的该舞被选为西南各民族国庆观礼文工团的节目上北京参加国庆一周年献礼演出。经梁伦编导的该舞，1951年被选赴柏林参加世界青年联欢节，接着随中国青年文工团到苏联、波兰、匈牙利和德国演出，1953年再次被选去华沙参加世界青年联欢节演出，1957年又一次被选参加莫斯科世界青年联欢节且获得演出金质奖章。① 1999年，由彝族农民演员在昆明举办的世界园艺博览会上演出。如今，《阿细跳月》已是世人皆知的著名舞蹈了。

当年参加彝族舞踊会的演员全是圭山的少数民族农民青年，演出的全是他们在日常生活中唱和跳的歌舞，乐器是他们平时使用的，连舞台服装都是他们在家中所穿的，所以，彝族音乐舞踊会是一台地地道道、原汁原味的“民族原生态歌舞”。此后，原生态歌舞经过50多年的缓慢发展，到21世纪终于独立于艺坛。2004年，杨丽萍主创的《云南映象》冠名“原生态歌舞集”公演，起用70%的云南少数民族农民演员，演出誉满国内外，从而把“原生态歌舞”一词写入历史，并且“由此带来了一个话语时尚，于是包括民间舞蹈在内的地方特产非‘原生态’不美，一时间‘原生态’如广告语一般流行开来”。② 可以说，原生态歌舞已成为近些年歌舞演出的时尚和热潮，许多省、市、自治区以及地、州、市都有自己的原生态代表作品。与此相应，“原生态”歌舞的提法却遭到了质疑。本文无意参与“原生态”的讨论并为它作出界定，只想说明：原生态一词在今天被广泛的使用，原生态歌舞是21世纪以来演出的热潮，而原生态歌舞晚会的开创却是1946年的昆明彝族音乐舞踊会。

60多年来，社会发生了翻天覆地的变化，但1946年的彝族音乐舞踊会所开创的民族原生态歌舞演出的道路却被后人越走越宽，以至成为今天我国文艺发展的生气勃发的景象。这是令人欣喜的！面对原生态演出大为兴盛的今天，我们不能不感谢当年原生态艺术的开路人闻一多、王松声、毕恒光、梁伦、赵沨、楚图南、尚钺、费孝通、侯澄等先生。

---

① 材料见梁伦：《〈阿细跳月〉的魅力》，《舞蹈》2005年第1期，《路南彝族自治县县志》，云南民族出版社1996年版等文献。

② 刘晓真：《从田野到舞台：中国民族民间舞蹈的道路》，《舞蹈》2008年第12期。

再者，中国自近代以来，无数知识分子致力于文化的民间化工作，其方法一是向民间普及文化，二是吸收民间文化以创造现代文化，五四和“左联”的知识分子还掀起过文化走向民间的运动，但是，由于历史的局限未能实现。抗战以来，知识分子从城市到乡村，在实行文化普及的同时发现了民间文化的价值并加以利用，大大推进了民间化工作。但像彝族音乐舞踊会这样，把旧文人不齿的民族民间歌舞作为整台节目搬上现代舞台，让城里人欣赏接受的，从未有过。因此，演出民族原生态歌舞是现代知识分子在民间化道路上迈出的更大一步，其开拓之功青史流芳。

《九歌古歌舞剧悬解》校勘录

孙玉石

（北京大学）

页	行	《闻一多全集》卷5楚辞编 （湖北人民出版社，1993年版） 据1948年开明书店版《闻一多全集·神话与诗》收入本卷	《闻一多全集》第一册甲集《神话与诗》 （上海开明书店，1948年版）
397	题：	九歌古歌舞剧悬解	题：《九歌》古歌舞剧悬解
397	11	末尾之“女声独唱”	此句应移至下行文字顶格
398	倒6	但还没有醒	原无“有”字
398	倒5	东君赤面虬髯	原虬髯后有一“，”
399	倒6	灵之来兮蔽日。	此行下缺一行： 合唱：灵之来兮蔽日
400	8	地面彩筵上陈列着盛馔。	此行应另起，单独成一行
400	14	为了她们这份虔诚	为了使她们这份虔诚
401	16	女声合唱	女音合唱
401	18	他漂浮得很远	他漂浮得很远了
406	3	到动员起全体水族来	到他动员起全体水族来
408	3	有秋兰兮糜芜，	有秋兰，有糜芜，和一些不知名的亚热带植物。
408	3—4	“罗生兮堂下”句	“罗生兮堂下”句之前，漏掉一大段文字，应为： 美人三五成群，在花园中游戏。 墙头上移动着的孔雀盖和翠羽旗，

			加上一片清晰的马蹄声，证明墙外有一辆贵人的车子来到。有顷，司命荷衣蕙带，左手抚着腰间的长剑，右手抱着女孩儿，悄悄走进院子来，带苦闷的神情，端详着整个庭院和院内每一个美人。少司命：秋兰兮麋芜， 然后接“罗生兮堂下， 绿叶兮素华，芳菲菲袭予”
408	16	满堂兮美人，忽独予余兮目成！	此句应断，另起一行
410	19	灵河为兮水中	灵何为兮水中
411	13	从稀疏的竹子中间望去	从稀疏的竹子中间望出去
411	15	林中单调	另起一行，顶头排
411	16	蓦地一声列帛	另起一行，顶头排
411	倒4	靠在一根椽子粗细的竹子	靠在一根椽子粗细的竹子
	倒3	面的云雾。	该行下漏排了2行，应补：[回声：“带女罗，带女罗……”既含睇兮又宜笑，子慕子兮善窈窕。]
412	1	被石兰兮带杜衡，折芳馨兮遗所思	此行不缩二格，应顶格排
412	2	回声：“遗所思，遗所思……”	该行前面应加［号
412	4	雾愈来愈浓	该行前面应加［号
413	4	山鬼的身影，完全……	该行应与前面“悲鸣起来。”接排
413	6	山鬼：	应顶格排
413	8	风飒飒兮木萧萧，思公子兮徒离忧！	此行下后面应加（幕下）二字
414	3	布置和序曲一样，	布景和序曲一样，
414	4	满台香烟缭绕。	此行应于前句“依然四处闪着神光，”之后接排
421		注①据开明版《闻一多全集·神话与诗》编入本卷。	之后，是否可加：“曾载于1947年12月《文学杂志》第2卷第7期，列于‘诗’创作栏内，题为《九歌新编》，署名‘闻一多遗著’。”

说明：以上所录，仅为1993年版与1948年版《闻一多全集》校勘所发现重要遗漏、错讹、差异和应改之部分文字。朱光潜所主编《文学杂志》出版时间在前，开明书店版《闻一多全集》出版在后，《文学杂志》刊稿当为依据闻一多手稿或抄本，刊文里与48年《全集》本存有一些异处，也有属于手稿误读所造成的。

孙玉石　2009年11月29日

闻一多青年时的一封英文信①

［日］　铃木义昭　译

（日本早稻田大学）

亲爱的朋友们：

因为有练习打字的机会，所以我用英文写信给你们。其实还因为用中文写的话，会有在家的感觉。

到芝加哥以后，差不多三个星期了②，其间忙于登记、打电话、欣赏风景等，尽是一些琐碎事，想想写出来大家也不会感兴趣的。但到现在为止，我一直都看杂志，找新书，抓住所有的时间，学习美国的东西，其间了解到了这个国家的最新文学动向及值得注意的倾向。在此把这些概括一下。不过，你们千万不要把它作为一个最终的决定或完全有保证的东西。

发现文学当中的所谓“新文学运动”③，并不仅仅是一个偶然存在于中国的现象，而是一个世界性的运动，并在英语圈时髦而又受欢迎。和政治革命一样，我们从大洋对面的邻人那里引进了文学改良的思想。

现在对美国文学史来说，是个最划时代的阶段，在此之前，从

---

① 这封信是目前所见闻一多唯一的一封英文信，收在湖北人民出版社1993年版的《闻一多全集》第12卷，第54～62页。信中的内容，对于了解闻一多当时对新文学运动和新诗的看法具有重要意义，因而特意翻译成中文，并加注，供研究者参考。此信也曾由我翻译成日文，发表于日本闻一多学会2004年12月25日发行的《神话与诗》。

② 到芝加哥是8月9日，这封信写于8月27日。

③ 指发生在美国的新文学运动。

未出现过如此大批勇敢、天才、直抒己见的伟大诗人。诗作再也不是隐在婚纱里的神秘文学了，有个作家（也是诗人）向大众这样说："最近整个阶层的男女，各种各样的人都在咏诗、谈诗。他们还朗诵自己的诗作。"① 出版社很欢迎《新》诗人，这大概就是今日美国文坛的盛会吧。《新》诗派的主要人员是：Robert Frost②，Vachel Lindsay③，Amy Lowell④，Edger Lee Masters⑤，Carl Sandburg⑥，Teasdale⑦，Hariet Monroe⑧，以及罗列不完的众多同样才华横溢，家喻户晓的诗人。

你会惊奇地发现我们的"文学叛徒"——胡适博士写的《八不主义》⑨ 里的信条，也不尽然是他所独创的。我仅列举现存的伟大的女诗人，艾米·洛威尔为主的《新》诗派意象派的信条⑩：

1. 用普通的口语，经常用精确的词汇…/To use the language of common speech, but to employ always the exact word…

2. 为了创造新的节奏，我们不主张自由诗是唯一的作诗方法，而以此来表达我们对自由主义的向往/To create new rhythms… We don't insist upon free-verse as the only method of writing poetry. We fight for it as for principle of liberty.

3. 关于选择题材，允许完全自由/To allow absolute freedom in the choice of subject.

---

① 来自惠得曼《草叶》吧。

② 美国意象派诗人。

③ 美国意象派诗人。

④ 美国意象派女诗人，意象派领袖之一。

⑤ 美国意象派诗人。

⑥ 美国著名的诗人之一，也是位意象派诗人。

⑦ 美国意象派女诗人。

⑧ 美国意象派女诗人，著名的女编辑。

⑨ 胡适主张的著名口号，每个句子开头有《不》字，所以叫做《八不主义》。

⑩ 意象派的口号共有六个。

5. 创造直白抒情，风格豪迈的诗，避免晦涩难懂的词句/To produce poetry that is hard and clear.

这些都有点儿像胡适博士的信条《八不主义》吧？

在此给你们把意象派诗人介绍一下，在我看来，正是由于跟从他们的脚步，我们的新诗才得以保存和发扬。我们相信：洛威尔和她的盟友至少是遵从这样的六个信条，以上列举了其中的四条。其他的两条是：

4. 应该提供意象/To present an image (hence the name: "Imagist"), …we believe that poetry should render particulars exactly and not deal in Vague generalities, …

6. 所以我们大多数人相信，集中力是诗歌的精华/Finally most of us believing that concentration is the very essence of poetry.

我们的"白话文"① 过于务虚，过于单薄，太瘦弱，需要通过新诗深刻、热情的特点来加以润色。我引用艾米·洛威尔的《Wind and Silver》来进行阐述：

《风与银》(Wind and Silver)

亮闪闪，
秋月浮动在朗空；
她飘过鱼塘时，
鱼塘遂脊骨抖龙鳞闪。

再给你们介绍一下卡尔·桑德堡的《The Fog》②；

① 其他的部分都用英文写，《白话》两个字用汉字写，肯定有著者的特殊的意义吧。

② 收入在他的《芝加哥诗集》里。

《雾》(Fog)
来了
踮着猫步
弓腰蹲坐
静静俯视
港湾和城市
复又缓缓游移

大家请把这两篇诗比较一下我们杂志上的韵文作品。

我刚才所找的第二个作品是卡尔·桑德堡的，他是当代美国诗坛中思想和作诗态度最为激烈的诗人之一。他曾在理发店当过清洁工，在剧场的舞台当过杂工，做过制造砖厂的司机，饭店的洗盘人，小麦田的帮工等。这些工作使他受到教育，成为了工业化美国的桂冠诗人。他现在住在芝加哥市，曾发表过一部名为《芝加哥诗集》① 的作品，住在这个城市里的人们都把他视为英雄，甚至是救世主。也许说到我曾参加芝加哥大学召开的一个演讲会的话，朋友们都一定想听听吧！你们或许会想像我站在伟大诗人的面前，如何地受到了鼓励吧。

我正在邮寄，以后也会继续邮寄给你们由美国最著名的女流诗人之一哈丽特·门罗②编辑的《诗的杂志》③，这部杂志的名声，你们已经听到，所以今天只引申《周末纽约时报》④，它在英语诗坛中占有不可或缺的地位。还有个批评家说，门罗女士比任何人所作出的贡献都大。这部杂志的诞生相当于美国诗坛里的文艺复兴，对于美国文学界的贡献甚至比我们新文学运动当中《新青年》杂志还要大。那么，除了向你们展示她的作品，我找不到更好的方式来介绍这位杰出的诗人了。

---

① 1915年在纽约出版。
② 即 Hariet Monroe。
③ 意象派的杂志。
④ 纽约著名的报社，Sunday。

《爱的赞歌》(Love Song)

轻吻过我的生命就已足够。
她应该成为你手中的鲜花，
绚烂的绽放使你流连，
浓郁，尽管短暂。
轻轻吻过，不敢逗留。

轻吻过我的生命就已足够。
她每一个灿烂的瞬间，
都在你的灵魂深处吟唱，
孤寂的美丽。
轻轻吻过，不留痕迹。

轻吻过我的生命就已足够。
她要为你抵挡
狂风和暗涌的来袭，
虽然你我，咫尺天涯。
轻轻吻过，了无遗憾。

《山歌》(Mountain Song)

我没有可以依靠的伴侣；
没有可以爱抚的孩儿；
没有浪漫的婚礼；
一无所有地徘徊在天地之间。

我丢弃了一切，
了无牵挂地爬向山峦顶风！
白天，我用攀登的双脚征服陡峭的岩石；
夜晚，我用自由的向往对抗无边的黑暗。

严寒过后终会是春天，

苦难过后终会有笑颜。
我追求坚强　尽管怯弱，
坚信光明会刺破我的恐惧。

在月光下重生，
朦胧的夜色中，
阳光夺目而出，
牵着我的手，指引我前进。

当炫目的阳光照向西方，
我是否会找到自己的追求？
双脚不由飞奔而去，
跨过那巨大的鸿沟。

况且，她的声名作为批评家丝毫不比诗人低。

另一个我觉得颇为有意思的美国当代诗人是 miss Hilda Lonkling——一个才华横溢的少年诗人。来看下面的诗。

《水》(Water)

水缓缓地涌动，
湖却寂静无言。
流淌在湖里的水，
倒影出整个天空。

何为水？
她泼银溅玉，
还能否拥抱蓝天？

《雏菊》(Daisies)

雪白的披肩…
金黄色的脸…

乡下的，山脚下的，路旁的人们…
小店的年轻姑娘
卖着金黄而又鲜艳的花朵。
加上烤的面包，
为了小城的人们。

有件事引起我对中国诗歌真实性与健全性的思考。在世界上新诗引起人们最为关注的是：诗歌是人民真实生活的写照，随着西部开发①以及工业重建，美国人民的生命逐渐从封闭的环境中解脱出来，变得如同吉普赛人②般的自由。诗歌，也必然随之变得简洁精辟，热情奔放，飘逸含蓄，甚至粗野庸俗，这种新的体裁被称为新体诗。我们中国的情况怎么样？其实这里有工业化的痕迹存在在诗歌里的问题，但是和整个篇幅比较，这些痕迹几乎可以被忽略。但，我们的诗人还像是揭示着煤烟和铁锈的味儿一样，沒有什么精练的东西。美国人的年轻一代，他们像天真的孩子们一样直率地、粗野地咏诗谈人类。不管怎么样，可不可以向精练的绅士们提建议，让语言模仿着像自己三岁的幼儿一样呢？对他们来说，有什么理由去用小孩儿的想法来考虑吗？我绝对不反对用明确的、直率的、严格的语言写诗的。不过，我不会学小孩儿的说法。美国诗人为自己的伟大国家而作的杰作，受到了一般的美国人民的欢迎。他们是自己国家的伟大的艺术家。我们现在又做什么来着？我们叫着，大声喊，新艺术要又简明又有现实性。我们艺术家由于个人的个性，多数受到了批评！有个批评家说个性就是艺术的一种。虽然是有国家性的艺术，但它是真的艺术的话，这种说法也是行的。就是说，我们以白话文代替文言文，因为它的变化，我们丧失我们自己的生动的东西和人民的个性的话，就让我们自己付代价吧！希望大家通过我们自己的作品透视一下，有我们自己的语言，学习外国语表现出的好的主题，除掉外国语的表达的思想给予的混乱。我有

① 到19世纪初，美国人对西部开发很关心。
② 西方国家的一种民族。

强烈的自责感，但是关于这个观念上，没有人比得上郭沫若①，他只不过是至少把西方国家的思想巧妙地翻译成中文罢了。恐怕他只是歌德的模仿者而已。有时候，我把他估计过高了。

今天在此搁笔了。我有好多读书当中的印象想告诉你们，所以写信给你们是唯一的方式了。我的情况就是这样，望大家经常给我来信。

新学期，我希望我们文学会②能有新的开始，并一年都有好的成果，还希望大家能够万事如意，以文学会为骄傲。我要听听这一年里有什么计划，特别看看你们最近写的作品。今天写到这里，再见！此致 T-Wen。

① 闻一多在女神之时代精神中表扬郭沫若用的西方国家的文学作品，比如说歌德和惠曼等。

② 指清华学校里的文学俱乐部名称。

人民英烈　青史长存
——闻一多治丧纪事

闻立树
（首都师范大学）

闻一多（1899—1946年）是集诗人、学者、民主斗士于一身的中国现代伟大的爱国主义者和卓越的科学文化战士。他的一生是上下求索、奋进不息、融合中西、联结古今、忠诚坦荡、虽死犹生、人格完美、形象永立的崇高典范。

在中华人民共和国成立60周年的前夕，闻一多被评选为100位为中华人民共和国成立作出突出贡献的英雄模范人物。2009年11月24日是闻一多诞辰110周年，2009年7月15日是闻一多殉难63周年。在新的世纪，缅怀和纪念闻一多的光辉业绩，我们要学习、研究和弘扬他的爱国为民的浩然正气、舍生取义的铮铮铁骨、永不停步的奋斗精神、爱憎分明的严正立场、耿介忠诚的高尚情怀、会通博观的学术造诣、精严缜密的治学态度、淡泊清廉的生活风范，为深入贯彻落实科学发展观，坚定不移地沿着中国特色社会主义道路奋勇前进，谱写中华民族伟大复兴的新篇章！

1946年7月15日，闻一多被刺殉难后，西南联合大学常务委员、清华大学校长梅贻琦聘请教务长黄钰生（子坚）教授、总务长沈履（茀斋）教授、训导长查良钊（勉仲）教授、历史系主任雷海宗（伯伦）教授、哲学系贺麟（自昭）教授组成西南联合大学闻一多教授丧葬抚恤委员会。由黄钰生教授任主席的闻一多教授丧葬抚恤委员会，于7月16、17、18和23日召开四次会议，就有关治丧事宜作出具体安排，并于7月18日发表《闻一多追悼会布告》。

为有助于读者了解当年闻一多治丧事宜办理经过，现将清华大学档案馆收藏的有关史料（国立西南联合大学常务委员会第三八三次会议记录、闻一多教授丧葬抚恤委员会第一二三四次会议记录、《闻一多追悼会布告》）抄录披露。

另外，将湖北省浠水县闻一多红烛书画院最近收藏和公示的国立西南联合大学中文系罗庸教授撰写的《国立西南联合大学教授闻一多先生事略》一并发表，供各界人士研究鉴赏。

【国立西南联合大学常务委员会第三八三次会议记录】（摘录）

时间：三十五年七月十七日下午五时

地点：昆明文林街昆中北院清华大学校长公舍

出席者：梅贻琦　贺　麟　查良钊　黄钰生　雷海宗　霍秉权　董明道

主席：梅贻琦

纪录：章廷谦

报告事项

（一）梅主席报告：本月十五日下午五时许本大学教授闻一多先生在西仓坡教职员宿舍门前被暴徒狙击殒命其子立鹤亦被枪击重伤及办理善后情形。

（二）梅主席报告：本大学已聘定黄钰生贺　麟雷海宗沈履查良钊诸先生为闻一多教授丧葬抚恤委员会委员并请黄钰生先生为该委员会主席。

（四）梅主席报告：云南省警备总司令部为本大学教授闻一多先生被刺殒命案复电。

（六）黄钰生先生报告：闻一多先生丧葬抚恤委员会开会情形。

【闻一多追悼会布告】1946年7月18日下午5时，西南联合大学闻一多教授丧葬抚恤委员会发出举行闻一多追悼会布告。由于国民党当局对昆明民主运动采取高压手段，西南联大学校当局为避免治丧活动引发其他因素，加剧紧张局势，在《闻一多追悼会布告》中郑重表示："丧葬抚恤等费，已由本校负责筹办，本会不另向外界捐募。"布告全文如下：

敬启者。本校教授闻一多先生于本月十五日不幸被狙逝世，本会奉本校常务委员会命，负责办理先生丧葬抚恤事宜。兹定于本月二十四日下午三时在大西门内青云街昆中北院大教室举行追悼会，并自十九日起在上述地点设置挽礼收件处。凡先生生前友好及本校在昆师生，如有挽幛祭礼，请于每日上午九时至十一时，下午二时至四时，赐交该处。至于丧葬抚恤等费，已由本校负责筹办，本会不另向外界捐募。谨此奉闻。

国立西南联合大学闻一多教授丧葬抚恤委员会谨启

【第一次会议记录】　闻一多丧葬抚恤委员会第一次会议，于闻一多被刺的第二天下午召开。西南联大常委、清华大学校长梅贻琦教授参加了会议，并作了包括两项内容的报告。这次会议的主要议题是讨论闻一多遗体火化事宜，会议记录全文如下：

开会时间：七月十六日下午六时

地点：梅校长客厅

出席委员：黄子坚先生、雷伯伦先生、沈茀斋先生、查勉仲先生、贺自昭先生

列席者：梅常委、丁主任、胡先生、范宁、何善周

主席：黄子坚先生

记录：何善周

壹：梅常委报告　要点：

(1) 希望各位先生以联大同事立场，商讨丧葬抚恤事宜。

(2) 一方面妥善安葬死者，一方面学校当尽力从优抚恤生者。

贰：根据闻夫人所得之举行火葬与在联大新校舍四烈士墓

前建立衣冠塚石碑等意见，首先讨论火化事宜，议决要案如下：

(1) 决定火化骨灰装坛，以便运回故里安葬。购买坛子事，由总务处胡先生与丁主任负责，花色务求雅素。

(2) 十七日下午五时装殓，十八日午十时火化。

(3) 请佛教会办理火化事宜。

(4) 诵经及火化诸仪式，任佛教会僧众办理，唯得预先征询闻夫人意见允否诵经及举行佛教仪式。

(5) 火化地点在云大医院前广场。

(6) 关于火化地点及时间，须通知云南大学及医院，并备文通知警备总部与警察总局。

(7) 火化时间及地点，须分别通知联大在昆教职员，校内各处贴通告并本市各报发布消息。

叁：决定第二次会议时间及地点：明日下午四时在清华会议室讨论衣冠塚事宜。

肆：散会。

【第二次会议记录】　闻一多丧葬抚恤委员会的第二次会议，主要讨论决定闻一多追悼会的组织工作。会议记录全文如下：

开会时间：七月十七日下午四时

地点：清华办事处会议厅

出席委员：雷伯伦先生、黄子坚先生、贺自昭先生、沈苐斋先生、查勉仲先生

列席者：范宁、赵世昌先生、何善周

主席：黄子坚先生

记录：何善周

议决案件

(1) 以联大师生名义举行追悼会。追悼会地点、时间，及仪式程序均预先公布之。

(2) 追悼会日期定于七月二十四日下午三时，地址定昆

北大教室。

(3) 追悼会筹备事项：

A，寻找闻先生像后送照像馆放大，此事由联大事务组办理。

B，撰写祭文，请罗庸先生主稿，并请罗先生于是日报告闻先生从事学术著作之事略。

C，聘请奏哀乐人员，此事由赵世昌先生负责聘，并准备钢琴、提琴等乐器。

D，布置礼堂，此事由赵先生、丁先生共同负责。

E，追悼会由梅常委主祭。读祭文人员由罗庸先生荐举。

F，由黄子坚先生致哀辞。

散会。

【第三次会议记录】　闻一多丧葬抚恤委员会第三次会议，是在闻一多遗体火化后的当天下午召开的。会议对追悼会的各项程序做了进一步安排，决定成立文书、挽礼收件、庶务、招待四个股，分别着手具体工作。会议记录全文如下：

开会时间：七月十八日下午一时

地址：清华大学会议厅

出席委员：黄子坚先生、雷伯伦先生、贺自昭先生、沈茀斋先生、查勉仲先生

列席者：何善周

主席：黄子坚先生

记录：何善周

议决事项：

(1) 推选中文系学生在追悼会上致哀辞：议决于朱德熙、马忠二人中由何善周洽商聘请一人担任之。

(2) 自十九日起，在昆北教室设置办事处。办事处分以下四股：

A，文书股：由何善周总其责，另聘中文系同事或同学四

人组织之，负会议记录、来往书札、草拟新闻消息、撰写公告等责任。

B，挽礼收件股：由范宁总其责，并由范先生聘请八人组织之，负接收挽幛祭品、登记礼品名目、书写领帖及保管礼品等责任。

C，庶务股：由联大事务主任丁先生总其责，另聘六人组织之，负布置礼堂、摆设礼品，及购买、出纳、照料等责任。

D，招待股：招待事宜由五位委员共同负责，另聘本校教授五人、学生五人担任之。校内同人及眷属与校外来宾由各同人任招待之责，学生来宾则由同学招待。

（3）追悼会请赞礼一人。议决聘请颜锡嘏先生担任，由何善周接洽聘请。

（4）定制纸花，凡签名参加追悼会者，均赠纸花一朵，以志哀思。

散会。

【第四次会议记录】　闻一多丧葬抚恤委员会第四次会议，讨论了追悼会的各项事务，确定了会序与仪节。会议还决定接受闻一多夫人高孝贞的意见，在“一二·一”四烈士墓前建立闻一多衣冠冢，并于追悼会后举行葬礼。会议记录全文如下：

开会时间：七月二十三日上午九时

地点：昆北大教室

出席者：黄子坚先生、沈茀斋先生、查勉仲先生、雷伯伦先生、贺自昭先生

列席者：丁兆兴先生、何善周、范宁

主席：黄子坚先生

记录：何善周

议决事项：

（1）衣冠下葬时请闻名参加，衣服由家庭备办。

（2）牌坊上面用白纸写字，于二十四日晨贴出，字由马

忠写。

(3) 签到处不落雨在院内，落雨在北教室内。凡参加追悼会者均请签名。

(4) 会场摆条凳，由事务股负责办理。

(5) 在北教室预备茶水，由事务股办理。

(6) 租桂花两盆，如租不到时，即行购买，由事务股办理。

(7) 借酒爵一个，檀香由事务股购办。

(8) 追悼会行礼之后，举行衣冠塚葬礼。

(9) 举行葬礼时预备香烛。

(10) 请马文竹先生襄礼。

(11) 仪式：国立西南联合大学闻一多教授追悼会仪节：

奏哀乐。

全体肃立。

主祭者就位（梅常委）。

上香。

献爵。

献花。

向遗像致敬（三鞠躬）。

默哀。

恭读祭文。

奠爵。

报告生平事略（罗膺中先生）。

致哀辞（黄子坚先生、马忠先生）。

闻先生家属致谢。

奏哀乐。

礼成。

(12) 书写一份贴出，油印多份备用。

(13) 准备黄布条十五个，书写执事字样。

(14) 招待由训导处请两位，事务组一位，总务处一位。

(15) 执事人员两点钟到场。

(16) 闻先生(遗体)十八日火化后，骨灰中捡出金属品四块，可能为闻先生遇狙之枪弹熔化的残余，议决由委员会转送清华大学保存。

(17) 通知中央社、云南社及各报馆追悼会时日。

(18) 委员会表示希于追悼会后由闻先生生前友好与中文系师生于最近出特刊，但只限表彰学术方面。

散会。

闻一多丧葬办理过程中，何善周、范宁是自始至终的参与者。

何善周(1910—2008年)，河南滑县人，1940年毕业于西南联大中文系，留校任助教，在清华大学文科研究院工作期间，担任闻一多教授助手。中华人民共和国成立后，任东北师范大学中文系教授，闻一多研究会副会长。

范宁(1916—1997年)，江西瑞昌人，清华大学文科研究院研究生，师从闻一多教授。曾任清华大学国文系讲师，津沽大学副教授，中国社会科学院文学研究所副研究员、研究员，闻一多研究会副会长。

2009年9月，由闻一多家乡湖北省浠水县闻一多红烛书画院收藏和出示的《国立西南联合大学教授闻一多先生事略》①，是一份63年来从未面世的文化藏品，具有重要学术文献价值和收藏鉴赏价值。它是由西南联合大学中文系罗庸教授撰文，在1946年7月24日举行的西南联大闻一多教授追悼会上，由雷海宗教授报告的。

闻一多殉难后，罗庸为悼念故友，曾撰《挽闻一多先生》：

猿鹤混虫沙，抚迹疑非人世境；
名园犹水木，论文空忆旧时樽。

文辞意境深沉，悲怆动情。

① 见本论文集汪德富的《收藏罗庸手稿〈国立西南联合大学教授闻一多先生事略〉纪事》。

收藏罗庸手稿《国立西南联合大学教授闻一多先生事略》纪事

汪德富
（浠水县闻一多红烛书画院）

几十年来，我对书画收藏很感兴趣，平时不管是读书看报，还是上网，或是逛文物地摊，都特别关注有关闻一多的文物资料，只要有新的发现，要么就花钱买下来，要么将原件复制收藏。不久前，我收藏到1946年7月西南联合大学中文系主任罗庸教授撰稿的《国立西南联合大学教授闻一多先生事略》的珍贵手稿。手稿内容如下：

先生讳一多，姓闻氏，湖北浠水人也。以清光绪二十五年己亥（一八九九）九月生。幼颖异冠侪辈。民国初年至北京，肄业清华学校中等科，既卒业，升高等科，在校十年，成绩优异。民国十一年，由清华学校选送美国留学，初在丹维尔及芝加哥习美术，凡二年。继入哥伦比亚大学习文学，专攻西洋诗，于欧美名家深有心得，其后创作新诗，植基于此。十五年夏返国，初任国立政治大学及北平美术专科学校教授，继先后任国立武汉大学国立青岛大学教授兼文学院长。讲学之余，创作新诗，于并时诸家外独具风格，有《红烛》，《死水》二集，风行海内。二十一年夏，任国立清华大学中国文学系教授，兼国立北京大学中国文学系讲师，迄于卢沟之变，凡五年。先生旧学本有根底，至是乃益肆力于古代文学之研讨，而于《诗经》，《楚辞》及唐代诸家诗，致力尤深。其治《诗经》，探源于古代民俗，辅之以声音训诂，不守恒蹊而自得神解。其于《楚辞》，校正章句，疏通故训，多发前人所未发。其治唐诗，于大家则博考生平，极知人论世之致，于全唐诗则钩深索隐，尽错综辨析之能，前此治唐诗者，未之有也。二十六年秋，随校南徙长沙，居衡岳者数月。及寇逼武汉，学校再徙昆明，师生之入滇者，或循港越海道，或自黔桂乘车，先生独与同学千余人，自长沙徒步经贵州，直抵昆明。途中不及栉沐，须长数寸，遂蓄之，曰：待寇灭而后剃须，所以志国难也。国立西南联合大学既成立于昆明，文法学院设于蒙自，先生居哥鲁斯洋行宿舍中，恒旬日不下楼。始专力于《尔雅》，《周易》，及两周金文，因文字以订训诂，本训诂而释经文，其所创获，突过乾嘉诸老矣。神话之学，在中土尚未跻于专科，先生既深于社会民俗之学，本其意以治中国神话，往往于荒唐繁赜中，窥见文化演进之迹象。兼滇南民族繁复，其风俗文物，往往可为取证之资，于是先生神话之学，遂为中国学术开一新径。二十八年夏，清华大学研究院恢复招生，先生主持中国文学部，独与研究诸生移居昆明远郊，结庐共读。时物价高昂，藜羹不糁，人不堪其忧，先生益肆力于学，更治庄子及汉魏乐府，积稿盈尺。兼以余暑游心于金石篆刻，其所治印，端凝古峭，深得汉印之神，识者珍之。比年国事蜩螗，先生愤惋之余，时或发为政论，然于学校课业，未尝不勤勤恳恳，勖学子以专力读书，受学者亦莫不因材而笃，各成其学。大学诸生，咸识其为学术导师，忘其为政论家也。本年七月十五日下午五点三十分，先生偕长公子立鹤归自外，甫抵寓所，突遇狙击，中弹多发，竟殒于路，年四十八。远近惊悼，承学失依。国立西南联合大学常务委员会，既推派同人经纪其丧，爰撰事略，以彰硕学。遗著有《易经义证》一卷，《易林琼枝》一卷，《诗经通义》若干卷，《尔雅析义》若干卷，《璞堂金文丛稿》若干卷，《庄子释义》若干卷，《楚辞校注》若干卷，《楚辞校补》一卷，《乐府诗笺》若干卷，《唐诗汇注》若干卷，《唐代诗人事迹考》若干卷，《杜少陵年谱会笺》一卷，《岑嘉州系年考证》

一卷。其篆刻则有《璞堂印存》一卷。新诗集则有《红烛》，《死水》二集。关于神话之论文，则有伏羲，高唐神女等多篇，暨杂文若干卷，强半未经印布。夫人高孝贞女士。子三，长立鹤，西南联大学生，与先生同时遇狙，重伤未愈。次立雕，立鹏。女二，名惠羽（编者按：请用计算机把“惠羽”两字合并），均幼。①

中华民国三十五年七月二十四日，国立西南联合大学闻一多教授丧葬抚恤委员会谨撰。

这份手稿质地为竹纸，四页八开。钢笔书写，竖行排列，字迹遒劲，清雅端庄。全文1300字，9处誊改。由于经年历久，色泽发黄。

为了收藏这件手稿，我先和店主联系，询问他这件东西是怎么得到的。店主告诉我是云南师范大学一位老教授家处理的一平板车旧书中的一本杂志中夹着的，他一看是关于闻一多的生平，字迹确实漂亮，但没有署名，觉得是一件很有意义的东西，就请教昆明当地的老教授，得到的答复是，这篇文稿的书法好像与西南联合大学纪念撰刻的碑文字迹相同，可能是罗庸教授撰写的。

罗庸（1900—1950年），字膺中，江苏江都人，中山大学、北京大学、西南联合大学教授，闻一多同事，中国古典文学研究家，曾任西南联合大学、昆明师范学院中文系主任，罗庸又是一位书法家，矗立在昆明云南师范大学（原西南联合大学旧址）校园的国立西南联合大学纪念碑是一座中国现代教育史上的重要文物。纪念碑由文学院院长冯友兰撰文、中文系教授闻一多篆额、中文系主任罗庸书丹，珠联璧合，堪称三绝。

旧书店主请人在昆明翻阅了有关西南联合大学档案，认为这应该是罗庸教授的手稿，于是就把这件手稿上网拍卖。我知道这些情

① 此文有三处记述有误，一是闻一多赴美留学，最初是在珂罗拉多大学学习，没有去过丹维尔；二是闻一多没有在哥伦比亚大学学习过；三是西南联合大学湘黔滇旅行团参加者为320余人，不是千余人。

况后，首先与闻一多亲侄、首都师范大学教授、博士生导师闻立树先生取得联系，把以上情况向他作了介绍并将手稿扫描传送给他。闻立树先生认真查阅了相关资料，连续两次通过电子邮件做了回复。

第一次回复：

汪德富先生：

发来的藏品图片收到，谢谢。

（一）《闻一多教授事略》是一件新发现的材料，很值得收藏，不知起草人是谁。1946年7月24日，西南联大校方举行闻一多先生追悼会，由罗庸教授报告闻一多生平事略。内容限于学术贡献，估计这份材料就是罗庸先生的报告。

……

上述藏品，都值得收藏。所谈内容请勿外传，特别是不要告诉卖家。请回电。

闻立树

2009年8月15日

第二次回信是：

汪德富先生：

1946年7月24日，闻一多教授丧葬抚恤委员会拟的《国立西南联合大学教授闻一多先生事略》，经过我的仔细辩认，它应是罗庸教授所撰。因为其他人不可能对闻一多的生平，特别是学术贡献作出如此全面的评述，文辞古朴，亦非有国学功底的人士是不可能写出的，从稿子的书写字体来看，没有多年的书法造诣也是写不出来的。因此它极可能是罗庸教授本人的手迹，除史料价值外，还是很有收藏鉴赏价值的，如果价格适当可以买下来。不知出让者是哪里的，这件手稿他是从哪里得来的，这些方面了解得更具体一些，就能够进一步判断这份手稿的价值。

闻立树

2009年8月16日

随后，我又同闻一多三子、中央美术学院闻立鹏教授取得联系，立鹏教授和夫人张同霞教授一致认为这件文稿，应该是罗庸教授的真迹原稿。与此同时，我又把扫描打印件寄给闻一多长女、北京师范大学离休干部闻铭老师，请她作了回忆。闻铭老师是1946年7月24日出席国立西南联合大学举办的追悼闻一多大会的闻一多唯一亲属。她回忆了当年的情景，说明这份闻一多事略是由西南联合大学中文系罗庸教授撰文，在1946年7月24日举行的西南联大闻一多教授追悼会上，由雷海宗教授报告的。

根据以上确认的情况，我通知旧书店主这件手稿不要让别人拿走，终于花了高价买到手。

在中华人民共和国成立60周年前夕，闻一多被评选为100位为中华人民共和国成立作出突出贡献的英雄模范人物。为配合这项活动的宣传，中共浠水县委宣传部向各大媒体提供了相关信息。9月5日中央电视台“寻宝走进黄冈”栏目进行了采访报道，《人民日报》、新华社、中国新闻社、中央人民广播电台、《湖北日报》、《长江日报》、《楚天金报》、《鄂东晚报》以及新浪网、搜狐网等各大网站纷纷进行报道，高度评价这件新发现的关于闻一多的文献史料，是不可多得的生动的爱国主义教材。闻一多英年殉难，他的文稿大多由亲属或学生捐献给国家图书馆、中国现代文学馆，少量由清华大学档案馆收藏。因此，民间收藏极少。罗庸教授是中国著名学者，他的书法在西南联合大学教授中是独树一帜的，鲁迅先生都曾经称颂过他的才学，可惜1950年在重庆就病逝了。经过63年的岁月风雨，罗庸教授的这份手稿能完好地保存下来，是一份研究闻一多很珍贵、很有价值的历史文物。

最近，北京大学有关方面决定将罗庸教授这份手稿复制件载入中文系史，闻立树教授在《1946年闻一多治丧经过》（载于《百年潮》2009年第11期）中，对罗庸教授的这份手稿又作了详细说明，引起广大读者关注。

附录：

第二届闻一多研究优秀成果奖名单
（1994—2007 年）

获奖作者	工作单位	获奖作品名称	等级
闻黎明 侯菊坤	中国社会科学院	闻一多年谱长编	一等
邓乔彬	暨南大学	学者闻一多	一等
史　言	香港大学中文学院	沮丧与孤独的色彩空间	二等
闻立树 闻立欣	首都师范大学北京大学	拍案颂——闻一多纪念与研究图文录	二等
陈国恩	武汉大学	书信中所呈现的闻一多人格	二等
陈　卫	福建师范大学	闻一多诗学论	二等
王泽龙	华中师范大学	闻一多诗歌意象艺术嬗变论	二等
方长安	武汉大学	闻一多民族主义思想的发生与特征	二等
竹下悦子	日本二松学舍大学	古代“诗”的转化 ——闻一多的古代文学史构想（二）	二等
杨永明	安阳师范学院	论闻一多诗歌中的文化心理裂变	三等
雍　青	南昌航空大学	时间价值与空间想象	三等
叶瑞莲	香港教育学院	《红烛》下的死亡观：以死为生的孤独诗人	三等
江锡铨	江苏教育学院	闻一多与鲁迅文学传统	三等

续表

获奖作者	工作单位	获奖作品名称	等级
吴　艳	江汉大学	闻一多与艾略特诗学启示录	三等
郑振伟	澳门大学教育学院	孤独与闻一多的诗歌创作	三等
李乐平	广东海洋大学	闻一多发表《诗的格律》多种原因分析	三等
李文平	重庆师范大学	抗战时期闻一多的学者生存方式	三等
刘保昌	湖北省社会科学院	闻一多的文化爱国祈向	三等
李光荣	西南民族大学	闻一多戏剧研究	三等
刘殿祥	山西大同大学	闻一多著作的版本演变和全集成型	三等
胡朝雯	湖南大学	拆解与重构的焦虑——以《古瓦集》和《二月庐漫记》系列为中心	三等
张林杰	天津师范大学	理性精神的承担	三等
俞兆平	厦门大学	新人文主义与中国现代格律诗派的缘故	三等
荣光启	武汉大学	形式意识的自觉——闻一多与当下中国新诗	三等
俞春玲	济宁学院	近二十年"闻一多与戏剧"研究综述	优秀
徐　茜	西南大学	闻一多文化思考的出发点：《论振兴国学》	优秀
余　芳	武汉职业技术学院	论闻一多的儒者心态	优秀
朱华阳	三峡大学	闻一多民族主义文化表达与思想实践	优秀

续表

获奖作者	工作单位	获奖作品名称	等级
户松芳	湖南文理学院	闻一多大学教育思想浅论	优秀
张文民	河南师范大学	中国现代文学课中闻一多教学反思	优秀
陈国和	咸宁学院	闻一多与中国现代戏剧	优秀

中国闻一多研究会第五届理事会名单

（2009年11月21日在闻一多110周年纪念暨国际学术研讨会上表决通过）

顾问（以姓氏笔画为序）：

王保生　吕进　孙玉石　孙党伯　刘烜　陆耀东　赵慧　黄曼君　董乃斌　蓝棣之

会长：陈国恩

副会长（以姓氏笔画为序）：

方长安　王光明　王泽龙　李怡　刘福春　刘川鄂　何锡章　罗振亚　闻黎明　商金林　程光炜　熊辉

秘书长：方长安（兼）

理事（排序不分先后）

1. 方　宁　《文艺研究》编辑部
2. 俞兆平　《厦门大学学报》编辑部
3. 江锡铨　江苏教育学院
4. 张福贵　吉林大学文学院
5. 胡　明　《文学评论》编辑部
6. 宋剑华　暨南大学文学院
7. 王兆鹏　武汉大学文学院
8. 杨剑龙　上海华东师范大学文学院
9. 王攸欣　湖南师范大学文学院
10. 邹建军　华中师范大学《外国文学研究》编辑部
11. 梁好娟　闻一多基金会

12. 杨　华　武汉大学历史学院
13. 吴晓东　北京大学中文系
14. 张洁宇　中国人民大学文学院
15. 解志熙　清华大学文学院
16. 杨联芬　北京师范大学文学院
17. 张鸿生　中国传媒大学
18. 罗　漫　中南民族大学中文系
19. 李文平　重庆师范大学中文系
20. 李继凯　陕西师范大学文学院
21. 程国君　陕西师范大学文学院
22. 王　烨　厦门大学文学院
23. 王本朝　西南大学文学院
24. 吴　康　湖南师范大学文学院
25. 赵晓岚　湖南师范大学文学院
26. 刘保昌　《江汉论坛》编辑部
27. 刘殿祥　大同大学中文系
28. 李光荣　西南民族大学文学院
29. 张　园　武汉大学文学院
30. 吴　艳　江汉大学文学院
31. 沈卫威　南京大学文学院
32. 周晓明　华中师范大学文学院
33. 许祖华　华中师范大学文学院
34. 王桂妹　吉林大学文学院
35. 王　毅　华中科技大学文学院
36. 高　玉　浙江师范大学文学院
37. 郑振伟　澳门大学教育学院
38. 朱寿桐　澳门大学文学院
39. 史　言　香港大学中文学院
40. 唐翼明　台湾政治大学
41. 席　扬　福建师范大学文学院
42. 陈　卫　福建师范大学文学院

43. 张林杰　天津师范大学文学院
44. 颜　敏　江西师范大学文学院
45. 秦方奇　平顶山学院新闻与传播学院
46. 胡绍华　三峡大学
47. 陶丽萍　武汉工业学院人文学系
48. 张全之　曲阜师范大学文学院
49. 周　棉　徐州师范大学学报编辑部
50. 胡德才　中南财经政法大学
51. 陈国和　咸宁师范大学中文系
52. 杨　彬　中南民族大学文学院
53. 陈昭明　赣南师范学院文学院
54. 李乐平　广东海洋大学文学院
55. 欧阳可惺　新疆大学文学院
56. 王锦华　浠水闻一多纪念馆
57. 胡辉杰　湖南大学文学院
58. 罗先友　人民教育出版社
59. 李永中　黄冈师范学院文学院

编 后 记

2009 年 11 月 20 日至 21 日，由中国闻一多研究会、闻一多基金会和武汉大学文学院主办，《文学评论》编辑部、华中师范大学文学院、华中科技大学文学院、湖北大学文学院、西南大学新诗研究所、江汉大学文学院、黄冈师范学院、武汉大学文学院中国现当代文学研究中心协办，在武汉大学召开了"闻一多诞辰 110 周年纪念暨国际学术研讨会"。

参与这次研讨会的有来自全国各高校、研究单位及港澳台的学者和海外学者 80 余人，收到论文将近 40 篇。这些论文绝大多数经作者修改都收入了本书。感谢这么多学者的积极参与和赐稿。

本次研讨会在开幕式上举行了第二届闻一多研究优秀成果奖（1994—2007 年）的颁奖仪式。研讨会期间，根据中国闻一多研究会的章程改选了研究会的理事机构，选出了中国闻一多研究会新一届的会长、副会长和秘书长。本书的末尾收录了第二届闻一多研究优秀成果奖（1994—2007 年）的获奖名单和中国闻一多研究会新一届理事会的名单。

这本论文集的出版由闻一多基金会全额资助，武汉大学出版社的领导支持论文集出版，责编付出了辛勤的劳动，我们在此一并致谢。

编 者

2010 年 4 月 15 日